判例 ウィーン売買条約

Case Law United Nations Convention on Contracts for the International Sale of Goods

一般社団法人 GBL研究所
井原　宏　編著
河村寛治

東信堂

はしがき

　国際物品売買に関する国連条約（ウィーン売買条約）は、2009年8月1日にわが国の国内法として発効し、一年が経過したが、多くの企業にとってその対応は十分に行われているであろうか。ウィーン売買条約の適用については、従来から、その適用の結果についての予測可能性の問題から、適用排除の考え方がとられ、一般的に消極的な姿勢も見受けられる。

　しかし、アメリカを含めた各国の裁判所や各国の国際商事仲裁廷においても、国際物品売買をめぐる紛争に関してウィーン売買条約を紛争解決の基準として採用する例が数多くみられるようになっており、ウィーン売買条約を適用した判例や仲裁判断が多数報告され、蓄積されてきている。国際的な視野でみると、国際売買取引における契約交渉、契約の履行や紛争に関して、ウィーン売買条約が実効性のある国際売買契約法としてグローバルスタンダードとしての地位を確保してきたのではないかと見受けられる。

　わが国企業の海外取引は、アメリカをはじめ、EU諸国、中国を中心とするアジア諸国、さらに南米諸国などへとグローバルに展開されており、今や新興経済諸国向けに重心が移りつつある。このような環境下におけるウィーン売買条約の締約国である新興経済諸国との取引においては、ウィーン売買条約は、国際売買契約関係を規律する規範としてその存在価値を格段に増していくことであろう。

　一方、わが国においても、現在、民法（債権法）の改正作業が進んでいるが、ウィーン売買条約の考え方なども考慮の対象とされており、わが国の契約に関する法も国際的な調和を図る必要性が指摘されていることからも、国際的な売買取引に関しては、ウィーン売買条約の考え方を理解し、ウィーン売買条約の規定の活用により契約の交渉、履行や紛争などの売主・買主間の契約関係を規律することが必要とされている。特に国際売買取引に関する紛争事例につき、各国においてウィーン売買条約を適用した判例や仲裁判断をできる限り多く理解しておくことが、実際の国際売買取引において非常に重要になってくる。

本書は、このような問題意識からウィーン売買条約を国際ビジネスの視野のなかで活用するべく、一般社団法人GBL（グローバル・ビジネス・ロー）研究所編の「国際売買契約－ウィーン売買条約に基づくドラフティング戦略」（平成22年3月）に続いて、各国の典型的な判例や仲裁判断を中心にまとめた「ウィーン売買条約に関する判例集」として刊行するものである。本書は、通常の判例集とは異なっており、その特徴と使い方を次のようにあげておきたい。

　第1に、本書の章立ては、ウィーン売買条約の条文に沿ったものではなく、ウィーン売買条約の適用範囲をはじめとして、国際売買契約の交渉から紛争解決に至る過程におけるウィーン売買条約上の重要な論点に焦点を当てて組み立てられている。

　第2に、各条項において取り上げた判例や仲裁判断は、各条項に関する実務上重要な問題点にポイントを置き、それを理解しやすくなるように判例等が選択されている。

　第3に、このようなポイントに対応して、実際に紛争となった事例とその判決や仲裁判断におけるウィーン売買条約の各条項の基本的考え方や実際の適用の違いを理解することができるように、関連判例を含め、できる限り多くの判例等を引用することとしている。

　第4に、引用した判例等は、従来から代表的なものとされるものであるが、古い判例や仲裁判断から、比較的最近の判例や仲裁判断にわたっており、その選択は、各章の担当者に拠っている。

　第5に、本書の構成は、国際物品売買契約の標準的な条項に沿い、関連するウィーン売買条約の条文毎に、全17の章に分けており、各章の担当者については、執筆者紹介のところを参照されたい。なお、第1章で引用した中国での判例の部分については、明治学院大学大学院法学研究科博士後期課程に在学中の中国出身の黒瀧晶さんによるものである。

　本書の執筆者一同、本書が、各大学の法学部や法科大学院における教材として役立つことはいうまでもないが、ウィーン売買条約の理論的な理解や実際の適用における違いの理解にとどまることなく、国際売買契約にかかわる

方々、企業の法務部門はもちろんのこと、事業部門、企画部門、知財部門などの人たちが国際売買契約の交渉、履行や紛争解決に従事するに際して、また国際売買契約を対象とした紛争実務に携わる法曹関係者の方々にとっても、実際に役立ち、末永く使われることを願っている。

　最後に、本書の刊行に当たり、東信堂の下田勝司社長には、多数の執筆者の共著という編集上の難しさにかかわらず、読者にとり読みやすい工夫などいろいろお世話いただいた、心から感謝申し上げたい。

2010年10月1日

編著者　井原　宏

河村寛治

本書の使い方

1．本書のねらい

　本書は、2009年8月1日に日本法の一部となった「国際物品売買契約に関する国際連合条約」（United Nations Convention on Contracts for the International Sale of Goods）（CISGまたはウィーン売買条約）が、世界の各国の裁判所でどのように適用されてきたかを知るために、国際物品売買契約の標準的な条項に沿い、関連するCISGの条文ごとに、17の章に分けて、できる限り多くの判例や仲裁判断を収録すべく、代表的な判例や仲裁判断を解説するとともに、関連判例をいくつか抽出して参考に提供している。

　収録に当たっては、従来から代表的なものとされる判例や仲裁判断を抽出しているが、古い判例や仲裁判断から、比較的最近の判例や仲裁判断にわたっている。その抽出は、各章の担当者に拠っていることをあらかじめ了承願いたい。

2．判例・仲裁判断の表示方法

　代表的な判例等のデータベース（英語にて公表されているものを中心とした）を利用して、そこでの表示方法を採用しているが、全体的に統一することも意図しているので、必ずしもデータベースどおりとなっていないものもある。

　以下の例のとおりの表示をすることを原則としているが、抽出データベースにより順序が異なるものもある。なお、英文名での表示は（注）のみとしている。

（訴訟判決事例）
（Paceの場合）
（例）ドイツ1995年2月8日ミュンヘン上級地方裁判所判決
　　　Germany 8 February 1995 Appellate Court (Oberlandesgericht) München
（Unilexの場合）
（例）フランス2001年6月12日コルマール控訴院判決
　　　France 12.06.2001 Cour d'Appel de Colmar

（仲裁判断事例）
（例）スウェーデン1998年6月5日ストックホルム商業会議所仲裁協会仲裁判断
　　　Sweden 5 June 1998 Arbitration Institution of the Stockholm Chamber of Commerce

① **法廷地国の表示**
法廷地の所在する国を冒頭に記載している。

② **判決・仲裁判断の日時**
判決や仲裁判断の日時を記載している。なお、仲裁判断については該当年の記載はあるものの、日時の記載がないものがあるが、それは公表されていないという理由によるものである。

③ **裁判所・仲裁廷の表示**
該当裁判所や仲裁廷については、抽出元のデータベースでの表示（英語版あるいは原語版のいずれか）とともに、翻訳で通常使用されている表示方法にしたがっている。
　なお、各国の裁判所や仲裁廷の表示については、後述のとおりの表示にしたがっている。

④ **当事者名**
当事者名が公表されているものは、その表示をしている。

⑤ **事件名**
事件名が付記されているものは、その表示をしている（冷凍肉事件など）。

⑥ **出典名**
事件の出典は、ほとんどが下記の英語のデータベースによるものである。

◆ CLOUT
国連国際商取引法委員会（UNCITRAL）が運営する英語で書かれたデータベース。判例番号が別途付してあるので、引用などがし易い。
http://www.uncitral.org/uncitral/en/case_law.html

◆ Unilex
CISG研究の権威であるボネル教授らが運営する英語で書かれたデータベース。http://www.unilex.info/

◆ Pace Database
最も情報量の多い米国ペース大学が運営する英語で書かれたデータベース。
http://cisgw3.law.pace.edu/

3．判例・仲裁判断の解説

全17章のそれぞれにおいて、その要点を説明するとともに、関係する主要なポイントとなる項目を選び（目次のとおり）、以下のような内容で解説をしている。

① **論点**
選択した項目に関係する主要なポイントをあげている。

② **事実の概要**
選択した項目を中心とした事実の概要説明を行っている。

③ **判決（仲裁判断）の要旨**
選択した項目を中心とした裁判所判決や仲裁廷の仲裁判断の要点を抽出している。

④ **解説**
判決や仲裁判断に関し、それらの評価や関連事項の解説をしている。

⑤ **関連判例**
選択した項目に関する判決や仲裁判断に関連した他の判決例や仲裁判断例をあげて簡単に解説を加えている。

⑥ **国際ビジネスへの活用**
総合的に、国際ビジネス実務において、有用な事項や、各国の判決例あるいは仲裁判断例から実務上留意すべき事項を指摘している。

4．各国の裁判所等の制度と裁判所や仲裁廷の表示

本書で引用されている各国の裁判所制度について、できる限り当該国の制度を踏まえて裁判所名などを翻訳している。

① **ドイツの裁判所制度**
第一審（地方裁判所、簡易裁判所：Landgericht, Amtsgericht）
控訴審（上級地方裁判所：Oberlandesgericht）
上告審（連邦通常裁判所：Bundesgerichtshof）：連邦通常裁判所は、いわゆる最高裁判所に相当する。

② **フランスの裁判所制度**
第一審（地方裁判所、第一審裁判所：Tribunal com. de Paris, Tribunal d'Instance, Tribunal de Grande Instance）
控訴審（控訴院）（Cour d'Appel）

上告審（破毀院）(Cour de Cassation)
③ **イタリアの裁判所制度**
第一審（地方裁判所、民事裁判所、第一審裁判所：Tribunale di Milano, Tribunale Civile, Pretura）
控訴審（控訴裁判所：Corte di Appello）
上告審（最高裁判所：Corte Suprema di Cassazione）
④ **ベルギーの裁判所制度**
第一審（地方裁判所：Rechtbank van Koophandel または Tribunal commercial）：いわゆるフラマン語地域とフランス語地域の違いによる。
控訴審（控訴裁判所：Hof van Beroep または Cour d'appel）
上告審（最高裁判所：Cour de Cassation）
⑤ **オランダの裁判所制度**
第一審（地方裁判所：Arrondissementsrechtbank）
控訴審（控訴裁判所：Gerechtshof）
上告審（最高裁判所：Hoge Raad）
⑥ **スイスの裁判所制度**
第一審（商事裁判所：Handelsgericht, Tribunal de commerce）
　　　　（民事裁判所：Zivilgericht）
　　　　（地方裁判所、第一審裁判所：Bezirksgericht、Kantonsgerichts、Amtsgericht、Kreisgericht Richteramt, Pretore, Tribunal または Tribunal de première instance）
控訴審（控訴裁判所：Obergericht、Appellationsgericht, Cour Supreme または Cour de Justice）
上告審（最高裁判所：Schweizerisches Bundesgericht）
⑦ **アメリカの裁判所制度**
第一審（地区連邦地方裁判所：Federal District Court）
控訴審（巡回区連邦控訴裁判所：Circuit Court of Appeals）
上告審（最高裁判所：U.S. Supreme Court）

5．略語用語

ACICA	Australian Centre for International Commercial Arbitration
AG	Amtsgericht(Petty District Court)
AP	Audiencia Provincial(Appellate Court)
AS	Austrian Shilling

BG	Bezirksgericht (District Court)
BGH	Bundesgerichtshof (Supreme Court)
B/L, BL	Bills of Lading
CA	Cour d'appel (Appellate Court)
C&F	Cost & Freight (CFR)
CFR	Cost & Freight
CIETAC	China International Economic & Trade Arbitration Commission
CIF	Cost Insurance & Freight
CIP	Carriage & Insurance Paid To
CISG	United Nations Convention on Contracts for the International Sale of Goods (11 April 1980)
CJ	Cour de Justice (Appellate Court)
CLOUT	Case Law on UNCITRAL Text
COD	Cash on Delivery
CPT	Carriage Paid To
DAF	Delivered At Frontier
DES	Delivered Ex Ship
DEQ	Delivered Ex Quay
DDP	Delivered Duty Paid
DDU	Delivered Duty Unpaid
DM	Deutsche Mark
DMF	Drug Master File
EuGVVO	Europäische Gerichtsstands-und Vollstreckungs verordnung (the European Jurisdiction and Enforcement Regulation)
EXW	Ex Works
FAS	Free Alongside Ship
FCA	Free Carrier
FCA	Federal Court of Australia
FDA	Federal Drug Administration
FOB	Free On Board
HGB	Handels gesetzbuch
ICC	International Chamber of Commerce
IDG	Integrated Drive Generators

ILD	Inventory Locator Database
ITL	Italian Lira
KG	Kantons gericht(District Court)
LC	Letter of Credit
LOI	Letter of Intent
LG	Landgericht(District Court)
LLC	Limited Liability Company
LMBG	Lebensmittel-und Bedarfsgegenstände gesetz
OG	Obergericht(Appellate Court)
OGH	Oberster Gerichtshof(Supreme Court)
OLG	Oberlandesgericht(Provincial Court of Appeal)
PLC	Public Limited Company
SFr	Swiss Franc
UCC	Uniform Commercial Code
UCP	Uniform Customsand Practice for Documentary Credits
UN	United Nations Organisation
UNCITRAL	United Nations Commission on the International Trade Law
UNIDROIT	International Institute for the Unification of Private Law(Institut International PourL'Unification Du Droit Prive)
UNIDROIT Principles	UNIDROIT Principles of International Commercial Contracts
UNILEX	International Case Law and Bibliography on the UN Convention on Contracts for the International Saleof Goods
U.S.C.	United States Code
VAT	Value Added Tax
ZEBS	(central registration and evaluation office of the federal public health agency for environmental chemicals)

目次／判例　ウィーン売買条約

はじめに　　i

本書の使い方　　iv

第1章　適用範囲 ……………………………………………… 3
  1　要　点　3
  2　CISGの直接適用（第1条1項(a)）　5
  3　CISGの間接適用（第1条1項(b)）　10
  4　CISGの間接適用に関連する問題（第1条）　15
  5　営業所の定義（第10条）　21
  6　CISGの適用除外（第2条）　26
  7　製作物供給契約の適用可否（第3条）　32
  8　慣習の有効性（第4条・第9条）　36
  9　CISGの適用排除（第6条）　41
 10　解釈の一般原則（第7条）　46

第2章　契約締結前の予備的合意 ……………………………… 53
  1　要　点　53
  2　CISGの下での予備的合意　54

第3章　契約の成立 …………………………………………… 62
  1　要　点　62
  2　条約に拘束されない旨の留保（第92条）　64
  3　当事者の意思の尊重（第8条）　67
  4　申込みの定義（第14条）　70
  5　申込みの定義・代金未定の場合の処理（第14条・第55条）　76
  6　承諾の効力発生時期（第18条）　80
  7　申込みの条件付き承諾（第19条）　86

第4章　契約の方式 …………………………………………… 92
  1　要　点　92

2　契約方式自由の原則（第11条）　93
　　3　書面性の例外的要求・書面性を要求する旨の留保（第12条・第96条）
　　　　99
　　4　書面の定義（第13条）　102
　　5　合意による契約の変更（第29条）　105

第5章　物品の瑕疵に関する売主の義務 …………111
　　1　要　点　111
　　2　買主の国における公法上の規制への適合性（第35条）　111
　　3　黙示の契約適合性要件の排除（第35条）　117
　　4　通常使用目的への適合性の判断基準（第35条）　122
　　5　物品の契約不適合（数量不足）の立証責任（第35条）　127
　　6　物品の契約適合性の基準時（第36条）　132
　　7　知的財産権に基づく第三者の権利または請求（第42条）　137

第6章　売主の引渡義務 ……………………………144
　　1　要　点　144
　　2　売主の一般的義務（第30条）　145
　　3　引渡場所（第31条）　149
　　4　運送に関連する義務（第32条）　151
　　5　引渡時期（第33条）　153
　　6　書類の交付（第34条）　157

第7章　危険の移転 ……………………………………161
　　1　要　点　161
　　2　危険移転後の滅失毀損と代金支払義務（第66条）　162
　　3　運送を予定する場合の危険移転時期（第67条）　166
　　4　運送途上にある物品の危険移転時期（第68条）　170
　　5　その他の場合の危険移転時期（第69条）　173
　　6　売主による重大な契約違反と危険負担の関係（第70条）　177

第8章　買主の支払義務と引渡受領義務 …………182
　　1　要　点　182
　　2　代金未定の場合の処理（1）（第55条）　184

3　代金未定の場合の処理（2）（第55条）　189
　　4　「新・欧州ルール」に基づく裁判管轄の判定（1）（第57条）　192
　　5　「新・欧州ルール」に基づく裁判管轄の判定（2）（第57条）　196
　　6　「新・欧州ルール」が適用されないスイス当事者に関する裁判管轄の判定（第57条）　198
　　7　支払義務発生時期（第58条）　202
　　8　引渡受領義務（第60条）　207

第9章　買主の検査・通知義務 ……………………………… 211
　　1　要　点　211
　　2　買主の検査義務（第38条）　213
　　3　不適合の通知義務と瑕疵担保責任（1）（第39条）　220
　　4　不適合の通知義務と瑕疵担保責任（2）（第39条）　224
　　5　売主が不適合を知っていた場合の買主の通知義務（第40条）　228

第10章　不履行の免責と事情変更 …………………………… 234
　　1　要　点　234
　　2　不可抗力による免責（1）（第79条）　235
　　3　不可抗力による免責（2）（第79条）　241
　　4　ハードシップ（ユニドロワ原則第6.2.2条・第6.2.3条）　246
　　5　自己に起因する相手方の不履行（第80条）　252

第11章　将来の履行の不安に対する救済方法 ……………… 259
　　1　要　点　259
　　2　将来の履行の不安に対する抗弁権（第71条）　260
　　3　履行期前の不履行（第72条）　267
　　4　分割履行における不履行（第73条）　273

第12章　契約違反に対する救済方法（1）………………… 280
　　1　要　点　280
　　2　当事者の契約違反に対する相手方の救済方法（第45条・第61条）　282
　　3　買主による代替品・修補の請求（第46条2項・3項）　287
　　4　売主による債務不履行の追完（第48条）　293
　　5　一部不履行（51条）　298

第13章　契約違反に対する救済方法（2）…………304

1　要　点　304
2　買主による特定履行の請求（第46条・第28条）　305
3　売主の履行のための付加期間の付与（第47条1項）　311
4　買主の履行のための付加期間の付与（第63条）　316

第14章　契約解除と重大な契約違反…………323

1　要　点　323
2　重大な契約違反とされる事由（1）（第25条・第49条）　325
3　重大な契約違反とされる事由（2）（第25条・第49条）　330
4　重大な契約違反とされる事由（3）（第25条・第64条・第72条）　337
5　契約解除の効果（1）（第81条～第84条）　342
6　契約解除の効果（2）（第82条～第84条）　348
7　物品の保存義務（第85条～第88条）　353

第15章　損害賠償…………359

1　要　点　359
2　損害賠償額の算定に関する一般原則（1）（第74条）　360
3　損害賠償額の算定に関する一般原則（2）（第74条）　365
4　契約解除後の代替取引における損害賠償額の算定（1）（第75条）　369
5　契約解除後の代替取引における損害賠償額の算定（2）（第75条）　374
6　契約解除後に代替取引がない場合の損害賠償額の算定（1）（第76条）　379
7　契約解除後に代替取引がない場合の損害賠償額の算定（2）（第76条）　384
8　利息の支払（第78条）　387

第16章　損害の賠償方法…………398

1　要　点　398
2　代金減額請求権（1）（第50条）　401
3　代金減額請求権（2）（第50条）　405
4　損害軽減義務（1）（第77条）　408
5　損害軽減義務（2）（第77条）　411

第17章　紛争の解決…………415

1　要　点　415

2　準拠法としてのCISG（第1条1項）　417
3　CISGの非締約国の裁判所によるCISGの適用　422
4　第92条の宣言（CISG「契約の成立」規定の適用排除）　426
5　CISG第95条の宣言（国際私法の準則からのCISG適用の排除）　430
6　CISG第96条の宣言（方式の自由の排除）　433
7　CISGと紛争解決条項　437
8　義務履行地管轄　440
9　仲裁合意の成立　443
10　フォーラム・ノン・コンヴェニエンス　448
11　証明責任　453

ウィーン売買条約締約国一覧表　459

ウィーン売買条約日本語訳　460

事項判例リスト　483

国別判例索引　503

事項索引　516

判例　ウィーン売買条約

第1章　適用範囲

1　要　点

　国際的な物品売買取引に関して国際的な統一法を目指したCISGは、2009年8月1日に日本法の一部として適用されることとなった。通常、国際条約を国内的に適用するためには、別途国内立法措置をとるのが普通である。今回は、CISG自体が直接適用することが可能な条約とされている（self-executing treaty）こと、かつ、わが国の法制上の慣行にしたがった立法手続を行うよりは、本条約の趣旨に合致するということで、直接適用されることとなった。つまり、CISGの締約国にそれぞれ営業所を有する当事者の間ではCISGが自動的に適用され、日本以外のCISGの締約国にそれぞれ営業所を有する企業間の売買取引についても、それぞれの国の国内法の適用を考えることなく、CISGが共通法として適用されることとなる。

　そこで、本章においては、どのような国際売買契約がCISGの対象となるのか（第1条1項）、さらには、CISGはどのような場合に適用されるのかなどについて、CISGの適用範囲について検討された判例等の解説を行うこととする。

(1)　国際的な物品売買契約とは

　CISGは、国際的な物品売買取引が適用対象となっており、その「国際性」は、「営業所が異なる国にある当事者間」という要件が規定されており、取引当事者の国際性だけを考慮の対象としている（第1章1項）。そして、当事者の営業所が異なるCISGの締約国に存在する場合には、直ちにCISGが適用され（第1条1項(a)；直接適用）、また法廷地の国際私法によりCISGの締約国の法が適用される場合にもCISGが適用されることとなっている（第1

条1項(b)；間接適用)。なお、営業所については、第10条で定義をしている。

　CISG第2条においては、個人用の物品売買や強制執行などによる売買など「物品売買契約」に該当しない売買をあげている（適用除外）。消費者売買としてCISGが適用されていない場合であっても、売主が契約の締結以前にそのような使用のために購入されたことを知らず、かつ知っていると判断されない場合には、この限りでなく、不意打ちを避けるためCISGが適用されることとされている（第2条(a)ただし書）。

　CISG第3条では、売買のなかに、「物品を製造し、または生産して供給する契約」を含むこととしており、いわゆる製作物供給契約および売買契約と役務提供契約の混合契約のような契約が適用されるかどうかを規定している。CISGは、物品の製作物供給契約については、買主が製造または生産に必要な材料の実質的な部分の供給を行う場合には、適用されないこととしている（第3条1項ただし書）。このCISG第3条に関連する判例は、2008年においては、39例があるようであり、CISGにおいてもその解釈に関する意見を公表しているので、参考にされたい[1]。

(2)　条約が適用されない場合

　CISGは、前述のように適用対象となる売買契約であっても、当該売買契約に関連するすべての事項をカバーしておらず、売買契約の成立ならびに売主や買主の権利義務についての規定に限定されている。特に契約やその条項または慣習の有効性、あるいは売買対象物の所有権についての効果については、規定をしていないことを明らかにしている（第4条）。また、人身損害についての売主の責任についても適用しないこととされている（第5条）。

　さらに、CISGは、当事者が合意すれば、この条約のすべて、あるいはその一部の適用を排除することを認めており（第6条）、当事者自治を最大限に尊重している。

　以上のほか、CISGの解釈について、その国際的な性質ならびにその適用における統一性や国際取引における信義の遵守を促進する必要性を考慮することとし、条約において明示的に解決されていないものについては、条約の

基礎をなす一般原則にしたがい、さらにこのような一般原則がない場合には、国際私法の準則により適用される法にしたがうこととすると規定している（第7条）。このように条約の解釈を規定するほか、黙示の意思表示を含め、当事者の行為についての解釈についても規定している（第8条）。

なお、当事者が合意した慣習や当事者間で確立された慣行についても、その拘束力を認めて、一定の条件を満たす慣習については、黙示的に当事者間の契約に適用したものとすることを明らかにしている（第9条）。

2　CISGの直接適用（第1条1項（a））
　ドイツ1998年11月25日連邦通常裁判所（最高裁判所）判決
　粘着性フィルム事件[2]

【論点】
　営業所が異なる国に所在する当事者間の物品売買契約について、これらの国がいずれも締約国である場合に、CISGが直接適用されるかどうか。

【事実の概要】
　売買契約の買主は、オーストリアのウィーンのステンレス鋼板の製造者であり、そのユーザー向けの販売につき、ステンレス鋼板の輸送や加工に際しての損害を保護するための粘着性表面フィルムを、ドイツのハイデルベルグの売主から継続的に購入しており、これまでは特に問題も発生していなかった。
① この表面保護フィルムは、接着剤が付されており、研磨されたステンレス鋼板に貼り付け、接着剤を残さないで剥がすことができるものであることとされていた。
② 1995年の3月に注文した7,500sq meterのフィルムについて、同年3月28日に引渡しをうけ、到着時に検査を行い、明らかな瑕疵があるかどうかについて検査はしたものの、接着性や除去性の実験テストをしていなかった。ところが、このフィルムを接着したステンレス鋼板をドイツの顧客

に引渡したところ、1995年4月20日に買主の顧客から、このフィルムをステンレス鋼板から除去したところ、その研磨された表面に接着剤の残存物が残っていたため、フィルムの買主に対して、契約上不適合である旨の通知がなされ、翌日の4月21日には、買主はフィルムの売主に対して契約不適合である旨の通知を行った。

③　ドイツの顧客は、このステンレス鋼板の表面に付着していた接着剤の残存物を自ら取り除き、その除去費用（492,240オーストリア・シリング；AS）を買主に対し請求した。

④　買主は、その費用の補填を行い、売主に対して、補填額の求償を求めたものである。なお、当事者間では、訴訟に至るまで補償額について交渉が何度も試みられており、その過程で、売主は、買主が4月21日に不適合を通知したという事実について、何の問題の指摘もしていなかったという事実が存在していた。

⑤　買主は、この不適合をCISGにしたがって、適時に通知をしており、8日間の通知期間を定めた売主の標準売買契約条項は、当該契約の一部ではないこと、また当該不適合は、接着フィルムが取り除かれるまでは、発見できない性質のものであると主張し、さらに、買主は、売主が、以前は欠陥のないゴム接着剤を使用していたと故意に欺いていると主張した。

⑥　一方、売主は、この主張を否定し、買主による不適合の通知は合意した期間内に行われておらず、また今回使用した接着剤は、以前使用したものと同じアクリル性の接着剤であり、問題は接着剤の問題ではなく、加工時に使用された不適切な接着剤への負荷であり、予想できない不適合であると主張した。さらに、売主は、ドイツ民法477条における期限超過に基づき反論をしたものである。

【判決の要旨】

〔第一審〕

ハイデルベルグ地方裁判所の第一審（Landgericht）の判決[3]では、買主の請求権を認め、損害賠償額の一部（35,160AS）を認めた。

〔第二審〕

第1章　適用範囲　7

① 　売主は、第一審の判決を不服として控訴をし、売主の売買契約条件第13条、商法377条あるいはCISG第38条および第39条を考慮することなく、買主からの請求が25日経過後になされたものであると主張した。
② 　この上級地方裁判所（Oberlandesgericht）の判決[4]では、当事者間の法的な関係は、ドイツもオーストリアもCISG第1条1項（a）に基づく締約国であり、かつドイツの国際私法[5]（第27条および第28条）が適用され、ドイツ法あるいはオーストリア法が適用され、結果としてCISG第1条1項（b）により、CISGが適用されることとなると判示するも、売主の主張を認め、当該保護フィルムが不適合であったとしても、買主の不適合の請求は、実際的に最短の期間内に通知をしておらず、CISG第38条および第39条に基づく損害賠償請求の権利を喪失しているということで、買主による不適合を理由とした損害賠償請求は許容できないと判示した。
③ 　なおCISGの適用問題については、当事者が特定の締約国の実質法（substantive law）を指定し、CISG第6条によりCISGの適用を望まないことが十分に明らかで確かである場合には、適用しないこととするが、本件では、当事者がCISGの適用を排除することを意図しているという明らかな証拠はない、特に当事者間の標準売買契約条項においてもこのような意図は開示されていない、また、売主がドイツ法が適用されるとする当該標準売買契約条項第13条における締約国の法は、1991年1月1日から外国貿易に関するドイツ法となったCISGを意味することとなる、さらに、CISG第1条1項（b）により、締約国の法の適用を選択するという意味はCISGを適用するということであり、第1条が適用されるということは、CISG第6条に関するCISGの適用排除を意味するものではないと判示した。
④ 　第二審（上級審）は、第一審の判決を取消し、本件訴訟を棄却したために、買主が上告したものが本事件である。

〔上告審〕
⑤ 　上告審では、このような本件事案にCISGを適用するという上級審の判断は正しく、売主の標準売買契約条項が売買契約の一部である場合であっても、CISGの適用を肯定した判断は正しいと判示した。売主の標準売買契約条項の第13条により、ドイツ法を引用していることは、基本的に

CISGの適用を導くものであり、CISGは、ドイツ法の一部として、かつ物品の国際売買に適用される法として、ドイツの売買法に優先して適用されることとなると判示した。この点、当事者としてもこれを排除するものがあるということは主張されていなかった。

【解説】
(1) 判決の評価
　本判決は、CISGの第1条1項 (a) に基づき、ドイツとオーストリアがCISGの締約国であること、ならびに当事者間でドイツ法を準拠法として採用することとなっている場合であっても、同条1項 (b) によって、CISGはドイツ法の一部として優先適用されることを確認したものであり、CISGの直接適用および間接適用の双方からCISGが適用されることを確認した点で意義がある。また、本事件は、売主がCISGの第38条（買主の検査義務）および第39条（不適合の通知義務）による権利を放棄したものと判断し、物品の検査義務に買主によるテストが含まれるかどうかという点、および買主がCISG第44条（合理的な理由がある場合の例外措置）に基づき、合理的な期間内に通知ができない理由があったかどうかについては、判断をしていない。

(2) 問題提起
　CISGの適用問題について、CISG第1条1項 (a) だけ、あるいは同条1項 (b) だけでも本判例のように判断できるかどうかという問題があるが、この点は、本書以下ならびに本書第17章の準拠法の箇所を参考にしていただきたい。

【関連判例】
　CISGが適用されるかどうかというCISG第1条1項 (a) に関する裁判例はこれまで数多く存在し、また判決国も多数にわたっている。下記に記載したもののほか、本書第17章の準拠法の項でもいくつかの関連判例が紹介されているのでそれを参考にされたい。

(1) イタリア2000年7月12日ビジェバノ（Vigevano）地方裁判所判決
　　Rheinland Versicherungen v. Atlarex and Allianz Subalpina S.p.A., 靴底用硬質ゴム事件[6]

イタリアの売主からドイツの買主が靴底生産用の加硫処理ゴムを購入し、オーストリアの靴メーカーに対して、ロシアでの販売のために納入したが、その後ロシアの顧客からクレームを受けたため、オーストリアの靴メーカーは、ドイツの買主に対し損害賠償の請求を行い、買主が売主に対して原料の不適合を理由として損害賠償請求の訴訟を提起した事件である。CISGに関してはすでに多くの国の裁判所や仲裁廷において判定がされており、本裁判所は、国際的な判例における先例には拘束されることはないが、CISG第7条1項に基づき、解釈と適用における統一性を促進するために考慮されるべきであると判断したものである。そして、当事者がCISGの適用を排除することは自由であるが、特定の国内法を引用しただけではCISGの適用を排除するには十分ではないとした。

(2) アメリカ1999年3月9日ミネソタ（Minnesota）州地方裁判所判決
　　KSTP-FM v. Specialized Communications 事件[7]

　米国の買主は、米国の売主から音楽ボード等を購入し、売主は、カナダの供給者から一部の製品を購入していたが、供給者は、この製品を当初の買主に直接納入したところ、うまく作動せず、整備をするもうまくいかなかったために、米国の売主とカナダの供給者を相手として契約違反に伴う損害賠償請求訴訟を提起した事件である。裁判所は、米国の売主に対する訴訟については、当事者間で仲裁合意があるので、仲裁判断を仰ぐべきであるが、カナダの供給者に対しては、当事者間の関係はミネソタ州法（UCC）ではなくCISGによるべきであり、本件では、供給者は、米国の第一の買主とは異なるカナダに営業所を有しており、CISGの適用を排除したという証拠はないのでCISGが適用されることとなるとした。そして、CISGにおいては、原告の買主とカナダの供給者との間には、契約関係がないので、原告の買主は、カナダの供給者に対しては管轄を認めることはできないと判示した。ちなみに、UCCでは契約関係がなくても黙示の保証違反を理由で訴訟する権利を有するが、CISGにはこのような規定はないとしたものである。本件控訴審でも、この結論をそのまま認めたものである。

【国際ビジネスへの活用】
　国際売買契約の当事者にとって、どの法律が当該売買契約に適用されるかについては、紛争処理のための予見可能性の観点から、きわめて重要である。これが準拠法の問題であり、どの準拠法が適用されるかについて当事者間で明確に合意をすることが最も望ましいこととなる。CISGが日本にも適用されるようになった今日、契約相手方当事者の営業所が、契約締結の当時、他のCISGの締約国にある場合には、CISGが自動的に適用されることになるので、契約当事者の営業所の所在国が、CISGの締約国であるかどうかという点をまずは検討することが重要となる。

　そして、日本法を準拠法として合意した場合や他のCISG締約国法を準拠法として合意した場合には、原則としてCISGがそれぞれの国内法の一部として適用されることとなるので、CISGを積極的に適用したほうがよいか、あるいはCISGの適用を排除したほうがよいかを含め、準拠法条項についてはできる限り明瞭に記述すべきである。また、CISGが適用された場合であっても、その解釈は、紛争が提起された裁判所の所在国によって異なることがあるので、準拠法条項の合意内容については非常に重要となる。

3　CISGの間接適用（第1条1項（b））
　　ドイツ1993年9月17日コブレンツ（Koblenz）上級地方裁判所判決
　　コンピュータ・チップ事件[8]

【論点】
　営業所が異なる国に所在する当事者間の物品売買契約について、法廷地の国際私法の準則によって締約国の法が適用される場合、その国内法の一部としてCISGが適用されるかどうか。

【事実の概要】
① 　原告であるフランスの売主と被告であるドイツの買主との間では、売主のコンピュータ・プリンターおよびコンピュータ・チップのドイツ国内で

の独占的販売権を買主に供与する長期販売店契約を締結していたが、この長期契約が終了した後、1988年以降の請求分の未払い代金の支払に関して紛争となり、売主は未払い代金の支払を求め買主を訴え、買主は、これに対して相殺を主張、かつ損害賠償を求めたのが本事件である。
② コンピュータ・チップは、買主が売主より購入し、ドイツ国内の会社ユーザーに販売したコンピュータ本体のために利用されており、本件のコンピュータ・チップの売買も売主が当該会社ユーザーからの注文に応じて、売主から会社ユーザーに対して直接納入されたものであった。
③ 本件は、当該コンピュータ・チップの売買取引について、売主と買主との間の販売店契約に基づいたものか、あるいは売主と会社ユーザーとの間の直接の売買契約によるものであるかという点が争われ、その場合、当該売買契約にはCISGが適用されるかどうか、また代金の支払義務違反について損害賠償が可能かどうか、さらには損害賠償債務の利息の利率に適用される法はどの法であるかが判断された事件である。

【判決の要旨】

1988年1月1日当時、CISGはフランスでは有効となっており、当時ドイツはまだCISGの批准をしていなかったが、その場合であっても、法廷地であるドイツの国際私法により、本件売買契約の義務履行地であるフランスの法が適用されることとなり、当該フランス法の一部を構成するCISGが、結果として適用されることとなると判示したものである。
① 本件、販売店契約に基づき締結された売買契約に対して、CISGが適用されるかどうかという点に関して、それが当事者間で不確か（doubtful）な場合には、CISGの適用を受けることとなると判断したものである。このような場合、コンピュータ・チップの引渡しに関する契約、つまり買主による個別注文が、売主と買主との間で締結されたこと、およびその引渡時期については、売主が示すことを必要とされておらず、会社ユーザーが売主に直接コンピュータ・チップを注文した場合であっても、引渡しは、販売店契約の枠内で行われたものであるとした。
② そして、本件では、コンピュータ・チップはCISGにおいては、国際売

買取引の対象となる有形・無形の物品を意味するものとし、コンピュータ・ソフトウェアも含むものと判断された（CISG第1条1項）。そして、コンピュータ・チップの売買代金の支払に関する争いの対象となっている権利についても、当事者が契約関係に関してフランス法の適用に合意をしており、かつCISGは当該コンピュータ・チップの引渡しの時点で、国際物品売買取引に関するフランス法の一部となっていることから、当事者間で争いとなっていなかった引渡しと同様、CISGが適用されなければならないと判断したものである。

③　なお、裁判所は、本件につき、買主は、物品の不適合につき、主張しておらず（CISG第35条）、売主に対しても合理的な期間内に通知をしていない（CISG第39条）として、売主の代金請求権を認め、フレンチ・フランでの支払を許容したものである。なお、買主が引渡しの日を通知しなかったことから、売主が契約第10条に基づき、8カ月間の保証責任を負担するものであることも示されていなかった。

④　さらに、本件では、利率は適用される法（本件ではフランス法）により決定されるものの、利息の支払いは、買主による不履行の法的結果であることから（CISG第61条1項（b））、それを認めたものである（CISG第74条）。またCISGは相殺についての規定を有していないので、国際私法のルールに基づきフランス法の適用を認め、相殺権は認められないとした。

【解説】

　本件は、販売店契約の枠内で締結された個別売買契約に関してCISGの適用の有無が判断されたものであるが、まずは、フランスとドイツに営業所を有する当事者間の物品売買契約であり、法廷地であるドイツ（当時はCISGの締約国ではなかった）の国際私法により、契約履行地である売主の営業所の所在地国のフランスの法が適用され、かつフランス法の一部としてCISGが適用されることを判断したうえで、次に、販売店契約に基づき締結された売買取引について、販売店契約の契約当事者であるフランスとドイツの当事者間の契約に基づき実行された売買取引であるとし、かつドイツの客先であるユーザーへの直接の引渡しについても、対象とされる売買取引であるとして、

個々の売買取引に対し、CISGが適用されることを判断したものである。

　この前段部分が、CISGの間接適用の問題であり、法廷地において準拠法を定める国際私法により導きだされる連結地である国がCISGの締約国である場合、CISGが適用されるというものである。この場合、法廷地がCISGの締約国であるかどうかには関係ないが、法廷地における国際私法によることとなる。なお、別途本書でも判例事例として提供されている中国における事例では、紛争当事者の営業所所在国がともにCISGの締約国であっても、CISGを直接適用するのではなく、一方の当事者の営業所の所在地国の国内法により、CISGが適用されるという間接適用を認めるケースもある。

　なお、後段部分は、CISGが物品売買契約に適用されるということから、本件のような販売店契約に基づく個々の売買取引について、CISGが適用されるかどうかを判断したものであるが、売買取引に関する合意や規定を含んだ販売店契約には、CISGが適用される可能性を示しているという点で、本件判決は非常に参考になる。

【関連判例】
(1) ドイツ1992年11月20日カールスルーエ（Karlsruhe）上級地方裁判所判決
　　冷凍チキン事件[9]
　フランスの売主とドイツの買主との間での冷凍チキンの継続的な売買取引において、売主は、一般的な取引条件どおりに商品を運送人に引渡したところ、その引渡しが実行されたこと、および引渡しを証明するために買主のスタンプ入り署名のない受領書を提供したとして、買主が支払を拒絶したので、売主が代金の支払を求めて訴訟を提起したものである。

　第一審は、売主の主張を認めたのであるが、本上級審は、これを否定した。上級審においては、1988年に発効したCISGをドイツが批准したのは、1989年であり、1991年1月1日から効力を有することとなったことは、関係はないとされ、CISGは、国際私法により締約国の法の適用を導くことになる場合には、適用されることとなる（CISG第1条1項(b)）。これは、契約の締結時のルールであり、契約の締結場所が売主の所（つまりフランス）にあるということで、フランスの実定法を適用することとなることから、CISGが適

用されることとなると判断した。

　結果として、CISG第53条および第58条に基づき、買主の営業所において適切に引渡しをしていないので（売主は引渡しをしたことを適切に証明できなかった）、代金の支払義務を負わないこととされた。

(2)　ドイツ2003年12月10日カールスルーエ（Karlsruhe）上級地方裁判所判決
　　　カーペット事件[10]

　本件は、ドイツの売主とブラジルの買主との間のカーペットの売買取引である。買主が売買代金の支払をしなかったために、当事者間で残代金について、「新契約」を締結し、支払義務を認めたものであるが、当該支払義務については各月の特定日が支払期日となる小切手により支払がされることとなっていた。また、当事者間では、一定の金額までカーペットの返還をすることが合意されていたようである。いくらかは支払が実行されたものの、全額の支払はなされていない。

　そこで、売主は裁判所に訴えたものである。第一審の地方裁判所は、売主の請求は買主の支払がどの程度なされたかに関して十分に立証されていないので、認められないとし、さらに、売主の請求は、支払義務を確認しただけの「新契約」によるものであり、国際裁判管轄を否定した。この上級審では、当事者間で明示的な準拠法の合意がなく、CISGの第1条1項（b）により、国際私法がCISGの締約国であるドイツの法の適用を指摘していることから、本件の適用法はCISGであると判断したものである。本件は、上記関連判例とは異なり、ドイツにおいてCISGが有効となってからのものであるが、CISGの締約国とはなっていないブラジルに営業所を有する当事者が相手の場合でも、CISGの間接適用により、CISGが適用されることを確認したものである。

　内容的には、上級審の裁判所は、支払場所は、CISG第57条1項（a）により、ドイツ在の売主の営業所であり、「新契約」は、支払条件に関する契約であり、当事者間で支払条件に合意することは自由であり（第29条1項）、買主の支払義務は、第53条および第54条から生じることとなると判断した。

第1章　適用範囲　15

【国際ビジネスへの活用】
　国際売買契約の当事者にとって、どの法律が当該売買契約に適用されるかについては、それぞれの契約上の権利・義務の基準となるものであるから、きわめて重要である。これが準拠法の問題であり、どの準拠法が適用されるかについて当事者間で明確に合意をすることが最も望ましいこととなる。その場合、CISGが日本にも適用されるようになった今日、契約当事者の営業所が、契約締結の当時、CISGの異なる締約国にある場合には、CISGが自動的に適用されることになるので、契約当事者の営業所の所在国が、CISGの締約国であるかどうかという点をまずは検討することが重要となる。そして、準拠法として日本法に合意した場合であっても、CISGは日本法の一部となっているので、CISGの積極的適用あるいは適用排除の適否を含め、準拠法条項についてはできる限り明瞭に記述すべきである。CISGについての解釈は、紛争が提起された裁判所の所在国によって異なることがあるので、準拠法条項の合意内容については非常に重要となる。

4　CISGの間接適用に関連する問題（第1条）
　中国2005年11月19日広州中級人民法院判決
　Bao De Li Ltd. v. China Electronic Import & Export Guangdong Corp.
　生姜事件[11]（宝得利股分有限公司対中国電子進出口広東公司）

【論点】
　国際条約と国内法が抵触する場合、国際条約の規定が適用されるかどうか（条約優先原則）。

【事実の概要】
　2000年11月16日、アメリカの宝得利股分有限公司（以下、「宝得利公司」という。）を買主、中国電子進出口広東公司（以下、「電子進出口公司」という。）を売主とする生の生姜の売買契約を締結した。
①　その売買条件は、売値は、米ドルで16,579.2ドル；引渡条件は、FOB

広州で目的港はニューヨーク；運送の期限として、第1のコンテナは、2000年11月末出港、第2のコンテナは、第1のコンテナの出荷後一週間以内；売買代金の支払は、契約締結時、総代金の30％を先払、積み荷を検収後7日以内に残りの残代金を支払う；品質条件として、食品基準に符合した新鮮な生姜で、腐っていない、砕けていない、芽が出ていない、少なくとも一個当たり100g以上の大きさであることが合意されていた。

② 双方から提供された最終合意書には、契約第10項に、手書きで、「売主は、本件生姜がアメリカの目的港に到達した時点で、アメリカの食品衛生基準に符合し、少なくとも一個当たり100g以上であり、腐っていない、砕けていない、芽が出ていない、カビが入っていないことを買主に対し保証する」、と記載されていた。

③ 2000年11月28日、電子進出口公司の本件生姜は中国人民共和国出入境検験検疫局の合格を受け、植物検疫証書を取得し、2000年12月6日と12月13日に広州黄浦港からニューヨークに向けて発送された。宝得利公司が、本件生姜を受領した後、2001年1月1日に、アメリカ農業部に対し、第1コンテナの生姜の検疫を申請したところ、早期腐敗が0－33％、乾燥腐敗が15－90％、大部分の生姜が湿っぽく、目視で芽や白いカビがみられた。

④ 2001年1月17日に、第2コンテナについては、コンテナすべての貨物は湿度が高く、大部分の生姜には白、緑または黒いカビが生えており、一部の生姜は1/10－1/8インチの芽が生えているという検査結果を受けた。それを受け、宝得利公司は本件生姜をゴミとして処分し、ゴミ処理費用等の13,236米ドルを支払った。

⑤ 宝得利公司は、電子進出口公司に対し、2000年11月16日および12月3日にそれぞれ貨物の総代金の30％である20,550元と20,541.6元を支払い、電子進出口公司からは領収書をそれぞれ受領した。

⑥ 2003年8月5日になり、宝得利公司の弁護士が電子進出口公司の弁護士に対し、本件の生姜が2000年11月に締結した契約の品質に適合せず、契約違反による損害賠償（ごみ処理費用等の13,236米ドルとその利息2,000米ドル、アメリカにおける送料・通関費用・食品衛生検査に要した費用として、

2,439.36米ドル）を請求したものである。

⑦　これに対して、電子進出口公司は、(1) 本件契約の第10項は当事者契約後に、原告が後から書き足したものである、(2) 原告が支払ったのは全代金の16579.2米ドルではなく、代金の30％である手付金だけであり、原告は被告に対し残りの代金を支払うべきである、(3) 本件生姜は中国の輸出食品検査の基準に達しており、コンテナの温度湿度も適切なものである、(4) 本件契約がFOBである以上は、危険負担は既に原告のほうに移転しているため、被告はなんら責任を負わない、(5) CISG第39条によれば、原告は商品が届いてから2年以内に品質不適合の主張をしなかったため、時効が適用される、(6) 原告の提示した証拠はいずれも中華人民共和国の国外で取得したものであるため、証拠能力が認められない。宝得利公司は、本件生姜がアメリカに到着後、残額11,605.44米ドルの支払を拒否し、いまだに支払う意思を見せないため、その全額の支払を求めると反論している。

⑧　この電子進出口公司の反訴に対しては、宝得利公司はすでに代金の全額を支払っている、また反訴の代金請求権は時効にかかっていると主張したものである。

【判決の要旨】

①　広州市中級人民法院は、以下のように判示した。まず、本件契約において、裁判管轄についての合意はなく、「中国人民共和国民事訴訟法」第24条の規定によれば、「被告の住所地または契約の履行地の裁判所が管轄権を持つ」としている。被告の住所地および本件契約の履行地ともに広東省広州市であり、本裁判所が本件訴訟について管轄権を持つとした。

②　本件契約においては、準拠法の選択もないため、最密接関係地の原則により、被告の住居地および本件契約の履行地である中華人民共和国の国内法を準拠法とすると判断された。原告の営業所の所在地はアメリカであり、被告の営業所の所在地は中国であり、そのいずれもCISGの締結国であるため、本件契約はCISG第2条適用除外に当たらず、中国の国内法においては国際間の物品売買契約について特段の規定はない。したがって、「中

国人民共和国民法通則」第142条2項の規定により、「中華人民共和国が締結または参加する国際条約が国内の民事法と異なるときは、国際条約を適用する」こととなっていることから、本件については、CISGの関連規定が適用されるとされた。

③　また、宝得利公司と電子進出口公司間の国際物品売買契約は、当事者双方の意思に基づき、中国の法律や行政法規の強行規定に違反しておらず、有効である。「宝得利公司は、2001年1月1日と1月17日に本件契約の生姜をそれぞれ受け取り、アメリカの農業部からの検査結果も得ているが、2003年8月5日に初めて電子進出口公司に対し品質の不適合に関して通知したのであり、その前になんら通知をしたことを証明する証拠はない。CISG第39条は、第1項で「買主が、物品の不適合を発見しまたは発見すべきであったときから合理的期間内に、売主に対し不適合の性質を明確にした通知を与えない場合には、買主は物品の不適合に基づいて援用し得る権利を失う。」第2項で、「いかなる場合においても、物品が買主に現実に交付された日から遅くとも2年以内に、買主が売主に前項の通知を与えないときは、買主は物品の不適合に基づいて援用し得る権利を失う。」と規定しており、宝得利公司は本件生姜が交付されてから2年以内に不適合について電子進出口公司に通知しておらず、2003年1月1日と1月17日にそれぞれの生姜についての不適合に基づいて援用し得る権利を喪失しており、したがって、宝得利公司が電子進出口公司に対する代金の返還や損害賠償の請求は排除されると判断した。

④　なお反訴については、当事者双方が約定した支払方式は、宝得利公司が契約締結後に、総代金の30％をまず支払い、残りについては積荷を検収後の7日以内に残金を支払うということであった。双方は、宝得利公司がすでに総代金の30％である4,973.76ドルを支払っていることについては、争いはなく、残りの代金については、電子進出口公司から発行された領収印のない領収書があるが、これらについては、国際物品売買において使われる貨物の領収書であり、国内法上でいう支払を証明する証拠を有するものではない。また、時効の抗弁については、約定の支払時期は積荷が検収された後の7日以内であるというもので、本件生姜が検収されたのがそれ

それ2001年1月1日と1月17日であり、支払日はそれぞれ2001年1月8日と1月25日である。「中華人民共和国契約法」第129条の規定によれば、国際間の物品売買契約の時効は4年であるため、本件反訴が2005年1月8日に提起されたものであり、時効の抗弁は成立しない、と判示したものである。

【解説】
　本件については、中国においてCISGを適用したという点で、注目された裁判例である。CISGは当事者が契約時において、それを選択することもできるが、しかし、本件においては、当事者の選択によるものではなく、中国の国内法を適用した結果、至った結論である。渉外契約紛争を解決する場合において、「意思自治の原則」、「最密接関係原則」という2つの原則から、中国の国内法を準拠法にすることを確定したものであるという点で興味深い。そして、「中国人民共和国民法通則」第142条2項の規定から、国際条約優先の精神により、CISGを適用することになったものであり、本件は、いわゆるCISGの直接適用ではなく、また、国際私法により導かれた国内法の一部としてCISGが適用される、いわゆる間接適用でもないが、中国の国内実質法を経由した間接的なCISGの適用事例である。

　なお、日本では、CISGの第1条1項(a)の要件（当事者の営業所が異なる締約国に所在する）に合致すれば、自動的にCISGが適用されることとなるが、この点は諸外国でも同じである。しかし、中国では、この直接適用については積極的に認められておらず、国内法を経由した間接的適用が基本となっているようである。

　以上から、中国の裁判所において、国際紛争を処理する場合に、CISGの適用においては、以下の要素が考慮されることとなる。
① 　契約の当事者が直接CISGを選択しているか否か。
② 　当事者が準拠法について選択していない場合は、最密接関係原則により、中国の国内法が適用されるか否かを判断し、適用される場合は、中国が締結または参加している他の条約を考慮し、CISGの適用を判断する。
③ 　契約当事者の営業所の所在地の国がCISGの締結国であるか、契約自体

がCISGの適用範囲内にあるか、締結国であっても留保しているかについて検討すべきである。

【関連判例】
(1) 中国2002年12月25日江蘇省高級人民法院判決
　　韓国：主光石油　v. 中国：無錫中端会社事件[12]

　原告・主光石油と被告・無錫中端会社との間のアクリル繊維の売買取引に関する品質問題が紛争になったものであり、品質不良を訴えたものである。第一審では、まず本契約に適用される準拠法を決定すべきであり、買主は、CISGが適用されるべきであると主張したところ、裁判所は、中国はCISGの締約国であるものの、中国はCISG第1条1項（b）に関して留保を行っており、両当事者の営業所が締約国に存在する場合にのみ、CISGを適用することに合意しており、本件では、買主と売主の営業所は、韓国と中国に存在しており、韓国はCISGの締約国でないために、CISGは、本件には適用されないと判断された。

　当事者は、準拠法の合意ができなかったことから、中国民法第145条2項により、契約に最も関係する地の法が適用され、契約の履行場所および被告の住所が中国国内にあることから、中国が契約に最も関係する地であり、中国法が適用されるものとされた。控訴審においても、この準拠法については、そのまま認められたものである。

　本件は、たまたま契約の一方の当事者が締約国に営業所を有していないために、CISGが適用されなかったものであるが、CISGの第1条1項（b）について、中国が留保していることの効果を明らかにしたものであるという点で参考になる。

【国際ビジネスへの活用】
　国際間の売買契約においては、どの法律が当該売買契約に適用されることになるかという点は、紛争処理のための予測可能性の観点からもきわめて重要である。CISGによれば、当事者の営業所が契約の締結の当時、異なるCISG締約国にあることから、自動的にCISGの適用を受けるという日本をは

じめとした他の締約国の考え方に頼ることは非常にリスクかある。特に、本件の事例のように中国においては、CISGの直接適用を認めるというよりは、間接適用によることになる可能性があり、CISGの適用の有無を関係国の国内法によることとするのではなく、あらかじめどの国の法を準拠法とするかを当事者間で決めておくか、あるいはCISGを準拠法として合意しておくことが必要不可欠となる。

---

5 営業所の定義（第10条）
アメリカ2006年1月6日ペンシルバニア（Pennsylvania）連邦地方裁判所判決
American Mint LLC v. GO Software, Inc. 事件[13]

【論点】

当事者が複数の営業所を有する場合、いずれの営業所が当該当事者の営業所となるか。

【事実の概要】

本件の原告は、ドイツ法人であるGoede Beteilingungsgesellschaftとドイツ在の個人Michael Goede（両者を「Goede」という）およびGoedeの米国子会社（ペンシルバニア州LLC）American Mint LLC（以下、「Mint」という）であり、Goedeは、収集用コインを製造し、ドイツに営業所を有しており、MintはGoedeの商品の米国内での販売を行っており、営業所を米国ペンシルバニア州のメカニクスバーグに有している。

① 被告のGO Software Inc（以下、「GO」という）は、ジョージア州法人で、ジョージア州のサバンナに営業所を有しており、クレジットカードの請求処理のためのRiTAソフトウェア（RiTAという）を製造・販売している。
② 本件は、2003年にGoedeとMintが、RiTAソフトウェアをドイツで導入すること、またRiTAはドイツ語の数字換算にも対応可能であり、消費者クレジットカード勘定へのチャージにも対応しているとの説明を受けていた。

③　2003年5月16日にGoedeとMintはGOからRiTAソフトウエアを購入する契約を締結し、Goedeにおいて導入され、Mintのクレジットカード販売を処理したところ、このソフトウェアが適切に機能せず、Mintの顧客が実際に負担する金額を超えるチャージがされるとの報告がなされたため、GOに通知したところ、GOからは追加のソフトウェアの提供がなされたものの、すべての問題の解決には至らなかった。

④　そこで、原告の三社は、2005年3月31日にGOを相手取り、米国ペンシルバニア州の連邦裁判所で合計981,756ドルの損害賠償等を求めて訴訟を提起したものである。この訴訟で原告は、当該損害賠償の請求は、CISGにより、契約違反、商品性や特定目的の適合性の黙示の保証違反および明示の保証違反に基づくものであると主張した。

⑤　一方、被告のGOは、本件について、＄75,000を超えた損害賠償請求事件ではないので、裁判所は本件の管轄を有しておらず、連邦民事訴訟手続第12条（b）（1）にしたがって却下されるべきであると主張したものである。被告の主張では、当該契約は、ジョージア州法を準拠法とするものであり、また原告のGoedeは本契約の当事者でもないのでCISGは適用されないと主張したものである。

【判決の要旨】

①　2005年8月16日に、裁判所は、当事者に対して、原告Goedeは本ソフトウェアの買主であるか、あるいは契約の当事者であるかの主張をまとめることを命じ、原告は、当該契約は原告のGoede個人により署名されたと単に述べることで説得を試みた結果、この事実を証明することができず、当該契約が原告Mintを対象としたこと、およびソフトウェアが原告Mintが提供した小切手により支払われているという事実に関して説明することができなかった。結果として、原告Goedeは、ソフトウェアの使用者であるものの、当該契約と小切手は、契約が被告GOと原告Mintとの間のものであることを示しているとされた。

②　その結果、裁判所は、原告Goedeがソフトウェアの買主であり、あるいは契約の当事者であるということを優位な証拠で証明できなかったので、

当該契約は、双方とも米国法人であるペンシルバニア法人の原告Mintとジョージア法人の被告との間の契約であると判示し、かつCISGは、本契約には適用されないと判示した。さらにCISGが適用されたとしても当事者が予定損害賠償額に合意することを妨げるものではないと判示した。

③ 最終的には、CISGが適用されず、ジョージア州法が準拠法とされ、当該契約の責任制限規定により、予定損害賠償額が＄75,000を超えていないこととなったため、本裁判所は本事件について管轄を有しないということで、原告の申立てが棄却された。

【解説】

本事件では、被告GOは、当該契約にはソフトウェアの代金＄10,995相当額を責任制限額とする規定があり、間接損害や結果的損害を排除していると主張、一方、原告は被告の契約違反により＄981,758の損害を被り、当該契約の責任制限条項はCISGでは認められていない（CISG第74条）と主張しており、当該当事者間の契約に適用される準拠法がCISGであるか、あるいは当該契約に定められたジョージア州法であるかが、主要な争点となったものである。ちなみに、本裁判所が管轄を有するためには、＄75,000を超えた金額を請求することが必要であり、かつその請求は、(a) 異なる州の市民の間のものであるか、(b) 米国市民と外国の市民等との間のものであるかなどの要件を満たすものでなければならないとされていた（28 USC § 1332）。

(1) 準拠法問題

過去の判例でもみられるように、CISGは、異なる締約国に営業所を有する当事者間の売買契約に適用され（CISG第1条1項）、CISGは、当事者がCISGの適用を排除する旨を選択しない限り、当事者間の紛争に適用される（CISG第6条）。もし、当事者がCISGの代わりに国内法を適用することを求める場合には、CISGの適用を明確に排除することが必要であるとされており、特定の法律、例えばジョージア州法が適用されるという規定を含む合意だけでは、CISGの適用を排除することにはならず、CISGが適用されることになるとした他のいくつかの判例も参考とされた。

本件契約も、契約に基づく当事者間の紛争を解決するための準拠法としてジョージア州法を選択する規定を含んでいるが、CISGが適用されないことを肯定的に述べた規定によりCISGを明確に排除していない。もし、この事実が証明されるのであれば、CISGが、本契約に適用される国内売買法に優先することとなる。したがって、裁判所は、本裁判所が本件紛争の管轄を有しないとする被告の準拠法に基づく主張を否定したわけである。

本事件では、この点については、契約に定められた条件や責任制限条項がCISGにより完全に代替されていないと判断された。さらにCISG第6条は、当事者間の契約によりCISGの規定の一部の効果を除外したり、変更することができるとしているので、契約違反の場合、予定損害賠償額に合意することも自由であると説明されている。

(2) 契約の当事者問題

CISGは、当事者の営業所が異なる締約国に所在する物品の売買契約に適用され（CISG第1条1項 (a)）、当事者が営業所を異なる国で有するという事実は、契約締結時あるいはその締結前の当事者間の契約あるいは当事者間の取引や当事者により開示された情報から、明らかでなければ考慮されないものとされる（CISG第1条2項）。当事者が複数の営業所を有する場合には、当事者の営業所とは、契約締結時あるいはその締結前に当事者に知れたる状況や想定された状況を考慮した結果、契約およびその履行に最も密接に関連する場所をいうこととされている（CISG第10条）。さらに、CISGは売主および買主にのみ適用され、第三者には適用されない（CISG第4条）。

本件事件では、原告のGoedeの営業所や常居所はドイツにあり、被告GOの営業所は、米国にあり、MintとGoedeが、GOからRiTAソフトウェアを購入し、ソフトウェアはドイツのGoedeに輸送され、GOもドイツで本ソフトウェアに対してサービスを提供したと原告は主張し、さらにRiTAソフトウェアは、ドイツ語の計算システムで利用できることが要求されているということを被告GOに売買の前に開示していると主張したものの、原告側で、買主当事者が米国子会社のMintではなく、ドイツ在の原告Goedeであることを証明できなかったため、最終的に、本契約は、当事者の営業所が異なる国

に所在するということにはならず、米国内に営業所を有する当事者間の契約であるとされ、CISGは適用されないこととされた。

(3) 問題提起

本事件では、裁判所の管轄の有無を判断するために、CISGが適用されるかどうかという点で検討されたものであり、営業所の所在地が両者とも米国内ということでCISGの適用はないこととされたが、もしCISGが適用されたとしても、当事者間の損害賠償額の定めについては、上記説明のとおり、CISG第6条の適用によりCISGの適用を除外したものとすることもでき、当事者間の契約の取決め（損害賠償責任制限）により、管轄問題は解決ができたとも考えることができる。

【関連判例】

(1) フランス2000年10月24日コルマール（Colmar）控訴院判決
　　Pelliculest v. Morton International 事件[14]

本事件は、フランスに営業所を有する買主がドイツに事務所を有する売主を代表するフランスに常居所を有していた個人に送付したPurchase Orderによる売買契約に関するものである。裁判所は、Order Confirmationがドイツに所在する売主から発信され、請求や物品の引渡しはドイツの売主からなされているとし、売主がフランスに営業所を有していたと仮定しても、契約やその履行に密接に関連する営業所は、契約の締結時に当事者間に知れたる状況や想定された状況を考慮すると、事実ドイツにある営業所であるとして、本件契約の国際性は、結果として確立していると判示した。

(2) スイス1997年2月20日ザーネ（Saane）地方裁判所判決
　　蒸留酒事件[15]

本事件では、非締約国のリヒテンシュタインの会社のスイス支店がオーストリアの会社から蒸留酒を購入したケースで、リヒテンシュタインはCISGの締約国ではないが、スイス支店が事業遂行の場所であり、本件契約とその履行について最も密接な関係を有する営業所であり、スイスはCISGの締約国であるのでCISGが本契約に適用されると判示した。

【国際ビジネスへの活用】
　本事件および本判例は、当事者の営業所の所在地が異なる締約国にあるかどうかが判断されたものであるが、複数の営業所を異なる国に有する当事者にとっては、どの営業所を契約の当事者として起用するのかという点でCISGが適用されるかどうかにかかわってくるために、非常に重要なポイントとなる。

　もしCISGが適用されるかどうかという点が不明な場合においても、当事者間での契約条項（特に本事例のように責任制限条項など）の効果について、CISGによる制限があるかどうかという点を判断されたので、大変参考になる。つまり、CISGの適用がない場合には、当然として当事者間での契約条項による取決めが適用されることとなるが、CISGが適用される場合（CISGの適用を積極的に排除していない場合）には、本件のような責任制限条項など、当事者間で合意した契約条項による取決めが適用される場合もあるので、CISGの規定をそのまま適用してもかまわない場合はともかく、CISGの特定の規定の適用を除外したい場合には、個別にその旨を当事者間で明確に合意をしておくことが必要と考えられる。

　したがって、CISGが適用されるからといって、それがすべてに適用されるかどうか明らかではないことから、当事者間での合意条項とCISGとのどちらを優先して適用させるかについては、個別条項において、または全体的に当事者間で取決めておくことが必要であろう。

6　CISGの適用除外（第2条）
　ドイツ2001年10月31日連邦通常裁判所（最高裁判所）判決
　加工機械事件[16]

【論点】
　営業所が異なる国に所在する当事者間の物品売買契約について、買主が私用で購入することを知らされておらず、営業目的で利用するものと信じていた場合、CISGが適用されるかどうか。

【事実の概要】
① ドイツの会社である売主は、スペインの会社である買主に対して、1998年6月25日の注文書に基づき、370,000ドイツマルクで中古のコンピュータ制御の1981年製の歯車加工機械を売却し、売主の注文請書には、添付はされていないが標準的売買条件を引用しており、中古品の瑕疵についての責任を免除する適用除外条項が含まれていた。
② 本売買の対象の加工機械は、買主が雇用した運送会社によりスペインに運送された後、スペインの会社により設置され、接続された。そして1998年7月には、契約で合意した派遣技術者が派遣されたが、10日間の作業によっても本件機械を稼動させることができず、その後、9月になり別のエレクトロニクス技術者を派遣し、その協力を得て初めて問題が解決し、その技術者が支援すれば問題なく機械が稼動することとなった。
③ そこで買主は、売主等に対して、その費用の損害賠償を求めて訴訟を提起したものである。第一審は、1998年6月25日の注文請書は、売主が技術者を1日派遣すると約束したことにより、機械を稼動する状態に置くことに責任を持つと欲したことを規定したものとなるため、十分に適格な技術者を派遣する責任があり、技術的に資格のない技術者の派遣にかかった費用については、売主として責任があるとし、買主による損害賠償を認めたが、第二審は、破棄差戻しをした。

【判決の要旨】
(1) 上級審の判断
① 上級審においては、原審における手続には売主の技術者派遣に関する規定を十分に考慮しておらず、当事者の合意の解釈に不備があるとし、さらに結審するには十分に審議されていないと判断した。
② つまり、買主は売主に対してCISG第45条1項(b)、第35条1項、第74条に基づく損害賠償を主張しているが、売主は、契約違反に対する責任を有効に排除していないとした。売主の「売買および引渡条件」は、CISGによっては契約関係に適用されることとされないため、品質保証の免除は、適用されないとし、裁判所の判断は、本件機械が運送会社へ引渡

された際に品質保証でカバーされた瑕疵により被害を被ったかどうか、およびその除去にどのような費用がかかるかによることとなるとした。

(2) 連邦通常裁判所（最高裁判所）の判断

① 最高裁判所としては、上級審が、当事者間の関係の実質的分析が最終で確定的な結果であることを示すのであれば、上級審の判決がない場合であっても判決を出すことができるが、本件は手続上自ら判決を出すことができないとした。

② 売主がCISG第45条により契約違反に基づく責任を有効に免れることができるかどうかであり、上級審では、中古機械の品質保証責任の免除を規定している売主の「売買および引渡条件」が当事者間の合意事項として有効な規定であるかどうかの判断はないとした。

③ CISGは、標準契約条項が契約に含まれることとなるかどうかについての特別な規定は有していないとされた。そこでCISGが適用されるかどうかという点について判断することとなり、まずは上告審では、CISG第1条3項により、当事者が商人か非商人であるかについては、CISGの適用には無関係であり、非商人であっても対象とされるという判断は正しいとした。そこでCISG第2条（a）に規定する「消費者売買」は条約の適用対象から除外されると主張している点は関係ないと判断した

④ このCISG第2条（a）に規定されている売買は、売主が契約の締結の時点あるいはそれ以前に目的を知り、あるいは知っていたであろうことが必要とされる。そこでは、買主が法的な定義において消費者であれば、売主によるかかる知識は必要としない。したがって、売買契約が拘束力のある消費者保護法の対象となり、同時にCISGの対象となる場合には、二重に適用されることとなるとし、法の実際的な適用と同時に非商事的な契約当事者に対する差別を避けるという点で、CISGにより適用される一般的な契約条件を含むということは、統一的な原則を条件とすることが必要とされるとした。

⑤ したがって、もし、売主による「売買と引渡条件」が買主との間の契約に有効に含まれるというのでなければ、買主が中古の機械の販売において

品質保証の完全な排除をすることの有効性につき反対していることは、関係がなくなるわけである。
⑥　上告審では、買主の主張する引渡し済の機械における瑕疵に関して、そしてもし適切であれば、撤去のための必要な費用の程度に関して、更なる分析を求め事案を差し戻したものである。

【解説】
　本件は、まずは標準的売買条件を引用することにより国際的な売買契約に適用されるかどうかという点が議論となったが、CISGには、引用により標準条項を含めることに関して、特別な規定も用意されておらず、契約の構成に関する標準的なルール（第14条および第18条）が適用されるものである。標準条件が注文の一部を構成するかどうかについては、第8条に基づき決定されなければならないし、標準条件が注文の一部となるのであれば、注文の受領側が標準条項を考慮するための合理的な機会が提供されなければならないとされ、標準条件を含むとする注文者の意図を注文の受領者が気づくことが必要であるとし、さらには、標準条項を注文の受領者に送られること、あるいはそれを読む機会が提供されなければならないとした。
　ドイツの最高裁である上告審は、本事件において、このような一般的な結論は、消費者保護に関しても必要であり、CISG第1条3項においては商人とそれ以外とを区別しておらず、買主が消費者であることを契約締結時に売主が認識している場合のみ、CISG第2条（a）に基づき条約の適用が除外されることになる。つまり契約締結時に買主が消費者であることを認識していなければ、CISGが適用されることとなるため、消費者保護のためにも、標準的な契約条件については、注文書と同時に買主に送付されることが重要であるという判断を示した。
　本件事件は、標準契約条件が当事者間で有効な合意となっているかどうかについて判断され、その判断のなかで、CISGの適用の有無が検討されたという点で特徴的である。もし相手側（買主）が消費者であった場合には、CISGは適用されないこととなるので、消費者保護の法制度との関係を考慮することが必要となるが、相手方が消費者でなければ、CISGが適用される

こととなるため、売主の責任を免除する個別規定（特にそれが別途の標準条項として用意された場合）の有効性の問題が議論となるものである。

【関連判例】
(1) ドイツ2008年3月31日シュツットガルト（Stuttgart）上級地方裁判所判決
　　中古自動車事件[17]

ラトビアの買主とドイツの自動車販売業者との間で、中古自動車の売買契約が締結され、対象の自動車は塗装の塗り直しをしていないことが明記されていた。また売主の標準条項では、ドイツの裁判所を指定する管轄合意条項があった。引渡しを受けた後、買主は、当該自動車は、塗装の塗り直しがされず、かつ重要な瑕疵が適切に修繕されていないことを発見し、売主に対して損害賠償請求を行ったところ、売主が拒絶したため、買主は契約の解除をしたものである。

第一審は、買主の主張を認めたので控訴されたものである。上級審では、契約当事者の営業所がCISGの締約国に存在するためCISGの適用対象であるとしたが（第1条1項(a)）、売主は、買主が職業上の目的で自動車を購入したことを合理的に信じており、かつ買主の従業員が私用目的で当該自動車を使用するという意図については、審尋の当日まで知らされていなかったので、CISG第2条(a)に規定する条約の適用除外の要件を満たしているという点は否定した。さらに、ドイツの裁判所を管轄裁判所とする合意や主張のなかで国内法を引用するということだけでは、CISGの適用を除外するためには十分でないとした。

また、インターネット上での広告では、自動車を私用目的で利用する場合には、注文の際にそれを含むこととしていた。

(2) スイス2004年11月3日ジュラ（Jura）控訴裁判所判決
　　砂事件[18]

フランスの売主とスイスの買主との間の砂等の売買に関する紛争であるが、CISGが適用されるかどうかに関して検討がなされたものである。

CISGは、個人、家族あるいは自宅で利用するために購入された商品については適用されないこととなっており、旅行者や、隣国の住民あるいは私用

目的によるメールオーダーなどのように消費者が購入したものもCISGの適用除外となる。一方、商業上や職業上の目的のために個人が購入したものは、条約の対象となる。もし契約締結時に、物品が個人、家族あるいは自宅用に購入されたと売主が考える合理的な理由がない場合、つまり物品の量、引渡場所、その他取引における状況が消費者売買としての標準的なものでなければ、当該売買は、条約の適用対象となると判断された。買主が個人かどうかというよりは、取引の個別状況を考えることが必要であるとされたものである。

【国際ビジネスへの活用】

　売主として、取引にかかる紛争等の準拠法につき、CISGの適用を受けることを認識しているのであれば問題はないのであるが、もしCISGの適用を受けることを想定していない場合、例えばそれが消費者取引であるからCISGの適用対象外であると想定しているような場合には、相手である買主が個人であるからというだけでは十分ではない。

　上記の判決例からもわかるように、買主が個人であっても、利用目的が商業上あるいは職業上の目的である場合には、CISGが適用されることとなるため、売主としてCISGの適用を受けたほうがよいのか、あるいはCISGの適用を受けないようがよいのかどうか判断し、紛争等が生じた場合の考え方をあらかじめ認識しておくことが必要である。

　もし消費者取引としてCISGの適用を受けないこととなったとしても、紛争等の準拠法は、各国の国内法の適用を受けることとなるため、その場合には、買主が所在する国の消費者保護法の適用を受けることをあらかじめ認識しておくことが必要となる。

　また、これら紛争等の発生時の考え方について予測可能性を高めるため準拠法を明確にしておくという場合には、当事者間の個別売買契約のなかで、消費者取引として認識するかどうかなどを明確にしておくことが重要であろう。

> 7　製作物供給契約の適用可否（第3条）
> スイス2006年11月8日バーゼルスタッド（Basil-Stadt）地方裁判所判決
> 包装機械事件[19]

【論点】
　取引契約のなかに、請負や役務提供的な要素が含まれている場合、CISGが適用されることとなるか。

【事実の概要】
　スペインに営業所を有するスペイン法人の買主である原告と、スイスのバーゼルに営業所を有するスイス法人であり、医薬品や食料等用に使用される包装機械の製造業グループに所属する売主である被告との間の取引である。
① 2000年12月12日に、売主と買主とは、自動加工、壜詰および包装のための一貫システムとしての機械の売買契約を締結した。代金は247,278,337ペセタ（＝1,486,172.74ユーロ）であり、この価格には、売主による据付けおよび試運転が含まれていた。
② この包装機械は、買主の販売する製品の加工も含む一貫システムとして成り立っており、壜詰、密封、計量、ラベル貼り、および包装などが行われ、それらの搬送作業やボックス詰めなどの作業も行うこととなっていた。契約では、買主のクスリ壜の自動包装用であると規定されていた。
③ 契約においては、2001年6月15日に買主の工場において当該機械は引渡されることとされており、機械のすべての部品等は、当日までに設置され、かつ稼動準備状態となっていることが想定されており、売主の工場で初期稼動テストを行った後に分解され、スペインへ搬送され、2001年9月に、機械の部品がスペインの買主の工場に到着し、再度組立てが行われた。
④ 買主の工場で機械が設置された後に、機械の性能に関して一定の問題が発生した。特に、2002年8月12日に、売主は、買主に対して150本/分という機械の動作証明を行うことを通知したが、買主側は、この動作テスト

を行うことに同意せず、180本/分の動作確認を要求した。同年10月になり、売主が再度動作確認テストの実施の申出を行ったところ、買主は、これに同意せず、契約に定めた仕様に適合していないことを表明した。
⑤　売主からは、機械の性能に関して問題があることを認め、一部の機械部品の製造場所であるイタリアへ持ち帰り、150本/分を達成するため再度調整することを申し出たが、買主は、180本/分の主張を変えず、11月28日になり、契約を解除する旨通告した。その後2003年1月20日に会合を持つなど、売主は性能を上げる提案をいくつか行ったが、買主はこれらを拒絶し、契約の解除を宣言し、売買代金の返還と損害賠償の請求を行ったものである。
⑥　その後、解決のための交渉が行われたが、いずれも成功せず、2004年2月9日に、4,205,259.30スイス・フランの支払を求めて訴訟が提起されたものである。

【判決の要旨】

①　CISGの第3条において、製造または生産して供給される物品の売買契約は、売買とみなされると規定しており、物品の組立て、人員の教育あるいは保守サービスを提供する義務を含む、引渡しの契約は、この追加的義務が引渡しを行う主たる義務に関し付随的である場合には、CISGの適用範囲となるとしている[20]。本件でも、売買契約は機械の引渡しを規定しており、かつ買主の工場において、機械を稼動させ、かつ買主の人員の訓練をする義務も含んでおり、この追加義務は、売主の機械の引渡しを行う主な義務に対して付属的なものであることから、CISGは、本売買契約に適用されることとなると判断した。
②　CISG第8条では、当事者による言明やその他の行為は、他方の当事者が当該当事者の一方の意図を知り、または意図が何かを知らないことはあり得なかった場合には、当該当事者の意図により解釈されることを規定しており、それを適用することができない場合には、当事者の一方が行った言明その他の行為は、相手方と同種の合理的な者が同様の状況の下で有したであろう理解にしたがって解釈することとされている。また当事者の意

図または合理的な者が有したであろう理解を決定するに当たっては、関連するすべての状況（交渉、当事者間で確立した慣行、慣習および当事者の事後の行為を含む）に適切な考慮を払うこととされている。

③　本件では、契約を解釈するために、まずは当事者の明示的な意図に考慮を払うことが必要であり、契約の締結前の交渉およびその後の行為も考慮されなければならないものとされ、契約において、各製品毎の有効な生産スピードが指定され、最低のスピードは180本/分の結果が達成されることとされていたが、機械全体としては、要求された有効なスピードについての直接の情報はどこにも規定されていなかった。つまり、契約締結時の当事者による機械全体の生産スピードに関しての意図は、当事者間のそれまでのやりとりや、売主によりなされた契約の申込内容により決定されなければならないとされた。そして売主の申込みには180本/分の性能を有する包装機械であると規定されており、これが、買主が求めていた180本/分の性能で稼動することが可能な機械であり、売主は、これに対してなんらの反論もしておらず、買主もこの性能の数字を下げることには合意をしていなかった。実際にも、機械が買主の工場に設置されてから、結果の数字を増やすための1年以上も費やしており、結果として150本/分の性能を達成するようにと申し出たにもかかわらず、結果として、それも未達成であった。

【解説】

　CISGの第3条は、製作物供給契約や売買契約と役務提供契約の混合契約について、CISGの適用の可能性を規定しているが、製作物供給契約に関しては、買主が対象物品の製造または生産に必要な材料の実質的部分を供給する場合には、CISGが適用されないこととされている。この実質的な部分に該当するかどうかの規準については、物品の製造に用いる材料の経済的価値によると考えられている。また売買と請負契約のような請負契約との区別については、契約の主要な部分が労働その他役務の提供であるかどうかが判断の分かれ目となる。本事例でも、製品の据付工事や試運転サービスあるいは買主の人員の教育研修などのサービスの提供業務は、契約の主要な部分で

ある物品の売買の側面に比べて二次的であると認定されるような場合には、CISGの適用をするということになる。

　この何が主要な部分なのか、あるいは二次的な部分なのかという点については、不可欠であるかどうか、あるいは、経済的な価値を規準とするかどうかという考えがあるが、本契約では、契約の主要な部分として、機械の売買が主要な部分とされ、その設置や試運転、人員の教育研修などは副次的な部分であると判断されたものである。

【関連判例】
（1）ドイツ2008年6月12日カールスルーエ（Karlsruhe）上級地方裁判所判決
　　遠隔表示装置事件[21]

　オーストリアの買主は、2006年3月23日にドイツの売主から、2台の遠隔表示装置を購入した。当該装置はドイツで製造されオーストリアの買主に対して2006年4月18日までに小包郵便により引渡されることとなっていたが、実際には4月20日に納入され、買主もこれを受領した。

　本件では、ドイツの裁判所に管轄権があるかどうかも争われたが、上級地方裁判所においては、本契約が物品の売買契約であるかどうかについて検討がなされ、本装置の製作という役務の提供が物品の売買の側面に比べて二次的であり、本装置が買主の要望を入れて個別に製造されるという事情は、売買の性質を変えるものではないと認定して、CISGの適用をした。このなかで、役務の提供義務が、物品の売買契約から生じる義務より重要である場合には、物品が製造あるいは生産されて供給される契約については、役務を提供する契約であるとされると判断した。

（2）ドイツ1995年2月8日ミュンヘン（München）地方裁判所判決
　　標準ソフトウエア事件[22]

　ドイツの買主は、フランスの売主から、コンピュータのプログラムを購入し、引渡しがなされた。当事者間では、追加契約を希望するも交渉は不成功となった。そこでプログラムの代金の支払を拒絶した結果、訴訟になったものである。裁判所は、当事者がCISGの異なる締約国に営業所を有しているのでCISGが適用され、取引がコンピュータ・ソフトウェアプログラムに関

するという事実は、CISGの適用を妨げることにはならないとし、合意した価格による標準ソフトウェアの売買は、CISG第1条の意味における物品の売買契約であると判断した。シュレヒトリーム教授もコンピュータ・ソフトウェアはCISGに基づく物品の売買であることに同意している[23]。

【国際ビジネスへの活用】

　通常の物品の売買取引の場合には、CISGの適用範囲になるという点では問題はないが、製作物供給契約や売買契約と役務提供契約の混合契約については、CISGが適用されるかどうかの問題がある。CISG第3条では、物品の製作物供給契約は、原則としてCISGが適用されることとなるが、買主がその物品の製造や生産に必要な材料の実質的部分を供給したり、役務の提供が契約の主要な部分を占める請負などの契約の場合には、CISGの適用の可能性を否定することを規定している。

　したがって、取引の対象に製作物供給契約などにおけるように製造や生産に必要な材料の供給をしたり、役務の提供が含まれているような場合で、CISGの適用をしたいという場合には、当事者間でCISGの適用に合意をしておくか、あるいは、材料の供給部分や役務の提供部分を別契約として、物品の売買部分は少なくともCISGの適用範囲になるようにしておくことが望ましい。

　いずれにしても、当事者間でCISGの適用に合意をしていない場合には、売買取引契約に関して、CISGが適用されるかどうかについては法廷地の裁判所の判断によることとなるわけであるので、法廷地の裁判所の判断に任せるというよりは、当事者間でCISGの適用の有無をあらかじめ合意をしておくことが、万一紛争にいたった場合における予測可能性といった観点では非常に有益であろう。

8　慣習の有効性（第4条・第9条）
　　オーストリア2000年3月21日最高裁判所判決
　　木材事件[24]

第1章　適用範囲　37

【論点】
　CISGにおいて、慣習等がどのように扱われるか、また慣習等の有効性がどうなるか。

【事実の概要】
① 　原告であるドイツの売主は、オーストリアの買主に対し、木材を売却した。買主は、受領した木材の不適合を主張し、木材は合意した品質を有していない旨の通知を売主に送り、代金の支払を拒否したところ、売主は、木材取引におけるドイツの地方慣習を引用し、買主は、14日以内に不適合の正確な内容を特定しなければならず、買主が14日以内に不適合の通知をしなかったことから、買主としては不適合を主張する権利を喪失したと主張した。
② 　これに対して、買主は、不適合については、適切な通知を送っており、かつ地方慣習はCISGが適用される国際物品売買契約には適用されないと反論したものである。
③ 　つまり、本件では、ドイツで利用されている地方商慣習（"*Tegernseer Gebräuche*" (regional trade usages)）が有効であるとされた場合に、それがCISGに優先して適用されるかどうかということが問題となった事件である。

【判決の要旨】
① 　第一審では、当該地方商慣習（"*Tegernseer Gebräuche*"）は、ドイツとオーストリアの当事者間での木材の売買契約において通常利用される契約の条件であり、CISGの第9条2項により適用されるものであり、地方慣習では、引渡しを受け、かつ物品を検査した後あるいは検査することができたであろう時期から14日以内に引渡された木材の不適合を明らかにした通知を、売主に送ることが買主に義務づけられていると判定した。また買主による売主に対する通知において合意した標準に不適合であるというだけでは、十分に不適合が明らかとなっておらず、また特定もされていないので、買主が不適合に依存する権利を喪失したという点について、なんら法の適用に問題はないと判示し、結果として売主が引渡した木材は、買主により受

領されたものとされると判示した。
② 控訴裁判所および最高裁判所でも、この第一審の判断を採用した。最高裁では、CISG第9条は、慣習の適用可能性に関する規定であるが、その有効性に関するものではないとし、当事者が国際取引慣習に拘束されることを望んでいる場合には、当事者により明示的または黙示的に合意された商慣習は、必ずしも国際的商慣習である必要はないが、第9条2項に定める国際取引慣習は、同種の業界で営業活動に従事するものの過半数により認識されていれば、広く知られ、通常遵守されるものであると判断できるとした。さらに、その慣習が利用される地域に営業所を有する当事者によって、それが知られているか、または知り得べき場合に限り、その慣習が適用されると判断した。
③ 最高裁は、原告が注文を受諾する場合に、地域的な慣習（"*Tegernseer Gebräuche*"）の適用を明示的に示したことを認め、以前にも被告との間で木材の取引があったので、被告は当然その慣習を知っていたはずであるとして、原審の判断を維持した。なお、最高裁は、もし買主が不適合の内容を明示して合理的な期間内に不適合についての通知を与えない場合には、物品は受領されたものとされ（CISG第39条1項）、この期間内に不適合を通知する義務があるというルールは、物品が不足していた場合だけでなく、買主が注文した物品とは異なる物品を引渡した場合であっても適用されるとした。

【解説】

本判例からも明らかであるが、CISG第4条により、CISGは、当事者間で別途合意しない限り、契約やその条項の有効性ならびに商慣習の有効性については適用されないこととなっており、有効な商慣習自体については、CISG第9条に基づき適用されることとなる。したがって、当事者間で当該商慣習について明示的または黙示的にその存在を認めた場合には、当事者間ではそれを採用したことになる（第9条1項）。しかし、その有効性については、CISGには規定がないので、結果として当該商慣習に適用される国内法などにより判断されることとなる。

この点は、CISGに規定のない売買契約やその条項の有効性については、当事者間で別途合意した国内法あるいは法廷地の国際私法等で決定される準拠法が適用されることとなるのと同じ意味である。

CISG第9条2項によって、別途合意がない限り、その慣習が知られているか、または知り得べき場合で、かつ国際的取引において、当該取引に関与する契約当事者により広く知られ、かつ通常遵守される場合には、黙示的に契約に適用されることとされる。このように採用され、合意された慣習や、確立している慣行ならびに広く知られ、通常遵守される慣習は、それと異なるCISGの規定に優先して適用されることとなる。

【関連判例】
(1) オーストリア1998年12月15日最高裁判所判決[25]

オーストリアの商法典（Handelsgesetzbuch；HGB）第346条に基づき商慣習とされる木材取引におけるオーストリアの商慣習は、当該取引契約において明示的あるいは黙示的に導入されるなら、当事者間で適用されることとなる、またそれが法律の規定で引用されている場合には、当該商慣習は、法律の規定の一部として採用されることとなると判断した。つまり、準拠法の一部となる場合には、当事者間にそれがすべて認識されていなくても、当事者間で合意されているかどうかにかかわらず、慣習が適用されることになる。

(2) ドイツ1998年1月28日ミュンヘン（München）上級地方裁判所判決
　　自動車事件[26]

原告であるイタリアの売主は、買主であるドイツの自動車ディーラーに対して、最初の契約に基づいた自動車の売買代金残金の支払と、追加の自動車の購入についての第2の契約に基づく支払済の代金の返還を求めて、ドイツの裁判所に訴訟を提起した事例である。買主は、最初の契約については、小切手で支払ったものの不渡りとなっており、第2の契約が解除されたとき、売主は別の小切手により支払われた前払い金について現金で返還したが、この小切手も不渡りとなった。そこで買主は、相殺を主張したものである。

この最初の契約については、売主の請求を認め、買主として自動車代金の支払義務がある旨を判示し（CISG第53条）、不渡小切手の費用の損害賠

償請求も認めた（CISG第74条）。一方、支払済代金の返還請求については、CISGの適用を受けず（CISG第4条）、支払が原契約に基づきなされた場合のみCISGが適用されることとなると判示した（CISG第81条2項）。もし、契約の解除後に、売主が現実には受領しなかった売買代金を償還した場合には、これは契約に基づきなされた支払であるとは見なされず、売買契約になんら関係のない存在していない義務を履行したものであるとされ、償還請求については、ドイツの国際私法に基づき、イタリア法が適用されるものと判示した。かつ、CISGは相殺に関しては規定がないので（CISG第4条）、ドイツ国際私法に基づき、相殺の請求権を認めないイタリア法が適用されることとなると判示した。

【国際ビジネスへの活用】

　CISGは、その適用範囲が限定的であることから、CISGがその適用を認めている場合は問題はないが、そうでない場合には、それが商慣習であっても、当事者間でその適用を合意しておくことが必要となる。なお、その商慣習が有効であるかどうかについては、CISGではカバーしていないので、それは国内法等により有効であるかどうかが判断されることとなり、国内法等で有効とされる場合や当事者間で当該商慣習の採用を認める場合には、CISGに優先して適用されることとなるので、国内法等で明らかに有効な商慣習であればともかく、それが不確実である場合には、当事者間でCISGに優先して適用される商慣習であることを合意しておくことが望ましい。

　この点は、商慣習だけでなく、CISGに規定のない事項、例えば相殺請求権などに関しても同様であるので、関係している国のすべてにおいて、有効であるかどうかが明らかでないような事項については、当事者間の契約のなかで明確に規定しておくことが望ましいこととなる。これは、CISGに規定のない事項について、各国の国内法に依拠することとするのが通常であろうが、当事者間での紛争を避けるためにも、契約においてできる限り規定しておくことが必要であろう。

9 CISGの適用排除（第6条）
アメリカ2001年7月27日カリフォルニア（California）連邦地方裁判所判決
Asante Technologies v. PMC-Sierra 事件[27]

【論点】
CISGの適用排除は、当事者間で明確に適用排除の合意をすることで可能であるが、特定の国の法を準拠法として合意することにより、CISGの適用の排除ができるか。

【事実の概要】
① 米国カリフォルニア州サンタクララに主たる営業所を有する米国デラウエア州法人であるPC間やPCのインターネットへの接続に利用される電子部品の製造会社の買主と、カナダ・ブリティッシュコロンビア州と米国オレゴン州ポートランドに営業所を有する米国デラウエア州法人である売主とは、両者間で"Prototype Product Limited Warranty Agreements"を締結し、買主が電子部品の製造のために必要とし、売主から取得する電子部品（ASICs）の技術的仕様を取決めていたものである。

② 買主が当該電子部品を注文する際には、売主の指示により、その多く（すべてではない）について、カリフォルニア州在の独立の販売店（Unique Technologies）へ購入注文書を出していた。注文書には、当事者間の契約を引用したものはなかったが、売主の指示どおり当該販売店に出された5件の注文書のうち、4件は、当該販売店経由で売主に提供されていた。残りの1件は、ブリティッシュコロンビアの売主に直接注文書が出されたものである。注文された電子部品は、買主のカリフォルニア州の本店に引渡されており、引渡しの都度、販売店からの請求書に基づき、代金は買主から支払われていた。

③ 本件紛争は、売主により引渡された当該電子部品が、合意した仕様書に適合していないとして、買主は、不法行為および契約に基づき、カリフォ

ルニア州のサンタクララ州裁判所に訴訟を提起したのが本事件である。売主は、2001年2月13日に本件事件をカリフォルニア州連邦地裁サンホセ支部に移送することを申立てたところ、買主のほうは、連邦地裁には本件の管轄はないのでサンタクララの州裁判所に戻すように申立てたものであり、連邦地裁において、管轄の有無が議論されたものである。
④　売主は、本件には、CISGが適用されると主張、米国が署名した条約から生じるすべての民事事件については、連邦地裁が原則として管轄を有することとなっており（28 U.S.C. at 1331 (a)）、買主もこの点については争いがなかった。

　なお、買主が発行した購入注文書の記載の条件として、カリフォルニア州法が適用されることを条件とすることとされ、購入注文書には、"APPLICABLE LAW. The validity [and] performance of this [purchase] order shall be governed by the laws of the state shown on Buyer's address on this order."と買主の住所に示された州法が適用されることが規定されていた。

【判決の要旨】

①　連邦地裁は、本件について、管轄を有するかどうかという点に関して、本件契約に基づく紛争には、CISGが適用されることとなり、本件申立ては、民事事件を扱うこととなるので、管轄を有するものと判示した。つまり、本件の当事者は、異なる国に営業所を有し、当該国は、いずれも締約国であること、特に、裁判所は、売主の関連営業所は、カナダ在であると判断した。その理由として、会社の本社、販売事務所、対外関係の担当部および主たる倉庫は、ブリティッシュコロンビアにあり、売主は、多くのデザインおよびエンジニアリング活動もそこで行っていること、また、買主との間のやりとりも、カナダから技術仕様書も提供しており、本件 "Prototype Product Limited Warranty Agreements" もカナダで締結していることから、カナダの営業所が本契約およびその履行に最も密接に関係する地であると判断したものである。

②　買主が購入注文書をカリフォルニア州在の独立の販売店に発行したとしても、"warranty agreements" は、売主との間で直接締結されたものであり、

当該独立の販売店は、売主の代理人でもないと判断して、当該、"warranty agreements"は、売買契約であるかどうかを、裁判所は判断しなかった。さらに、当事者間の注文書の準拠法条項は、CISGの適用を排除するという明白な文言を規定しておらず、買主の注文書の条項は、カリフォルニア州法が適用されることを規定していたが、売主側の条項は、ブリティッシュコロンビア州法が契約に適用される準拠法であると規定していた。そのうえ、連邦憲法における優位条項（Supremacy Clause）の下では、CISGがカリフォルニア州法に優先し、ブリティッシュコロンビア州の法律もCISGが適用されることを認めていることを裁判所は判断し、本件事件は、連邦法に基づくものではないという買主の主張に対して、米国が締結当事者となっている条約としてのCISGが、連邦憲法における優位条項に基づき州法に優先して適用されること、かつ申立てにおいて主張された事実もCISGが適用されることを示していると判示したものである。

【解説】

　CISGは、直接適用可能な条約であり、また当事者がいずれも締約国に営業所を有する場合には、原則として直接適用されるものである。その一方で、CISGは、契約に当たっての当事者自治原則を前提としており、当事者はCISGの適用を排除し（第6条前段）、いずれかの国家の法規範を準拠法として指定できるということとなっている。これは「オプト・アウト」とか「コントラクトアウト」と呼ばれている。

　本件の場合、特定の国の法を選択することがCISGの適用を黙示的に排除することになるとしても、それだけでは、CISGの適用を排除するという明確な意思表示を証するものとはならないこと、また、当事者間で適用法についてカリフォルニア州法を選択するとしても、カリフォルニア州としては、連邦憲法の優位条項（Supremacy Clause）に基づき、合衆国が署名した条約に拘束されることとなることを意味している。そして、カリフォルニア州においては、一般的に、CISGの異なる締約国における当事者間の契約には、CISGが適用されることとなっており、CISGの適用を排除する旨を契約当事者間で示す明確な文言がない場合には、準拠法の選択はCISGの適用を排除

するという主張としては認められないものとされた。

いずれにしても、CISGの適用を排除するためには、当事者間で明確な合意が必要であることをあきらかにしたものである。

【関連判例】

(1) ドイツ1998年11月25日連邦通常裁判所（最高裁判所）判決
　　粘着性フィルム事件[28]

ドイツとオーストリアの当事者間の紛争で、ステンレス鋼板の輸送や加工に際しての損害を保護するための表面フィルムの売買に関し、表面フィルムの不適合により発生した事件について、締約国の法の適用を選択するという意味は、CISG第1条1項（b）により、CISGを適用するということであり、CISG第6条に基づきCISGの適用を排除することを意味するものではないことが判示された。締約国の法の適用選択だけでは、CISGの適用を排除するものではないとされた（本章の事件2参照）。

(2) フランス2005年10月25日破毀院（最高裁判所）判決
　　除草剤事件[29]

フランスの売主とチュニジアの買主による除草剤の売買契約に関して発生した事件である。フランスはCISGの締約国であるが、チュニジアは非締約国である。事件の内容は、売主より買主に対して引渡された物品に瑕疵があるとして、買主が売主と生産者のポルトガルの会社を相手にフランスの裁判所に訴えを提起したものである。フランス破毀院は、CISGはフランスの実体法規定に含まれており、フランスの裁判官は当事者がCISG第6条に基づいて明示または黙示でCISGの排除を合意していない限り、CISGを適用する義務があるとしたうえで、本件では、当事者は本契約の国際的性質を了解したうえで、紛争の解決に当たってはフランス国内法の実体法規範に準拠することを合意しているとして、CISGではなくフランス国内法規範を準拠法としたものである。CISGの適用を黙示的に排除したものである。

(3) スイス1995年3月16日ツーク（Zug）地方裁判所判決
　　コバルト事件[30]

イギリスとスイスの当事者間で締結した売買契約において、CISGの締約

国であるスイスの法を準拠法とする合意があり、裁判所は、CISGではなく、スイスの国内法を適用したものである。一方のイギリスがCISGの締約国ではないということが考慮されたものであろうか。なお、スイスの売主とアメリカの買主との間の売買契約では、契約に基づいて売主が物品を引渡したが、買主が代金を支払わなかったので、売主が仲裁を申立てた事件において、売買契約には「本契約の成立、解釈と履行に関するすべての事項にはスイス法を適用する」という準拠法条項があったことから、チューリッヒの国際商業会議所・国際仲裁裁判所における仲裁廷の仲裁判断は「CISGはスイスの実体法規定の一部を構成する」としてCISGを適用している[31]。

(4) ドイツ2000年8月30日フランクフルト（Frankfurt）地方裁判所判決

　　織り糸事件[32]

　ドイツの繊維卸商が、インドの織物業者から織り糸を注文したところ、インドの織物業者は、スイスの子会社に対して請求書を発行することを依頼、スイスの子会社から発行された請求書に基づき、買主であるドイツの繊維卸商は、インドの会社宛に約束手形を発行したが、その修正を求めたにもかかわらず、そのまま契約が実行され、代金請求がスイスの子会社から買主に対してなされた事件である。裁判所は、当初、請求書に記載されているスイス法を準拠法とする規定によっては、CISGの適用を排除することはできないとし、CISGはスイス法の一部であり、CISGの適用を排除するためには、スイス国内法に準拠する旨のより明確な引用が必要であるとした。

【国際ビジネスへの活用】

　CISGは、国際物品売買契約に関する統一条約であるが、その解釈は裁判所の所在国によって異なることがある。上記の裁判例でも明らかなように、同じ国の裁判所においても、特定の国内法を引用することによりCISGの適用の排除が推定されたり、CISGの適用を排除するためには、明確に適用排除をする旨を規定する必要があるとされたり、特定の国の国内法を準拠法とする旨の規定が必要であるとするなどが判示されている。したがって準拠法条項についてはできる限り明瞭に記述すべきである。特にCISGの適用を排除し、特定の国の国内法を準拠法とする場合には、特定の国の国内法を準拠

法とするだけでは十分ではなく、明確にCISGの適用を排除することを合意しておくことが必要である。

　この点については、売買契約の相手方の営業所の所在地がCISGの締約国である場合も非締約国である場合も、準拠法についての紛糾を避けるためには、準拠法について合意し、CISGを排除するならばそれを明記し、CISGを適用するのであれば、CISGを含む締約国の国内法を準拠法とすることを明記すべきである。

10　解釈の一般原則（第7条）
　　アメリカ2009年12月17日ジョージア（Georgia）連邦地方裁判所判決
　　Innotex Precision Limited v. Horei Image Produdts, Inc., プリンターカートリッジ事件[33]

【論点】
　CISGを解釈する際に、どこまで国際商取引の現状や国内法とは異なる条約の独自の解釈がなされるのであろうか。

【事実の概要】
①　香港に営業所を有し、プリンターカートリッジ、プリンター用補給品およびその他の印刷用製品の販売を行っている香港法人である売主（Innotex）と米国ジョージア州に営業所を有し、プリンターカートリッジやその他の印刷用製品の卸売販売をしている米国ジョージア州法人である買主（Horei）との間で、2006年5月から2008年1月の間に実行したプリンターカートリッジの購入取引が対象である。
　　また、売主は、買主の姉妹会社であるITM（ジョージア州法人）からプリンター用の部品を購入することを合意していた。
②　カートリッジが著名なプリンターブランドに対応して設計されているということであったので、ITMとHoreiとは当該カートリッジが第三者の知的財産権を侵害していない旨を証明する法律意見書を要求していた。

③　売主は、買主が売主に対して負担している代金債務の支払を拒絶したこと、かつ合意した数のプリンターカートリッジの注文をしなかったことにより契約違反を行ったと主張したところ、買主は、売主が法律意見書の提供を行わなかったこと、および第三者の知的財産権を侵害した欠陥のある製品を引渡したことから、契約上の義務の履行を免がれることになると主張した。

④　そこで売主Innotexは、買主であるHoreiおよびITMその他に対して、契約違反、約束的禁反言、および品質保証違反により損害賠償、逸失利益、倉庫保管料、金利およびその他の損害について、3,878,838.41ドルの損害賠償を求め訴訟を提起し、CISGおよびその他の準拠法が、契約違反、約束的禁反言および品質保証違反に適用されると主張したものである。

【判決の要旨】

①　CISGは、国際的売買契約に適用される条約であり、締約国の当事者間の契約に適用されることとなっている（第1条1項(a)）。また、国際私法が締約国の法の適用を導き出す場合には、非締約国の当事者間の契約にも適用されることとなっている（第1条1項(b)）。しかし、米国は、この後者の規定を批准しておらず、したがって、CISGが適用される唯一のケースは、すべての契約当事者が締約国に営業所を有する場合であるとされた[34]。

②　本件の場合、香港が締約国であるかどうかについて検討され、香港は英国の植民地であったが、1997年にCISGの締約国である中華人民共和国の特別行政地区となり、CISGの第93条1項により、異なる法制が適用される複数の領域（territory）からなる締約国について、これらの領域のすべて、あるいは一部に対してCISGの適用がなされることを宣言することを認めているが、これらの宣言は、書面により、国連の事務総長宛に提出されなければならないこととなっている。もしこのような宣言がなされなければ、CISGはすべての領域に拡大して適用されることとなるとされている（第93条4項）。

③　そして、中華人民共和国は、第93条に基づき、CISGが香港に適用され

ない旨を正式に宣言していなかったが、1997年に国連事務総長に対する書面により中華人民共和国が当事者となっている条約は、香港の返還と同時に香港にも適用されることを宣言した。しかし、CISGは127の条約リストには含まれておらず、CISGは香港には拡張して適用することは意図していない旨を明らかとしたものである。

④ この解釈は、香港の司法省や判例ならびに多くの学説によっても支持されており、香港の司法省は、現在、香港に適用され有効な条約のリストを公表しているが[35]、CISGはこのリストには含まれていない。

⑤ なお、米国の裁判所では、香港が締約国であるかどうかについて検討はされていないが、フランスの最高裁だけが、この問題を扱っており、1997年の宣言はCISG第93条の要件を満たすものであると判断している[36]。

⑥ 本件においては、中華人民共和国、香港司法省、フランスなどの国の考え方と同様、裁判所は、CISGは香港がその締約国ではないので、適用されないと判示している。

【解説】

CISGの解釈については、CISG第7条に規定を置いているが、まず国際的性質・適用における統一、国際取引における信義の遵守の促進の必要性を考慮しなければならないとしている。この国際的性質については、各国の裁判所がCISGの解釈に当たり、各国国内法の概念に引きずられることのないようにということが必要であり、適用における統一という点については、各国の裁判所は、諸外国の判断例を考慮することが求められることとされている。今後、日本の裁判所においても、この基本原則に則ることとなれば、外国の裁判所の判断例を調査することが必要となる。

また、CISGに明文の規定がない場合、CISGの基礎となる一般原則があればそれにしたがうこととなり、そのような一般原則がない場合には、法廷地の国際私法のルールにより適用される準拠法によることとなる。つまり法廷地の国際私法により準拠法を決定し、それを直ちに適用するということではなく、CISGの基礎となる一般原則、例えば、信義誠実の原則とか、禁反言の原則や、ユニドロワ国際商事契約原則（以下「ユニドロワ原則」という）を

考慮しなければならなくなる。

【関連判例】

(1) スペイン2003年6月7日バレンシア（Valencia）控訴裁判所判決
　　Cherubino Valsangiacomo, S.A. v. American Juice Import, Inc.
　　濃縮ブドウジュース事件[37]

　本件は、スペインの売主と米国の買主との間で締結された1,500トンの濃縮ブドウジュースの売買契約に関して発生した商品の劣化についての紛争事例であり、契約違反の有無と損害賠償請求の可否が争われた。買主は、当事者間で合意した期間内に、売主の施設から商品を集荷する義務の履行をすることができなかったことにより、この遅れの結果として、商品は重大な色落ちを被ったものとして損害賠償請求がなされたものである。

　裁判所は、買主がCISGが適用されると主張したのに対して、CISG第1条1項(a)に基づき、CISGが適用されると判断した。さらに、CISGの解釈について、下記のとおり非常に興味深い考え方を示したという点で本件は特徴的である。

① CISG第7条1項および2項により、統一的な解釈の必要性や国際商取引法の分野における現在の状況を反映した他の条約に存在する原則に注目すべきである。
② CISGの解釈に当たり、国内法との関係で独立した法原則の重要性を指摘、さらに国内法を適用するに当たり使用されるものとは異なった方法を採用すべきである。
③ 適用する場合の統一性を確保する唯一の方法は、他の国の裁判所で適用する場合に採用されたことを考慮に入れることであり、このような統一性を確保するには、法の専門家の意見を求めるべきである。そのために、裁判所はCLOUTシステムを参照すべきであると指摘している。

　そして、本件では、CISG、他の国内や外国の裁判所の先例、スペインの国内法、契約上の合意、当事者の請求内容および提供された証拠というものは、紛争の主たる内容を扱うための手段になるであろうと判示した。

(2) イタリア2000年7月12日ビジェバノ（Vigevano）地方裁判所判決
Rheinland Versicherungen v. S.r.l. Atlarex and Allianz Subalpina S.p.A.
靴底用硬質ゴム事件[38]

　本事件は、イタリアの売主がドイツの買主に対して、靴底の生産のために使用される硬質ゴムを引渡し、買主により生産された靴底が、靴を製造しロシアで販売をしているオーストリアの靴製造業者に販売されるという取引内容のものであり、ロシアの客先から不平を受けたオーストリアの製造業者がドイツの買主に対して請求した結果、ドイツの買主がイタリアの売主に対して原料の不適合を理由としてイタリアの裁判所に提起した訴訟である。
　この裁判において、裁判所は、外国の裁判所や仲裁廷ですでに下されているCISGに関するいくつかの判決を考慮して、国際的な判例における先例には、拘束されないものの、CISGの解釈や適用における統一性を促進するために、裁判官や仲裁人によって考慮されなければならない（第7条1項）と、裁判所の意見を述べている。裁判所によると、当事者間の合意で、CISGの適用を明示的あるいは黙示的に排除することは自由であるが、当事者における主張において単に国内法を引用するということは、CISGを排除するには十分ではないとし、当事者は、まずCISGが適用され、さらにその適用を排除するということに注目しなければならないと指摘した。

【国際ビジネスへの活用】
　CISGが適用されるようになり、裁判による判例も多く存在してきている状況下においては、過去自国の裁判所で判断を下す際に、ＥＵ域内での判決の存在やその重要性を認識してきた欧米諸国においては、本件の判例などのように、他の国の裁判所の判断を重視して、CISGの解釈や適用に関して統一性を確保しようとしているという点は、十分に評価できるのであるが、2009年8月に初めて日本法の一部としてCISGが適用となった日本において、裁判所が、この欧米諸国のようにCISGの統一性を確保するために、諸外国の判決例や仲裁裁定例をどこまで考慮してくれるかは、明らかではない。
　今後、国際売買取引を実行しようとする当事者にとっては、日本の裁判所における判決事例が増え、CISGの解釈や適用において統一性が確保される

までの間は、少なくとも、国際売買契約において、CISGの適用を受けることでよいのか、またCISGの適用を排除したほうがよいのかなどをあらかじめ確認しておき、それを契約に反映しておくことが望ましいと思われる。

注

1　CISG Advisory Council Opinion No. 4.
2　Pace, Germany 25 November 1998 Bundesgerichtshof［CLOUT case No. 270］.
3　Pace, Germany 2 October 1996 District Court Heidelberg.
4　Pace, Germany 25 June 1997 OLG Karlsruhe［CLOUT case No.230］.
5　*Einführungsgesetz zum Bürgerlichen Gesetzbuche* (EGBGB).
6　Pace, Italy 12 July 2000 Tribunal of Vigevano［CLOUT case No. 378］.
7　Pace, USA 9 March 1999 State District Court, Minnesota［CLOUT case No. 416］.
8　Pace, Germany 17 September 1993 Oberlandesgericht Koblenz (*Computer chip*)［CLOUT case No. 281］.
9　Pace, Germany 20 November 1992 Appellate Court Karlsruhe (*Frozen chicken case*)［CLOUT case No.317］.
10　Pace, Germany 10 December 2003 Appellate Court Karlsruhe (*Carpets case*)［CLOUT case No.635］.
11　Pace, China 19 November 2005 Guangzhou Intermediate People's Court (*Ginger case*). 中国2005年11月19日広州中級人民法院(生姜事件)穂中法民三初字第297号。
12　Pace, China 25 December 2002 Jiangsu High People's Court (*Zhuguang Oil Company v. Wuxi Zhongrui Group Corporation*).
13　Pace, USA 6 January 2006 Federal District Court［Pennsylvania］［CLOUT case No. 848］.
14　Pace, France 24 October 2000 Cour d'appel Colmar (*Pentaphan glue case*)［CLOUT case No.400］.
15　Pace, Switzerland 20 February 1997 District Court Saane (*Spirits case*)［CLOUT case No.261］.
16　Pace, Germany 31 October 2001 Supreme Court (*Machinery case*)［CLOUT case No.445］.
17　Pace, Germany 31 March 2008 Appellate Court Stuttgart (*Automobile case*).
18　Pace, Switzerland 3 November 2004 Appellate Court Jura (*Sand case*).
19　Pace, Switzerland 8 November 2006 Civil Court Basil-Stadt (*Packaging machine case*).
20　Schlechtriem / Schwenzer, Kommentar zum UN-Kaufrecht, Art. 3 para. 17.
21　Pace, Germany 12 June 2008 Appellate Court (Oberlandesgericht) Karlsruhe.
22　Pace, Germany 8 February 1995 District Court of Munich (Landgericht)［CLOUT case No.131］.
23　Schlechtriem/Huber (CISG, 1990, Annotation 21 to Art.1).
24　Pace, Austria 21 March 2000 Oberster Gerichtshof (Supreme Court) (*Wood Case*)［CLOUT case No. 425］.
25　Pace, Austrian 15 December 1998 Supreme Court (Oberster Gerichtshof).
26　Pace, Germany 28 January 1998 Appelate Court München (Oberlandesgericht München)

(*Automobiles case*) [CLOUT case No.288].
27 Pace, USA 27 July 2001 Federal District Court [California] [CLOUT case No.433].
28 Pace, Germany 25 November 1998 Federal Supreme Court [CLOUT case No.270].
29 Pace, France 25 October 2005 Supreme Court (*Weed killer case*) [CLOUT case No.837].
30 Pace, Switzerland 16 March 1995 District Court Zug (*Cobalt case*) [CLOUT case No. 326].
31 Pace, Switzerland July 1999 Court of Arbitration of the International Chamber of Commerce [CLOUT case No. 630].
32 Pace, Germany 30 August 2000 Appellate Court Frankfurt (*Yarn case*) [CLOUT case No.429].
33 Pace, USA 17 December 2009 Federal District Court [Georgia].
34 Impuls I.D. Internacional, S.L. v. Psion-Teklogix Inc., 234 F. Supp. 2d 1267, 1272 (S.D. Fla. 2002).
35 Hong Kong Department of Justice, International Law Division, List of Treaties in Force and Applicable to the Hong Kong Special Administrative Region; http://www.legislation.gov.hk/interlaw.htm.
36 Telecommunications Products Case, Cour de Cassation, Premier Chambre Civile [Cass. 1e Civ.] [Supreme Court] Apr. 2, 2008 (Fr.).
37 Pace, Spain 7 June 2003 Appellate Court Valencia [CLOUT case No.549].
28 Pace, Italy 12 July 2000 District Court Vigevano [CLOUT case No.378].

第2章　契約締結前の予備的合意

1　要　点

　Letter of IntentやMemorandum of Understandingなどの確認文書[1]（「予備的合意」）は、契約成立に向けた交渉の過程で作成される書類である。予備的合意の確認は、その後の当事者の行動や判断に強い心理的影響を及ぼすばかりでなく、その交渉や書面確認という行為（conduct）はCISGの下で法的な「意味」を有する。CISG第8条3項は、当事者の意図を決定するに当たっては交渉を含め関連するすべての状況に妥当な考慮を払うと規定している。交渉の真正な記録として予備的合意はCISGの下で重要性を増すであろう。予備的合意は、一般的にはその確認時点での当事者間の合意事項や正式契約締結までに解決すべき懸案事項などを確認する手段として利用されるが、それ以外にも誠実交渉義務、秘密保持義務や独占的交渉権、さらには交渉の過程で当事者が第三者から売買申込みを受けた場合の優先的売買の権利等が規定される場合もある。

　予備的合意が正式な売買契約と区別される基準は、売主が特定の物品受渡しの具体的な義務を負担し、買主が当該物品代金の支払義務を負担しているか否かである。つまりCISG第30条と第53条に基づく義務を当事者が負担しているかどうかが基準となる。予備的合意でそのような売買合意がなされていれば、それはCISGの下で解釈されることになり、そうでない場合は法廷地の国際私法によって決定される準拠法にしたがって解釈されることになる。

　また、正式な合意であっても、売買基本契約や販売店契約は一般的には具体的な売買合意を形成せずに当事者間の将来の売買の枠組みを取決めるものであり、これらは基本契約（framework contracts）と総称される。基本契約その

ものにはCISGは直接適用されないが、これに基づいて締結される個々の売買契約は、CISGの下で「売買契約」に該当しその関連諸規定が適用される。

> 2　CISGの下での予備的合意
> ベルギー2002年5月15日ゲント（Ghent）控訴裁判所判決
> NV A.R. v. NV I., ページャー・フォン設計事件[2]

【論点】
　当事者が取り交わしたLetter of Intent（LOIという）には、正式契約を締結する義務を負わないことが明記されていた。当事者は、正式契約を締結することなく合意の一部を履行したが、この場合当事者はLOIに基づく法的責任を負担することになるか。

【事実の概要】
　本事件は、ベルギーのページャー・フォン製造企業（売主）がフランスのネットワーク・オペレーター（買主）を相手取って両者間で成立した製造物供給契約の不履行を理由としてベルギーの裁判所に訴えた事件である。事実の概要は下記のとおり。
① 　買主は、フランスにおけるネットワークで使用するためのページャー・フォンの開発を売主に委託すべく交渉を開始し、1997年7月に両社はLOIを取り交わした。
② 　LOIには両社が署名し、売主が開発・製造する10個のプロトタイプを買主が承認した後、1997年11月から1998年1月までに30,000個のページャーを1個当たり425仏フランで購入する旨が記載されていた。しかし、このLOIは最終的な合意ではなく、両社による更なる交渉を経て1997年8月末日までに最終合意書を取り交わすことが規定されていたが、最終合意書を締結する義務を双方とも負担しない旨も明記されていた。LOIには、それ自体および将来締結される正式契約がフランス法に準拠する旨が規定されていた。
③ 　LOIに基づき、売主は設計や組立てを開始することが両当事者間で確認

されていた。また、9月に買主は正式な契約書のドラフトを送付して売主にそのコメントを求めているが、この正式契約書はついに締結されることはなかった。

④　プロトタイプの引渡時期や、最終製品の受渡日などについて当事者間の話合いが継続され、1997年11月の会議の報告書には「契約変更に関する話合い」といった記載もみられる。

⑤　製品のカラー・サンプルやマニュアル作成に関する議論も並行して行われたが、最終製品の受渡時期は、1998年1月以降になることが明らかになりつつあった。一方、同年クリスマス・シーズンではページャーの販売は落ち込み、フランス国内の各販売店は大量の旧製品在庫を抱える状況に至った。

⑥　買主は、1998年1月に会議を招集したが、それに先立って売主に次の3つの選択肢を提案した。ⓐ売主が調達した部品を、売主のネットワークまたは海外の市場で使用するページャーに使用する。この場合、買主がすでに支払った前渡金は、買主に償還される。また、プロトタイプは売主が他の顧客に使用する。ⓑ上記と同様であるが、売主がページャーのプロトタイプを他に使用できない場合は、買主がそれを買い取る。この費用はすでに支払われた前渡金から差し引かれるものとする。ⓒLOIを基本的に維持するが、ページャーは1998年末に製造するものとし、売主によってフランス市場に導入されるものとする。

⑦　1月の会議において、買主は1997年クリスマス・シーズンにおけるフランス市場でのページャー販売実績が不振であったことを報告して、その結果ページャーの販売店が大量の在庫を抱える結果となったこと、それが新規ページャーの導入を困難にする要因となりかねないことを指摘した。さらに、上記⑥の買主による3つの提案について話合いがなされた。売主は1998年1月の時点で30,000個のページャーを生産するに必要な部品を調達していたと後に主張するが、この時点では買主の提案に対して反論しなかった。

⑧　1998年3月に売主は、買主が一方的に30,000個のページャーの発注をキャンセルしたとして、これは契約不履行に該当すると書留郵便で警告し、

買主に契約履行を求めた。この際、売主はすでに30,000個のページャーを在庫として有していると説明している。
⑨　買主は、それまでの交渉の経緯からして自らの行動は契約の不履行にはならないことを主張し、また同年1月の会議（上記⑥）で、売主は可能な選択肢の範囲内で友好的に問題の解決を図ることを希望しているとの印象を買主に与えたと反論した。また、買主は売主がすでにページャーの製造を完了した事実に驚き、1998年5月に問題の解決を図るべく会合することを提案したが、売主はこれを拒絶した。
⑩　売主は、買主による契約不履行によって被った損害の賠償を求めてベルギーの裁判所に提訴したが、第一審裁判所は本事件について裁判管轄を認めなかったので、売主は控訴した。

【判決の要旨】

　控訴裁判所は、まず裁判管轄について、売主が買主に請求しているのは、買主による契約不履行に基づく損害賠償金の支払であり、その履行地はベルギーであることから同裁判所は、本事件に関する裁判管轄権を有すると判断した。また、両当事者は、LOIおよび将来の契約についてフランス法を準拠法と合意しているが、CISGの適用は排除されていないことから、CISGが適用されること、および本取引は第3条1項に定める物品の製造物供給契約に該当することを確認した。

　裁判所は、1997年11月には当事者間で本製品の製造販売に関する合意が成立したと認定している。その理由は下記に要約される。
①　CISG第II部は契約の成立についてきわめて単純化された形で規定しているが、同第6条に基づき、当事者は自由に契約の成立過程を決定することができ、当事者が交渉の過程で次第に合意を形成する場合は、申込みと承諾は区別がつかない。
②　当事者は、1997年7月29日にLOIを取り交わしているが、この標題そのものは法的な意味を表象するものではなく、その法的性格を判断するには、内容を検討することが必要である。
③　LOIには、それが最終合意ではないことが明確に確認されていたが、そ

れでもなお法的効力を予定しており、具体的には売主がページャーの設計・組立てを開始することと買主が前渡金を支払うことが合意されていた。これは、フランス法の下の予備的合意（accord de principe）とみなされる。この予備的合意には、すでに合意された条件が記載され、その他今後交渉すべき事項が確認されている。予備的合意は、信義に基づき交渉を継続する義務のみならず、すでに合意された事項について遵守すべき義務を生じるものである。また、予備的合意は今後交渉すべき事項について規定することも可能である。

④　一方、予備的合意は正式合意と区別されなければならない。予備的合意において、当事者は正式契約を締結する義務を負担しないが、その交渉を行うことについては合意されている。予備的合意は、交渉が途中で破棄された場合に、その合法性について判断する材料となる。

⑤　本事件において正式契約は、当事者が合意した期限（1997年8月末）までに締結されなかった。しかし、当事者はさらに交渉を継続し、買主は1997年1月から2月初旬までに毎週5,000個の割合で引渡しがなされることに同意し、それに違反した場合に週5％の遅延損害金が支払われることに同意している。また、1997年11月の会議の結果に関する報告書は、当事者がすでに申込みや承諾といった契約交渉の領域を出て、その後交渉すべき事項は依然として残されているものの、基本合意がその時点までに成立していた事実を示している。上記の報告書では、例えば「契約変更」という議題の下で、代金の減額などについて合意しており、当事者がすでにページャー供給契約についての基本合意に達している事実を裏づけるものである。

　裁判所は、上記基本合意は1998年1月の両当事者の話合いによって合意解除されたと判定した。その理由として裁判所は、円滑な国際取引のために、当事者は相手方から提案を受け、これを承諾できない場合は、直ちにあるいは合理的な期間内に相手方に異議を申立てなければならないとしている。本事件において、売主は1月の会議においても異議を申立てず、3月に至るまで沈黙を維持した。売主は3月に突如、買主による契約不履行を申立てているが、裁判所はかかる売主の行動を「唐突で不安定な行動」（a very strange and unsteady behavior) とみなし、そのような行為はCISG第7条1項に定める国際取引上の信義に反すると判断した。以上の理由から、裁判所は売主の主張を退け、売主は受領済みの前渡金に法定金利を付して買主に返還することなどを命じた。

【解説】
　本判決は、CISGとの関連で予備的合意が取り上げられた数少ない事例の1つである。裁判所は、まず当事者が合意した準拠法であるフランス法の下でLOIの法的性格について検討を行っている。そのうえで、本事件におけるLOIはフランス法上の予備的合意に関する概念であるaccord de principeに該当すると判断した。さらに、予備的合意と確定的な売買合意とは区別されなければならないと判断して、LOI自体はCISGが規定する売買の合意とは区別されると判断した。
　一方、裁判所は契約成立のプロセスとして必ずしも申込みと承諾といった単純化された図式で売買合意が成立するものではないとして、本事件を動態的に分析し、11月の会議においては、すでに法的拘束力のある売買合意が成立しているとの結論に至った。11月の会議に関する記録では、「契約変更」について話合われ、すでに提示されていた物品代金の減額などが合意されている。この段階で当事者は必ずしもすべての条件について合意されているわけではないが、裁判所は契約履行に関する事項が一部合意されていない事実について、その段階ですでに基本合意が成立している事実を覆すものではないと判断している。
　本事件では、LOIに正式契約が締結される予定が明記されているにもかかわらず、その期限とされた1997年8月末には正式契約が締結されなかった。さらに、LOIでは両当事者は正式契約を締結する義務を負担しないと明記されていた。しかし、正式契約の締結期限以降も、両当事者は、LOIに基づく物品の製造・供給に向けて話合いや作業を継続したことから、こういった当事者の行動がCISG第8条3項の下で総合的に解釈されて、上記の裁判所の判断に至ったものである。
　なお、予備的合意の他、当事者の基本的な法的枠組みを定める基本契約

(framework agreement) に関する事例として、当事者間の Collaboration Agreement のなかには具体的な売主・買主の義務が明確に定められているわけではないが、売主による在庫義務が規定されており、全体の経済的バランスから買主の買取り義務が認定されるとして CISG に定める権利義務が生じると判断したフランスの判例[3]や、当事者間の販売店契約には CISG は適用されないが、これに基づいて締結された個々の売買契約については同条約が適用されると判断された仲裁事例[4]などをあげることができる。

【関連判例】
(1) アメリカ2003年5月5日第9巡回区連邦控訴裁判所判決
　　Chateau des Charmes v. Sabate USA et al. 事件[5]
　本件はフランスの売主とカナダの買主がワイン用コルクの売買取引を行った事例であり、売主が納入した物品に品質上の問題点が生じたため、買主が売主とそのアメリカ子会社を相手取って、アメリカで訴訟を提起したものである。もともと両社間で売買の合意がなされたときには紛争解決のための裁判管轄に関する合意はなかったが、売主が買主にいく度か送付したインボイス（商業送状）にはフランス語でフランス裁判所を合意管轄裁判所とする記載があった。米国第9巡回区連邦控訴裁判所は、当事者の一方が、一方的に重要な契約の変更提案を行った場合に、相手方が反論しなかった場合であっても、それは変更提案に対する同意とはみなされないと判断して、両当事者間にフランス裁判所を合意裁判管轄とする合意は存在しないとの結論に達した。

　上記米国判例にみられるように、契約の重要事項や契約解除について、一方の当事者による提案を相手方が直ちに反論しなかったからといって、それが必ずしも同意とみなされるわけではない。ちなみに CISG 第19条2項は、変更を加えた承諾について、それが申込みの内容を実質的に変更するものでないときには、申込者が不当に遅延することなく異議を述べまたは通知しなければ、契約の内容は申込みの内容に承諾に含まれた変更が加えられると規定する。しかし、同条3項に例示される重要項目については、同条2項は適用されない。上記米国の事例は、一方当事者の新たな提案事項（合意管轄規

定）が商業送状にフランス語で記載されていた案件であり、米国企業はこの提案に気づかなかった可能性も高い。一方、ベルギーの本事案では、書面での買主による契約解除提案に加えて、当事者が実際に会議で話し合いを行っているにもかかわらず、その後約2カ月にわたり、売主はなんら異議を唱えなかったものである。このようにそれぞれの事情に応じた個別の判断が要求される。

【国際ビジネスへの活用】

　現実の国際取引において、特に製造物供給契約のような複雑な取引は、CISG第Ⅱ部に規定する申込みと承諾といった基本的枠組みで成立する例はむしろ少なく、契約交渉という過程のなかで時間をかけて次第に合意が形成されてゆくことが多い。そのような過程のなかで当事者のそれまでの合意を確認し、将来の契約締結に向けて当事者が信義に則り交渉を行うことを確認する文書が一般的な予備的合意である。本事件で、裁判所はフランス法の下での予備的合意（accord de principe）は、必ずしも正式合意のような確定的売買合意とはいえないと判断しつつも、交渉当事者が交渉を破棄した場合に、そのような行為が合法であったかどうかを判断するに重大な影響を有するものであると述べた。かかる判断は、国際取引実務に重要な示唆を与えている。一方、予備的合意の解釈はCISGによるものではなく各国国内法によることから、その解釈に際しては適用される準拠法に注意を払う必要がある。

　また、本事件について裁判所がCISG第29条と第11条に基づきいかなる契約も当事者の合意によって変更または終了することができ、その合意は当事者の行動を含むどのような方法によっても証明されることを確認したうえで、特に国際取引を円滑にするために、当事者にとって同意できない内容の申込みや連絡を受けた場合には、その当事者は合理的な期間内に反論すべき義務があると述べている点も重要である。

　国際取引には効率性が要求される。当事者には迅速かつ一貫性のある対応が求められ、相手方に誤解が生じないよう注意すべきことは信義則からの帰結でもある。ただし、相手方の提案に対して沈黙の期間（あるいは検討期間）が比較的長期に及んだ場合に、果たしてそれが同意とみなされるべきかどう

かは、CISG 第 8 条の解釈原則に照らし、さらに CISG 第 9 条に基づき慣習および慣行の存在も検討したうえで慎重に決定されるべき問題である。

注
1　Heads of Agreement、Minutes of Meeting または Protocol などとも標記され、一般的には将来の正式契約締結のための準備書類として位置づけられるが、実際には内容は多岐におよびその法的性格も多様である。
2　Pace, Belgium 15 May 2002 Appellate Court Ghent (*Design for radio phone case*).
3　Pace, France 12 June 2001 Appellate Court Colmar (*Société Romay AG v. SARL Behr France*) [CLOUT case No. 480].
4　Pace, ICC Arbitration Case No. 8611 of 23 January 1997 (*Industrial Equipment case*).
5　[CLOUT case No. 576] USA May 5 2003 Court of Appeals for the Ninth Circuit (328 F.3d 528).

第3章　契約の成立

1　要点

　CISG第2部では、国際売買契約の成立についてのルールが規定されている。締約国は、CISG第92条2項により、CISGの第2部の規定に拘束されないことを宣言することができる。デンマーク、フィンランド、アイスランド、ノルウェイおよびスウェーデンがこの宣言を行っている。大多数の裁判例は、契約締結の有無を判断するために、法廷地の国際私法の規則を適用しており、宣言国法が準拠法の場合には宣言国法が適用され、他方、他の締約国法が準拠法の場合にはCISGが適用されている（本章2の事件を参照）。ただし、例外的に、国際私法などの分析を行わずに、単にCISG第2部の規定を適用している裁判例もいくつかみられる[1]。

　第2部では、国際売買契約の成立についてのルールが規定されているにとどまり、契約や条項の有効性についてまで規定されていない（CISG第4条(a)）。この契約や条項の有効性については、契約上で当事者間で合意した準拠法か、あるいは、その合意がない場合には、法廷地の国際私法の規則を適用して決定される準拠法にしたがって判断されることになる。この点、英米法系の国法で要求される約因あるいは対価関係（consideration）については、CISGでは特に規定がされていないが、対価関係の要件は契約の有効性の問題であるとして、CISG第4条(a)によって、CISGではなく、準拠法である国内法を適用して判断された裁判例がある（本章4の事件解説（2）参照）。

　国際売買契約で頻繁に問題となる、標準取引約款の法的拘束力について、CISGではどのように処理されているかについては、実務家の多いなる関心事であるが（まず、一方当事者のみが標準取引約款を入れてきた場合における標準

取引約款の法的拘束力の有無を扱い、次いで両当事者が標準取引約款を提示してきた場合の、いわゆる書式の争い（Battle of Forms）について検討する）、裁判例の多数では、CISG第8条1項にしたがって、当該標準取引約款に当事者が法的に拘束される意思を有していたかどうかを認定して判断するものが多い（本章3の事件参照）。それに対して、当事者の意思を（国際私法で決定される準拠法たる）国内法で解釈しようとするもの、標準取引約款の法的拘束力を国内法で解釈しようとするもの、標準取引約款の法的拘束力を国内法もしくはCISGで解釈しようとするもの、あるいは、特定の標準取引約款の実質的有効性の問題はCISGが管轄するものではなく、CISG第4条（a）によって国内法によるべきとするものなど、見解が分かれている。

下記の裁判例の分布から分かるように、当事者の意思にしたがって解釈する立場が、裁判例の過半数を占めている。

裁判例の分布

当事者の意思	当事者の意思	法的拘束力	法的拘束力	CISG 4条（a）	合計
CISG	国内法	国内法	国内法 or CISG	国内法	
12	2	4	2	5	25

＊（出典 UNCITRAL Digest on the CISG at pp54-57）

① CISG第15条1項は、申込の効力について規定しているが、所有権留保条項の法的拘束力を判断する場合に適用された[2]。
② CISG第16条1項および2項（a）を適用した裁判例はみられない。
CISG第16条2項（b）では、「相手方が申込みを撤回することができないものであることを信頼したことが合理的であり，かつ，当該相手方が当該申込みを信頼して行動した場合には、申込みは、撤回することができない。」と規定するが、この規定が、禁反言の一般原則として引用された裁判例がある[3]。
③ CISG第23条では、契約は、申込みに対する承諾がこの条約に基づいて効力を生ずる時に成立するものとする。例えば、各当事者の政府認可が申込みの条件となっていた場合でも、本条にしたがって、契約の成立自体が

延期されるわけではない。元請会社からの受注を条件として下請会社への売買契約を締結した場合は本条が適用されるとした事例がある[4]。

④　CISG第24条は、売買契約が締結される以前の交信へ適用されるのであり、売買契約が締結されてからの交信については、通知の不受領・遅延・誤謬の問題となり、CISG第27条（通知伝達の遅延等）の規定が適用される。通知受領者の住所変更により通知を現実に受領できなかった場合でも、通知が有効に行われたものとする裁判例がある[5]。

この通知の言語については、通知受領者の理解できる母国語で通知しなければ法的に有効とされないのであろうか。裁判例は母国語での通知の必要性を肯定するものが多い。CISG第8条（当事者の意思の尊重）にしたがって解釈され、受領当事者の事前同意、取引交渉経緯、業界の慣行のいずれかでその言語による通知を受領するとされている場合を除き、母国語でない通知の効力を否定した事例[6]がある。

他方、通知当事者の一般取引条項（一般取引約款）の場合には、受領当事者の言語に翻訳されていない場合には、法的効力を否定した事例[7]がある。

2　条約に拘束されない旨の留保（第92条）
ドイツ1995年7月27日ロストック（Rostock）上級地方裁判所判決
花壇用草花事件[8]

【論点】

契約締結の有無を判断するために、法廷地の国際私法の規則を適用すべきかどうか。その場合には、宣言国法が準拠法の場合には宣言国法が適用され、他方、他の締約国法が準拠法の場合にはCISGが適用されるかどうか。

【事実の概要】

原告のデンマーク会社（売主）は、被告のドイツ会社（買主）へ花壇用草花を引渡した。買主が請求書に対して支払をしなかったので、売主は債権回収会社へ取立てを委託した。しかしながら、当該債権回収会社は、全額を回

収できなかった。購入価格、遅延利息および債権回収会社に要した費用に対する売主の請求は、下級審裁判所により全額が認められた。これに対して、買主が控訴したのが本件である。

【判決の要旨】

① 裁判所は、CISG第1条1項（a）および（b）のいずれも適用されるので、CISG第53条により買主が購入価格の支払義務を負うと判示した。ただし、デンマークは、CISG第92条1項により、CISG第2部の規定につきデンマークが拘束されない旨の宣言をデンマークが行っているので、ドイツ（法廷地）の国際私法を適用し、本件売買契約の拘束力に関してデンマーク法を準拠法と決定した。

② また、裁判所は、CISG第78条により購入価格の遅延金利の支払義務があると認め、遅延金利の支払義務の唯一の条件がCISG第58条1項により契約上の購入価格の支払義務の履行期が到来していることであるとした。さらに、CISGは遅延金利のルールを規定していないので、遅延金利のルールは、国際私法が適用されて決定された準拠法であるデンマーク法にしたがって決定されるべきとした。裁判所は、債権回収会社の費用の支払を認めた下級審の判決について、CISGの適用外であることを理由に支払を認めなかった。

【解説】

（1）判決の評価

本件では、契約締結の有無を判断するために、ドイツ（法廷地）の国際私法の規則が適用されており、本件の場合には、宣言国法（デンマーク法）が準拠法と判断されたので、宣言国法（デンマーク法）が適用され、それにしたがって事件が判断された。

（2）問題提起

遅延金利のルールについては、CISGでは規定されていないとして、遅延金利のルールは、国際私法が適用されて決定された準拠法であるデンマーク法にしたがって決定されるべきとした。また、裁判所が債権回収会社の費用

の支払を認めた下級審の判決につき、CISGの適用外であることを理由に支払を認めなかった点については、遅延金利のルールにより準拠法を決定しそれにより判断することをせず、単に当該費用がCISGの適用外であることを理由に支払を認めなかった点で疑問が残る。

【関連判例】
(1) ハンガリー1996年5月21日ブタペスト（Budapest）首都裁判所判決[9]

原告のスウェーデン会社は、被告のハンガリー会社を提訴し、引渡された商品の価格の支払を求めたところ、被告は、有効な契約が存在しないので、価格の支払義務はないとして争った。本件は、契約締結の有無を判断するために、法廷地の国際私法の規則を適用すべきかどうか、その場合には、宣言国法が準拠法の場合には宣言国法が適用され、他方、他の締約国法が準拠法の場合にはCISGが適用されるかどうかが検討されたものである。

裁判所は、両当事者が契約を締結する時点において、原告の事業所在地と被告の事業所在地がいずれもCISG締約国に存在することを認識しており、したがって、原則として、CISG第11条1項（a）および第100条2項が適用されると判断した。さらに、裁判所は、CISG第92条1項によりCISG第2部の規定につきスウェーデンが拘束されない旨の宣言をスウェーデンが行っていることを認識し、裁判所は、ハンガリー（法廷地）の国際私法を適用し、本件売買契約の成立に関してスウェーデン法を準拠法と決定した。ところで、1915年スウェーデン法No.28によれば、契約は書面により締結されなければならないとされている。したがって、裁判所は、本件契約が書面により締結されていたので、第2部以外のCISGの規定を適用して、被告の抗弁を棄却し、被告に対して価格を支払うよう命じた。

【国際ビジネスへの活用】
CISG締約国間の国際売買契約の相手方が宣言国であった場合には、法廷地の国際私法によって、最終的に適用法が宣言国法になるか、あるいは、CISGとなるかは予想をしておく必要がある。特に、本件リーディングケースのように、CISG第2部の非拘束を宣言する国法が書面性を要求している

場合には要注意である。ただし、類似のケースで、宣言国法が適用された事例で、書面がなくても当事者の行為により拘束力のある契約を認めた裁判例がある[10]。また、プロミッサリー・エストッペル（約束的禁反言）により、相手方が他方当事者の言動を信頼した場合には、書面がなくても法的拘束力を認めているリーディングケース（本章4の事件参照）[11]もある。

3　当事者の意思の尊重（第8条）
　　アメリカ1998年6月29日第11巡回区連邦控訴裁判所判決
　　MCC-Marble Ceramic Center v. Ceramica Nuova D'Agostino 事件[12]

【論点】
　本件では、買主が売主の標準取引約款を契約に含める意思がなかったことを両当事者が知っている場合に、売主の標準取引約款が法的拘束力を持つかどうかが争われた。その前提として、米国国内法の口頭証拠原則（Parol Evidence Rule）がCISG適用下の契約へ適用されるかどうか、が法律上の争点となった。

【事実の概要】
① 米国小売業者（買主）は、イタリアのセラミックタイル製造業者（売主）からタイルの購入につき口頭で合意した。両当事者は、その後、あらかじめ印刷された売主の標準注文書式に記録し、買主の社長は、当該書式に会社を代表して署名した。当該書式は、イタリア語で印刷されており、表と裏に契約条項が含まれていた。署名欄のすぐ下には、「買主は書式の裏面約款を十分認識しており、それに同意した。」と記載されていた。4カ月後に、両当事者は必要量購入契約（Requirements Contracts＝買主の需要に応じて売主が製品を供給することを約束する契約）を締結し、買主は、売主の標準注文書式を使用していく度となくタイルを注文した。
② 買主は、売主に対して、注文したタイルの引渡しを怠ったことを理由にフロリダ南部地区連邦裁判所へ契約違反の訴えを提起した。売主は、抗弁として、買主が支払を怠った場合で、売主が未払いの反訴を提起した場合

には、引渡しを差し止める権限について書式の標準取引約款に記載されており、売主はそれに依拠していることを主張した。タイルが不適合であるという買主の反論に対しては、売主は、注文書式の契約条件に記載された、欠陥の10日以内の書面通知義務にしたがっていないと主張した。買主は、当事者が売主の標準取引約款へ拘束される意思がなかったことを示す売主の社長と2人の社員の陳述書を提出した。第一審の裁判所は、国内法の口頭証拠原則に基づいて、この証拠（供述書）を採用せず、標準取引約款を有効とし、サマリー・ジャッジメント（Summary Judgment）により、売主の主張を認めた。これに対して、買主が控訴したのが本件である。

【判決の要旨】
　控訴審裁判所は、標準取引約款を有効とした第一審のサマリー・ジャッジメントを破棄した。理由は、以下のとおりである。裁判所は、まず、CISG第8条3項が口頭証拠原則の適用を排除している旨判示した。また、裁判所は、口頭証拠原則は実体法の問題ではなく手続法上の問題であるからCISGの適用範囲外であるとの売主の主張を退けた。さらに、裁判所は、CISG第8条1項に基づき、両当事者の主観的な意図を示す陳述書は、当事者間の契約条項に関して十分な事実上の問題を提起している（したがって当事者の意図を解釈する証拠となる）と判断した。

【解説】
　本判決は、まずCISG第8条3項が口頭証拠原則の適用を排除するとしている。これにより、書面で規定されている標準取引約款のみが契約の内容であるという口頭証拠原則の適用が排除されている。次に、本判決は、CISG第8条1項に基づいて、当事者の主観的な意図を示す陳述書は、当事者の意図を解釈する証拠となると判示している。
　そこで、相手方の標準取引約款が有効とされることを防ぐためには、「いかなる場合でも相手方の標準取引約款に合意しない」、あるいは、「いかなる場合でも相手方の標準取引約款の適用を排除する」とする意思表示をこちら側の書面であらかじめ明確にしておくべきである。

【関連判例】

上記のリーディングケース3に加えて、各国の裁判例は以下のいくつかの立場に分かれている。

(1) ドイツ1997年9月15日ハイルブロン（Heilbronn）地方裁判所判決

　　フィルム・コーティング機械事件[13]

　引渡された物品の欠陥に基づく損害賠償請求をしたものの、この損害賠償は認められるがCISGでは請求期限を規定していないので、当事者の意思を（国際私法で決定される準拠法たる）国内法で解釈しようとした事件である。

(2) ドイツ1998年9月2日ツェレ（Celle）上級地方裁判所判決

　　真空掃除機事件[14]

　標準約款の法的拘束力をCISGでではなく、特別な国内法で解釈しようとするもの（裁判地の国際私法の適用により準拠法をとしてドイツ法を適用した事件）。

(3) ドイツ1999年10月28日ブラウンシュヴェイク（Braunschweig）上級地方裁判所判決

　　冷凍肉事件[15]

　標準約款の法的拘束力を国内法もしくはCISGで解釈しようとするもの（標準約款を適用される国内法およびCISGにおいて法的拘束力を認めた事件）。

(4) ドイツ1998年3月31日ツバイブリュッケン（Zweibrücken）上級地方裁判所判決

　　ワイン・ワックス事件[16]

　特定の標準約款の実質的有効性の問題はCISGが管轄するものではなく、第4条（a）によって国内法によるべきとするもの（CISGではなく、国内法が標準約款の免責条項（exemption clause）の法的有効性を決定する）とした事件である。

【国際ビジネスへの活用】

　標準取引約款によるリスクを回避するためには、標準取引約款を受領した当事者は、少なくとも同様な標準取引約款を用意してカウンターで送付しておき、いわゆる書式の争い（Battle of Forms）へ少なくとも持ち込んでおく必要があるだろう。そうしておけば、ユニドロワ国際商事契約原則（以下「ユ

ニドロワ原則」という)のノックアウトルールにしたがえば(後述)、標準取引約款が合致する範囲でしか拘束力が認められないからである。

　実務的には、いずれにしても企業は自社の標準取引約款をきちんと整備して実施させる必要がある。

4　申込みの定義(第14条)
　アメリカ2002年5月10日ニューヨーク(New York)南部地区連邦地方裁判所判決
　Geneva Pharmaceuticals Tech. Corp. v. Barr Labs. Inc. 事件[17]

【論点】
① 買主のサンプル購入など一連の行為が第14条1項の申込みに当たるのか、
② 売主の正式見積書など供給コミットレター(書面)が存在しない場合に、FDAに対する書簡(DMF参照レター)の発行行為が、第18条3項の承諾に当たるのかどうか。

【事実の概要】
　買主(米国に事業所を有するニュージャージー州株式会社・原告)は、血液凝固を防ぐための薬品を開発・製造・販売することを予定していたところ、売主(カナダに事業所を有する株式会社・被告)からサンプル原料を受領した。その後、買主は、当該新薬を製造・販売するための承認を求めるために米国FDA(Food & Drug Agency)へ申請を行った。当該売主は、買主のFDAに対する新薬承認を促進するため、書簡(DMF参照レター)を作成し提出した。ところが、売主は、FDAの承認が下りる前に、第三者と当該原料の独占供給契約を締結してしまった。そこで、売主が、買主に対して当該原料の供給ができなくなったので、買主に対して当該材料の販売をする義務がないことを理由に、買主からの注文を拒絶したことに対して、買主が売主を提訴したのが本件である。請求原因は、契約違反、約束的禁反言(promissory estoppel)、過失(negligence)および過失ある不実表示(negligent misrepresentation)であった。

第3章　契約の成立　71

本件取引の経緯を詳細にみてみよう。

① 1994年9月20日、買主担当者が売主担当者と話しをした際に、売主担当者は第三者へ独占権を付与していないので、売主が当該原薬を供給することが可能である旨述べた。

② 1994年9月21日、買主担当者が売主担当者から電話で見積りを得た。5～10キロの当該原薬がキロ単価約2,500ドルということであった。

③ 1994年9月26日、売主は、買主へ1グラムと10グラムの当該原薬サンプルと技術情報を無償で送付した。

④ その後、1995年2月と3月に、売主は、買主へ、買主の新薬研究開発に必要な数量の当該原薬を送付し、買主がそれらを受領した。

⑤ さらに、買主は、1995年2月に15キロ、1995年7月に5キロの当該原薬をそれぞれ購入した。1995年2月の購入注文書には、要求数量の当該原薬の供給に加えて、その他の情報および材料を要求する添付書類が付されていた。

⑥ 1995年3月7日、売主は15キロの当該原薬を買主宛に出荷した。1995年3月21日、50グラムの当該原薬サンプル3つを要求された情報と一緒に買主宛に出荷した。

⑦ 1995年4月3日、購入注文書およびその添付書類で要求されたように、同日付けで、売主はＦＤＡに対してＤＭＦ参照レター（下記）を送付した。同日付けで、売主は買主へ当該レターの写しを送付した。ここで、ＤＭＦとはドラッグマスターファイル（Drug Master File）のことであり、原薬等登録原簿あるいは医薬品等登録原簿ともいう。原薬の製造関連情報やデータをあらかじめＦＤＡなどの審査当局に登録しておく制度である。

〔参照レターの内容〕

関係各位
件名：WARFARIN SODIUM DMF #11387

下記の会社を代理して、WARFARIN SODIUMに関する当社のマスターファイルを参照する権限をＦＤＡに対して付与いたします。

> INVAMED, INC.【筆者注：本件買主】
> 2400 Route 130 North
> Dayton, NJ 088100—U.S.A.
>
> 新薬の申請を支持するために、上記会社は、当社が製造する薬品を含む製薬準備の登録を行うことができます。
> ACIC（CANADA）INC.は、現在の良好な製造慣行にしたがって、かつこの特定のドラッグマスターファイルに記載された方法で、その医薬製品のすべてを製造すること、ならびに、上記ドラッグマスターファイルへの修正後に新しいDMF参照レターを発行することを確約します。

⑧ 1995年7月21日、買主担当者は、5キロの当該原薬の購入注文書を安全取扱手続書の要求とともに売主担当者へ送付し、買主は、1995年8月上旬に当該出荷を受領した。

⑨ 1996年1月に、買主担当者は、12〜14キロの当該原薬の購入注文を行ったが、売主が履行することはなかった。買主はその原因がコミュニケーションミスによるものと考えて、FDA未認可の原薬を他の調達先から購入することを決定した。

上記のDMF参照レターは、原薬供給のコミットメントが明確に記載されているわけではないが、「売主が当該原薬を製造する場合にはDMFに記載された要件および業界の要件にしたがって当該原薬を製造するコミットメントをFDAに対して行ったものである」と裁判所は判断した。

【判決の要旨】

裁判所は、本件における契約違反の主張に対しては、基本的には、CISGの規定が適用される旨判示した。

① DMFへのアクセスを認めることにより黙示の供給約束を認める業界の取引慣行を考慮すると、買主のサンプル購入など一連の行為は、第14条1項で要求される数量と価格を具体的に特定するものであり、第14条1項の申込みに当たるといえる。

② FDAに対する書簡（DMF参照レター）の発行行為は第18条3項の履行行為に当たり、第18条3項の承諾に当たるといえる。なお、対価関係の

要件については、契約の有効性の問題であるから、第4条 (a) により準拠法で決定される国内法により判断されるべきとした。

また、過失（negligence）および過失ある不実表示（negligent misrepresentation）の主張については、CISGの適用範囲外であるとして、準拠法で決定される国内法を適用した。

【解説】

第14条は、申込みの定義および要件について規定している、すなわち、契約締結の申入れが、受領者に承諾された場合に契約の締結となるための条件について規定する。すなわち、以下の3つの要件を満たすことが必要である。

(1) 第1に、1人または2人以上の特定の者に対して行われた契約を締結するための申入れであること、が必要である。代理人に対する申込みの提示は本人に対して法的拘束力を有する[18]。契約の当事者を決定するためには、代理に関する法ではなく、第14条1項が適用されるとする裁判例がある[19]。

(2) 第2に、申入れが十分に確定している（sufficiently definite）ことが必要である。申入れが十分に確定しているとは、まず対象物品を示すことが必要であり、それに加えて、明示的または黙示的にその数量および価格を定めるか、もしくは、それらの決定方法について規定している場合をいう（第14条1項第2文）。数量および価格を明示的・黙示的に定めていなくても、それらの決定方法、例えば、特定の第三者が決定すると合意してもよい。これに対して、「数量および価格については、後日当事者間で別途合意する」という規定は、合意が成立しないと決定されないので「決定方法を定めた」とはいえないだろう。第14条1項の趣旨は、必ずしもすべての契約条件を含む必要はなく、例えば、引渡場所や引渡時期などは、別途合意することもできるし、あるいは、CISGの他規定（第8条の当事者の意思の尊重など）により補足され得る。

(3) この第14条の原則では、申入れが十分に確定する要件として、少なくとも対象物品、数量および価格を示すことが必要である。しかし、対象物

品、数量あるいは価格が明示的に定められていなくても、黙示的に申入れが十分に確定しているとする裁判例が多数ある。

【関連判例】
〔1〕以下は、物品やその数量、価格等が特定されていない場合で申入れが確定しているかどうか判断された事例である。
① 物品の特定がされていない事例では、黙示的に申入れが十分に確定しているとするいくつかの裁判例がある[20]。
② 数量の特定がされていない事例では、申入れは、黙示的に買主の要求数量を供給するものとして確定しているとする裁判例が本件の判決である。
③ 価格の特定がされていない事例では、黙示的に申入れが十分に確定しているとする裁判例がある[21]。これは、ソフトウェア機器のファックス注文が行われた事例で価格の言及がなかったにもかかわらず、申入れの確定性を認めたケースである。
④ 商品と引渡時期を明記した注文について価格の確定性が争われた事例では、当事者間の過去の契約上の類似物品の価格が適用されるべきとして、当事者間の取引慣習をベースに黙示的に十分に確定しているとする裁判例[22]がある一方、他方では、毎年12月21日までに価格を決定するという申入れに対しては、価格の確定性を認めなかった（本章5の事件[23]参照）。

〔2〕以下は、対象物品、数量、価格が十分に確定しているか裁判で争われた具体例である。
(1) アメリカ1997年7月21日ニューヨーク（New York）南部地区連邦地方裁判所判決
　　Helen Kaminski v. Marketing Australian Products 事件[24]
　売主（オーストラリアの製造業者）は、買主（米国のディストリビュータ）との間で、「ディストリビューション（供給）契約」を締結し、支払条件、引渡条件および品質保証等を含む、契約条件を規定していた。同契約の締結後、買主は、その年に特定数量のアクセサリーを購入することに合意しており、当該アクセサリーについては、売主はすでに米国内にあるアクセサリーを買

主へ譲渡することに合意した。

その後、買主は、追加のアクセサリーを注文して、売主は出荷の準備をしたが、買主が支払条件である信用状の発行を怠り、これに対して売主は、CISG第63条1項の合理的な期間を定めて督促を行ったが、その期間が経過する前に、買主が米国破産法第11章の申請を行い、米国破産裁判所は、CISG第61条3項に基づき、買主へ猶予期間を与えて、売主がオーストラリアの裁判所で救済を求めることを禁止したところ、裁判所は、追加のアクセサリー注文は法的拘束力を有しないので、CISGの適用外の事件であり、したがって、米国破産裁判所がCISG第61条3項に基づき、買主へ与えた猶予期間は有効であると判示した。

本件では、追加注文の法的拘束力が争われたが、他の裁判例などを検討して判断すると、通常では拘束力を認められるべき事例である。しかしながら、本件で裁判所は、結局結論ありきで、米国破産裁判所により買主へ付与した猶予期間（CISG第61条3項）の有効性を維持するために、このような判断を導いた可能性が高いと思われる。

このようなリスクを回避するための基本的な問題としては、事前に取引先の信用調査を十分行うべきであろう。そこで、売主は買主に対して信用状の発行を要求したわけであるが、本件での大きな問題点は、買主が信用状の発行をしていないのに、売主が出荷の準備をしていた点である。

(2) その他の関連判例

以下では、対象物品、数量、価格が十分に確定しているか裁判で争われた具体例をまとめたものである。

	確定性が肯定された例	確定性が否定された例
対象物品	● P205 52% ±1%, min 51% ● Chinchilla pelts of middle or better quality	● 品質が合意できなかった場合
数量	● 業界の商慣習を根拠に認めたもの（本件のリーディングケース参照） ● 10,000 tons ±1% ● 20 truck loads of tinned tomato concentrate ● three truck loads of eggs ● a greater number of Chinchilla furs ● 700 to 800 tons of natural gas	●「ディストリビューション契約」に基づいて買主が行った追加注文（関連判例〔1〕参照）

価格	●過去の取引慣行を根拠に認めたもの（本章5の事件の関連判例（1）参照） ●at price between 35 and 65 German Marks for furs of medium and superior quality（品質が異なる毛皮の売買例） ●市場価格を反映して調整するとした申入れ ●暫定価格の定めがあり、買主が再販売の価格を定めてから、最終価格が決定されるとする申入れ	●いくつかの代替案を含んでいたが、どの提案をするかを示していない申入れ ●12月21日までに価格を決定するという申入れ（本章5の事件参照）

【国際ビジネスへの活用】

　業界の取引慣行が存在する場合には、取引を開始する前に十分に検討を行う必要がある。特に、本件事例のように、売主（供給者）が他社（購入者）へ独占購入権を付与する予定になっている場合はなおさらであるといえよう。法務のスタッフだけではなく、営業の責任者およびスタッフに対する契約についての実務教育、とりわけ、取引の交渉の過程で自社に対して具体的にいつ、どのような行為によって法的な拘束力を生じるのかについて、すべての営業社員が正しい認識を共有することは不可欠であると思われる。

5　申込みの定義・代金未定の場合の処理（第14条・第55条）
　　ロシア1995年3月3日ロシア連邦商工会議所国際商事仲裁廷仲裁判断（価格に関する黙示の契約事件）[25]

【論点】

　CISG第14条の下で、商品の価格あるいはその決定方法について記載されていない申込みは有効であるか。また、CISG第55条の下で、契約が明示的または黙示的に価格を定めずまたは価格の決定方法について規定していないときに、一般的な価格を黙示的に適用することができるか。

【事実の概要】

　買主（オーストラリア会社）は、特定数量の商品の引渡しを拒絶したことにより発生した損害の賠償を求めて、売主（ウクライナ会社）を提訴した。売

主は、売買契約の存在を否定し損害賠償の義務を否定した。

　一定期間内での商品の引渡しに関する売主から買主に対するテレックス交信では、商品の特徴およびその数量を記載していた。しかし、商品の価格あるいはその決定方法について記載がされていなかった。商品の価格については、売主からのテレックス交信では、ただ単に、新年が始まる10日前に合意されるという記載のみがあった。買主は、価格決定は別途行われるという条件付きで、売主からのテレックス交信に承諾した。商品の価格についての合意は結局なされなかった。そして、売主は、特定数量の商品の契約を締結することは不可能であることを、買主に対して示していた。

【仲裁判断の要旨】
　以下の理由により、仲裁廷は、申立人（買主）の申立てを棄却した。
① 　CISG第14条1項では、申入れは、十分に確定していなければならず、物品を示し、ならびに明示的または黙示的に、その数量および価格を定め、またはそれらの決定方法について規定している場合には、十分に確定しているものとする。テレックス交信では、商品の特徴およびその数量を記載していたが、商品の価格あるいはその決定方法について記載がされていなかった。さらに、商品の価格については、売主からのテレックス交信では、ただ単に、新年が始まる10日前に合意されるという記載のみがあったが、それをもって価格の決定方法について規定しているとは解釈することができず、それは単に当事者間の合意により将来の特定日において商品価格を決定するという同意の表明にすぎない。
② 　CISG第55条では、契約が明示的または黙示的に価格を定めずまたは価格の決定方法について規定していないときに、一般的な価格を黙示的に適用すると規定する。しかしながら、本件では、当事者が将来価格の合意を行う必要性を暗に示しただけであるので、CISG第55条は適用されないものとした。

【解説】
　これまでみてきたように、CISG第14条では、申込みの定義を規定してお

り、「(1) 一人又は二人以上の特定の者に対してした契約を締結するための申入れは、それが十分に確定し、かつ、承諾があるときは拘束されるとの申入れをした者の意思が示されている場合には、申込みとなる。申入れは、物品を示し、並びに明示的または黙示的に、その数量及び価格を定め、又はそれらの決定方法について規定している場合には、十分に確定しているものとする。」としている。それに対して、CISG第55条では、価格未定の場合の処理を規定している。すなわち、「契約が有効に締結されている場合において、当該契約が明示的又は黙示的に、価格を定めず、又は価格の決定方法について規定していないときは、当事者は、反対の意思を示さない限り、関係する取引分野において同様の状況の下で売却された同種の物品について、契約の締結時に一般的に請求されていた価格を黙示的に適用したものとする。」としている。これらのCISG第14条とCISG第55条との適用関係をどのように各国の裁判例は処理しているだろうか。

【関連判例】

(1) ハンガリー1992年3月24日ブダペスト（Budapest）首都裁判所判決
　　Adamfi Video v. Alkotok Studiosa Kisszovetkezet事件[26]

　売主（ドイツ会社）と買主（ハンガリー会社）とは、商品価格および契約の他の要素を決定するために、過去においてある商品の売買契約書を締結していたところ、売主は、売買契約書を締結せずに、同種の商品を買主へ引渡した。売主は、買主へ販売・引渡された商品の価格および遅延金利の支払を要求し、買主は商品の引渡しについて争ったが、商品の引渡しは、ハンガリー税関が発行した書類をベースにすでに完了しており、乙仲（海運貨物取扱人）から買主へ商品が引渡されており、買主の従業員が受領証に署名している。

　裁判所は、本件の過去において締結されたある商品の売買契約書は、同種の商品に関して、CISG第9条1項に規定する「合意した慣習及び当事者間で確立した慣行」を構成するとし、買主に対して代金の支払を命じた。

(2) その他の関連判例

　元々はCISG第14条で処理すべきと考えられているのか、CISG第55条の

適用を認める裁判例は少ない。別途当事者間で決定すると合意した場合で後日決定されなかった場合には、CISG第14条で十分に確定していないとされ、CISG第55条の適用も認められなかった例がある[27]。なお、特注品のような市場価格が存在しない場合、もしくは、当事者が意図的にCISG第55条の適用を排除したとされる場合には、CISG第55条の適用を認めていない。

【国際ビジネスへの活用】
(1) 判決の評価
　商品価格については、それを合意すべき期日を決めただけであり、CISG第14条1項に規定する「価格の決定方法」について合意されているわけではないのであるから、本判決の判断は正当かつ合理的であるといえよう。「合意の合意（agree to agree）」に対して法的拘束力を認めないとする大原則に沿った判断であるといえよう。

(2) 問題提起
　価格やその変更についての合意の有無で争いになるケースは多い。（英文）契約書ではよくみられる、「別途合意する場合を除き、契約更新時に契約条件は同じ条件で自動更新される」とするケースでは、契約更新時に異なる契約条件について当事者間で合意がない限りは、契約条件が同じ条件で自動更新されることになるであろう。それに対して、自動更新時に（もしくは随時に）一方的に、売主がプライスリストを改訂してこれを買主側へ送付し、自動更新された基本契約書に（もしくは随時に）改訂されたプライスリストが適用されると規定するものが多いが、本判決の趣旨によれば、改訂されたプライスリストには（その都度買主の同意がなければ）拘束力が生じないことになるであろう。

　国際売買契約およびその変更に対して法的な拘束力を持たせたい場合には、対象商品、数量、価格の重要契約条件については、「合意の合意（agree to agree）」にならないように留意すべきである。

> 6　承諾の効力発生時期（第18条）
> 　アメリカ1992年4月14日ニューヨーク（New York）南部地区連邦地方裁判所判決
> 　Filanto v. Chilewich 事件[28]

【論点】

　過去の交渉経緯により、申込みに対して合理的な期間内に異議を申立てる法的義務があるかどうか。申込みに対して合理的な期間内に異議を申立てない場合には、申込みが承諾されたと認められるのか。

【事実の概要】

　買主（米国の会社）は、ロシアの販売会社（sub-purchaser）へブーツを再販売する売買契約（再販売契約）を締結した。再販売契約の第9条には、紛争処理手続が規定されており、同第10条には、すべての紛争をロシアにおける仲裁により解決することが規定されていた。さらに、買主（米国の会社）は、ロシアの販売会社（sub-purchaser）へブーツを再販売するために、売主（イタリアの会社）との間に、売買契約（本契約）を締結した。売主と買主との交信の経緯は以下のとおりである。

① 1989年7月27日、買主は売主に対して一定数量のブーツの注文を行った。その際に、本件購入は再販売契約にしたがうと記載して、再販売契約の写しも同封した。

② 1989年8月11日、売主は買主へ「再販売契約の第5，6，7条のみ同意し、他の条項は同意しない」旨書面で通知をした。買主はこの手紙の受領を拒絶した。

③ 1990年3月13日、買主は売主に対して、買主の信用状開設の義務およびロシアの仲裁条項を含んだ、Memorandum Agreement（覚書）を送付し、5月7日になっても、売主は、Memorandum Agreement に署名せず返却もしなかったが、買主は Memorandum Agreement に基づき、再販売契約第5条の梱包およびラベルに言及した信用状を開設した。

第3章　契約の成立　81

④　1990年8月7日、売主は、第5, 6, 7条以外はすべて除外すると記載した書簡とともにMemorandum Agreementを買主へ返却したが、買主は、Memorandum Agreementにそのまま署名しない限りは2回目の信用状を開設しない旨を売主の代理人へ伝えた。
⑤　1990年8月29日、買主の代理人は、売主の代理人に対して、再販売契約の除外を撤回するように伝えた。
⑥　1990年9月2日～5日、売主・買主の代表がモスクワで会談を行い、売主は買主がこれらの要求を諦めるよう主張し、同14日に、買主は、同日のパリの会談で売主がビジネスを獲得するために買主の主張を受け入れると述べたことを主張した。
⑦　1990年9月15日、売主は、最初の出荷を行い、開設された信用状を使用した。
⑧　1990年9月27日、売主は、買主へファックスで、パリの会談で9月25日までに開設すると約束した信用状の開設を怠ったと主張した。一方、買主は、売主へファックスで、買主は契約上の義務を認識しており、ロシアの販売会社との間で問題が生じたので、出荷量を減らす必要がでてきた、したがって、2回目の信用状は開設しない旨伝えた。
⑨　1991年5月14日、売主は、第2回目出荷分の不払いを理由として民事訴訟を買主に対して提起した。
⑩　1991年6月21日、買主は、ブーツの一部に欠陥があると主張したが、売主は、再販売契約第9条にしたがってなされていないことを理由にクレームを否定した。

【判決の要旨】
①　本件では、買主がMemorandum Agreementにしたがって信用状を開設し履行を開始した。売主は、買主が履行に着手したことを知りながら、合理的な期間内に異議を申立てることを怠っており、これは、場合によっては、当該条件に同意したことになるとみなされることもある。
②　CISG第18条1項では、申込みに対する同意を示す相手方の言明その他の行為を承諾としており、沈黙またはいかなる行為も行わないこと（不作

為）は、それ自体では承諾とならないと規定している。裁判所は、CISG第8条3項により、当事者間の過去の関係が同意を構成するか検討することができるとし、本件では、当事者間で過去の活発な取引交渉があったことからみると、売主は、1990年3月13日のMemorandum Agreementの条件に時宜を得て（in a timely fashion）異議を申立てる法的義務があったことが認められる。とりわけ、再販売契約が買主によって繰り返し言及されており、かつ、売主がその写しを持っていた以上、法的義務を免れない、と判示した。

【解説】
(1) 判決の評価
　本判決は、過去の交渉経緯により、申込みに対して合理的な期間内に異議を申立てる法的義務が発生し、申込みに対して合理的な期間内に異議を申立てない場合には、申込みが承諾されたとみなされることを示したものである。「時宜を得て」もしくは「合理的な期間内」とはどのくらいの期間を指すのか。本件では、以下の経緯から分かるように、約5カ月の期間は「時宜を得て」もしくは「合理的な期間内」に当らない（つまり時宜を得ていない）とされている。国際ビジネスの常識では、数週間程度か、遅くとも数カ月と考えられるだろう。

- 1990年3月13日、買主は売主に対して、買主の信用状開設の義務およびロシアの仲裁条項を含んだ、Memorandum Agreement（覚書）を送付した。
- 1990年5月7日、売主は、Memorandum Agreementに署名せず返却もしなかったが、買主はMemorandum Agreementに基づき、再販売契約第5条の梱包およびラベルに言及した信用状を開設した。
- 1990年8月7日、売主は、第5, 6, 7条以外はすべて除外すると記載した書簡とともにMemorandum Agreementを買主へ返却した。

(2) 問題提起
　本判決によると、相手方から契約のドラフトが送られた場合で履行に着

手された場合（製品の出荷や信用状の開設などの履行の着手が行われた場合）には、合理的な期間内に精査し必要であれば異議を申立てなければならないことになる。これは契約のドラフトを受領する側に過度の負担を強いることにはならないか。例えば、極論すると、契約交渉の過程で、交渉が平行線で決裂した場合でも履行の着手があれば、本判決の基準に照らせば、強制的に当事者間で合意されたとみなされる条件を見つけ出して、法的拘束力を付与することが可能になってしまう。これは双方の当事者にとって考慮しておかなければならないリスクであるだろう。

【関連判例】

(1) ドイツ1994年2月22日ケルン（Köln）上級地方裁判所判決
　　希少木材事件[29]

　売主（ドイツの会社）は、訴外ナイジェリアの会社から契約上の地位を譲り受けて、買主（ドイツの会社）へ希少木材を販売・引渡した。買主は、引渡された木材の品質が劣悪であることを理由に購入代金の支払を拒絶した。そこで、売主は、当該木材を取り戻して、自身で販売すると主張していた。第一審の裁判所は、買主に対して購入代金の支払を命じた。買主が控訴したのが本件であった。

　CISG第18条1項では、沈黙または不作為は承諾とならないと規定しているが、場合によっては、申込みに対する承諾とされる場合もある。本件では、売主は、引渡した木材を検査したうえで、当該木材を取り戻して、自身で販売すると主張した。買主は、この申込みを拒絶していないし、損害賠償や欠陥木材の代替品を請求しているわけでもない。したがって、本控訴審では、本件売買契約を解除する申込みを買主が承諾したものと認められるとして、第一審の判決を破棄した。

(2) アメリカ1999年12月7日イリノイ（Illinois）北部地区連邦地方裁判所判決
　　Magellan International v. Salzgitter Handel 事件[30]

　買主（米国イリノイ州のディストリビュータ）は、売主（ドイツ本社の製造業者で米国イリノイ州に支店を有する会社）との間で、買主の仕様にしたがったウクライナで製造された鉄鋼を購入するための交渉をしていた。買主の申込み

を承諾する際に、売主は、受注確認書（order confirmation）へ一般取引条件を取り入れた。売主の一般取引条件は、買主の一般取引条件と船積条件、紛争解決および準拠法において異なる条件を含んでいた。買主は売主との交渉の結果、信用状を開設することに合意し、信用状を開設した。その後、売主が信用状の修正を要求したが合意には至らなかった。売主は、信用状の修正が行われない場合には、それを履行する義務を負わず他の買主へ販売すると主張した。その後、買主は、信用状を取消し、売主は当該鉄鋼を他の買主へ販売してしまった。そこで、買主が売主に対して、その契約の履行期前の履行拒絶（anticipatory repudiation）による損害賠償、ならびに、売主に対して当該鉄鋼を買主へ引渡す命令を求めた。

裁判所は、買主による信用状の開設は、CISG第18条1項における、申込みに対する同意を示すその他の行為にあたり、承諾と認められる。売主は、成立した売買契約の履行を拒絶したのであるから、売主に対する特定履行の命令を正当化する理由が認められるとした。

本判決によると、相手方から契約のドラフトが送られた場合で履行に着手された場合（製品の出荷や信用状の開設などの履行の着手が行われた場合）には、合理的な期間内に精査し必要であれば異議を申立てなければならないことになる。したがって、このリスクを認識しつつ契約交渉を開始する必要があるし、あるいは、契約交渉を開始する前に、当事者が最終的に同意するまでは履行の着手があっても、合意は成立しない旨の覚書を締結しておく必要があるだろう。

(3) その他の関連判決

第18条1項は、「承諾」の定義付けをしているのに対して、同条2項、同条3項では、承諾の効力発生時期を規定しており、CISGでは、日本の民法の発信主義と異なり、「到達主義」が採用されている。

各国の裁判例によると、本条は、契約の締結に適用されるのみならず、カウンターオファー（反対申込み）の承諾、契約の修正・解除の申入れに対しても適用されている判決例がある[31]。CISGの適用範囲外の条件（例えば、所有権留保条項）の法的拘束力を判断する場合にも適用された[32]。

第18条1項では、申込みに対する同意を示す相手方の言明（statement）そ

の他の行為を承諾としている。言明その他の行為が承諾となるかどうかについては、第18条3項に規定する場合のほか、CISG第8条（当事者の意図の尊重）の規定にしたがって解釈される。CISG第8条3項にしたがって、契約締結までの交渉状況を含むすべての状況が考慮され、過去の交渉経緯により申込みに対して異議を申立てる法的義務を認めた裁判例がある[33]。他方、申込みに対する同意を示すその他の行為（conduct）としては、商品の受領[34]、信用状の発行[35]などが裁判例でみられる。

　さらに、第18条1項では、沈黙またはいかなる行為も行わないこと（不作為）は、それ自体では承諾とならないと規定しており、その原則に沿って判断された裁判例も多い[36]。しかしながら、沈黙・不作為の場合にもかかわらず、当事者が拘束される場合があり得る。すなわち、CISG第9条1項で規定するように、当事者は、「合意した慣習および当事者間で確立した慣行に拘束される」ことがあり得るとした裁判例がある[37]。

　第18条2項は、申込みに対する承諾は、同意の意思が申込者に到達した時に、その効力を生ずる[38]と規定しており、到達主義に立つことが示されている。同意の表示が、申込者の定めた承諾期間内に、または承諾期間の定めがない場合には取引の状況（申込者が用いた通信手段の迅速性を含む）について妥当な考慮を払った合理的な期間内に申込者に到達しないときは、承諾はその効力を生じないとした。口頭による申込みに対しては、リアルタイムで行われるべきものであるから、別段の事情がある場合を除くほか、直ちに承諾されなければならないとしている。

　第18条3項は、申込み受領者の承諾通知によらず、その一定の行為を承諾と認める場合を規定する。つまり、申込みに基づき、または当事者間で確立した慣行もしくは慣習により、相手方が申込者に通知することなく、物品の発送または代金の支払等の行為を行うことにより同意を示すことができる場合には、承諾は当該行為が行われたときにその効力を生ずるとしている。ただし、当該行為が本条2項に規定する期間内に行われた場合に限るとする。例えば、売主の製品出荷、買主や第三者による製品の受領、信用状の発行[39]などの行為により承諾したものとされる。申込み受領者の行為により契約が締結されたかどうかを判断するにあたっては、第18条1項よりも、同条3

項が適用される場合が多い[40]。

　CISG第18条は契約当事者間の解約の成立についても適用されることを前提に、沈黙・不作為の場合にもかかわらず、解約の申入れに対する承諾を認めた裁判例がある[41]。

7　申込みの条件付き承諾（第19条）
　　フランス1995年12月13日パリ（Paris）控訴院判決
　　ISEA Industrie v. Lu 事件[42]

【論点】
　CISGの下で、いずれの当事者の裁判管轄条項が適用されるべきか。

【事実の概要】
　買主（フランスの会社）は、売主（イタリアの会社）に対してビスケット製品を注文した。買主の注文書式の裏面には裁判管轄をパリの商業裁判所とする記載があったが、それは売主の代表者により署名されて買主へ返却された。その10日後に、売主は、売主の販売条件を言及して注文確認を行ったが、そこでは裁判管轄をトルトナ（Tortona）の裁判所とする記載があった。

【判決の要旨】
　買主の裁判管轄条項（パリの商業裁判所）が適用されるべきと判示した。売買契約は、売主の代表者が署名し買主へ返却して、売主がそれを受領した時点で成立している（CISG第18条2項）。したがって、その後に売主が売主の販売条件を言及して注文確認を行ったとしても、CISG第19条1項にいうカウンタ・オファーに当たり、買主によりそれが同意された証拠はないから、すでに成立した売買契約の裁判管轄条項（パリの商業裁判所）が適用される。

【解説】
　第19条1項では、申込みに対する条件付承諾は、当該申込みの拒絶であると同時に、反対申込み（カウンターオファー）を構成する。ただし、同条2

項では、申込みに付された当該条件が申込を実質的に変更しないときは承諾となる。すなわち、申込みに対する承諾を意図する応答は、追加的なまたは異なる条件を含む場合であっても、当該条件が申込みの内容を実質的に変更しない場合には、申込者が不当に遅滞することなくその相違について口頭で異議を述べ、またはその旨の通知を発した場合を除くほか、承諾となる。

　第19条3項では、申込みの内容を実質的に変更する場合を規定しており、追加的なまたは異なる条件であって、特に代金、支払、物品の品質もしくは数量、引渡しの場所もしくは時期、当事者の一方の相手方に対する責任の限度または紛争解決に関するものは申込みの内容を実質的に変更するとしている。各当事者がそれぞれ独自の（自己に有利な）契約書式（一般取引約款（General Terms & Conditions））を提示して、そのまま契約の履行に入ってしまうことが実務上多い。こうした書式の争い（Battle of Forms）の場合で当事者間で紛争が発生した場合にどちらの書式に拠るべきか。CISGの規定からは不明確である。

　申込みに対する承諾の考え方について、日本民法のように、ミラーイメージ・ルール（Mirror Image Rule、承諾は申込みに対してそのまま承諾されなければならず一切の変更は許されないとする原則。）を厳格に採用すれば、各当事者の独自の契約書式が一言一句でも異なる場合には、申込みの拒絶であるとともに、新たな申込み（カウンターオファー）とされる。この場合には、契約自体も成立しておらず、まして当事者の契約書式は契約の内容とはならない。

　これに対して、申込みに対する承諾によって契約は成立するが、いずれの当事者の契約書式も契約の内容とはならない考え方をノックアウト・ルール（Knock out Rule）と称している。より厳密には、当事者双方が定型条項を使用し、これらの定型条項以外について合意に達したときには、契約は、その合意された内容、および定型条項のうち内容的に共通する条項に基づいて締結されたものとする（ただし、当事者の一方が事前事後に不当に遅延なく異議を申し立てた場合は契約は拘束力を持たない）のが「ノックアウト・ルール」である（ユニドロワ原則第2.1.22条（書式の戦い））。

【関連判例】
(1) 裁判例では、以下の場合に「申込みの内容を実質的に変更しない」としている。

- 引渡日を変更する権利を留保する売主の標準約款（CLOUT No. 362)[43]
- 契約の存在・内容を当事者が共同で公表するまで秘密にする要求[44]
- 買主が特定期間内に引渡された商品の引渡しを拒絶すべき契約上の要求（CLOUT No.50)[45]

(2) 書式の争いについてのCISGに基づく裁判例は、以下のいくつかの立場に分かれている。

- 各当事者の約款に部分的な相違があっても、基本的に当事者の履行行為が法的拘束力のある契約を成立させる（CLOUT No. 232)[46]。
- 売主は表面にそれが言及されていない以上、買主の裏面約款に拘束されない（CLOUT No. 203)[47]。
- 最後に提示した当事者の約款が他方当事者の履行行為により承諾されることを認めた（CLOUT No. 232)。

【国際ビジネスへの活用】
　国際取引実務では、書式の争いは、訴訟まで発展するケースが少ないからか、以外と無防備で放置されていることが多い。つまり、各当事者がそれぞれ自社の取引約款を相手方へ投げておき、それがどのような法的意味を持つかを考えていないケースが多いと思われる。本判決の趣旨からすると、相手方から、注文書や注文確認書と一緒に一般契約条件（取引約款）が同封されてきた場合には、異議を申し立てずそのまま署名して返却することは本判決にしたがえば大きなリスクがあるので、必ず時宜を得て異議を申立てておくべきである。

注
1　[CLOUT case No.121] Germany 4 March 1994 Appellate Court Frankfurt (*Special screws case*). [CLOUT case No.134] Germany 8 March 1995 Appellate Court München (*Copper-nickel electrolyte cathodes case*). [CLOUT case No.362] Germany 27 April 1999 Appellate Court Naumburg (Automobile case).

2　Pace, Australia 28 April 1995 Federal Dist. Ct., Adelaide (*Roder v. Rosed own*) [CLOUT case No.308].
3　Pace, Austria 15 June 1994 Vienna Arbitration proceeding SCH-4318 (*Rolled metal sheets case*) [CLOUT case No.94].
4　ICC Arbitration Case No. 7844 of 1994 (*Radio equipment case*).
5　Pace, Netherlands 5 October 1994 District Court Amsterdam (*Tuzzi Trend Tex Fashion v. Keijer-Somers*).
6　[CLOUT case No.132] Germany 8 February 1995 Appellate Court Hamm (*Socks case*).
7　[CLOUT case No.345] Germany 15 September 1997 District Court Heilbronn (*Film coating machine case*).
8　Pace, Germany 27 July 1995 Appellate Court Rostock (*Plants case*) [CLOUT case No.228].
9　Pace, Hungary 21 May 1996 Metropolitan Court [CLOUT case No. 143].
10　[CLOUT case No.134] Germany 8 March 1995 Appellate Court München (*Copper-nickel electrolyte cathodes case*).
11　[CLOUT case No.579] USA 10 May 2002 Federal District Court [New York] (*Geneva Pharmaceuticals Tech. Corp. v. Barr Labs. Inc.*).
12　Pace, United States 29 June 1998 Federal Appellate Court [11th Circuit] [CLOUT case No. 222].
13　Pace, Germany 15 September 1997 District Court Heilbronn (*Film coating machine case*) [CLOUT case No.345].
14　Pace, Germany 2 September 1998 Appellate Court Celle (*Vacuum cleaners case*) [CLOUT case No.318].
15　Pace, Germany 28 October 1999 Appellate Court Braunschweig (*Frozen meat case*) [CLOUT case No.361].
16　Pace, Germany 31 March 1998 Appellate Court Zweibrücken (*Vine wax case*) [CLOUT case No.272].
17　Pace, USA 10 May 2002 Federal District Court [NewYork] [CLOUT case No. 579] [US, SDNY 10 May 2002].
18　[CLOUT case No.239] Austria 18 June 1997 Supreme Court (*Shoes case*).
19　[CLOUT case No.334] Switzerland 19 December 1995 Appellate Court Thurgau (*Cloth case*).
20　[CLOUT case No. 106] Austria 10 November 1994 Supreme Court (*Chinchilla furs case*). [CLOUT case No.135] Germany 31 March 1995 Appellate Court Frankfurt (*Test tubes case*). [CLOUT case No.189] Austria 20 March 1997 Supreme Court (*Mono ammonium phosphate case*).
21　Pace, Switzerland 5 December 1995 Commercial Court St. Gallen (*Computer hardware devices case*) [CLOUT case No. 330].
22　Pace, Hungary 24 March 1992 Metropolitan Court (*Adamfi Video v. Alkotók Studiósa Kisszövetkezet*) [CLOUT case No.52].
23　[CLOUT case No.139].
24　Pace, USA 21 July 1997 Federal District Court [New York] [CLOUT case No.187].

25　Pace, Russian Federation Chamber of Commerce and Industry award No. 309/1993, 3 March 1995 [CLOUT case No. 139].
26　Pace, Hungary 24 March 1992 Metropolitan Court [CLOUT case No.52].
27　Pace, Russia 3 March 1995 Russian Federation Chamber of Commerce and Industry award No. 309/1993, [CLOUT case No.139].
28　Pace, USA 14 April 1992 Federal District Court [New York] [CLOUT case No. 23] [US SDNY, 14 April 1992].
29　Pace, Germany 22 February 1994 Appellate Court Köln (*Rare hard wood case*) [CLOUT case No. 120].
30　[CLOUT case No. 417] USA 7 December 1999 US District Court for Northern District of Illinois, Eastern Division.
31　[CLOUT case No.120] Germany 22 February 1994 Appellate Court Köln (*Rare hard wood case*). [CLOUT case No.193] Switzerland 10 July 1996 Commercial Court Zürich (*Plastic chips case*). [CLOUT case No.291] Germany 23 May 1995 Appellate Court Frankfurt (*Shoes case*). [CLOUT case No. 251] Switzerland 30 November 1998 Commercial Court Zürich (*Lambskin coat case*). [CLOUT case No. 347] Germany 9 July 1998 Appellate Court Dresden (*Terry cloth case*)等).
32　[CLOUT case No. 308] (前掲注2).
33　[CLOUT case No.23] USA 14 April 1992 Federal District Court [New York] (*Filanto v. Chilewich*).
34　[CLOUT case No.292] Germany 13 January 1993 Appellate Court Saarbrücken (*Doors case*).
35　[CLOUT case No.417] USA 7 December 1999 Federal District Court [Illinois] (*Magellan International v. Salzgitter Handel*).
36　[CLOUT case No.193] Switzerland 10 July 1996 Commercial Court Zürich (*Plastic chips case*). [CLOUT case No.224] France 27 January 1998 Supreme Court (*Hughes v. Société Technocontact*). [CLOUT case No.309] Denmark 23 April 1998 Eastern Appellate Court (*Elinette Konfektion Trading v. Elodie*).
37　[CLOUT case No. 347] Germany 9 July 1998 Appellate Court Dresden (*Terry cloth case*)等).
38　[CLOUT case No.203] France 13 December 1995 Appellate Court Paris (*ISEA Industrie v. Lu*).
39　[CLOUT case No.417] USA 7 December 1999 Federal District Court [Illinois] (*Magellan International v. Salzgitter Handel*).
40　[CLOUT case No.416] USA 9 March 1999 State District Court [Minnesota] (*KSTP-FM v. Specialized Communications*).
41　[CLOUT case No.120] Germany 22 February 1994 Appellate Court Köln (*Rare hard wood case*).
42　Pace, France 13 December 1995 Appellate Court Paris [CLOUT case No.203].
43　[CLOUT case No.362] Germany 27 April 1999 Appellate Court Naumburg (*Automobile case*).

44　Pace, Hungary 10 January 1992 Metropolitan Court (*Pratt & Whitney v. Malev*).
45　［CLOUT case No.50］Germany 14 August 1991 District Court Baden-Baden (*Wall tiles case*).
46　［CLOUT case No.232］Germany 11 March 1998 Appellate Court München (*Cashmere sweaters case*).
47　［CLOUT case No.203］France 13 December 1995 Appellate Court Paris (*ISEA Industrie v. Lu*).

第4章　契約の方式

1　要点

　CISG第11条は、物品売買契約の成立に関する方式自由原則を規定する。また、第29条1項は、この契約方式の自由原則は、契約の変更および終了についても適用される旨を定める。一方、同条2項1文は契約の変更または終了の方式について当事者間で特約がある場合には、特約が優先することを規定するが、同条2項2文は、当事者の一方は、相手方が自己の行動を信頼した限度において、その条項を主張できないとしている。

　第11条および第29条に関する判例や仲裁例は比較的多いが、特徴として裁判所や仲裁廷は第11条にしたがって国際売買契約についてなんらの方式要件も要求されないことを認めながらも、実際に口頭または書面で有効な合意が成立したかどうかの事実認定に慎重な態度を示している点が指摘される。国際取引の実務においては、都度の契約書作成・締結を基本としつつ、やむを得ず口頭で合意する場合でも、遅滞なく書面で記録を残しておく必要がある。

　CISG第11条および第29条によれば、売買契約の成立、変更や終了は書面により確認されることを必要としないが、他方契約が書面によって立証されることを要求する法制をとる国々も存在する。CISG第96条は、このような諸国が契約の方式に関する留保を宣言することを可能にして、CISGに加入しやすいよう便宜を図った。第12条は、当事者のいずれかが第96条に基づく留保を宣言した国に営業所を有する場合の法的効果を規定する。後述するように、本条の解釈をめぐって各国裁判所の判断は一致していないので、この点特に注意が必要である。

> 2 契約方式自由の原則（第11条）
> アメリカ2000年8月8日ニューヨーク（New York）南部地区連邦地方裁判所判決
> Fercus, s.r.l. v. Mario Palazzo, et al. 事件[1]

【論点】
　売主は、販売店を介して顧客に物品を販売し、代金支払を顧客に要求したが、顧客は販売店に代金を支払ってしまった。売主は、顧客に送付した商業送状（インボイス）が顧客との間の最終的な売買合意の証であると主張する。このような売主の主張は認められるか。

【事実の概要】
① 　イタリア法人 Fercus, s.r.l.（原告：FERCUS社）は靴の製造・販売を行っているが、1997年に米国で販売事業を営む Mario Palazzo 氏の出資先である MP Shoes Corporation（MP SHOES）社と代理店契約を締結し、米国およびカナダにおけるFERCUS社製品の一手代理店となった。また、その後FERCUS社はPalazzo氏と口頭で同氏が出資する別の米国会社であるUSA Shoes（USA SHOES社）がFERCUS社より直接製品を購入して1998年から米国の販売業者に靴を販売することに合意した。
② 　1998年5-6月に、Palazzo氏はFERCUS社に、同氏が米国SHONAC社とFERCUS社製品の売買について交渉している旨を伝えた。さらに同年7月にはSHONAC社から最終的に買注文を受けた旨を伝えている。これを受けてFERCUS社は製造した製品をUSA SHOES社に納め、FERCUS社はインボイスをSHONAC社に直接送付し、金額、諸費用、そして支払方法について指示を行った。
③ 　商品が、米国に到着するとUSA SHOESは輸入税、検査費用と配送料を支払ってこれを受領し、同社の倉庫で保管し、約1カ月後SHONAC社に引渡し、同社がこれを受領しオハイオの自社倉庫に配送した。また、8月にはUSA SHOES社とSHONAC社間で売買契約が締結されている。

④　SHONAC社が製品を受領した9月24日に、FERCUS社はPalazzo氏にファックスを送付し本注文にかかる物品代金支払に関する指示を出した。翌日、FERCUS社は再度Palazzo氏にファックスを送付し、別の支払方法を指示したが、FERCUS社はSHONAC社にはなんらの支払指示も行わなかった。その後、Palazzo氏は上記のFERCUS社の指示とは全く異なる支払指示をSHONAC社に直接出して、SHONAC社がPalazzo氏の銀行口座に代金を支払うよう指示した。これを受けてSHONAC社はPalazzo氏の銀行口座にすべての商品代金を送金した。Palazzo氏は、SHONAC社に製品を販売したのはUSA SHOES社であり、同社の銀行との取決めにしたがい、販売した製品代金を取引銀行口座に送金する必要があったと主張した。上記の状況の下、FERCUS社は納入した商品代金を受領していないとして、Palazzo氏、USA SHOES社、MP SHOES社、SHONAC社他を相手取って訴訟を提起した。本判決は、SHONAC社によるサマリー・ジャッジメント[2]請求についての判断である。

【判決の要旨】

　SHONAC社は、FERCUS社とは売買契約を締結していないと主張しており、FERCUS社は同社が7月に同社の代理店であるPalazzo氏を通じて商品を口頭で発注し、FERCUS社がこれを承諾したことから契約は有効に成立していると主張する。

　SHONAC社のサマリー・ジャッジメント請求を認める。FERCUS社とSHONAC社間で有効な売買契約が成立しているとは認められない。その主たる理由は以下のとおり。

①　ニューヨーク州は、他州と同じく米国統一商事法典を採用しており、一定金額を超える物品売買契約については詐欺防止法が適用される[3]。裁判所は、まず書面が実際の取引を反映したものであるか否か決定しなければならない[4]が、署名のないインボイスや買注文書は、それが当事者間の最終的合意内容を証拠づける内容が含まれている場合にのみ拘束力のある合意文書であると判断される[5]。

②　本件において詐欺防止法の適用を充足する書面は、1998年8月に

SHONAC社とPalazzo氏がそれぞれ署名した買注文書であり、この書面のみが本件取引に関する価格や数量などの基本的事項を規定しており、かつ両者の真正な署名も認められる。また、この書面の拘束力についてもその後の両当事者の行動から裏づけられている。
③　一方、FERCUS社はSHONAC社と直接連絡をとったこともなく、FERCUS社が送付したインボイスにはSHONAC社は署名していない。つまり、FERCUS社は同社のインボイスがSHONAC社との最終的合意内容を示す書類であることについて証明できていない。
④　さらに、FERCUS社は製品をUSA SHOES社に引渡し、同社が通関費用その他を負担してSHONAC社に販売することを想定しており、またPalazzo氏に対してFERCUS社が支払指示をファックスした事実も、FERCUS社がSHONAC社に対してはUSA SHOESから直接販売されることと想定していた事実を裏づけている。
⑤　SHONAC社他はすでに商品代金の全額をPalazzo氏の銀行口座に支払っており、もしFERCUS社の主張を認める場合は、SHONAC社がFERCUS社およびその代理店の双方に代金を払うべきであるという不合理な結論に至る。
⑥　FERCUS社は、SHONAC社との取引についてはCISGが適用されることから、詐欺防止法の適用は問題とならないと主張するが、CISGが適用される唯一の可能性はFERCUS社とSHONAC社間で拘束力のある契約が成立した場合のみである。CISGの下では、Palazzo氏とSHONAC社間の口頭での買注文は、FERCUS社とSHONAC社間の契約成立の可能性を示唆する。しかし、FERCUS社はSHONAC社と本取引について直接連絡をとったこともなく、Palazzo氏がFERCUS社の代理人として行動した可能性は認められるが、そうであればSHONAC社への支払指示に関する権限はPlazzo氏に認められるべきであった。もし、CISGの下でFERCUS社のインボイスが有効な売買契約の証と認められるとしても、8月28日にPalazzo氏は同氏の権限でSHONAC社と売買契約を締結しており、契約は変更されたと考えられる。
⑦　また、Palazzo氏がFERCUS社の代理店として行動しておらず、

SHONAC社と交渉する権限も有していなかったとすれば、有効な契約はPalazzo氏とSHONAC社間でのみ締結されており、SHONAC社は代金支払の義務を履行している。

【解説】

国際取引において、販売店を指定した場合は、プリンシパルは、販売店に製品を販売し、販売店がこれを顧客に転売するのが通例である。しかるに、本事件において、売主は米国における販売店を指定したにもかかわらず、買主との売買契約は売主と買主間で成立したと主張した。そして、商品は販売店に受け渡すが、インボイスは買主に直接送付し、また支払方法の変更は販売店経由で買主に指示を出すなど、その対応に一貫性がなく、実際に売主は買主とは一度も直接に連絡をとったことはなかった。さらに、買主は販売店と契約書を締結し、商品代金も支払済みである事実を考慮すれば売主と買主間には契約は存在しないという結論は妥当であろう。

インボイスとは、通常は商業送状を指し、外国貿易において商品発送の際、売主が買主に対して作成する貨物の明細書で、出荷案内書や価格計算書としての役割も果たしている。その内容は、商品名、数量、価格、出荷地、荷送人名、荷受人名の他、船積日、船名、保険などの詳細が記載されている。また、インボイスは、売買当事者間または第三者間で紛争が生じた場合には、契約の存在およびその内容に関する有力な立証資料となる。一方、相手方によって確認されていないインボイスの発行をもって売買取引の証であると主張できるかどうかは疑わしい。本判決で示されたようにニューヨーク州法の下では、「当事者間の最終的かつ明示的な合意内容であることが証明できる場合[6]」にのみ裁判における証拠として機能する点に注意すべきである。

【関連判例】

CISG第11条に関連して、売買契約にはなんらの方式も求められず、口頭であっても売買は成立する旨を確認した判決や仲裁判断は多くみられる。以下に、どのような証拠のもとで口頭合意の存在が認定されているのか事例を紹介する。

（1）メキシコ1993年5月4日貿易保護委員会仲裁判断[7]

売買契約成立に方式性が要求されないこと、および売主発行のインボイスおよび運送書類は口頭で成立した売買契約を証明する書類であることを認めた仲裁例。

メキシコの売主と米国の買主は、24トンのにんにくの売買契約を締結し、売主はこれを履行して買主に対してインボイスを発行し、買主はこれにしたがって小切手を振り出したが、残高が不足し不渡りとなった。その後、売主が代金支払を請求したが、買主はこれに応じなかったため、売主が仲裁に付託した。仲裁廷は、CISGの下で売買契約になんらの方式性も要求されず、売主の発行したインボイスおよび物品運送に関する書類はこれを有効に裏づける証拠であるとして、当事者間の売買契約成立を認定し、買主に代金を支払うよう勧告した。

（2）カナダ2005年10月28日オンタリオ（Ontario）州高等裁判所判決[8]

国際売買契約は口頭で成立するが、インボイスに記載されたフランス語の裁判管轄条項は当事者間の合意内容とは認めないと判断した例。

本件は、カナダの買主とフランスの売主間のワイン用コルク売買取引に関する案件である。当初、買主は売主の米国子会社と電話で売買契約を締結した。その後、買主は売主と直接契約を締結するようになった。両者間の売買契約には、紛争の際の裁判管轄に関する規定はなかったが、売主が買主に送付したインボイスにはフランスの裁判管轄が記載されていた。その後、コルクの品質問題が生じ買主は米国で訴訟を提起したが、アメリカ連邦地方裁判所はインボイスに記載された裁判管轄条項は有効であるとして、当該裁判所に裁判管轄を認めなかった。そこで買主が第二訴訟をカナダで提起したものである。裁判所は、本件にCISGが適用されること、さらに同条約の下では契約成立に方式性は要求されず、売主と買主の口頭合意は拘束力のある売買契約であると判断した。ただし、インボイスに記載された裁判管轄に関する規定については、買主側がなんら異議を唱えずにインボイスを受領していた事実を認めながらも、両当事者を拘束する合意としては認められないと判断した。

(3) オーストリア1996年2月6日最高裁判所判決[9]

　口頭による売買契約の成立は認められるが、売主の標準約款の適用は否定された例。

　ドイツの売主とオーストリアの買主間でベルギー向けのプロパンガス供給について合意されたが、売主側が船積港を指定できない状況下、買主側も信用状を開設できないでいるうちに、売主側の供給元からベネルクス向けガス供給に合意しない旨の連絡が入り、売主は買主に対する商品供給を拒絶した。これに対して買主が売主を相手取って損害賠償請求をオーストリア裁判所に提起したものである。同国最高裁判所は、下級審の判断を支持して、本取引にはCISGが適用されることと、当事者間で売買契約が締結された事実を認定した。ただし、売主の標準約款が本取引に適用されるとする売主の主張（両当事者は、本件取引に先立ってマスター契約の交渉を行っていたことから、買主はその内容を承諾していたとする主張）は否認した。裁判所は、買主の主張を容認し売主に対して買主の被った損害の賠償を命じた。

【国際ビジネスへの活用】

　本事件は、イタリアと米国にそれぞれ営業所を有する当事者間の物品売買取引において、CISGの下では売買契約の成立には書面性は要求されないことを明確に示した判例であるが、同時に国際ビジネスにおいて口頭での連絡・確認のみに依拠して取引を行うことがいかに大きなリスクをもたらすかを示している。

　契約書を作成し締結する意義は次のとおりである。まず、契約書作成の過程は、当事者の意思を明確にする過程として機能している。つまり、口頭で合意する場合であっても、その後書面化という過程を経ることによって、口頭で合意した内容の詳細な点について合意が欠如していることに気づいたり、また当事者間で合意すべき新たな問題に気づいたりする場合が多い。次に、より重要であるのは、後日問題が生じた場合の証拠としての効力である。口頭の合意は、記録が残らないことから、後に当事者間で紛争となる可能性が高い。CISG第11条によって、国際物品売買取引については、契約方式要件が原則として適用されないことが確認されたが、当事者間で問題が生じた場

合に備えて、できる限り明確な合意文書を都度作成することが必要である。

> 3 書面性の例外的要求・書面性を要求する旨の留保（第12条・第96条）
> アメリカ2008年10月7日ニュージャージー（New Jersey）地区連邦地方裁判所判決
> Forestal Guarani, S.A. v. Daros International, Inc. 事件[10]

【論点】
　CISG第96条に基づき留保宣言を行った国に営業所を有する当事者との物品売買取引について、口頭で成立した売買契約は有効とみなされるか。

【事実の概要】
① 　1999年に、アルゼンチンに営業所を有するForestal社（売主・原告）は、米国に営業所を有するDaros社（買主・被告）と木製フィンガー・ジョイントの売買について口頭で合意した。なお、書面で契約が締結されなかったことは両当事者が認めている。Forestal社の主張によれば、同社は合意された条件に基づき185万ドル相当の製品を輸出したが、Daros社はその一部のみ支払い、差額を支払っていないという。本訴訟は、Forestal社がDaros社に代金差額の支払を求めて州裁判所に提起した案件が、Daros社の請求に基づき連邦地裁に移送された事件である。
② 　証拠開示手続において、Daros社はForestal社に質問状および書類提出請求をなしたが、Forestal社はこれを遵守せず、判決日現在でも十分な開示がなされていない状況であった。両当事者は当該取引についてCISGが適用されることを確認しているが、アルゼンチンは、CISG第96条に基づく留保を宣言している。Daros社は、CISGの下で懸案の売買契約は、書面性を有しないことから無効であると主張し、Forestal社は、第96条に基づく留保によって口頭の売買契約が無効とされるべきではなく、むしろ支払うべき義務のある代金を不当に支払わないDaros社の行為こそCISGの下で許容されるべきではないと主張した。

【判決の要旨】

　裁判所は、Zhejiang Shaoxing Yongli Printing & Dyeing Co., v. Microflock Textile Group Corp判決[11]を引用し、この事件では一方の当事者が中国に営業所を有し、中国が第96条に基づく留保を行っていることから、同国に営業所を有する当事者との取引契約は書面によらなければならないと判断された事実を確認した。本件においてもアルゼンチンは、第96条に基づく留保を行っており、このような留保国に営業所を有する当事者との売買契約は、書面によらなければならないと裁判所は判断した。Forestal社の主張は、アルゼンチンの第96条留保宣言との関係で認められないとして、裁判所はForestal社の主張を退けた。

【解説】

　CISG第12条の解釈をめぐって判例は必ずしも一様ではない。すなわち、一方の当事者の営業所が留保国に所在すれば、その事実をもって方式の自由原則が排除されるという解釈（ただし少数説とされる）[12]に対して、法廷地の国際私法により準拠法が選択され、その準拠法が留保国の国内法である場合にのみ方式自由原則が排除されるという解釈[13]とが存在する。また、後者の考え方を採用する場合でも、非留保国の法律が準拠法とされた場合には、その国の国内法の下で要求される契約の要式性が求められるとする有力な見解[14]があり、これにしたがえば本事件は、準拠法がアルゼンチン法であってもニュージャージー州法[15]であっても一定金額以上の売買契約には書面性が要求されることになる。

【関連判例】

　CISG第11条関連の判例・仲裁判断を契約当事者の営業所所在地毎に分類すると以下のとおりである。
(1) メキシコ1996年4月29日 貿易保護委員会仲裁判断
　　Conservas La Costena v. Lanin 事件[16]
　本事案は当事者の営業所がアルゼンチンに所在する事例である。アルゼンチンの売主がメキシコの買主にフルーツ缶詰を販売した事例で、売主（被

告)が正式に書面で締結されていない契約は無効であると主張したのに対し、仲裁廷は当事者間の書面のやりとり、信用状に基づく代金決済、そして当事者の一連の行為から契約が合意された事実は明白であると認定した。仲裁廷は、契約関係の重要項目は書面で十分に確認ができること、さらにCISGの下での書面性の要件は、正式で厳格な要式性の要請と解釈すべきではないと判断した。仲裁廷は、これと異なる解釈は条約の基本原則に反すると述べている。

(2) 中国2001年7月18日浙江省慈渓中級人民法院判決
　　Car Hill v. Cixi Old Furniture Trade Co., Ltd. 事件[17]

　本事案は当事者の営業所が中国に所在する事例である。中国に営業所を有する当事者(売主)と米国に営業所を有する当事者(買主)間の家具の売買取引において、裁判所は口頭契約の有効性を認め、証人による証言を契約解釈に採用した。1999年に中国が制定した統一契約法の下では書面で作成されていない契約の効力も認められている。ただし、慎重を期して将来の紛争を回避するためには、CSIG第96条留保を行っている中国に営業所が所在する当事者との売買契約については書面性の要件について細心の注意を払うべきであろう。

(3) ロシア2004年2月16日ロシア連邦商工会議所国際商事仲裁廷仲裁判断[18]

　本事案は当事者の営業所がロシアに所在する事例である。ロシアに営業所を有する売主とサイプラスに営業所を有する買主間の売買取引について、買主は書面に記載された文言に拘泥せずに、その他の口頭証拠を認めて、当事者間の契約の解釈を広義に解釈すべきであると主張したが、ロシアの国際商事仲裁廷は、CISGおよびロシア国内法に基づき、取引の当事者の一方がロシアに営業所を有する場合は、国際契約は書面で締結されなければならないと判断して、買主の主張を否認した。また、ロシア企業が売主で米国企業が買主の事例[19]において、当事者の一方がロシアに営業所を有する場合には、契約は書面で締結され、両当事者がこれに書名しなければならないと判断した。さらに、オランダの判例[20]では、オランダに営業所を有する売主とロシアに営業所を有する買主間の売買取引について、オランダ法が準拠法として決定されるが、当事者の一方の営業所が所在するロシアは第96条留保を

行っていることから、当該事案においては契約成立に書面性が要求されると判断した。

(4) ベルギー1995年5月2日ハッセルト（Hasselt）地方裁判所判決
　　Vital Berry Marketing v. Dira-Frost 事件[21]

　本事案は取引の相手の営業所がチリに所在する事例である。当事者の一方がチリに営業所を有する売買取引について、同国が第96条留保を行っていることから、当事者間の契約変更は書面によらなければならないと判断した。

【国際ビジネスへの活用】
　2010年8月現在UNCITRALのweb-site（http://www.uncitral.org/）で確認が可能な第96条に基づく留保国は、アルゼンチン、アルメニア、ウクライナ、チリ、中国[22]（第11条および同条の内容に関する諸規定についてのみの留保）、パラグアイ、ハンガリー、ベラルーシ、ラトビア、リトアニア、ロシアである。第12条は、当事者間の合意により適用を排除することはできない[23]。さらに上記のとおり12条の適用をめぐり解釈が一定していない状況は、当事者間の紛争が裁判に至った場合、留保国における裁判手続のみならず、非留保国の確定判決や仲裁判断を留保国で執行する場合に法的障害となり得る。

　上記の問題への対応としては、留保国の国内法が要求する契約方式要件を懸案の契約に取り込む方法（つまり留保国などの契約方式に準拠する）で対応する必要がある。さらに、法廷地の国際私法が指定する法が締約国でかつ非留保国であった場合でも、その国の法が要求する方式要件が適用されるという見解[24]にしたがい、より厳格な契約方式に準拠して慎重な対応を図ることが将来のリスクを回避するために必要である。

4　書面の定義（第13条）
オーストリア2007年12月18日インスブルック（Innsbruck）控訴裁判所判決
鋼棒売買事件[25]

第4章　契約の方式　103

【論点】
　当事者間で、当該契約変更には、書面確認が必要であると合意されたが、その後一部変更について打合せが行われ、一方の当事者が打合せ内容のメモを相手方にファックスで送付した。このような場合に有効な契約変更がなされたと認められるか。

【事実の概要】
　ドイツの売主とオーストリアの買主は、高速道路建設のための鉄棒の売買および敷設に関して2004年秋に契約を締結し、この契約では、変更は両当事者による書面による確認が必要と規定されていた。売買の価格条件は、2005年4月まで有効であったが、市場における製品価格の下落を受け2005年3月に価格改定を行った。新価格は、2005年から2006年まで有効な価格と合意された。ところが、さらに価格下落が続いたことから、2005年11月に交渉が行われた。この会議で価格改定について合意が成立したかどうかについては、当事者間で主張が対立している。すなわち売主は、この交渉で価格改定は合意されず、当該取引にオーストリアの標準契約条件[26]が適用されることにも同意していないと主張する。一方、買主は、先の交渉で価格改定の合意が成立していると主張する。実際に、買主は会議の内容を書面にして12月にファックスですべての会議出席者に送付した。買主の主張は、このメモについて売主はオーストリア標準書式に定める適切な期間内に異議を唱えなかったことから、有効な変更合意が成立しているというものである。実際に売主が買主のメモに対する反論書を送付したのは、メモが送付されてから1カ月以上経過した時点であった。
　第一審裁判所は、両当事者の取引にはオーストリア標準契約条件が適用されるとし、11月の両者の話合い内容を記載した買主作成のメモについて、売主は合理的な期間内に異議を唱えなかったことから、価格変更が当事者間で有効に合意されたと判断して売主の主張を退けた。

【判決の要旨】
　本事件は、契約の変更に関して当事者間で書面により変更を行う旨があら

かじめ合意されている事例であり、これはCISG第29条2項の解釈に関する問題である。当該条項における書面の意味は、第13条により電報およびテレックスを含むと解される。したがって、一方の当事者が作成した書面による契約変更の確認は第29条2項と矛盾するものではない。また、CISG第8条との関係において、当事者が実際にどのような書面性を要求していたかを解釈することが重要である。

本事件については、買主の注文書とオーストリア標準書式の双方が契約条件として適用される。前者は、契約変更について両当事者の書面による確認を求めているが、後者は口頭で契約変更がなされた場合には、一方の当事者が書面を送付し相手方がこれに異議を申立てないときに契約変更が合意されたものとみなす旨を規定している。この双方の規定は、矛盾する内容ではなく、後者が口頭による契約変更の特約をなすものである。本事件については、口頭で契約変更が合意され、その内容を記載したメモを買主に送付し、相当な期間内に異議の申立てがなかったことから、契約は有効に変更されたと認定された。

【解説】

第13条の適用範囲については諸説が存在する。広く支持されている見解は、第13条の適用はCISGが書面要件を規定している第21条2項や第29条2項に制限されるという考え方である[27]。第13条は上記各条項との関係において特に注意が必要である。

本事件では、2005年11月の価格改定に関する会議において話し合われた結果について、当事者の見解が対立している。すなわち、買主は売主に対して追加のオプション契約もオファーしたうえで価格改定について合意が成立したと主張し、反対に売主はそのような価格改定には合意していないと主張した。両当事者が裁判所に提出した証拠や証人からはこの点についての決定的な証拠は見出せなかった。

一方、決め手となったのは買主が作成した会議メモの存在である。上記会議の際に、買主は当初売主に議事録を至急作成するよう求めたが、売主がこれを怠ったことから、買主がメモを作成し、それを12月に会議出席者全員

にファックスで送付した。送付されたメモに対して、遅滞なく異議を述べなかった売主は、裁判所により不利な判定を受ける結果となった。

【関連判例】
(1) オーストリア1993年7月2日最高裁判所判決[28]
　オーストリアにおける国内リース契約の解約に関する案件で、同国最高裁判所はCISG第13条の下における書面には、ファックスにより送付されたメッセージも同条の規定する書面に該当すると判断した。

【国際ビジネスへの活用】
　契約変更が口頭で行われる場合は、本事件におけるような問題が生じやすい。そこで、契約書において両当事者の代表権を有するものがそれぞれ署名した書面によらなければ有効にならない旨を規定するとともに、完全合意条項を規定して口頭証拠を排除するといった慎重な対応を検討すべきである。一方、本事件にみられるように予期せぬ標準約款が適用される場合があるので注意を要する。何より重要であるのは、相手方から提案等を受けた場合には、国際取引の基本原則に基づき、遅滞なく書面で対応を図ることである。

5　合意による契約の変更（第29条）
　　アメリカ2007年7月19日第3巡回区連邦控訴裁判所判決
　　Valero Marketing & Supply Company v. Greeni Trading Oy事件[29]

【論点】
　売主側に履行遅延が生じたため、買主は売主の履行期間を延長することや代金減額などに合意した。この場合、CISG第29条の下での契約変更の合意とみなすべきか、または第47条に基づき買主が売主に履行のための付加期間を定めたものと解すべきか。

【事実の概要】
① フィンランドの売主と米国の買主とは、2001年8月15日にナフサ（naph-

tha）の売買契約（原契約）を締結した。この原契約の下では、売主は9月10日から20日の間に買主のニューヨーク港の施設で本船渡（on board）条件で本物品を受け渡すこととされていた。また、運送に使用する船舶については買主の承諾が必要とされていたが、買主は合理的な理由なく売主の本船指定を拒絶してはならない旨も規定されていた。

② 原契約締結後、売主は船舶の手配を開始したが、買主の承諾を得る時間的余裕がなく、8月29日にはBEAR G（本船名）を使用せざるを得ない状況であった。ちなみに、売主は、過去に石油製品の輸送に何回か本船を使用した実績があった。売主は、買主の事前の承諾なく、本船をナフタ輸送に使用することを決定し、8月29日に本船名を買主に通知した。

③ 買主はこの通知を受けて調査を行った結果、同社のターミナル受入基準に合致しないことを理由にBEAR Gの使用は承諾できない旨を8月30日に売主に通知した。

④ 売主は、受渡期間との関係ですでに他の船舶を見出せない状況にあり、買主の上記通知にもかかわらず、本船に物品の積込みを開始した。しかし、船積作業の遅延からその当時すでに本船はニューヨーク港に9月21日に到着の予定であり、原契約に定める履行期間内に物品を受け渡すことができない状況であった。そこで、売主と買主は9月14日に新たな合意（9月14日合意または9月14日合意書）を行い、①買主は本船による物品の運送を認めるが、受渡条件を買主ターミナルでの船上渡条件から、はしけによる受渡条件に変更すること、②はしけの手配と費用負担は売主が行うこと、③受渡期間は9月24日に延長すること、および③売主は本物品売買価格を減額すること等について確認が行われた。なお、売主は法廷において9月14日合意書は売主にとって承諾せざるを得ない切迫した状況の下でなされた合意であり、これに反対することはできない状況であったと証言している。

⑤ 本船は、9月22日にニューヨーク港に到着したが、はしけの手配に時間を要し、売主は9月14日合意書の期限である9月24日中に本物品を買主に引渡すことができなかった。そこで、買主は売主の重大な契約違反を理由に本物品の受領を拒絶した。そして11月に、買主は売主の重大な契

約違反により被った損害賠償を求めて訴訟を提起した。
⑥　連邦地方裁判所は、9月14日合意はCISG第47条に基づき買主が売主による義務の履行のために定めた付加期間と理解すべきこと、および実際の売主による遅延は2日間であり、このような些細な遅延は重大な契約不履行とはみなされないと判断した。買主は、この判断を不服として控訴した。

【判決の要旨】

　9月14日合意は、CISG第29条に基づく原契約（8月15日契約）の変更契約と解釈すべきであり、CISG第47条に下での買主が定める売主による義務履行のための付加期間と解すべきではない。売主は、9月14日合意は、買主の提案に反対できる状況になく、やむなく合意したものであると主張するが、自らの意思で合意したものであり、また反論することも可能であって、買主による強迫（duress）の下で強制された合意であるとは認められない。CISG第29条は、当事者の単純な合意（mere agreement）によって契約は変更されると定めており、原契約は9月14日合意によって当事者の合意に基づいて変更されたと解すべきである。

【解説】

　CISG第47条の下では、買主が売主による義務履行のための合理的な付加期間を認め、その期間内に債務の履行がない場合に買主は契約解除をできる仕組みになっている。しかし、この追加の履行期間内は、買主はその他の救済を求めることができない。第一審では、買主が追加の履行期間を相手方に与えつつ、あわせて価格の減額を要求することは認められないと判断した結果、9月14日合意は無効であるとし、買主は売主に追加の履行期間を与えたものであると認定した。また、実際に物品の納入が遅れたのは2日間であり、この程度の遅延は重大な契約違反を構成しないとして、買主による契約解除は認められないと判断した。一方、控訴審では売主は9月14日の当事者間の合意に際して、反対の意思表示が認められる状況になく、やむなくこれを受け入れた状況であったとの主張について、そのような事実は認められ

ないとして、CISG第29条の下では当事者間の単純な合意によって契約変更が行われると判断し、9月14日の合意は当事者間の有効な契約変更合意であると認定した。

米国統一商事法典UCC第2-209条の下では、契約の変更はそれが信義に則って合意されている場合にのみ有効となる。CISGは、契約の有効要件としての公序良俗や詐欺・脅迫に関する問題は、法廷地の国際私法によって決定される国内法にしたがって判断される（第4条）。本事件については、米国法の下で詐欺や強迫、その他信義に反する当事者の行為は存在しなかったという認定の下で、CISG第29条の適用が認められた。

【関連判例】

CISG第29条1項の規定にしたがい、契約変更の合意に要式性は要求されないことを確認する判例がある[30]。また、契約変更に約因（consideration）は不要であるとした判例[31]も存在し、契約は書面やその他の様式を必要とせず、当事者の単純合意によって変更または解除されるという原則が判例上も確認されている。また、第29条2項に基づき、当事者が契約の変更や解除について書面によるべきことを書面により定めた場合は、その他の方法で変更または解除が認められない。ここでいう書面の解釈については諸説があるが、CISG第13条の規定にしたがうとの解釈が多くの支持を集めている[32]。

その他、多くの判例は当事者間で実際に契約の変更や解除の合意があったかどうかの事実の認定にかかるものである。例えば、契約条件の変更に関する話合いの後に売主が買主に送付した出状について、これは売主による契約変更の提案であって、当事者で確認された変更合意とはみなされないとした判例[33]がある。また、買主が交付した為替手形（Bill of Exchange）によって、契約は有効に変更合意された事実を認定した判例[34]もある。さらに、当事者間で基本条件について合意が成立し取引を開始した後で、売主が送付した契約書には取引条件（Conditions of Sale）が記載されており、そこには裁判管轄の記載があった事例では、そのような記載は当事者間の有効な変更合意とみなされないとした判例[35]がある。そして、フランスの売主がカナダの買主に送付したインボイス（商業送状）には、フランス語で裁判管轄に関する

記載があったが、裁判所は当事者の一方が送付したインボイスは売主のみが署名しているが、買主が裁判管轄規定について反論しなかったという理由だけで、それに合意したとは認められないとした判例がある[36]。

【国際ビジネスへの活用】

　国際取引においては、一旦契約が成立した後に、契約締結時に予想できなかったような状況が現出し、契約条件の見直しを迫られる場合が少なくない。このような場合に、当事者は相手方と交渉を行い契約の変更や補充を求めるのが通例である。当事者間の紛争は、交渉を通じて当事者が契約変更の合意に達したかどうかの事実についての争いとして生じる。

　CISG第29条1項は、当事者の単純な合意によって契約変更を可能にしている。確かに、国際取引の効率性という観点からは、望ましい規定であるが、実務にとってはそのような変更合意の存否に関して相手方と議論になった場合に備えて、いかなる証拠によって証明することができるか注意を払わなければならない。変更契約書は、両当事者の権限のある代表者により署名された書面によることが基本であるが、口頭による場合は、後に当事者間での争いが生じないように、明確に記録に残すことが要求される。

注

1　[CLOUT case No.414] USA August 2000 District Court for the Southern District of New York (98 Civ. 7728 (NRB))。

2　Summary Judgmentとは、重要な事実について当事者間に真正な争点がなく、事実審理を行うことなしに法律問題だけで判決ができる場合に、当事者の一方の申立てにより下される判決をいう。

3　U.C.C. Section 2-201(1)。

4　*Arrow Trading Co. Inc. v. Suez Corp.,* 1993 U.S.Dist., Nos. 89 Civ. 8491, 91 Civ. 6684, 1993 WL 338000 (S.D.N.Y. 31 Aug. 1993)。

5　*Claudia v. Olivieri Footwear Ltd.,* 1998, No. 96 Civ. 8052, 1998 WL 164824 (S.D.N.Y. 7 April 1998)。

6　本判決には、"when it contained terms which provide evidence that it is intended to be the final express agreement between the parties."と述べられている。

7　Unilex, Mexico 04.05.1993 Arbitration Decision, Comisión para la Protección del Comercio Exterior de Mexico, No. M/66/92。

8　Unilex Canada 28.10.2005 Ontario Superior Court of Justice, No. 03-CV-261424CM 3。

9 Unilex, Austria 06.02.1996, Oberster Gerichtshof, No. 10 Ob 518/95.
10 USA 7 October 2008 District Court for the District of New Jersey.
11 USA 19 May 2008 District Court for the Southern District of Florida.
12 CISG-OnLine No. 371 (Belgium 2 May 1995 District Court Hasselt).
13 [CLOUT case No. 52] Hungary 24 March 1992 Metropolitan Court.
14 John O. Honnold (Edited by Harry M. Flechtner), *Uniform Law for International Sales under the 1980 United Nations Convention* (Wolters Kluwer, 2009), Article 12, para 129.
15 N.J. Stat. Ann. §12A:2-201.
16 Pace, Mexico 29 April 1996 COMPROMEX Arbitration Proceeding.
17 Pace, China 18 July 2001 Zhejiang Cixi People's Court [District Court].
18 Pace, Russia 9 June 2004 Arbitration Proceeding 125/2003.
19 Pace, Russia 16 February 2004 Arbitration Proceeding 107/2002.
20 Pace, Netherlands 7 November 1997 Supreme Court (*J.T. Schuermans v. Boomsma Distilleerderij/Wijnkoperij*).
21 Pace, Belgium 2 May 1995 District Court Hasselt.
22 中国は他の第96条留保国と異なったユニークな宣言を行っており、その法的効果がどのように解釈されるか不明な部分もある。
23 CISGの適用を全面的に排除することは可能である。しかし、そのような対応によって契約書式の要件にかかる問題が解決するものではない。
24 Honnold, supra note 14.
25 Pace, Austria 18 December 2007 Oberlandesgericht [Appellate Court] Innsbruck (*Steel bars case*).
26 標準契約条件の下では、契約変更について一方の当事者が書面で送付した内容に、相手方が合理的期間内に反論しなかった場合には、有効に変更が成立すると規定されている。
27 甲斐道太郎・石田久夫・田中英司編『注釈国際統一売買法I』(法律文化社、2000年)100頁。
28 Unilex, Austria 02.07.1993 Oberster Gerichtshof, No. 1 Ob 525-93.
29 Pace, USA 19 July 2007 Federal Court of Appeals [3rd Circuit] [CLOUT case No. 846].
30 Unilex, Austria 29.06.1999 Oberster Gerichtshof, No. 1 Ob 74/99 K [CLOUT case No. 422].
31 Unilex, USA 17.12.2001 U.S. District Court of Michigan (*Shuttle Packaging Systems, L.L.C. v. Jacob Tsonaki, INA S.A., et al.*), No. 1:01-CV-691 [CLOUT case No. 578].
32 甲斐道他、前掲注27、226頁。
33 Unilex, Germany 08.02.1995 Oberlandesgericht München (*R. Motor s.n.c. v. M. Auto Vertriebs GmbH*), No. 7 U 1720/94, [CLOUT case No. 133].
34 Unilex, Germany 26.09.1990 Landgericht Hamburg, No. 5 0 543/88 [CLOUT case No. 5].
35 Unilex, USA 09.05.2008 U.S. District Court, Delaware (*Solae, LLC v. Hershey Canada, Inc.*) No. 07-140-JJf.
36 [CLOUT case No. 576] *Chateau des Charmes Wines Ltd. v. Sabate USA Inc., Sabate S.A.* (328 F.3d 528).

第5章　物品の瑕疵に関する売主の義務

1　要点

　CISGでは、引渡義務と並ぶ売主の義務として、物の瑕疵および権利の瑕疵に関する売主の義務を定めている。

　物の瑕疵に関する問題は、CISGでは契約への適合性の問題として処理される。売主は、契約に定める数量、品質、種類および収納・包装に適合した物品を引渡さなければならない（第35条1項）。また、当事者が別段の合意をした場合を除き、通常使用目的への適合性などの一定の適合性要件が黙示的に適用される（第35条2項）。物の瑕疵に関する適合性の基準時は危険の移転時である（第36条）。

　さらに売主は、第三者の権利または請求の対象となっていない物品を引渡す義務を負い（第41条）、かかる義務は一定の範囲の知的財産権に基づく第三者の権利または請求についても及ぶ（第42条）。

　売主が引渡した物品が、契約に不適合だった場合または第三者の権利もしくは請求の対象となっていた場合には、売主の債務不履行となり、買主はCISG第2章第3節（第45条から第52条まで）に定める救済手段を行使することができる。

2　買主の国における公法上の規制への適合性（第35条）
　ドイツ1995年3月8日連邦通常裁判所（最高裁判所）判決
　ニュージーランド産ムール貝事件[1]

【論点】

　特段の合意が当事者間にない場合において、売主は、買主の営業所がある

国や物品が使用・転売される国の公法上の規制に適合した物品を引渡す義務を負うか。

【事実の概要】

① 被告であるドイツの買主は、原告であるスイスの売主からニュージーランド産ムール貝1,750キログラムをキロ当たり3.70米ドルで購入した。売主は、1992年1月にドイツ国内のF会社の倉庫に商品を引渡し、同年1月15日に代金6,475米ドルを14日以内に支払うように買主に請求した。

② 1992年1月末、F会社は買主に対して、ドイツ連邦獣医局が検査のため商品のサンプルを採ったことを通知した。同年1月末ないし2月初めに、買主の要請により、ドイツ連邦獣医局が当該ムール貝には通常よりも多くのカドミウムが含有されていること、権限のあるヘッセン州南部の獣医局検査所による追加検査が必要であることを確認した後、買主はその事実を同年2月7日付けのファクシミリで売主に通知した。ヘッセン州南部の獣医局検査所の報告書によると、検査したムール貝のうち4個から、キロ当たり0.5から1.0ミリグラムのカドミウム含有量が確認された。この含有量は連邦厚生局が定めた1990年の基準値の2倍を超えるものではなかったが、輸入者による更なる検査が必要であるとされた。一方、売主の依頼によって実施された連邦獣医局の検査では、カドミウムの含有量は0.875 mg/kgとされた。

③ 1992年3月3日付けのファクシミリにより、買主は売主に対して、獣医局が高いカドミウム含有量により問題のムール貝が「無害であるとはいえない」としたことから、当該ムール貝を売主の負担で返品する旨を宣言し、同時に商品が「もはや要求された元の包装ではないこと」および包装は冷凍食品には適していないことを主張した。その後、買主は電話で売主に対して商品の受領拒絶を通知した。しかし結局、買主は商品を返品しなかった。買主の依頼により作成された、1992年3月31日付の化学検査研究所のB博士のレポートによると、3個のサンプルからキログラム当たり1ミリグラムのカドミウムが検出された。そして当該レポートは、連邦厚生局が定めた基準の2倍を超える量は「容認することはできない」こと、

そして最低でも20個の追加サンプルを検査すべきであるとした。

④　買主は、売主に対して、他の要求に加えて、追加検査のために将来発生する費用を負担することを要求したが、売主は回答しなかった。

売主は、その訴えにおいて、購入代金6,475米ドルおよび金利を請求している。売主は、問題のムール貝のカドミウム含有量は許容されている上限値を超えていないため、ムール貝は食用に適していること、さらに買主は瑕疵について適時に通知しなかったと主張した。一方、買主は、ムール貝に瑕疵があったことおよび関係当局によって問題視されていたことから、契約は重大な契約違反により解除されたと主張した。

⑤　地裁は、連邦衛生局に専門家意見を求めた。報告されたカドミウム含有量をもつムール貝が食用に適していたか否かという問題について、連邦衛生局はZEBS（連邦衛生局の環境化学物質の登録・評価を行う中央機関）基準は、消費者の健康被害を予防するために、有害物質の食物への望ましくない濃縮を示す推奨基準であることを明らかにした。たとえ計測された含有量が基準の2倍に達していたとしても、たまに基準を超える量を摂取する程度であれば、通常は健康被害を及ぼすような効果は生じない。もし基準値の2倍を超えている場合、権限のある州当局は通常、食肉衛生規則の執行のために法的に必要とされる手続を類推して、食品及び消費商品法（LMBG）第17条1項に基づいて、当該食品は食用に適さないことを宣言する。

⑥　地裁は、原告・売主の請求を認容した。上級審で買主はムール貝のカドミウム含有量は1 mg/kgよりも高かったと主張した。上級審が買主の控訴を棄却したので、買主が上告したのが本件である。

【判決の要旨】

〔上告棄却〕

①　買主が、引渡されたムール貝がカドミウムにより汚染されていたことを理由として、CISG第49条1項（a）に基づいて契約を解除するための前提条件は、売主にCISG第25条で定義される意味における重大な契約違反があったことである。買主が契約によって受け取ることを期待することがで

きたものを実質的に受け取ることができない場合には重大な契約違反となる。そして契約に適合しない商品の引渡しによっても重大な契約違反は生じ得る。しかし、本件においてはCISG第35条で定義される意味における契約への不適合があったことでさえ認定することはできない。

② 契約への適合性については、当事者間の合意が主として関係がある。控訴審では、ZEBS基準の適用に関する黙示の合意ですら認定されなかった。買主はこの認定に対して異議を申し出ておらず、法的には争いの余地はない。

③ 当事者間の同意がない場合、商品は通常使用されるであろう目的または売主に対して明示的または黙示的に知らされていた特定の目的に不適合であるとき、契約に適合しないものとなる（CISG第35条2項（a）および（b））。報告された、そして何よりも買主によって主張されたムール貝のカドミウム汚染によっても、当該ムール貝がこのルールの下で契約に適合しないと推定することはできない。

④ 明らかに、ムール貝の販売可能性そして再販売可能性の観点からは、原審の意見に反して、たとえ買主が主張するように（カドミウム含有量が）ZEBS基準値の2倍を超えていたとしても、当該ムール貝がLMBG第17条1項に基づいて食用に適していたことは何も変わらない。連邦衛生局のレポートおよび文書化された州の衛生当局の運用実務を考慮に入れると、もしドイツ連邦共和国の公法規定との関連性があるならば、検討が必要であろう。しかし、この場合はそうではない。当裁判所もしたがう、法律文献における絶対的多数意見によると、買主の営業所がある国または商品が利用される国の特別な公法規制の遵守を（売主に）期待することはできない。

⑤ 買主の国における特定の基準は、かかる基準が売主の国においても同様に存在する場合、買主がその基準の存在を売主に示しており、かつ売主の技能に依存していて、依存することが許される場合（この点はおそらく、CISG第35条2項（b）において検討すべきだろう）、または、特別な事情によって、想定される輸出国の関連する規定を売主が知っていたか、売主が知っているべきであった場合に限って考慮することができる。本件においては、これらの可能性は当てはまらない。

第5章　物品の瑕疵に関する売主の義務　115

⑥　立証責任を負う買主は、ムール貝の毒性のある金属による汚染に関する公法的な規制がスイスに存在することを主張していない。この点について、上告においてもなんら言及されていない。

⑦　引渡場所および仕向地に関する合意は、たとえドイツ国内で販売が行われることに関する買主の意向を表すものとしてとらえることができたとしても、それ自体ではCISG第35条2項の（a）または（b）において、ムール貝がドイツ国内で用いられるカドミウム基準に従って契約への適合性が判断されることの合意としては十分ではない。決定的なのは、海外の売主は、輸出先の公法上の規制および／または行政実務を知っていることを期待されることはないこと、そして買主はそれゆえに売主がかかる知識を持っていることを合理的に信頼することはできず、むしろ買主は自分の国または仕向地における条件について専門知識を持つことが期待され、売主にその内容を通知することが期待される、ということである。このことは、本件のように、許容されるカドミウム含有量について法律がなく、そのかわりに公衆衛生当局が食肉に関してのみ有効に適用される規定を「類推的に」適用し、そしてドイツの連邦州内でも魚類および貝類の基準を超えている場合の対応が統一的ではなく、さらに行政当局の措置の法的根拠が確かではない場合には、より強く当てはまる。

【解説】

　CISGが適用される国際売買取引では、国ごとに生活様式、文化、法規制などが異なる。そのため、売主の営業所のある国（売主国）と買主の営業所のある国（または物品が使用・転売される国）（買主国）で、通常使用目的または特定目的への適合性の基準が異なる場合があり得る。特に買主国の公法上の規制が売主国よりも厳しい基準を定めている場合に問題が生じやすい。

　本事件において、ドイツ最高裁である連邦通常裁判所は、国際売買取引において、買主国の公法上の規制を知っていることを売主に期待することはできないという理由から、原則として買主国の特別な公法上の規制に適合した物品を引渡す売主の義務はないという判断を示した。

　ただし、特別な事情によって、買主国の公法上の規制を売主が知っていた

か、売主が知っているべきであった場合に限って買主国の公法上の基準を考慮すると述べている。

【関連判例】
(1) ドイツ1995年8月21日エルワンゲン（Ellwangen）地方裁判所判決[2]
　スペインの売主とドイツの買主との間におけるパプリカの取引において、両者間にそれまでに長期間の取引関係があった場合に、売主は黙示的にドイツ法の食品安全規制が適用されることに合意していたと判断した事例。
(2) フランス1995年9月13日グルノーブル（Grenoble）控訴院判決[3]
　フランスの買主がイタリアの売主からチーズを購入する取引において、当事者間で数カ月間に及ぶ取引が行われたことから、売主は当該物品がフランスの市場向けだったことを知っており、フランスにおける食品表示規制を遵守する義務があるとした事例。
(3) ドイツ2005年3月2日連邦通常裁判所（最高裁判所）判決[4]
　ドイツの買主がベルギーの売主から豚肉を購入し、ボスニア・ヘルツェゴビナの商社に転売する取引において、公法上の規制の遵守に関しては売主の国における事情が基準になると判断した事例。

【国際ビジネスへの活用】
　買主の立場としては、自国または物品が使用される国の特別な公法上の規制に物品が適合することを欲する場合には、そのような規制への適合性を契約書で定めるか、それが難しい場合には、少なくとも買主に対して当該規制について契約締結前に知らせておくべきであろう。買主が契約締結時に売主に対して買主国の公法上の規制について知らせていた場合、買主は第35条2項（b）に基づき、物品が買主国の公法上の規制に合致しない限り、物品が売主に知らされていた特定目的に適合していないという主張がしやすくなる。

> 3 黙示の契約適合性要件の排除(第35条)
> スエーデン1998年6月5日ストックホルム(Stockholm)商業会議所仲裁協会仲裁判断
> Beijing Light Automobile Co., Ltd. v. Connell Limited Partnership事件[5]

【論点】
　契約で物品が保持すべき品質を一般的に定めることにより、CISGに定められた黙示の契約適合性要件を排除することができるか。

【事実の概要】
① 　1990年2月21日付の契約に基づき、中国の買主Beijing Light Automobile社は米国の売主Connell Limited Partnershipから、買主の北京郊外の工場で軽トラックの製造に使用するフレーム・レールを製造するための4,000トンのプレス機を購入することに合意した。
② 　プレス機は売主のシカゴ工場で製造され、組み立てられた。1991年の晩春から初夏にかけて、プレス機の製造と組立ての最終段階で、買主の従業員が売主の工場を訪問した。1991年6月、プレス機が契約で定めた仕様にしたがって機能することを確認するため、最終の組立ておよび検証のテストが行われた。テストが完了し、承認された後、中国へ搬送することができるようプレス機は分解され、1991年7月に搬送が始まり、1991年8月16日にニューオーリンズ港から船便による出荷が完了した。プレス機は1991年10月14日に中国の天津港に到着し、北京郊外の売主の工場に1992年3月に到着した。
③ 　1992年の春、プレス機の組立てが始まった。組立て作業は、別の中国の会社の支援の下、買主により行われた。1992年6月末に、契約で定められた組立ての監督のために売主の従業員が工場に到着したときには、組立てはほとんど完了しており、売主の従業員はその後のテストやチェック作業に主として関与し、両当事者により1992年7月23日に最終承認がされた。

④　1993年1月10日、買主はプレス機の稼働を開始した。約3年間、買主によるプレス機の使用は問題がなかった。1995年11月10日、プレス機は故障し、プレス機への損傷が生じた。買主は、売主に対してプレス機の修理のために技術者を派遣することを要請したが、両者は技術支援の条件について合意することができず、買主は中国で利用可能な技術者の支援によりプレス機を修理した。プレス機は1996年8月15日に稼働を再開した。

⑤　プレス機の故障の直後から、買主は、故障は売主が責任を負う欠陥によって生じたと主張した。売主は責任を否定し、この問題を友好的に解決することを目指して、1996年の春から夏に協議がなされたが、解決しなかった。1997年2月、買主は売主に対して損害賠償を請求するため、仲裁を申立てた。

⑥　1995年秋のプレス機の故障の原因は、左側の中間ギア・シャフト上のP-52止め板がいずれかの時点で壊れたことである。

⑦　P-52止め板は、プレス機の設計時に売主によって止めナットを固定するために使用することが意図されたものではなかった。そうではなく、プレス機の図面の1つに記載されているように、売主によって造られた同様のプレス機と同じように、A-5750キー固定器具が使用されることが意図されていた。

⑧　A-5750キー固定器具ではなくP-52止め板を使用するという決定がされたとき、またはP-52止め板が取付けられたときに、買主はその場に居合わせていなかった。売主は買主に対して、部品の差替えまたは止め板の取付け方について連絡しなかった。売主は中間ギア・シャフトが組み立てられ、止めナットと止め板が設置されたときに、その場に居合わせていなかった。売主の従業員が買主の工場に到着したとき、プレス機はほとんど組立てが終わっていた。（売主の従業員も）止め板の設置方法についてはなんら説明しなかった。

【仲裁判断の要旨】

①　仲裁廷は、P-52止め板の取付けに関する詳細な説明がなかったことおよび買主によって不適切な取付けが行われる可能性があったことから、

第5章　物品の瑕疵に関する売主の義務　119

A-5750キー固定器具からP-52止め板への変更により、プレス機に潜在的な危険をもたらすような品質の低下が生じた、そして止め板が壊れたことについて買主の取付けまたはメンテナンスに関する過失は認められないと判断した。

② 次に、仲裁廷はこれらの事実により、プレス機が適合性を欠いたものとなるかについて検討する。

③ 本契約には、争点となっているプレス機の品質に関して1つの規定しか含まれていない。当該規定（第13条）によると、（売主は）「当該物品が、最高の材料と一流の技術によって製造され、新品であり、中古ではないこと」を保証している。この規定に続く検査と救済手段に関する条項で、不適合性の概念は特に第13条へ言及することなく用いられているが、第13条に基づく保証期間に関する規定はある。これらの条項あるいは本契約の他の条項において、CISGの規定を明確に制限するものはない。

④ CISG第35条は、その冒頭（第35条1項）で、物品は、とりわけ、契約に定める品質および種類に適合しなければならないと規定している。同条はさらに2項で、当事者が別段の合意をした場合を除くほか、物品は、同種の物品が通常使用されるであろう目的（第35条2項(a)）、そして買主が売主の技能および判断に依存しなかった場合を除いて、売主に対して明示的または黙示的に知らされていた特定の目的（第35条2項(b)）に適したものでなければならないと規定している。

⑤ 物品の通常使用目的および特定目的に関する買主の合理的な期待を保護するという原則は、CISGのこの規定だけでなく多くの国内法にもみられるものであり、議論の的になるものとは到底考えられない。もちろん、かかる目的への適合性に関する売主の責任を制限することは可能であり、特に米国において、標準的な契約約款や個別契約において、しばしば行われている。買主の当然の期待に関する明確な契約上の規定なしに、どうやってCISGのこの規定が効果的に排除されるのか理解することは難しい。仲裁廷の意見では、本契約のように、契約の保証条項において、品質の一般的な側面を肯定的な用語で定めるだけでは（CISG第35条2項の黙示の適合性要件を排除するためには）十分とはいえない。実際、本契約の第13条は

CISG第35条1項とまさに同じ種類の約束を定めるものであると考えられ、当事者が別段の合意をしない限り、同条2項の一般的な「保証」によって補充されるべきものである。したがって、仲裁廷は、当事者が本契約において、CISGの目的への適合性に関する規定を制限したと認定することはできない。

このため、プレス機は、不適合でないためには、CISGに基づく基準を満たさなければならない。

⑥ P-52の特性や性能、売主による取付けに関する説明やフォローがなかったこと、買主の取付けに関する状況についての議論を踏まえて、仲裁廷は、プレス機は当該部品に関して、CISGに基づいて買主が期待することができた基準に達していなかったと考える。仲裁廷は、不適切な取付けの可能性とそれに起因して止め板の故障する可能性があった、または起こり得ることだったという観点から、プレス機のP-52部品は、買主が合理的に期待し、かつ買主の投資の目的であった、プレス機が深刻な故障なしに長期間、継続的に使用できるという目的に適合していなかったと考える。したがって、仲裁廷は、A-5750キー固定器具の代わりにP-52止め板を使用したことの結果として、プレス機が契約に不適合だったと結論する。

【解説】

CISGの規定は原則として任意規定であり、方式の自由を定める第12条を除いて、CISGのいかなる規定も、当事者の合意により、その適用を制限し、またはその効力を変更することができる（第6条）。したがって、契約適合性に関する売主の義務についても、当事者間の合意により、その適用を制限し、またはその効力を変更することは自由にできる。

しかし、売主が、契約書中に単に、売主の品質保証責任についてCISGと異なるルールを定めたとしても、それにより当然にCISGの黙示の適合性要件の適用が制限されるわけではないことに注意を払う必要がある。

本事例では、売主は売買の目的物が「最高の材料と一流の技術によって製造され、新品であり、中古ではないこと」を契約で保証していたが、売主の責任を免除する旨の契約上の規定はなかったという事実関係の下で、CISG

第35条2項（通常使用目的および特定目的への適合性）の適用は制限されないとした。

また契約書中で売主による明示の保証と保証違反の場合の買主の救済手段を定め、売主の一切の責任は救済手段に限定される旨を記載したとしても、それによってCISGの黙示の適合性要件が排除されたとはいえないとする裁判例（下記関連判例（2））もあるので、注意が必要である。

【関連判例】
(1) ドイツ1996年5月21日ケルン（Köln）上級地方裁判所判決[6]

イタリアの売主がドイツの買主に対して、中古車を販売した。契約書には、すべての保証を排除する条項が含まれていた。引渡された中古車に関する書類上の新規登録年は実際よりも新しく、走行距離数は実際よりも少なく記載されていた。裁判所は保証を排除する条項の有効性はCISGによって規律されるものではないとし、国際私法によって指定された準拠法（ドイツ法）を適用し、売主が詐欺的に行動した場合、保証責任の排除は無効であると判断した。

(2) アメリカ2003年1月29日イリノイ（Illinois）北部地区連邦地方裁判所判決
Ajax Tool Works, Inc. v. Can-Eng Manufacturing Ltd.事件[7]

カナダの売主と米国の買主との間の流動床炉の売買契約において、出荷後90日間、通常の使用の下で、技術上または材質に欠陥があった場合、売主は修理または交換することが定められていた。契約ではさらに、当該規定に基づく修理または交換が床炉に関する売主の一切の責任であることを定めていた。裁判所は、上記の責任限定条項が、物品の適合性に関する明示または黙示の保証を排除するという売主の主張を否定し、売主のサマリー・ジャッジメントの申立てを認めなかった。

【国際ビジネスへの活用】
CISG第35条2項の定める通常使用目的または特定目的への適合性を排除するためには、通常使用目的・特定目的への適合性要件を契約書中で明確に排除することが必要である。なお、物品の契約不適合に関する売主の責任を

免除する条項については、CISGの適用範囲外であるとして、国際私法の準則により適用される国内法によって規律されるとした上記関連判例（1）もあるため、かかる免責条項の有効性については適用される準拠法からの検討も必要であろう。

4 通常使用目的への適合性の判断基準（第35条）
オランダ2002年10月15日オランダ仲裁協会仲裁判断[8]

【論点】

契約において品質に関する要件が定められていない場合、CISG第35条2項（a）で定める通常使用目的に適したものであるという要件を満たすためには、どのような品質の物品を引き渡すことが求められるか。

【事実の概要】

① 売主たちはすべてオランダの大陸棚にある沖合のガス田の開発に携わっているオランダの会社である。

　買主は、原油の開発、生産、精製および石油製品ならびに天然ガスの流通分野における主要な国際的な事業者である。

　1993年および1994年に、売主たちは買主との間で「ライン・ブレンド」と呼ばれるコンデンセート（天然ガスの採取・精製の過程で得られる液体の炭化水素）に関して12の売買契約を締結した。

② 1998年6月11日、買主は売主たちに対して、高濃度の水銀が含まれていることにより、精製または販売が不可能であることを理由として、ライン・ブレンドの次の引渡しについて受領を拒絶することを通知した。1998年6月16日、買主は売主たちに対して、水銀問題の解決策が見つかるまで、ライン・ブレンドの受領を停止することを通知した。

③ 解決策が見つからなかったため、買主はいくつかの契約を期間満了で終了することにし、他の契約については解除した。一方、売主たちは買主によって受領されなかったライン・ブレンドを第三者に契約金額よりも低い価格で販売した。

④ 2000年5月30日、売主たちは買主を相手取り、オランダ仲裁協会における仲裁手続を申立てた。売主たちは、契約において特定の品質に関する要件が定められていなかったため、たとえ水銀の含有量が増えていたとしても、ライン・ブレンドは契約に適合していたと主張した。したがって、買主が受領を拒絶し、契約上の義務履行を停止したことは契約違反であるとして、売主たちは損害賠償を請求した。他方、買主は責任を否定し、ライン・ブレンドは精製工程で使われるため、本件のように高い水準の水銀を含むライン・ブレンドは下流工程において損害を発生させることを売主たちは知っていた、または知るべきであったので、当該物品は契約に適合していなかったと主張した。そして、この不適合のために、買主は受領を拒絶し、契約上の義務履行を停止したことは正当だったと主張した。

【仲裁判断の要旨】
① 仲裁廷は、当事者間の紛争は、物品が同種の物品が通常使用されるであろう目的に適したものであることを求めるCISG第35条2項（a）の下で分析されるべきであると判断する。
② この点に関しては、3通りの解釈が存在している。第1の解釈によると、CISG第35条2項（a）は売主が商品性（merchantable quality）を有する物品を引渡すことを求めている。この考え方は英国コモン・ロー諸国で支持されているものである。第2の解釈は、欧州の大陸法諸国で用いられている、平均的品質（average quality）を要求するルールが適用されるべきであるというものである。第3の解釈は、商品性または平均的品質のいずれもCISGのシステムには整合しないとし、合理的品質（reasonable quality）を適用することを提案するものである。
③ （以上の3通りの解釈のいずれを採用すべきであるかという問題について）第1に、CISG第35条2項（a）の解釈はCISG第7条1項によって導かれるべきである。それによると、CISGの解釈に当たっては、その国際的な性質ならびにその適用における統一および国際取引における信義の遵守を促進する必要性を考慮しなければならない。
④ この問題については明確な判例や統一された学説がないため、条文適用

の統一性を確保する必要性から、商品性、平均的品質のいずれかを直ちに採用すべきではないだろう。

⑤　したがって、CISG第7条2項の検討が必要である。CISG第7条2項は、CISGが規律する事項に関する問題であって、CISGにおいて明示的に解決されていないものについては、CISGの基礎をなす一般原則にしたがい、またはこのような原則がない場合には国際私法の準則により適用される法にしたがって解決すると定めている。

⑥　この規定により、平均的品質のルールは排除される。平均的品質を求めるルールは、ドイツ法およびローマ法の体系では確立されているが、CISGの事例では、物品の品質に関する国家法的な概念は適用されるべきではない。かかる理由から、平均的品質を求める基準は採用すべきではない。平均的品質を求める基準は、国家法的な概念を用いた概念であり、CISG第7条2項に定めるCISGの基礎を成す一般原則として、CISGの体系に取り入れるほど十分に普遍的であるとはいえない。

⑦　もちろん、適合性に関する国家法的な概念の導入に反対する議論は、英国コモン・ローの商品性の基準に関しても同様に当てはまる。したがって、カナダ、オーストラリア、ニュージーランドまたはシンガポールのような英国コモン・ローに基づく法域は、商品性の基準を変更禁止であるとしてCISGの事例に適用することはできない。

⑧　仲裁廷は、CISGの制定に至るまでの交渉過程の準備作業を検討したうえで、準備作業から明確な結論を導き出すことはできないと判断した。

⑨　以上の議論に基づき、仲裁廷は商品性の基準または平均的品質の基準のいずれもCISGの事例では適用すべきではなく、合理的品質の基準が採用されるべきであると判断する。

⑩　(合理的品質の基準は) 準備作業と親和性がある。なぜなら、(準備作業において提案された) カナダの提案ではCISG第35条2項 (a) において、物品は、価格およびその他の関連する事情を考慮して、特定の品質を有することを期待することが合理的である場合、通常使用目的に適合していると規定しているため、合理的品質を支持する解釈を排除していないからである。また、かかる解釈はCISGの国際的性質を考慮することを求め、直ち

に国内法に基づく概念に依拠することを避けようとするCISG第7条1項にも合致する。さらに仲裁廷が支持する解釈は、先ずCISGの一般原則を解釈の補充原則として参照するCISG第7条2項とも一致する。この点に関して、CISGはしばしば合理性に言及する一般規定（例えば第8条、第18条、第25条、第33条、第34条、第37条、第38条、第39条、第43条、第44条、第46条、第48条、第49条、第65条、第72条、第75条、第77条、第79条、第86条、第87条、第88条）を用いていることも注目される。最後に、CISG第7条2項の規定にしたがって、国際私法の準則により適用される法にしたがったとしても、オランダ法が適用されることになり、同法もまた合理的品質の基準を適用する。

⑪　そこで、1998年に引渡されたライン・ブレンドが合理的品質の基準を満たしていたかが問題となる。仲裁廷は、少なくとも価格および売買契約の長期的性質の2つの理由から、基準を満たしていなかったと考える。

⑫　価格については、当事者によって合意された価格算定式により決定される価格が、たとえ輸送費用を考慮に入れたとしても、水銀の含有水準が代替取引の見込み買主たちに開示された場合に代替取引では得られなかったであろうことは十分に証明されている。

⑬　当事者間の売買取引が長期間にわたる性質のものだったことも、仲裁廷の前段の判断を裏づける。明らかに1993年／1994年の契約の最初の数年においては、ライン・ブレンドにおける水銀の含有水準について品質問題は生じていなかった。その十分に長い期間において、仲裁廷の意見によれば、買主はライン・ブレンドが当該期間中に有していた品質要件を満たしていることを期待することができるパターンが出来上がっていた。仲裁廷は、買主は契約上、契約の当初の期間に得られていて、かつ買主およびその顧客が合理的に依拠していた品質基準に相当する一定の品質基準のライン・ブレンドを得る権利を有していたと判断する。

⑭　契約価格と当事者間の長期的な取引関係に基づいて、仲裁廷は、ライン・ブレンドの組成が変更したことに伴うリスクは、組成を測定すべきであり、また水銀の除去もしくは価格の減額に応じるべきであった売主たちが負担すべきであると考える。仲裁廷は、契約上の価格およびそれまでの

取引における品質基準の観点から、買主が合理的に期待することができた品質基準のライン・ブレンドを引渡すことを可能にするため水銀を除去する義務を、買主ではなく売主たちが負っていたと判断する。
⑮ したがって、仲裁廷は、1998年6月の引渡しを含め、売主たちはCISG第35条2項（a）に基づき契約に適合したライン・ブレンドを引渡す義務を履行しなかったと判断する。

【解説】

CISG第35条2項（a）では、当事者が別段の合意をした場合を除くほか、物品は、同種の物品が通常使用されるであろう目的に適したものであるという要件を満たさない限り、契約に不適合であると規定している。

通常使用目的に適したものであるためには、物品はどのような品質を有しなければならないのかという問題について、英米法に基づく商品性の基準、大陸法に基づく平均的品質の基準、そして合理的品質の基準のいずれかを採用するか争いがある。

本事例において、仲裁廷は合理的品質の基準を採用し、価格および売買契約の長期的性質の2つの理由から引渡された物品は合理的品質を満たしていなかったと判断した。

【関連判例】

(1) ドイツ1994年9月15日ベルリン（Berlin）地方裁判所判決[9]

靴の供給に関するイタリアの売主とドイツの買主との取引において、CISG第35条2項（a）の通常使用目的に合致するためには、物品は、商品性を有するだけでなく、平均的品質を有しなければならないと判断した。

(2) スェーデン1998年6月5日ストックホルム（Stockholm）商業会議所仲裁協会仲裁判断[10]

物品の通常使用目的への適合性に関して、買主の合理的な期待を考慮に入れるべきだとした事例。

【国際ビジネスへの活用】

　通常使用目的がどのような基準によって判断されるかという点について国際的に統一したルールがあるとはいえない。売主の立場からは、通常使用目的に適しているという要件は不明確であり、予見可能性を欠いているため、別段の合意によってこの要件を排除することを検討すべきだろう。

　買主の立場からも、必ずしも明確とはいえない通常使用目的への適合性に依拠するのではなく、契約において物品の仕様、品質、使用目的等をできるだけ詳細に規定することが重要だろう。

5　物品の契約不適合（数量不足）の立証責任（第35条）
スイス2004年7月7日最高裁判所判決
ケーブルドラム事件[11]

【論点】

　買主がなんらの瑕疵を売主に通知することなしに物品の引渡しを受領した場合、物品が契約に不適合だったことを立証する責任を買主と売主のどちらが負うか。

【事実の概要】

① 　イタリアの売主はスイスの買主との間で長期間にわたって取引を行っていた。2001年4月26日付けの売買証書にしたがって、売主はパイプとケーブル30箱（総重量6,115キログラム）を合計35,641.21スイスフランで納入することになっていた。2001年5月2日、売主は物品をパレットとドラムに収納して運送人に引渡した。2001年5月3日、運送人は物品を買主のスイスの営業所へ引渡した。買主の倉庫の管理者は到着時に内容を確認することなしに、2001年4月26日付けの売買証書に適合しているとして、すべての物品を受領した。

② 　約3日後、買主は引渡された物品を検査し、買主の主張によると、注文した物品の一部が不足していることを発見した。買主はこのことを売主に電話で通知した。買主の倉庫における不足している物品の捜索が不成功に

終わった後、買主は2001年5月15日に売主に不足している物品（ドラム17個とパレット1個）を特定したファックスを売主に送信した。

③　2001年5月22日付けのファックスで、買主は再び売主に対して物品が製造された工場で不足している物品を探してもらうよう依頼した。2001年6月12日の書面で、売主は納品プロセスにしたがって、契約したすべての物品は注文どおりに買主に引渡されたと主張した。

④　買主は2001年4月26日付の売買証書に対する最初の支払として14,700スイスフランを支払ったが、残りについては引渡しが不完全であるとして、支払を留保した。2001年6月半ば、買主は代金残額20,940.50スイスフランを支払った。しかし、2001年9月末、買主はその後の売主からの（別の物品に対する）請求に対して、不足した物品相当額の相殺を主張して、その分の支払をしなかった。不足した物品の対価に相当する合計22,222.06スイスフランが未払いとなっている。

⑤　第一審は、買主はCISG第38条に基づいて引渡された物品の数量と品質を引渡し後直ちに検査しなければならなかったにもかかわらず、それを怠ったとして、買主は売主に対して22,222.06スイスフランと10パーセントの遅延利息を支払うべきであると判断した。

⑥　控訴審は、第一審の判決を破棄し、売主の請求を棄却した。第一審とは反対に、控訴審は2001年5月3日の引渡しから3日以内に物品を検査したことで、買主はCISG第38条に基づく検査義務を果たした、そしてCISG第39条に基づき要求される合理的な期間内に買主は不足している物品について売主に通知したと判断した。控訴審の判断では、引渡しが完全だったことを証明するのは売主の責任だった。控訴審は、売主がかかる立証に失敗したとして買主に有利な判断を下し、買主は不足していると主張している物品の購入額を控除する権利があったと判断した。

⑦　これに対して、売主は最高裁へ上告した。売主は控訴審の判決を破棄し、第一審の判決を支持することを求めている。

【判決の要旨】

〔破棄差戻し〕

① 控訴審は、一般的な原則として、売買代金の支払を求める売主が、自らが引渡した物品が契約に適合していることを立証しなければならないと判断した。しかし、（控訴審の考えによると）立証責任は、CISG第38条および第39条により要求される瑕疵に関する適時の通知をしないで買主が引渡しを受領したときに、買主に移転する。この場合における引渡しの受領とは、単に引渡された物品を受け取るだけでなく、CISG第38条および第39条にしたがって、瑕疵の通知をなすために適当であると考えられる期間が経過したことによって示される。他方、もし買主が売主に対して合理的な期間内に瑕疵を通知した場合、物品の適合性に関する立証責任は売主が負う。

② 本件において、控訴審は、買主がCISGの関連規定にしたがって（合理的な期間内に）、売主に対し注文した物品の一部が不足していることを通知したと考えた。そこで、売主が引渡しは完全であったことを立証しなければならないとされた。

③ 上告において、売主は、控訴審は引渡しの完全性に関する立証責任が売主にあると判断したことは間違っていると主張している。売主は、買主がCISGで求められている通知をすることなしに引渡しを受領したのだから、買主が注文した物品の一部が不足していることを立証する責任を負うと主張した。

④ 当事者間における立証責任の分配はCISGによって規律される。明確なルールがない場合には、裁判所はCISGの基礎をなす一般原則にしたがって解決しなければならない。このような一般原則の一つとして、各当事者の争点となっている事実との乖離、すなわち当事者の争点に関する証拠の収集能力、を考慮に入れなければならない。したがって、買主が不適合に関してなんら通知することなしに引渡しを受領し、物品を独占的に占有するに至った場合、買主が引渡された物品の不適合を立証しなければならない。

⑤ 買主は、売主の運送人により引渡された物品を、後になって主張された

瑕疵についてなんら売主に通知することなく、無条件で受け取った。したがって、売買代金を減額する権利を主張するためには、買主は引渡しが契約に適合していなかったこと、すなわち注文したケーブルの一部が不足していたことを立証しなければならない。本件において、この原則から乖離しなければならない理由はなんら見当たらない。物品が膨大な数量であって、しかも売主の輸送業者の車両から素早く荷降ろししなければならなかったため、買主は物品の到着後直ちに引渡しの完全性について検査する義務がなかったという控訴審の結論にたとえしたがったとしても、その後物品の検査が可能であり合理的となったときには、物品はすでに買主の独占的な占有下にあったという結論を下さなければならない。そのときには買主のみが引渡された物品の数量や品質について検査する措置を講ずることが可能だった。一方、売主はそのような検査を行う立場にはなかったし、したがってこの点に関する証拠を収集し、保存することもできなかった。

⑥　このような点を考慮して、当裁判所は、引渡された物品の適合性に関する立証責任は、買主がなんらの通知なしに引渡しを受領したときに買主に移転したと結論する。したがって、物品が契約に適合していなかったことを証明するのは買主の責任であり、売主が反対のことを立証する責任を負うものではない。

【解説】

契約で定めた数量が引渡されなかった場合、CISGでは契約への不適合として売主の義務違反となり（第35条1項）、買主はCISG第45条から第52条の規定にしたがって救済を受けることができる。数量不足の場合だけでなく、数量超過の場合にも契約不適合となるが、数量超過の場合に買主が超過する部分の全部または一部の引渡しを受領したときには、その部分について契約価格に応じて代金を支払わなければならない（第52条）。

契約不適合に関する立証責任を売主と買主のいずれが負うかという問題については、CISGに明文の規定は置かれていない。裁判所の先例も多数存在するが、結論および理由づけについては統一されているとはいい難い。

本事例において、スイスの最高裁判所は、争点に関する証拠を収集するこ

とがより容易な当事者が立証責任を負うことがCISGの基礎をなす一般原則であるとして、数量不足について売主になんらの通知することなく物品を受け取り、占有下においた買主が数量不足に関する立証責任を負うとした。

【関連判例】
(1) ベルギー1997年10月6日コルトレーク（Kortrijk）商事裁判所判決
    Wonderfil s.r.l. v. Depraetere Industries 事件[12]
　イタリアの売主とベルギーの買主は糸の売買について複数の契約を締結した。買主は、以前引渡された物品に瑕疵があり、残りの物品についても加工の際に瑕疵が見つかるだろうと主張して、支払済みの売買代金の返還を求め、未払いの請求については支払を拒絶した。この事例では、買主が主張する瑕疵が存在したかは不確かだった。裁判所は、原則として、物品が契約に適合していたことの立証責任は売主にあると判示した。そのうえで、裁判所は物品の適合性を鑑定させるために専門家を任命した。

(2) フランス1993年3月26日国際商業会議所(ICC)パリ国際仲裁裁判所仲裁判断[13]
　ドイツの売主とシリアの買主は棒鋼の売買契約を締結した。その契約によると5％の重量の過不足が認められていた。6回の引渡し後、買主は受領した物品の一部について契約への不適合を主張し、売主に対して出荷の停止、物品の返品および支払済みの売買代金の返還を請求した。仲裁廷は、契約適合性に関する立証責任の問題はCISGでは規律されていないとして、フランス民法第1315条および国際貿易の一般原則にしたがい、不適合を主張する当事者（買主）が立証責任を負うと判断した。

(3) イタリア2000年7月12日ヴィジェバノ（Vigevano）地方裁判所判決[14]
　イタリアの売主はドイツの買主に対して、靴底の製造のために必要な加硫ゴムを販売した。買主によって製造された靴底はオーストリアの靴メーカーに販売され、その靴はロシアで販売された。ロシアの顧客からの苦情を受けて、オーストリアの靴メーカーは買主に責任を追及し、買主は売主に対して原料（加硫ゴム）の契約への不適合を主張して訴訟を提起した。契約への適合性に関する立証責任の問題について、裁判所は、立証責任はCISGから黙示的に除外された問題であり、国際私法の準則により適用される国内法

によって規律されるという意見を否定した。反対に、裁判所は、立証責任はCISGによって明示的に解決されていない事項だが、CISGの基礎をなす一般原則によって解決されるべきである（CISG第7条2項）と判断した。裁判所の見解では、権利主張者がその訴訟原因を支持する証拠を提出すべきであることはCISGの基礎をなす一般原則である。かかる原則は、とりわけ、不履行をした当事者が不履行について免責される事情を証明しなければならないと明示的に定め、それによって他方当事者が不履行の事実を立証しなければならないことを黙示的に確認しているCISG第79条1項から導かれる。したがって、契約不適合の存在とそれに起因する損害を証明する責任を負っているのは買主であると判断した。

【国際ビジネスへの活用】

契約不適合に関する立証責任については国際的に統一されたルールが確立されていない。しかし、契約不適合の立証責任は買主にあると判断した先例が多く存在することから、買主としては契約不適合に関する立証責任を負うことを念頭に物品の受入検査の段階で、後日紛争になった場合に備えて証拠を保全、提出できるような態勢を整えておくことが重要だと思われる。

6　物品の契約適合性の基準時（第36条）
ドイツ2000年4月13日デュイスブルク（Duisburg）地方裁判所判決
ピザ用カートン事件[15]

【論点】

売買契約が物品の運送を伴う場合において、売主が特定の場所において物品を交付する義務が契約上定められていないとき、運送中に生じた物品の不適合について売主と買主のいずれが責任を負うか。

【事実の概要】

①　売主はイタリアに営業所を有するイタリア法人である。買主はドイツの

デュイスブルクに営業所を有するイタリア市民である。売主は長期間にわたって買主に対してピザ用カートンを販売していた。

② 取引を行っている間、カートンが損傷していたという買主の苦情に対して、売主は買主に対して2回貸勘定を認めた。

③ 1998年7月、買主はピザ用カートンを注文し、代金を前払いした。物品は運送人によって1998年7月29日に引渡された。買主が物品を引き取ったときに200箱のうち90箱は損傷していた。損傷した物品はピザの包装には適していなかった。損傷した物品の価値は3,012ドイツマルクであり、損傷があったことは買主の従業員がサインした配達受領書に記録された。

④ 引渡し後、買主は3,012ドイツマルクを運送人に請求した。請求書は支払われることはなく、売主に転送された。しかし、売主は買主に対して貸勘定を認めなかった。

⑤ 1998年秋、買主は再び売主に対して箱を注文し、運送人によって注文した物品が引渡された。1998年10月29日、売主はこの引渡しに対して2,336,250イタリアリラの請求書を発行した。請求書の支払時期の項目には、「29/11/98」という記載があった。

⑥ 売主は買主に対して1999年2月3日まで督促状を送って支払を求めたが、支払がなされることはなかった。

⑦ 売主は、2,336,250イタリアリラと1998年11月30日からの金利10%の支払を求めて訴訟を提起した。

⑧ 買主は、当事者はドイツ、デュイスブルクの買主の営業所において物品を交付することに合意していたと主張している。買主は、1998年7月29日の損傷した物品の引渡しを理由として、3,012ドイツマルクの支払を求めることができると考えている。買主はこのクレームとの相殺を宣言している。買主は、売主が過去に損傷した物品の価額を買主に対して貸勘定を認めたときに、売主は損傷について責任があることを認めたと主張している。

【判決の要旨】

〔一部認容〕

① 買主には、CISG第45条1項（b）および第74条に基づく契約違反に対する損害賠償を求める権利はない。売主はその契約上の義務に違反していない。この点に関しては、1998年7月29日の引渡しの際に買主が、汚損・破損した箱を受け取ったかどうかは関係がない。この点に関係なく、売主はCISG第31条（a）に基づいて引渡義務を履行した。

② 問題の売買契約は物品の運送を伴うものだった。当事者は、売主が物品を買主の営業所で引渡す義務を負うことを合意することによって、CISG第31条（a）の適用を制限することはしなかった。CISG第9条の意味における慣習または商慣行が当事者間に存在していたことを買主は主張していないし、明らかでもない。売主は、1998年7月29日の引渡しをデュイスブルクで買主に対して交付する義務を負っていなかった。買主は、売主がかかる義務を負う内容の合意を当事者が行ったという主張を立証することに失敗した。提出された文書からは、当事者が1998年7月29日の引渡しの根拠をなす追加的な条件を含んだことは示されていない。配送料無料（"free to the door"）の文言またはその他の異なる引渡条件については主張もされていないし、明らかでもない。とりわけ提出された配達受領書にはCISG第31条（a）と異なる合意を示す文言は何も含まれていない。買主はその他の証拠を提出していない。

③ 異なる引渡場所を合意することによって当事者がCISGの適用を制限したと主張する買主はそのことに関し立証責任を負っている。CISG第31条（c）にしたがって、当事者が反対の合意をしなかった場合には、売主の営業所が義務履行場所である。

④ CISG第31条の文言は立証責任の転換につながるものではない。「売主が特定の場所において物品を引渡す義務を負わない場合には、売主の引渡しの義務は」次の（a）から（c）までに規定することから成るという規定は、単に明確化のためである。

⑤ この解釈は当該規定そのものの文言に根拠を置くものである。「特定の」（"particular"）という用語の使用は、物品の交付場所が（当事者間で）合

意されたことの主張・立証責任を買主が負うことを示している。
⑥　この解釈はさらにCISG第31条の構造から支持される。パラグラフ(a) および (b) は特別の状況におけるルールを定めており、パラグラフ(c) に規定される一般的なルールが続いている。売主が義務を履行する特定の場所が合意されていないことを売主が立証した場合に限って、パラグラフ (c) を適用することは条文の構造と整合的ではない。
⑦　最後にこの解釈は、CISG第31条の体系的な位置およびその対応する目的と整合的である。この規定は、当事者間で契約上の合意が存在しない場合に適用される。この点を考慮すると、この規定が同時に立証責任を売主に負わせているとすると不合理であろう。もしそうだとすると、CISG第31条は、各当事者が自分に有利であり、その適用を主張する条項の立証責任を負うという一般的ルールから乖離することになる。買主の営業所を履行場所だとする合意については、その合意により恩恵を受けるのは買主である。もし、CISG第31条が立証責任を売主に負わせるものと解釈するならば、その規定は自らの適用範囲を実質的に制限することになるだろう。それはCISG第31条の目的ではない。
⑧　売主は、契約が物品の運送を含むものだったので、CISG第31条 (a) にしたがって、買主に送付するために物品を最初の運送人に交付する義務を負っていたと主張する。買主がそれと異なる合意について立証することができなかったため、裁判所は、売主の主張を認める。売主は実際に買主に送付するために物品を最初の運送人に交付した。このことは当事者間で争いがないし、買主が包装箱を受領した事実から明らかである。
⑨　（買主が受領したときに）箱が契約によって要求される品質および種類を有していたかは重要ではない。そのような不適合に関して、CISG第36条に基づいて売主は責任を負わない。
⑩　CISG第36条に基づいて、売主は危険の移転後に生じた物品の不適合について責任を負わない。CISG第67条に基づき、危険は買主に送付するために物品を最初の運送人に交付したときに買主に移転する。
⑪　売主は契約にしたがって特定の場所において物品を交付する義務を負っていなかった。繰り返しになるが、買主は、売主が物品をデュイスブルク

で買主に対して交付するという合意が当事者間で成立していたことを立証することができなかった。そして、そのことについては買主が立証責任を負っている。

【解説】

第35条で定める物品の契約適合性は、原則として危険が買主に移転したときを基準として判断される（第36条1項）。したがって、CISGでは、原則として、危険移転後に生じた物品の不適合について売主は責任を負わない。

危険の移転について契約で決めていない場合、第66条から第69条の規定が適用される。売買契約が物品の運送を伴う場合において、売主が特定の場所において物品を交付する義務を負わないときは、危険は、売買契約にしたがって買主に送付するために物品を最初の運送人に交付したときに買主に移転する（第67条1項）。この場合、売主の引渡義務は買主に送付するために物品を最初の運送人に交付することからなる（第31条(a)）。

本事例において、ドイツの裁判所は、上記のCISGのルールを適用し、売主が買主に送付するために物品を最初の運送人に交付した後に生じた物品の汚損・破損について、売主は責任を負わないと判断した。

【関連判例】

(1) オーストリア1994年7月1日インスブルック（Innsbruck）控訴裁判所判決[16]

デンマークの売主がドイツの買主にデイジーを販売した。買主は、デイジーが期待に反して夏の間中ずっと咲き続けなかったという苦情のため、顧客に返金しなければならなかったと主張して、代金の一部の支払を拒絶した。裁判所は、CISG第36条1項に基づいて危険が買主に移転した時にデイジーに瑕疵があったことを買主は証明することができなかったことおよびCISG第36条2項に基づいて売主が物品の将来における適合性を保証したと買主は証明することができなかったことを理由に、売主の代金請求権を認めた。

(2) アルゼンチン2006年9月12日商業控訴裁判所判決[17]

ドイツの売主がアルゼンチンの買主との間で、C&F引渡条件を含む乾燥マッシュルームの売買契約を締結した。物品は、香港からブエノスアイレス

に運送される途中で品質が劣化した。買主は運送途中に品質劣化を引き起こした物品の不適合を主張して、損害賠償を求める訴訟を提起した。裁判所は、契約不適合は危険が買主に移転した後に生じたものであるから、売主はCISG第36条1項に基づいて責任を負わないと判断した。

【国際ビジネスへの活用】

わが国の国際売買取引実務上多く利用されるインコタームズのFOB条件およびCIF条件で売買を行った場合、CISGが適用されるケースでは、運送中に物品の契約不適合が生じたときは、契約で別段の定めがない限り、買主は契約不適合について売主の責任を追及することはできない。このようなケースで、買主が契約不適合について売主の責任を追及するためには、物品が一定の期間通常の目的もしくは特定の目的に適し、または特定の品質もしくは特性を保持する保証（第36条2項）を売主が行うことを契約で定めるべきだろう。

7　知的財産権に基づく第三者の権利または請求（第42条）
　　オーストリア2006年9月12日最高裁判所判決
　　CD媒体事件[18]

【論点】

当事者双方が契約締結時に転売や使用を想定していた国がどこであるかという点に関して、第三者の知的財産権による権利の瑕疵を主張する買主が立証責任を負うか。

【事実の概要】

①　売主は台湾に営業所のある製造業者のドイツ子会社である。製造業者は1997年から2000年にかけて、空のCD-R媒体の生産を台湾で行っていた。売主は空のCD-R媒体を製造業者から購入して欧州で再販売していた。物品は台湾からオランダのロッテルダムへ船便で輸送され、倉庫に保管されていた。その倉庫から、オーストリアの会社である買主を含む顧客に対し

② 製造業者は1997年6月23日にある会社（ライセンサー）とライセンス契約を締結した。当該契約により、製造業者はCD-R媒体（書換不能のCD媒体）とCD-RW（書換可能なCD媒体）の製造および全世界における販売の権利を与えられていた。当該契約ではCDが売れるごとに製造業者がライセンス料を支払う義務があると定めていた。1997年の第4四半期より、製造業者は一方的に合意したライセンス料を減額した。その後、製造業者はライセンス料の支払を完全に停止した。1999年、ライセンサーは製造業者に対して、ライセンス料の支払を求めてオランダで訴訟を提起した。ライセンサーは2000年3月21日にライセンス契約を即時解除した。

③ 買主はCDを売主から大規模に購入し、オーストリア、ドイツおよびスイスの小売業者に再販売していた。ライセンサーによるライセンス契約の解除後も、売主は買主にCDの販売を続けた。しかし、買主は2000年9月19日から同年11月20日の間に発行された直近の10個の請求書について、引渡された物品が知的財産権に基づく第三者の権利の対象となっていることを理由として、支払を行わなかった。原告である売主の清算人は当該10個の請求書に関する283,606.71ユーロの支払を請求して訴訟を提起した。

④ 第一審は原告の請求を棄却した。CISG第42条に基づいて、買主が契約締結時に知的財産権に基づく第三者の権利または請求を知り、または知らないことはあり得なかった場合を除いて、売主はかかる第三者の権利または請求の対象となっていない物品を引渡さなければならない。第一審によると、買主がいかなるライセンス料の支払についても責任を負うべきではないことは黙示的に合意されていた。したがって、買主はライセンス契約の有効性、またはその解除の有効性について調査すべき義務はなかった。また本件の事情の下で、買主は合理的な期間内に第三者の権利について通知をしていた。したがって、買主は契約を解除する権利を有していたと第一審は判断した。

⑤ 控訴審は、買主の契約解除権と損害賠償請求権は認めたが、売買代金の支払を留保する権利は認めなかった。これに対して、買主が最高裁判所へ

上告したのが本件である。

【判決の要旨】
〔破棄差戻し〕

① CISGは、売主による契約違反があった場合に、買主に履行を留保する権利を認めるかという点に関して、当裁判所は、学説における異なる見解を仔細に検討したうえで、ドイツ語圏で適用されている概念にしたがい、債務者は契約不履行の抗弁を主張して、契約相手が同時履行するまでは、自らの履行を留保する権利があるとすでに判断している。本件においても、この意見を変更する理由はない。

② したがって、売主が契約上の義務に違反したかどうかが決定的な重要性をもつ。原則として、CISGにおいて、ある条項の要件を満たす事実を立証する責任は、当該条項を自らに有利に援用することを意図する当事者が負う。したがって、売主の契約違反を立証する責任は買主にある。もっとも例外的な場合には、衡平の観点（例えば、証拠への距離、または一方当事者の証拠提出の許容できない困難さ）から立証責任が転換される場合があり得る。

③ 買主は、少なくとも2000年の間に売主によって納入された物品はライセンスを受けていなかったと考えざるを得なかったと主張した。売主の清算人は、ライセンサーはすべての記録媒体について特許およびライセンス権を保有していたわけではないし、その知的財産権をすべての国で登録していたわけではなかったと反論した。

④ 買主のこの主張については、更なる検討と確認が必要である。前述のとおり、原則として、ライセンサーの知的財産権が契約不適合を構成することの立証責任は不適合を主張する当事者である買主にある。CISG第42条に基づく工業所有権はすべての種類の特許を含む。製法特許の保護は特許を受けた製法によって製造された物に及ぶため、かかる工業所有権は製法特許でもよい。控訴審が、CISG第42条1項（a）および（b）の規定から、知的財産権に基づく第三者の権利にかかる瑕疵に関する売主の責任を地理的に限定したことは適切である。売主は、特定の国々における適合性を保

証しなければならないだけであって、全世界における適合性を保証する必要はない。売主は、物品が転売され、または他の方法により使用される国の法の下での知的財産権に抵触する場合、責任を負う。ただし、当事者双方が契約の締結時に当該国において物品が転売され、または他の方法によって使用されることを想定していた場合に限る。この点に関する立証責任は買主にある。

⑤　この点に関する買主の主張の検討が必要である。当事者双方がドイツを空のCD媒体が使用される国であると想定していたという控訴審の前提は、当事者間でその点に関する主張がなされていなかったので、認められない。したがって、（ドイツにおいてCD媒体が使用されることを当事者双方が契約の締結時に想定していたこと）は契約不適合を示す要素として採用することはできない。

⑥　さらに、もし第三者の工業所有権が実際に存在した場合には売主は契約違反の責任を負うし、CISG第42条の追加的な要件の下、もし工業所有権にかかる法的な根拠のない請求がなされる場合もまた売主は契約違反の責任を負うと、控訴審が判断したことは正しい。かかる場合に第三者に対して対応するのは売主のリスク領域である。

⑦　したがって、ライセンサーの工業所有権を理由とした権利の瑕疵の存在、および当事者が空のCD媒体を利用する国として合意した国について、当事者の主張に基づく検討を行わせるため、第一審における審理が必要である。

【解説】

　第42条は、知的財産権に基づく第三者の権利または請求の対象となっていない物品を引渡す義務を売主に課している。ただし、第42条に基づく売主の義務は2つの重要な制限に服している。

　第1に売主が責任を負うのは、第三者の権利または請求が、売主が契約の締結時に知り、または知らないことはあり得なかった知的財産権に基づくものに限られる。

　第2に、第三者の権利または請求が、次の国（以下、「基準国」という）の

法の下での知的財産権に基づく場合に限られる。
① 物品が転売され、または他の方法によって使用されることを当事者双方が契約の締結時に想定していた場合には、当該国の法。
② その他の場合には、買主が営業所を有する国の法。

　なお、第42条における第三者の請求は、法的根拠を有するものに限られないため、法的根拠のない請求であっても、売主は同条に基づく責任を免れない。

　本事例では、売買の目的物に関して製法特許を有するライセンサーと売買の目的物の製造業者との間におけるライセンス契約が解除されたことを理由として、ライセンス契約の解除後に引渡された物品について、第42条1項に基づく売主の義務不履行を主張して、買主が支払を拒絶した。

　本事例ではライセンサーが買主または買主の顧客に対して、特許権に基づく請求をしていたわけではなかった。したがって、基準国において、売買の目的物がライセンサーの特許権の対象となっていたか否かが売主の責任の有無を左右する。

　この点について、控訴審は、基準国について当事者の主張に基づいて認定を行うことなく、物品の引渡場所がオーストリアであったにもかかわらず、売主と買主の双方がドイツの小売業者に対して納入していた事実に基づき、ドイツに物品が転売されることを当事者双方が契約締結時に想定していたとして、ドイツが基準国の1つであると前提した。これに対し、オーストリアの最高裁判所は、ドイツが基準国であることについては、買主が主張・立証責任を負うとして、控訴審が当事者の主張に基づいて認定を行うことなくドイツを基準国であると前提したことは誤りであると判断し、この点および基準国において物品がライセンサーの特許権の対象となっていたか否かという点を審理させるために第一審に差し戻した。

【関連判例】

(1) フランス2002年3月19日破毀院（最高裁判所）判決
　　Société T…diffusion v. Société M…SL事件[19]
　スペインの売主はフランスの買主に対して、偽造品のリボンがついた靴を

納入した。商標権者は買主から損賠賠償の支払を受けた。買主は偽造品の被害者に支払った300,000フランの補償と損害賠償を求めて、売主に対して訴訟を提起した。最高裁は、買主は、その分野の専門家として、リボンが第三者の商標権を侵害するものであることに気がつかなかったことはあり得なかったとし、そのため買主は第三者の商標権を知りながら行動したとして買主の請求を棄却した原審を支持した。

(2) オランダ1996年5月21日アーネム（Arnhem）裁判所判決
　　Maglificio Esse v. Wehkamp B.V.事件[20]

　イタリアの売主から生地を購入し、顧客に転売したオランダの買主が第三者から生地のデザインの著作権侵害で訴えられた。その後、買主は自己の標準売買約款（著作権侵害等による損害について売主の責任を定めていた）、そして予備的にCISG第42条、第45条および第74条に基づいて売主に対して訴訟を提起した。CISG第42条について、裁判所は売主が第三者の知的財産権を知り、または知らないことはあり得なかったことの立証責任は買主にあるとした。

【国際ビジネスへの活用】
　売主の立場からは、CISGのルールは、対象となる第三者の知的財産権が登録・公示制度のある工業所有権に限定されておらず、かつ法的根拠の有無を問わず第三者からの知的財産権に関する請求について責任を負うという点で非常に厳しいものである。売主が責任を負う知的財産権の範囲を限定する、第三者からの知的財産権に関する請求について売主が責任を負うのは法的根拠のある場合に限定する、第三者からの知的財産権に関する請求については買主が直ちに売主に通知し、当該第三者との交渉に買主が協力することを売主が責任を負う条件とする等の特約をし、第42条の規定を制限することを売主は検討すべきだろう。

　買主の立場からは、基準国について紛争が生じた場合には、本事例のように特定の国が基準国であることに関する立証責任を買主が負うことがあり得るため、可能であれば契約書上で物品の転売国・使用国を明確に定めることが望ましいが、それができない場合には物品の転売国・使用国を契約締結時

に売主に通知しておくべきだろう。

注

1 Pace, Germany 8 March 1995 Bundesgerichtshof (*New Zealand mussles case*) [CLOUT case No. 123].
2 Unilex, Germany 21.08.1995 Langericht Ellwangen.
3 Pace, France 13 September 1995 Cour d'appel, Grenoble [CLOUT case No.202].
4 Pace, Germany 2 March 2005 Bundesgerichtshof [CLOUT case No. 774].
5 Pace, Sweden 5 June 1998 Arbitration Institution of the Stockholm Chamber of Commerce [CLOUT case No. 237].
6 Pace, Germany 21 May 1996 Oberlandesgericht Köln [CLOUT case No.168].
7 [CLOUT case No.574]USA 29 January 2003 U.S. District Court, Northern District of Illinois, Eastern Division.
8 [CLOUT case No. 720]Netherlands 15 October 2002 Netherlands Arbitration Institute.
9 Unilex, Germany 15.09.1994 Landgericht Berlin.
10 Pace, Sweden 5 June 1998 Arbitration Institute of the Stockholm Chamber of Commerce [CLOUT case No. 237].
11 Pace, Switzerland 7 July 2004 Bundesgericht [CLOUT case No.894].
12 Unilex, Belgium 06.10.1997 Rechtbank van Koophandel, Kortrijk.
13 Pace, France 26 March 1993 ICC International Court of Arbitration [CLOUT case No. 103].
14 Pace, Italy 12 July 2000 Tribunale di Vigevano [CLOUT case no. 378].
15 Pace, Germany 13 April 2000 Amtsgericht Duisburg [CLOUT case No. 360].
16 Pace, Austria 1 July 1994 Oberlandesgericht Innsbruck [CLOUT case No. 107].
17 Pace, Argentina 31 October 1995 Cámara Nacional de Apelaciones en lo Comercial, [CLOUT case No.191].
18 Pace, Austria 12 September 2006 Oberster Gerichtshof [CLOUT case No. 753].
19 Pace, France 19 March 2002 Cour de Cassation [CLOUT case No.479].
20 Unilex, Netherlands 21. 05. 1996 Gerechtshof's Arnhem.

第6章　売主の引渡義務

1　要　点

　CISG第3部は、物品の売買に関する規定であり、第1章の総則規定に引き続き第2章は「売主の義務」を規定している。CISGは「売買」に関する明示的な定義規定をおいていない。しかし、第30条の売主の義務規定および第53条の買主の義務規定から間接的に売買の概念を確立することができる[1]。その意味で売主の基本的義務を規定する第30条は重要な規定である。売主の基本的義務は、次の3つの要素である。つまり、契約およびCISG各条項にしたがい、物品を引渡すこと、物品に関する書類を交付すること、および物品の所有権を移転させることである。

　当事者はこの条約の適用を排除することができ、またその適用を制限し、またはその効力を変更することができる（CISG第6条）ので、当事者間の合意がCISG各条項に優先することになる（ただし、第12条はその例外で当事者間の合意で適用を排除できない）。また、当事者は第9条1項にしたがい、合意している慣習および当事者間で確立させている慣行に拘束される。国際商業会議所（ICC）が定めるインコタームズ（最新の規則は2000年版）は、当事者が契約においてそれを援用することに合意した場合にのみ法的拘束力を生じる。しかし、当事者間で明示的な合意がない場合であっても、インコタームズは貿易実務において長期にわたり広範に活用されていることから、当事者間でFOBやCIFなどの貿易条件が使用されている場合は、第9条2項に基づく慣習または慣行としてインコタームズの定義が適用される可能性が高いであろう。

　第31条は、物品の引渡しの場所および引渡義務の内容について規定する。本条に関連する多くの事例は、売主の義務履行地を基準として裁判管轄権を

いずれの国の裁判所に認めるかという国際裁判管轄に関する訴訟案件である。

　第32条は、売主の運送に伴う義務の内容を定めている。インコタームズの下では、いかなる輸送形態でも認められる7つの受渡条件（EXW, FCA, CPT, CIP, DAF, DDU, DDP）と、海上および内陸水路輸送のみに使用される6つの受渡条件（FAS, FOB, CFR, CIF, DES, DEQ）が規定されている。インコタームズを援用することに合意した場合は、CISG第32条に優先してその諸定義が適用される。

　第33条は、引渡しの時期について規定する。売主は、受渡期日が決定している場合または決定が可能な場合にはその日に、また受渡期間が決定しているまたは決定できる場合はその期間内に、さらにそのいずれでもない場合には契約締結から合理的な期間内に商品を受け渡さなければならない。この合理的な期間は、個別具体的な状況や、一般的な事例との比較、さらに当事者間の衡平に照らして決定される。

　そして、第34条は売主の書類交付義務について規定する。国際取引の実務では、インコタームズに準拠して、書類を含めた当事者の義務を明確に合意するのが通例であり、また代金決済に信用状を活用する場合は、信用状統一規則にしたがって、書類交付義務を明確にしている。当事者間で合意や慣習または慣行がある場合は、CISG第34条に優先して適用される。

2　売主の一般的義務（第30条）
　　ドイツ2007年3月21日ドレスデン（Dresden）上級地方裁判所判決
　　盗難中古自動車売買事件[2]

【主たる論点】

　当事者間で締結された売買契約書に、売主の対象物品に関する品質および権原にかかわる担保責任免除規定（without warranty clause）が定められている場合は、売主がCISG第30条に基づく売主の基本的義務を履行することができなくても、売主はこの免責規定によりその責任を免除されるか。

【事実の概要】

① ドイツの売主とベラルーシの買主は、2001年5月に中古自動車の売買契約を締結したが、契約にはこの車に関する品質および権原について売主は担保責任を負わない旨の担保責任免除規定が定められていた。買主は、本物品の輸入後代金を支払ったが、まもなく本物品は1998年に盗難にあった自動車であることが判明し、ベラルーシの官憲によって押収された。買主からの通知を受けた売主は、自動車が官憲から返還されることを条件に代金を買主に全額返還する旨の意思表示を行ったが、2002年1月に至っても自動車は返還されず、したがって売主も代金を買主に返還しないことから、買主が代金返却を求めてドイツで訴訟を提起した。

② 第一審裁判所は、本物品の代金、登録費用および逸失利益を売主が買主に賠償するよう命じた。一方、売主は本物品については、契約書において売主が品質および権原について一切担保責任を負わない旨が明記されており、CISG第30条に基づく売主の基本的義務は、買主が物品を受領したことによって履行済みであるとして控訴した。

【判決の要旨】

① ドイツ国内法の下では盗品については善意取得が成立せず、したがって売主は、対象物品について正当な権原を取得していない。また買主も本物品の輸入によってその権原を取得できない。

② CISG第79条1項に基づき、対象物品が盗品であったことについて、売主にとって予見不可能な障害が存在したか否かという点について、売主は、中古車の販売業者から当該物品を購入したが、その際自動車登録証も引渡され、これに関してなんら不審な点は見出せなかったと主張する。一方、IDナンバーは通常自動車のエンジンルームに明示されているが、本物件については特別な金属プレートにIDナンバーが表示され、それが自動車に溶接されたものとなっており、専門家の鑑定意見により、このメタル・プレートは本来のIDナンバーが記載されている部分に付着溶接されたものであることが確認された。したがって、売主が相当な注意を払っていればこの不自然な状況に気づいたはずであり、本物件が盗難車であったこと

第 6 章　売主の引渡義務　147

を売主は予見すべきであったとする合理的理由が見出される。
③　担保責任免除条項によって、売主は本物品にかかる品質および権原に関する担保責任（第41条の責任）を免除されている。しかし、このような特約によっても第30条に基づく物品の所有権を買主に移転させる売主の基本的義務からは免除されない。

【解説】

　CISGは物品の所有権の帰属という物権法的側面については規定していないので、この問題は各国国内法にしたがって判断される。裁判所は、まずドイツの国際私法に基づき本物品の所有権の帰属については、契約締結の際の物件所在地の法律が適用されるとして、準拠法をドイツ法と決定したうえで、同民法の下では盗品について善意取得は認められず、したがって売主は物品についての所有者にはなり得ない（つまり所有権を取得できない）ことを明らかにした。さらにCISG第41条に定める売主の義務（第三者の権利や請求にかかっていない物品を引渡す義務）は、当事者間の特約によって排除されると示す一方、第30条の所有権を売主に移転させる義務は、売主の基本的義務を定めるものであり、免責条項によっても免責されないと判断した。

【関連判例】

　第30条は売主の基本的義務を規定する規定であり、本条が参照される判例や仲裁判断事例は比較的多く見出される。
(1)　フランス2001年6月12日コルマール（Colmar）控訴院判決
　　Société Romay AG v. SARL Behr France事件[3]

　売主と買主間の自動車用エアコンの取引に関して締結されたCollaboration AgreementについてCISGが適用されるか否かが争われた。裁判所は、同契約はいわゆる基本契約[4]の範疇に属する契約であるが、CISGが適用されるかどうかは、第30条および第53条に規定する売主・買主の義務をそれぞれ負担する意思があったかどうかによって決定されるべきであると判じた。そのうえで、契約書中には上記条項にかかる売主・買主の義務に関する明確な規定は存在しないが、売主は契約上最低数量の商品を在庫する義務を負担

することが明示的に規定されており、契約の総体的な経済バランス（general economic balance of the contract）を考慮すると、買主は買取り義務を負担していると解釈され、当事者間に物品売買契約が存在すると認定した。

(2) スペイン2002年10月3日　ポンテヴェルドラ（Ponteverdra）控訴裁判所判決
　　Jabsheh Trading Est. v. IBERCONSA, 冷凍干もの事件[5]

　スペインの売主はイスラエルの買主に対して、本物品（冷凍干もの）の品質が、イスラエルの検疫基準に適合することを、契約上明確に保証した事例であるが、本物品はイスラエル検疫当局によって、細菌感染の問題から輸入を拒絶された。売主は、これをエストニアの買主に転売したが、イスラエルの買主に対してはこの転売費用を控除した売買代金しか返還しなかった。裁判所は、売主は第30条に基づき、契約条件およびCISGに従って物品を買主に引渡す義務を負担していることを確認したうえで、物品の危険負担は、売主から買主に移転しているが、売主はこれにかかわらず第30条の基本的義務を履行しなければならないと判断した。

(3) ウクライナ2007年4月13日ドネツク（Donetsk）地方商事裁判所判決
　　Bobst S.A. v. Express事件[6]

　スイスの売主がウクライナの買主にFCA（運送人渡）条件でプレス機器（automatic crucible press）を販売した事例であり、売主は物品を買主に引渡し第30条の義務を履行した。売主は、買主に対する商品代金債権を担保するために、本物品代金を受領するまでは物品の所有権を留保したが、このような債権保全のための所有権留保によって第30条の義務履行に影響を与えるものではないことを明確に示した。

【国際ビジネスへの活用】

　第30条は、物品の所有権を買主または買主が指定したものに移転させる義務を定める。これは、売主の基本的な義務であり、売買契約に必要不可欠な要素であるといえる。一方、所有権移転の物権法的な側面はCISGの射程外であることから、これらは法廷地の国際私法が決定する国内法にしたがって解釈される。

　国際売買契約においては、特に中古物品の売買などを中心に担保責任免除

規定が活用される。この当事者間の特約によって、目的物にかかる権利の瑕疵を含めて物品の瑕疵は排除できても、CISG第30条の売主の基本的義務は排除できない点に注意を要する。

また、売主は第30条に基づき書類を交付する義務を負担している。貿易実務では、船荷証券、保険証券、インボイスその他重要な役割を果たしている書類（Shipping Documents）があり、それらを契約条件およびCISGにしたがって売主は買主に交付しなければならない。書類交付義務の詳細については、第34条が規定している。

3 　引渡場所（第31条）
　　スイス2009年6月26日連邦最高裁判所判決
　　Graffiti preservative事件[7]

【論点】

売主が納入した物品に関する買主による品質クレーム訴訟は、売主または買主いずれの営業所所在国の裁判所に国際裁判管轄を認めるべきか。

【事実の概要】

ドイツの売主とスイスの買主とは、2005年2月・3月に物品（graffiti preservative）の売買契約を締結した。売主は、2005年4月に本物品を買主の倉庫に納入したが、2006年2月に買主は品質の不適合があるとして売主に代金返還等を求めた。売主がこれに応じないことから、買主はスイスで訴訟を提起したが、スイスの第一審裁判所は、本事件については裁判管轄権がないと判断した。買主は、控訴裁判所に控訴したところ、同裁判所は管轄を認め、本事件を第一審裁判所に差し戻した。一方、売主は2009年3月にスイス最高裁判所に上告した。

【判決の要旨】

① 管轄と執行に関するルガノ条約第5条に基づき、売買取引において引渡された物品に品質の不適合があったかどうかの争いに関しては、義務履行

地を基準に判断すべきである。もし、主たる争点が契約または契約から生じるクレームである場合は、債権者（買主）は債務が履行された、または履行されるべき地の裁判所で訴を提起することができる。
② CISG第31条は、引渡場所について当事者間で特段の合意もなくまた慣習や慣行もない場合について規定している。本条によって定められる受渡場所は、手続規範における債務履行地の解釈と関連している。したがって、納入すべき場所は、契約上の債務履行地を意味するものと考えられる。特に、売主が物品を買主に提供すべき場所は、引渡しによって売主の債務が履行される場所でもあり、本件について売主は買主の倉庫に商品を納入することによって債務が履行されると認められる。したがって、控訴裁判所の判断は妥当であり、売主による上告は認められない。

【関連判例】

第31条に関しては、裁判管轄をめぐる案件が多数を占めている。

(1) ドイツ1999年12月3日ミュンヘン（München）上級地方裁判所判決[8]

イタリア売主とドイツの買主との製造機器（machinery for the manufacturing of windows）の据付契約に関連して裁判管轄を決定するうえで、債務の履行地が議論となったが、第一審裁判所は、売主の営業所所在地が債務履行地であると判決した。これに対し、上級裁判所は契約上の債務履行地は機器の据付けが行われる買主の営業所所在地であるとした。

(2) フランス1998年3月18日パリ（Paris）控訴院判決

Société Franco-Africaine de distribution textile v. More and More Textilfabrik GmBH 事件[9]

フランスの買主とドイツ・イタリアの売主が衣類の売買契約をインコタームズのEXW（工場渡）条件で締結した事例について、当事者間で売主の工場で引渡すことが合意されており、またCISG第31条 (a) に基づき債務の履行地は売主の工場が所在するドイツであると判断された。

(3) イタリア2007年1月3日最高裁判所判決

Bourjois S.A.S. v. Gommatex Poliuretani S.p.A. 事件[10]

フランスの売主とイタリアの買主が衣類の売買契約をCIF（運賃保険料込）

条件で合意したが、CISG第31条(a)に基づき債務の履行地（ルガノ条約第5条(1)(b)に基づく債務履行地）は最初の運送人に商品が引渡されたフランスとベルギーであると判断された。

【国際ビジネスへの活用】

　国際取引契約において、当事者間で紛争が生じた場合に、いずれの裁判所が国際裁判管轄を有するかは、当事者にとって重大な関心事である。当事者間で、裁判管轄についての合意がない場合は、これを確定するために「債務履行地」の特定をめぐって複雑な問題が発生する。国際取引の実務対応としては、売買契約交渉の段階において、裁判管轄の合意、または仲裁規定などの紛争解決方法について、明確な合意を形成しておくことが望ましい。この当事者間の管轄合意の効力に関連して、2005年6月に「管轄合意に関する条約」がハーグで採択されたが、2010年3月現在未発効である。

4　運送に関連する義務（第32条）
　スイス1997年2月20日ザーネ（Saane）地方裁判所判決
　蒸留酒事件[11]

【論点】

　売買合意は成立したが、その運送手段については当事者間で合意されていない場合は、誰が運送方法を決定することができるか。

【事実の概要】

　オーストリア企業（買主）は、リヒテンシュタイン企業のスイス支店（売主）と蒸留酒の売買取引に合意した。納入先はロシアであったが、運送方法に関しては、買主がトラックによる一貫輸送を主張したのに対して、売主はトラックと列車による複合輸送を主張して当事者間では合意に至らなかった。その後、買主は合意された決済手段である信用状を開設しなかったことから、売主は物品を納入しなかった。そこで、買主が売主に対する前渡金の返還および売主の債務不履行による損害賠償請求を求めてスイスの地方裁判所に訴

訟を提起した。

【判決の要旨】

　CISGは証明責任に関する規定を欠いているので、本契約の準拠法であるスイス国内法にしたがえば、物品のトラック一貫輸送に関して当事者間で合意があったと主張する買主は、その事実を証明しなければならない。しかし、買主はこれを証明することができなかったことから、CISG第32条2項にしたがって、輸送手段に関しては売主が決定することができる。また、買主が信用状を開設しなかったが、これは重要な契約違反に該当するため、売主は追加期間を設けて買主に義務の履行を催告し、これが履行されない場合は、売主は契約を解除する権利を有する。

【解説】

　輸送方法の選択は、コストや輸送期間と密接な関係を有しているので、当事者間で慎重に協議して合意すべきである。本事件では、輸送方法に関する当事者間の合意を欠いたまま物品の売買合意が成立している。売主が主張するように、欧州においてはトラック直送による場合、鉄道との複合輸送に比較してコスト高になる。したがって、売主としては定められた価格であれば、通常の鉄道・トラック複合輸送によることになり、またそれが対象物品の一般的な輸送手段であるといえるであろう。当事者間で輸送手段につき、特段の合意がないのであればCISG第32条2項に基づき、売主が輸送方法を決めることができる。ただし、その方法が状況に応じて適切であることと、そのような運送のための通常の手段によることが必要である。

【関連判決】

(1) スペイン2002年2月12日バルセロナ（Barcelona）控訴裁判所判決
　　Comercial San Antonio, S.A. v. Grupo Blocnsa, S.L. 事件[12]
　スペインとベネズエラの当事者間の物品売買契約について、売主は約定された物品を納入しなかった。裁判所は、売主が第25条、第32条および第49条の義務に違反したと認定した。

【国際ビジネスへの活用】

　第32条は、物品売買契約が対象物の運送を伴う場合の売主の義務として3つの項目を規定している。まず売主は、物品が荷印、船積書類その他の方法により、契約上の物品として明確に特定されていないときは、買主に対して物品を特定した発送の通知を行わなければならない。次に、売主が物品運送を手配しなければならないときに、状況に応じて適切な方法により、また通常の条件で指定された場所までの運送に必要な契約を締結しなければならない。第3に、売主に保険付保の義務がない場合であって、買主の要求があるときは、買主が保険をかけるのに必要なすべての情報を提供しなければならないことを定めている。一方、これらの項目は、インコタームズにおいても定められている事項であり、当事者間でこの規則を援用する旨を明確に合意したうえで、これに準拠することが一般的な実務対応である。

5　引渡時期（第33条）
スペイン1997年6月20日バルセロナ（Barcelona）控訴裁判所判決
衣料用染料事件[13]

【論点】

　買主は、クリスマス用季節商品（衣料用染料）をシーズン直前に発注したが、売主は、その受渡日を買主に通知しなかった。一方、受渡日を除くその他の売買基本条件については合意が成立した。物品の納入は、シーズンに間に合わず、買主に納入されたのは1月であった。この場合、売主は納期に遅延したとみなされるか。

【事実の概要】

　スペインの売主と海外の買主とは、衣料用染料の売買についてクリスマス前に売買の合意をした。通常であれば、買申込みを受けた後に、売主は受渡日を買主に提示し、それが合意された上で売買契約が確認されるが、本事件ではクリスマスが迫っていたので、売主は明確に受渡日を買主に提示するこ

とができなかった。しかし、この受渡日を除くその他の基本条件については、売主と買主間で合意が成立し、当該商品は1月に入ってから買主に受け渡された。この受渡しに際して買主は特段クレームを行わずに、物品を受領している。その後1月中旬および2月中旬に、買主の顧客から商品の品質クレームがあった。買主はここに至って、①商品の納入が遅延したこと、および②商品の品質の不適合を理由として代金支払を拒絶した。そこで売主が買主を相手取って、代金支払等を求めて提訴した。

【判決の要旨】
　季節性の高い商品について受渡期日は特に重要な要素であるが、受渡期日について明確な合意が当事者間で存在しない場合は、CISG第33条（c）に基づき、売主は売買契約の成立から合理的な期間内に物品を納入する義務を負う。本事件では、クリスマス直前に契約された商品は1月には買主に受け渡されており、売主がこの義務に違反したとは認定できない。また、買主はなんらの異議も表明せずに物品を受領している。この事実からも、合理的な期間内に物品の受渡しがあったと考えられる。

【解説】
　CISG第33条の「合理的な期間」の解釈については、個々の事例に応じて判断され、通常であれば何が合理的な期間であるのかを考慮し、また当事者間の衡平を考慮して決定される[14]。また、対象物品が在庫された物品の売買であるのか、または注文を受けた後に売主によって製造販売される物品であるのかによっても判断が異なるであろう。後者（製造物供給取引）の場合は、平均的な製造期間や製造のための原材料の調達期間なども合理的な期間の計算に含まれる。ただし、買主が大至急その物品を必要としているような特殊な状況（例えば操業中の機械設備の交換部品の売買取引など）の下で、売主がそのような状況を認識している、または認識すべき合理的な理由がある場合には、第33条の「合理的な期間」は相対的に短縮して判断されることになろう。

【関連判例】

〔1〕売主は合意された期日・期限に物品を納入する義務を負担することが確認された事例

(1) ベルギー2004年6月4日コルトレイク（Kortrijk）商事裁判所判決[15]

アイスランドの売主とベルギーの買主間で合意された中古トラックの売買契約に関する事例では、売主は1週間以内に本物品を船積みすると合意されていたが、2カ月経過しても船積みが行われず、裁判所は売主がCISG第33条(a)の義務に違反していると認定した。

(2) スイス2007年6月25日チューリッヒ（Zürich）商事裁判所判決
　　印刷物事件[16]

オーストリアの売主がスイスの買主に印刷物を販売した事例では、売主は合意された期間に物品を納入することができず、買主はその顧客から損害賠償責任を問われた。裁判所は、CISG第33条(b)に基づき、売主の義務違反を認定した。

〔2〕「合意された」期日・期限の解釈に関する事例

(1) ベルギー2005年9月20日ハッセルト（Hasselt）商事裁判所判決
　　J.M.Smithuis Pre Pain v. Bakkershuis事件[17]

オランダの売主がベルギーの買主にパンを販売した事例では、買主は特定の受渡期日を売主に指示したが、売主はこれを承諾しなかった。裁判所は、CISG第33条に規定する「合意された期日」とは、買主が指示した期日ではなく、あくまで当事者間で合意された期日であると判断している。

(2) ベルギー2004年10月8日ゲント（Ghent）控訴裁判所判決[18]

イタリアの売主とベルギーの買主との衣類売買契約に関する事例において裁判所は、CISG第33条の受渡期日はあくまで合意された期日であり、買主により要求された期日ではないと判断した。

(3) ドイツ1990年4月24日ホルスタイン・オルデンブルグ（Oldenburg in Holstein）地方裁判所判決[19]

ドイツの売主とイタリアの買主とは衣料用品の売買に合意し、物品の受渡しは"to be delivered July, August, September"と規定された。売主は、物品の最初の納入を9月26日に試みたが、買主は、合意にしたがって売主は7月か

ら9月までそれぞれ約定された量の3分の1を納入する義務を負担していると主張して物品の受領を拒否した。裁判所は、買主の主張を認め、売主はCISG第33条に違反していると認定した。

〔3〕売主は契約締結から合理的な期間内に物品を納入する義務があると認定された事例

(1) フランス1997年1月23日国際商業会議所（ICC）パリ国際仲裁裁判所仲裁判断

産業機械事件[20]

ドイツの売主とスペインの買主間の産業機械売買取引に関する事件では、売主は買主に与えていた本物品の一手販売権を、スペイン市場での販売不振を理由に非排他的販売権に変更した事例であるが、仲裁廷は一般的な慣行として（CISG第9条1項）、売主は本物品の部品供給義務があると認定した。そして、売主は部品をCISG第33条（c）に基づき、契約締結後合理的な期間内に納入しなければならないと判断している。

〔4〕些細な遅延は契約違反を構成しないと判断された事例

(1) ドイツ1996年3月27日オルデンブルグ（Oldenburg）地方裁判所判決[21]

イタリアの売主とドイツの買主とは衣類の売買について合意したが、受渡しについては"February-March-10 April"と規定されていた。売主は受渡しに1日遅延したが、裁判所は、当事者間でそのような遅延が重大な契約違反になることをあらかじめ合意していない限り、1日程度の履行遅延は重大な契約違反を構成しないと判断した。

【国際ビジネスへの活用】

国際取引においては、国際商業会議所（ICC）のインコタームズ（2000年版）が活用されている。海上運送を伴う条件の場合、受渡日とは船積時期を意味する。月単位（例えば"January Shipment"）で表示される場合は、同月内に船積みが義務づけられる。また、"on or about"またはこれに類似する表現で規定された場合は、明記された期日の前後5日間内に船積みを履行する必要がある[22]。"to"、"until"、"till"、"from"などの表現は、記載された日を含めて解釈され、また"after"を使用した場合は、記載された日が除外されるな

どの一般慣行に注意を払う必要があろう。ちなみに、直積みとは"as soon as possible"に船積みすべきことを示す用語であるが、信用状統一規則第46条bに基づき、これらの曖昧な用語が使用されている場合には、銀行は無視して信用状の買取りを行うことが認められている。

---

6 書類の交付（第34条）
スペイン2002年2月12日バルセロナ（Barcelona）控訴裁判所判決
Comercial San Antonio S.A. v. Grupo Blocnesa, S.L. 事件[23]

【論点】

CISGの下で買主が売主に引渡すべき書類はあるか。また、売主は買主が書類を引渡さないことを理由に、その義務の履行を免れることができるか。

【事実の概要】

ベネズエラの売主とスペインの買主[24]とは物品売買契約を締結したが、売主が契約を履行しないために買主がスペインでその被った損害の賠償を求めて訴訟を提起した。第一審裁判所は、売主による契約不履行を認定し、買主が契約解除権を有することと、売主は買主が被った損害を賠償すべき旨を命じた。売主は、これを不服として控訴した。売主は、物品を受け渡すことができなかったのは、買主が売主の契約履行に必要な書類を引渡さなかったからであると主張した。

【判決の要旨】

本事件において、買主が売主に引渡すべき書類は存在しない。また、売主は輸出の際に必要な原産地証明書を提出しておらず、書類引渡義務を怠ったのは売主の側である。

【解説】

CISG第34条は、売主が契約履行に必要な書類を引渡す義務を規定してい

る。国際取引において、売主が買主に引渡さなければならない書類としては、船荷証券、埠頭受領書、倉庫証明書などの権利証券や、海上運送状、航空運送状などの証拠書類、保険証券、商業送状、領事送状、原産地証明書、重量証明書、品質証明書など契約で要求されている書類をあげることができる[25]。

【関連判例】
　本条に関しては下記の関連判決・仲裁判断をあげることができる。
(1) オランダ1997年6月17日最高裁判所判決
　　Bevaplast BV v. Tetra Medical SA 事件[26]
　オランダ最高裁判所は、フランスの売主とオランダの買主間のガス・コンプレッサー売買取引について、買主が物品受領後直ちに検査を行わなかったことから、書類の不備に気づかなかったとして、買主は書類の不備について売主に請求する権利を喪失していると判断した。
(2) ベルギー2006年4月24日アントワープ（Antwerpen）控訴裁判所判決
　　GmBH Lothringer Gunther Grosshandelsgesellshaft für Bauelemente und Holzwerkstoffe v. NV Fepco International 事件[27]
　ベルギーの売主とドイツの買主間の継続的建設資材売買取引に関連して、買主は過去にいく度か売主による書類引渡しの不備があるにもかかわらず、クレームすることなく物品を受領し代金を支払っていた。また、本事件にかかる取引では、買主が分割引渡しを要求した結果、売主は船荷証券を引渡すことができず、これに代えて引渡証（delivery order）を交付した。ベルギー控訴裁判所は、当事者間の慣行を考慮し、本事件について買主は書類の不備を売主に対して主張できないと判断した。
(3) 中国2005年5月25日中国国際経済貿易仲裁委員会仲裁廷仲裁判断
　　鉄鉱石事件[28]
　中国仲裁廷（CIETAC）は、当事者間の鉄鉱石売買取引について、売主が船積通知（notice of loading）や到着通知（notice of arrival）などの通知を怠った事実をもとに、売主のCISG第34条違反を認定した。
(4) ロシア2003年6月6日ロシア連邦商工会議所国際仲裁廷仲裁判断[29]
　本事件は、ロシアの売主と韓国の買主間の物品売買取引に関する案件であ

る。売主は船積前に物品のすべてについて検査を行ったうえで、組み立てた後も約100時間の検査を行っており、それらの報告書は第34条に基づき、その他の書類とともに売主が買主に引渡すべき書類であるとして、ロシア仲裁廷は、これらの書類を引渡さなかった売主はCISG第34条に違反していると判断した。

【国際ビジネスへの活用】

　国際取引では、インコタームズが幅広く活用されているが、同規則には売主が買主に引渡すべき書類が規定されている。例えば、CIF条件の取引において、売主は原則として流通性のある船荷証券を買主に渡さなければならないが、船荷証券とは、①運送人が証券面に記載された貨物を明示された地点で受領したことを保証し、②その貨物を指定された地点まで運送し、③当該地点で正当な船荷証券所持人に引渡すことを約束した証券である[30]。インコタームズの適用を両当事者が合意した場合は、この規則にしたがい必要な書類を、適宜買主に交付することが求められる。

　また、代金決済条件が信用状決済の場合は、国際商業会議所が制定した「荷為替信用状に関する統一規則および慣習」(Uniform Customs and Practice for Documentary Credits:UCP)（UCP600と標記される2007年版が最新の規則）がどのような書類が受領されるべきかを規定している。

注

1　Ingeborg Schwenzer (Ed.), Schlechtriem & Schwenzer: *Commentary on the UN Convention on the International Sale of Goods* (CISG), 3rd Edition (Oxford, 2010), at 31.
2　Pace, Germany 21 March 2007 Appellate Court Dresden (*Stolen automobile case*).
3　Pace, France 12 June 2001 Appellate Court Colmar. [CLOUT case No. 480].
4　本書第2章1参照。
5　Pace, Spain 3 October 2002 Appellate Court Pontevedra (*Frozen stockfish case*) [CLOUT case No. 484].
6　Unilex, Ukraine 13.04.2007 Commercial Court of Donetsk Region, No. 44/69.
7　Pace, Switzerland 26 June 2009 Bundesgerichtshof [Federal Supreme Court] (*Graffiti preservative case*).
8　Unilex, Germany 03.12.1999 Oberlandesgericht München, No. 23 U 4446/99 [CLOUT case No. 430].

9 Unilex, France 18.03.1998 Cour d'Appel de Paris, 1ére chamber, section D, No. 56 [CLOUT case No. 245].
10 Pace, Italy 3 January 2007 Corte Suprema di Cassazione [Supreme Court] [CLOUT case No. 841].
11 Pace, Switzerland 20 February 1997 District Court Saane (*Spirits case*) [CLOUT case No. 261].
12 Unilex, Spain 12.02.2002 Audiencia Provincial de Barcelona, No JUR 2002/114334 [CLOUT case No. 488].
13 Pace, Spain 20 June 1997 Appellate Court Barcelona (*Dye for clothes case*) [CLOUT case No. 210].
14 Schwenzer, supra note 1, at 557-559.
15 Unilex, Belgium 04.06.2004 Rechtbank van Koophandel, Kortijk, No. AR/2136/2003.
16 Pace, Switzerland 25 June 2007 Commercial Court Zurich (*Printed materials case*).
17 Pace, Belgium 20 September 2005 Commercial Court Hasselt.
18 Unilex, Belgium 08.10.2004 Hof van Berop, Ghent, No. 2001/AR/1982.
19 Unilex, Germany 24.04.1990 Amtsgericht Oldenburg in Holstein, No. 5 C 73/89 [CLOUT case No. 7].
20 Pace, France ICC Arbitration Case No. 8611 of 23 January 1997 (*Industrial equipment case*).
21 Unilex, Germany 27.03.1996 Landgericht Oldenburg, No. 12 O 2541/95.
22 神田善弘『実践貿易実務』(第8版)(日本貿易振興機構、2007年)51頁。
23 Pace, Spain 12 February 2002 Appellate Court Barcelona [CLOUT case No. 488].
24 UnilexおよびPace大学の資料では、売主・買主の営業所所在国が逆になっている(資料によって一部相違する)が、ここではCLOUT case No. 488の資料にしたがって記載した。
25 新堀聰『ウィーン売買条約と貿易実務』(同文館出版、2009年)66頁(The Secretariat Commentary on Article 32 of the 1978 Draft, paragraph 2を引用している)。
26 Unilex, Netherlands 17.06.1997 Getechtshof's Arnhem, No. 96/449.
27 Unilex, Belgium 24.04.2006 Hof van Beroep, Antwerpen, No. 2002/AR/2087.
28 Pace, China 25 May 2005 CIETAC Arbitration proceeding (*Iron ore case*).
29 Pace, Russia, 6 June 2003 Arbitration proceeding 97/2002.
30 神田、前掲注22、116頁。

第7章　危険の移転

1　要　点

　国際売買においては、運送途上の事故による物品の全損や一部毀損または品質の劣化といった危険が常に伴う。このような場合に、物品に生じた滅失や毀損は売主・買主いずれが負担すべきかを決定するのが、危険負担の問題である。これについて、CISGは第66条から第70条で規定している。

　危険の範囲については、滅失と毀損が代表例であるが、窃盗や、運送業者による滅失・毀損あるいは紛失、運送の遅れや、間違った目的地への送付、物品の減少、緊急の荷おろしなどが含まれる[1]。その他の危険の範囲については、危険負担移転規定の精神と目的に即して解釈される。そこで国家による物品の没収や輸出入規制の危険が、CISG第66条以下で規定する危険に含まれるかどうかが議論となる。多数の見解にしたがえば、戦時における敵対国物品の没収などは、まさに運送途上の物品の滅失・毀損と同等ととらえることができ、またこの危険をカバーするために保険をかけることも可能であることから、これらの行為についてもCISGの規定する「危険」に含めて考えることが妥当である。

　危険負担の移転に関する原則は、まず当事者間の合意が優先され（第6条）、次に物品の滅失や毀損が当事者の作為または不作為（act or omission）による場合は、その作為または不作為にかかる当事者が負担する（第66条）。以上によっても決定されない場合は、以下の場合に応じて危険負担の移転時期を定める。

（表）契約の種別・場合と危険負担の移転時期

契約の種別と場合		危険の移転時期	補足説明
運送を含む売買契約	特定の場所で交付する義務を負う場合	その場所で物品を運送人に交付したとき	ただし特定されるまでは移転しない
	上記以外の場合	契約にしたがい最初の運送人に交付したとき	
運送中に成立した売買契約の場合		契約締結のとき	状況によっては運送人に交付したとき
上記以外	買主が売主営業所で物品を受け取る義務を負うとき	買主が受け取ったとき（買主が期限までに受け取らないときは買主が契約違反となったとき）	ただし特定されるまでは移転しない
	買主が売主営業所以外の場所で物品を受け取る義務を負うとき	期限が到来し買主の処分に委ねられたことを買主が知ったとき	

　上記のとおり、CISGの下では、危険負担を所有権の所在によって決定しないで、個々の状況に応じて個別に規定しており、英国のSale of Goods Actの下で所有権の移転とともに危険負担が移転する仕組みとは異なっている点に注意が必要である。

> 2　危険移転後の滅失毀損と代金支払義務（第66条）
> 　ドイツ2006年12月14日コブレンツ（Koblenz）上級地方裁判所判決
> 　ボトル売買事件[2]

【論点】
　売主が適切な梱包を行わなかったために物品が運送途上で破損したが、売主は、危険負担はすでに買主に移転済みであるとして買主に物品代金の支払を要求した。この場合、買主は代金を支払う義務を負担するか。

第7章　危険の移転　163

【事実の概要】

　イタリーの売主およびドイツの買主は、ボトルの売買契約を締結した。受渡条件は、Ex Factory（工場渡し）条件と合意されていた。本物品が買主の下に届いた段階で、物品はことごとく破損していた。買主は代金を支払わなかったために、売主は買主の代金支払を求めて提訴した。第一審裁判所は、物品を適切に梱包しなかった売主の責任を認めて買主は代金を支払う義務はないと判断したが、売主はこれを不服として控訴した。

【判決の要旨】

〔請求棄却〕

　CISG第66条は、危険負担の移転後であっても、物品の滅失や毀損が売主の作為または不作為（act or omission）による場合は、売主はその責任を免れないと規定している。売買の対象物品に滅失や毀損を生じる作為・不作為は、明らかな契約違反を構成する。本件についていえば、売主から買主に危険負担が移転する以前の問題として、売主が物品を適切に梱包しなかったことから結果として物品が運送途上で破損した。これは、売主による重大な契約違反により生じた結果であり、売主は物品の破損について責任を負担する。

【解説】

　本事件は、CISG第66条ただし書に基づき、危険負担の移転後に生じた物品の滅失・毀損であっても、それが売主の作為や不作為による場合は、売主は危険負担移転を理由として買主に代金支払を求めることはできないと判断された事例である。物品の梱包について、CISG第35条2項(d)は、売主は同種の物品にとって通常の方法により、またはそのような方法がない場合にはその物品の保存・保護に適した方法により収納・包装する責任を負うと規定する。国際商業会議所（ICC）が定めるインコタームズの前書きには、売主の物品包装に関する注意義務は、運送の手段や運送期間などによって異なり、契約締結時に売主が知り得る範囲でかかる注意義務を果たす必要があると記載されている。これに関連して、CISG第35条2項(b)は包装について、「契約の締結時に売主に対して明示的又は黙示的に知らされていた特

定の目的に適したものであること。ただし、状況からみて、買主が売主の技能及び判断に依存することが不合理であった場合はこの限りではない。」と規定している。売主は、特約や慣行に注意しつつ、物品の用途、性状、輸送手段や輸送期間などを総合的に勘案して、それらに適した梱包を行うことが要求される。

【関連判例】
(1) 中国1995年2月23日中国国際経済貿易仲裁委員会仲裁判断[3]

本事案は売主の行為によって生じた物品の滅失・毀損に関する仲裁事例である。中国の売主と米国カリフォルニア州の買主がジャスミン・アルデヒドの売買契約を締結し、貿易取引条件は、CIF New York（New Yorkを指定仕向港とする運賃保険料込）条件と合意された。買主は、本物品は耐熱性がないので可能な限り直行船を使用し、かつ運送途上においては物品を冷暗所に保管し物品の品質劣化を防止するよう売主に対して指示し、売主もこれを承諾していた。しかし、売主は船積港での温度は適温であり、問題なしと判断して、売主の指示にしたがわずに本物品を香港で船積みした。しかるに、物品がニューヨーク港に到着した段階で、運送途上の高温によって品質劣化が生じていることが発見された。仲裁廷は、インコタームズに基づき危険負担は買主に移転しているが、物品の毀損は売主が合意された義務の履行を怠ったために生じたものであり、売主は買主に対して損害賠償の責任を負担すると判断した。

(2) アルゼンチン1995年10月31日サラ（Sala）商事控訴裁判所判決
Bedial, S.A. v. Paul Müggenburg and Co. GmBH 事件[4]

本事案はCISGの規定とインコタームズとの関係についての判例である。ドイツの売主とアルゼンチンの買主とは、C&F（運賃込）条件で乾燥マッシュルームの売買契約を締結した。物品がブエノス・アイレス港に到着した段階で物品の品質が劣化しており、買主は、売主の責任によるものであると主張した。裁判所は、物品の品質劣化が売主の作為または不作為によって生じたものである事実を買主は証明できていないとして買主に代金支払を命じた。また、裁判所は、CISG第6条に基づき当事者間でCISGの全部または一部を

排除ができ、その場合は当事者間の合意が優先することから、当事者間の特約として位置づけられるインコタームズに基づき貿易取引条件が合意された場合は、CISG諸規定ではなくインコタームズの規定が優先することを確認している。

(3) ベルギー2004年6月16日ゲント（Ghent）控訴裁判所判決

　　Mermark Fleischhandelsgesellschaft mbH v. Cvba Lokerse Vleesveiling 事件[5]

　本事案は買主に挙証責任を認めた事例である。ベルギーの売主がドイツの買主と豚肉の売買契約を締結した。物品が受け渡された1999年6月3日には、ベルギー産の豚肉について規制がなかったが、その直後にEC委員会はベルギー産豚肉をダイオキシン汚染の可能性があるとして輸入禁止の措置をとった。買主は、代金の一部を支払わなかったことから、売主が代金の支払を求めて提訴した。裁判所は、売渡された豚肉がダイオキシンに汚染されていた証拠はなく、買主は売主の義務違反を証明することができていないとして、買主に代金支払を命じた。

(4) ドイツ2002年10月29日シュレースヴィヒ・ホルシュタイン（Schleswig-Holstein）上級地方裁判所判決

　　種馬事件[6]

　本事案は危険負担が所有権または占有の移転とは無関係であることを示した判例である。当事者間で種馬の売買契約が合意されたが、種馬は買主が手配した運送業者が馬小屋で引き取った後に運送途上で死亡しており、その死因は明確にならなかった。裁判所は、種馬の引渡しは、農場に買主が手配した運搬車で行われていることから、第66条および第69条に基づき、危険負担は買主に移転していると判断した。買主は、物品の所有権または支配権が買主に移転する以前に問題が生じており、かかる段階で買主は危険を負担しないと主張したが、裁判所は危険負担の移転は物品の所有権の移転とはかかわりなく物品の引渡しによって生じるとして買主の主張を退けた。

【国際ビジネスへの活用】

　国際取引には、様々なリスクを伴うが、適切な保険を調達することによってリスクを回避し、そのコストを販売価格に反映させることが多い。物品の

海上運送の場合には、海上保険がその役割を果たしているが、通常は国際商業会議所制定のインコタームズの取引条件に準拠した保険が付保されることから、当事者間における取引条件をインコタームズに準拠することを明確にしつつ、それに見合った海上保険を調達責任当事者が調達することが重要である。海上保険会社は、世界的に再保険を行うことから、このような画一的なルールにしたがって保険商品を販売する必要が存在する[7]。貿易実務において、貿易取引条件にインコタームズを援用することと、それに適合した保険を活用することによって予期せぬリスクの回避に役立てることが可能となる。

> 3　運送を予定する場合の危険移転時期（第67条）
> アメリカ2002年3月26日ニューヨーク（New York）南部地区連邦地方裁判所判決
> St. Paul Guardian Insurance Co., et al. v. Neuromed Medical Systems & Support, GmBH, et al. 事件[8]

【論点】

　当事者間で、CIF条件で物品売買の合意がなされたが、インコタームズにしたがう旨の明文規定がなく、また売主は商品代金が完済されるまで物品について所有権留保を行っている場合に、インコタームズが規定するCIF条件の下で危険負担が移転すると判断されるべきか。

【事実の概要】

　ドイツの売主と米国の買主とは、磁気共鳴画像（magnetic resonance imaging）システムの売買契約を締結した（契約準拠法はドイツ法と合意された）。貿易取引条件は、CIF New York Seaport（ニューヨーク・シーポートを指定仕向港とする運賃保険料込）条件と規定されていたが、国際商業会議所（ICC）の定めたインコタームズにしたがう旨は明記されていなかった。また、指定仕向港での通関およびそこから買主の営業所までの運送は、買主が手配し、その費用を負担することになっていた。付属品とオプションを含むすべてのシステムは、

ドイツにおいてシステムに損傷がないこと、および通常どおり機能することが確認されたうえで船積みされたが、最終目的地（米国イリノイ州）に到着したときには、重大な損傷が生じており、抜本的な修理が必要とされる状況であった。商品代金は、契約時の前渡金、船積前の支払および買主による最終受領検査終了後の支払という分割払いであったが、売主は代金が完済されるまでは機器、部品およびオプションのすべてについて所有権を留保する旨が合意されていた。買主は、当該システムについて保険をかけており、保険会社はこのシステムの修補費用相当額を買主に支払ったため、保険会社が買主に代位して売主を相手取って訴訟を提起した。

【判決の要旨】

〔請求棄却〕

① 本システムの受渡条件は、CIF New York Seaportと合意されているが、インコタームズにしたがうとの明確な規定はなかった。しかし、ドイツ最高裁判所は過去の判決[9]において当事者が合意したFOB（本船渡し）条件は、まさにインコタームズで定められた基準であり、仮にインコタームズに準拠する旨の確認がない場合であっても、同基準にしたがって解釈すべきであるとの判断を示している。国際商業会議所が、インコタームズを制定した目的は、対外取引において一般的に共通して使用される取引規範の解釈を提供することであり、本事件についても準拠法であるドイツ法に照らして、当事者が合意したCIF条件についてはインコタームズに準拠して解釈すべきである。したがって、本システムに関する危険負担は、積出港における本システムの本船への積込みの時点で、売主から買主に移転している。

② 買主は、本システムについては、代金完済までの間は売主が所有権留保することになっており、また買主による受領後の検収をもって引渡しとみなす旨の合意は、インコタームズに基づくCIFの下での危険負担の移転時期を変更する合意であると主張するが、インコタームズの下での解釈と同様に、CISGの下では危険負担の移転は、所有権の帰属と関係なく独立して生じる。本事件について、インコタームズに基づくCIF条件と異なる当事者間の合意があったとは認められない。また、指定仕向港での通関・最

終目的地までの内陸輸送について、買主が手配を行い、費用負担することを合意している事実は、単に当事者間の条件交渉の結果であって、CIF条件における危険負担の移転時期についての例外を定めた特約であるとは認められない。

【解説】

CISG第67条1項は、運送を伴う売買契約における危険負担の移転について規定するが、当事者間の合意が優先する（第6条）ことから、当事者がCISGと異なる合意をした場合は、当該条件が優先して適用される。通常の貿易取引では国際商工会議所のインコタームズが最も広く活用されている。もし、同規則と異なる内容の貿易取引条件を合意する場合は、将来の紛争に備えて、明確な記録を残しておく必要があろう。

【関連判例】

〔1〕問題が物品引渡し前から存在したとして売主の責任を認定した事例
(1) ドイツ2005年3月2日連邦通常裁判所（最高裁判所）判決[10]

ドイツの最高裁判所は、ベルギーの売主がドイツの買主に豚肉を販売したが、その後ベルギー産豚肉のダイオキシン汚染が社会問題となった事例について、懸案の豚肉が実際にダイオキシンに汚染されているかどうかが問題となるのではなく、商品引渡しの際にすでに当該問題が内在しており、売主は商品性のない商品を引渡したことが問題であるとして、危険負担の移転をもって売主としての責任を免除されないと判断した。

(2) スイス1998年1月15日ルガノ（Lugano）控訴裁判所判決[11]

スイスの売主とイタリアの買主は、ガーナ産ココア豆の売買契約に合意した。取引条件はインコタームズに基づくCIF（運賃保険料込）条件と合意されており、船積み前に現地の検査機関が行ったサンプル検査は、当事者間で合意された品質を充足する旨の結果を証明している。ところが、商品が到着した段階で品質の劣化が激しく、その程度は許容される範囲を超えていた。裁判所は、商品を船積みした段階で品質に問題があったことについては、買主が証明すべきであるとしながらも、上記検査機関による証明書は、信用状に

基づく決済のために行われた検査結果であり、実際に品質に問題がなかったことの証拠にはならないと判断した。さらに、売主が買主に商品受渡し後に送付した手紙は、商品の品質に問題があることを示唆する内容であったことが見出されたことから、裁判所は売主は船積前から存在する商品の品質問題について、危険負担移転後も責任を免除されないとの判断を示した。

〔2〕受渡条件に関する自己に有利な条件を買主が証明できていないとして買主の主張を否認した事例

(1) ドイツ2002年8月22日シュレースヴィヒ（Schleswig）上級地方裁判所判決[12]

　ドイツの売主とデンマークの買主が羊の売買取引を行ったが、羊が到着した時点ではあまりにやせ細っていて、直ちに食肉として加工することができない状態であることが判明した。裁判所は、危険負担は売主が最初の運送人に羊を受け渡した段階で移転しており（第67条1項）、買主は代金支払義務を免れないと判断した。

(2) ドイツ2000年4月13日デュイスブルグ（Duisburg）地方裁判所判決
　　ピザ用カートン事件[13]

　イタリアの売主とドイツの買主との間で、ピザ用カートンの売買が合意されたが、買主に物品が到着した段階で毀損が激しく使用に耐えない状況であった。買主は、売主が物品を特定の場所に納入する義務を負担しており、最初の運送人に引渡した時点では危険は移転していないと主張したが、裁判所は、買主がその主張を裏づける事実の証明ができていないとして、CISG第67条に基づき、売主が最初の運送人に物品を引渡したときに物品の危険負担が移転していると判断した。

【国際ビジネスへの活用】

　インコタームズは、国際商業会議所が統一的貿易条件を規定した貿易用語の解釈に関する国際基準である。国際取引においては、様々な国の貿易基準に相違点があり、それが紛争の原因となっていたことから、インコタームズによる統一解釈を制定した。一方、インコタームズは当事者がそれを援用することを合意して初めて適用されることから、「貿易条件に関してはインコ

タームズ2000年版にしたがう」旨を契約書に明記する必要がある。こうした当事者の合意は、危険負担に関するCISGの各条項に優先して適用される（CISG第6条）。CISGにおける危険負担の移転に関する各条項は、インコタームズとの調和が考慮されているが、細目では相違点もあるので注意を要する。

4　運送途上にある物品の危険移転時期（第68条）
　　中国1997年4月1日中国国際経済貿易仲裁委員会（CIETAC）
　　仲裁判断
　　魚粉売買事件[14]

【論点】
　中国に営業所を有する当事者間で、物品売買の合意が口頭でなされた後に、正式な売買契約書が当事者間で取り交わされた。その間に、物品の本船への船積みが行われ、正式契約が締結されたときには、本船は積出港を出港していた。物品の危険負担は何時売主から買主に移転したと判断すべきか。

【事実の概要】
　当事者は、両社とも中国に営業所を有する会社で外国貿易に従事できる資格を有するものである[15]。両社は、1996年1月にペルー産魚粉の売買について話合いを開始したが、売主は1月には口頭で売買合意が成立したと主張した。1月30日にはペルー港において船積みが完了しクリーン船荷証券（clean bill of lading）が本船オーナー代理人から発行され、本船はペルーを出港した。2月5日には売主が買主に対してCIF建ての値段を明示して、物品の売りOfferを行った。翌日、買主は売主に対して売買契約を締結するために契約書ドラフトを求めた。2月12日に買主は契約書に署名のうえ、それを売主にファックスで送付し、売主は署名したものを買主にファックスで送付した。しかし、買主は契約書記載の誤りに気づき、売主と話合いを行ったことから、2月15日に両社間で契約内容が最終的に確認され、実際に売

買契約書が締結されたのは3月6日であった。買主は、2月17日に本件決済のための信用状を開設している。売買契約には、価格が"CIF major ports in China"（中国の主要港を指定仕向港とする運賃保険料込）条件で規定され、船積日（shipping date）は"Before 31 January 1996"と記載されていた。本船は、途上立ち寄ったロサンゼルスで24日間の拘留を受けるなどして、本物品が実際に中国の港に到着したのは96年6月であった。買主は、本船の異例な航海日数の長期化による受渡しの遅延を理由として物品の受領を拒否したので、売主はそれを第三者に売却処分した。そこで売主は、売買契約書における仲裁合意条項にしたがい、その被った損害賠償を求めて仲裁の申立てを行った。

【仲裁判断の要旨】

中国経済渉外契約法（Law of the People's Republic of China on Economic Contracts Involving Foreign Interest）第7条は、売買契約の成立時期について「当事者が取引条件について合意しかつその書面に署名したとき」と規定している。したがって、本件において当事者間で売買契約が成立したのは、基本条件について当事者間で合意が成立した2月12日であり、口頭で売買合意が成立したとする売主の主張は認められない。上記に基づき、CISG第68条にしたがって物品の危険は当事者間における正式契約締結時に売主から買主に移転したと判断される。

また、買主は本船が航海に耐えるものでなかったことから著しい到着の遅れが生じ、この点に運送契約を締結した売主側の責任があると主張するが、本件において売主はCIF条件の国際慣行にしたがい、本船の耐航証明書（certificate of seaworthiness）を確認しており、売主に過失は認められない。

売主は、売買契約に基づく売主としての義務を履行していることから、買主が契約を解除することは認められない。したがって、買主は売主の被った損害を賠償する義務がある。

【解説】

CISG第68条は、運送中の物品の売買取引における危険の移転時期について規定している。原則は、売買契約の締結時に危険が移転することと規定し

ているが、運送保険契約が存在するなど、運送契約を証する書類を発行した運送人に対して物品が交付されたときから買主が危険を引き受けることを状況が示している場合には、売主が運送契約を示す書類を発行した運送人に物品を交付したときに遡及して買主に危険が移転する。ただし、売主が契約締結時に知っている、もしくは知っているべきであった物品の滅失や毀損で、買主に開示していなかったものについては、売主がその滅失や毀損について責任を負担する。

　CISG第68条に関連する事例はあまり見当たらない。この事例において、危険負担の移転時期を意味する「契約締結時」とは、中国がCISG第11条（契約方式自由の原則）について留保を行っている関係から、当事者間で口頭の合意が成立した時点ではなく、合意が記載された書面に署名したときであると仲裁廷は判断を下した。一方、貿易条件はCIFであったことを考慮すると、第68条2文が適用されるべきであったと考えられる。

【関連判例】
（1）ロシア2003年6月3日北西巡回区連邦仲裁裁判所判決[16]
　付加価値税の支払に関するロシアの案件であるが、ロシア企業が海外から物品輸入する際に所有権の移転時期をどのように解釈すべきかが税務当局との間で争われた。裁判所は、契約書において所有権の移転時期が明確に規定されていない場合は、危険負担の移転時期を基準にすべきであるとして、CISG第68条を基準として決定されるとの判断を示した。

【国際ビジネスへの活用】
　運送中の水漏れや高温による物品の品質劣化などは、実際に何時そのような損害が生じたのか特定することが困難であることから危険負担の移転時期について明確に合意しておくことが重要であるが、第68条2文はどのような場合に適用されるのか、条文上は必ずしも明確ではない。例えば、物品が運送途上にあるときに当事者が売買契約を締結し、その際にインコタームズに基づきCIF（運賃保険料込）条件と合意した場合は、保険証券（裏書済み）と船荷証券は直ちに売主から買主に引渡されることになり、それ以降は運送

途上で発生した事故が売買契約成立以前であったとしても、買主が保険求償できる当事者となる。このような事例は、「運送契約を証する書類を発行した運送人に対して物品が交付された時から買主が危険を引受けることを状況が示している場合」に該当すると考えられる。実務にとっては、インコタームズの活用を図り、危険負担の移転時期を明確に定めておくことが重要である。

5　その他の場合の危険移転時期（第69条）
　　ドイツ1998年6月23日ハム（Hamm）上級地方裁判所判決
　　家具売買事件[17]

【論点】

　当事者は、家具の継続的取引を行っていたが、買主が発注する家具は倉庫に一旦保管され、その後買主の指示により指定場所に納入されることになっていた。しかし、倉庫会社が倒産したために在庫されていた家具は散逸してしまった。この危険はいずれの当事者の負担となるか。

【事実の概要】

① 　オーストリアの売主とドイツの買主とは、1992年から1995年にかけて家具の継続的取引を行っており、買主の指示によって、売主はハンガリー製の家具を同国の倉庫に寄託し、その後買主の指示で物品を買主に引渡していた。売主は、倉庫に寄託された時点で倉庫送状（storage invoice）を買主に発行していたが、倉庫から出庫され、買主が受領した物品について代金が決済され、寄託期間中の倉敷料や金利は売主の負担であった。

② 　原告は売主の債権者であるが、売主に対する債権を担保するために、売主の買主に対する売買代金債権を担保取得しており、93年10月、93年11月、および94年2月に債権譲渡契約を締結している。原告は、94年10月に買主に対して上記債権譲渡について承諾を要請し、買主はこれを承諾した経緯がある。その後、倉庫会社が倒産したことから、寄託されていた家具は散逸し、買主に受け渡されることはなかった。

③　原告は、上記の状況の下で買主に対し倉庫送状（storage invoice）を発行して代金支払を求めたが、買主がこれを拒否したため訴を提起した。第一審裁判所は、買主は物品代金支払義務を負担しないと判断した。原告は、これを不服として控訴した。

【判決の要旨】
〔請求棄却〕
①　まず、売主は物品を買主に引渡しておらず、これは売主の基本的義務を定めたCISG第30条に違反する。また、危険負担については、売主と買主間で危険負担について明確な取決めがなく、買主が売主の営業所以外の場所において物品を受領する義務を負担するときは、CISG第69条2項に基づき、「危険は、引渡しの時期が到来し、かつ物品がその場所において買主の処分にゆだねられたことを買主が知ったときに」移転する。しかし、本事件において買主は寄託倉庫に物品が納入されたことを知らされておらず、また原告も物品の危険が買主に移転した事実を証明できていないことから、危険負担が買主に移転していたとする原告の主張は認められない。
②　さらに、債権譲渡について買主が承諾を与えた事実の法的効果については、CISGに規定がないことから、ドイツの国際私法にしたがってオーストリア国内法が準拠法と決定される。同法にしたがえば、債権譲渡についての承諾は買主による債務の承認とはみなされない。

【解説】
　商品を在庫しつつ売買取引を行う方法は国際ビジネスにおいて活用されている。商品在庫を配送拠点に蓄え、顧客からの発注の都度出庫することで、顧客の迅速なニーズに対応が可能となる。一方、在庫期間中の危険はいずれの当事者が負担するのか、保管料や必要な保険はいずれの当事者が負担するのか、所有者が異なる同種の商品が分別し保管されているか、これらが混合または混在が生じていないかなど、詳細な条件を詰めることとあわせて、きめ細かな在庫管理が必要となる。
　売主が商品の所有権をその出庫時まで留保する場合には、売主が保険を付

保し、必要な在庫管理を行う必要があるであろうし、また入庫された段階で所有権が買主に移転するのであれば、買主が保険付保や在庫管理について責任を負担すべきであろう。一方、このような取引を営業倉庫において行う場合もあれば、売主所有の倉庫において売主または第三者の所有物件と混合して保管する場合もあるので、その取引実態に応じた注意が要求される。

　本事件については、上記注意点に照らして当事者間の合意内容は漠然としており、不十分であった。裁判所は、契約の目的となる物品が契約条件にしたがって買主に引渡されていない事実や、原告は危険負担が買主に移転した事実を証明できていないことを理由に、原告の主張を否認した。

【関連判例】
(1)　ドイツ1998年9月22日オルデンブルグ（Oldenburg）上級地方裁判所判決[18]
　　ノルウェーの生産者がデンマークの加工業者に生鮭をDDP（関税持込渡し）条件で販売し、それを加工したスモーク・サーモンをドイツの買主が購入していたが、売主から加工業者への受渡場所は、もともとは公設の冷凍保管所とされており、買主が明確な指示を出さなければ出庫されない仕組みになっていた。ところが、1995年の夏に加工業者の財務事情が悪化し、加工業者は売主と買主に、物品売買取引について直接確認をとるよう依頼した。そこで売主は買主に40トンの鮭の売買取引について確認のファックスを送付したが、その書面には受渡場所は上記冷凍倉庫へのDDP条件であることが明記されていた。買主は、そのファックスに署名してそれを売主にファックスで返送している。しかし、1995年6月に売主が鮭を発送した先は、加工業者の営業所であり、最初に合意された納入先（上記冷凍倉庫）ではなかった。売主が発行したインボイスには、納入先が加工業者宛になっており、この点当事者間で確認された契約上の受渡場所と異なっていた。同年7月に加工業者は倒産し、そこに配送された鮭も散逸し、結局買主は商品を受領することができなかった。そこで買主は代金を支払わなかったが、売主がこれに対して代金支払を求め提訴した。第一審裁判所は、売主の主張を認め、買主に代金支払を命じたが、買主はこれを不服として控訴した。
　　上級地方裁判所は、本事件についてファックスによる契約確認により鮭の

売買契約が売主と買主間で締結されたと認定した。一方、合意された物品納入先と、売主が実際に納入した納入先とが異なるが、裁判所は、買主がこれを追認していると判断した。そこで売主が契約上の義務を履行している以上、買主は代金支払義務があると裁判所は判断し、下級審の判決を支持した。また、本事件において危険負担は、CISG第69条2項に基づき、加工業者に納入された時点で物品の危険負担は売主から買主に移転したと裁判所は判断している。

(2) フランス1992年国際商業会議所（ICC）パリ国際仲裁裁判所仲裁判断[19]

オーストリアの売主とブルガリアの買主間の物品売買契約に関連して、買主が信用状を開設しない（ブリガリア政府による支払停止命令によって信用状開設ができなかったと買主は主張した）ために物品の受渡しができず、売主が長期にわたり倉庫で保管したために損害が生じた事例で、仲裁廷は、売主は物品を買主に引渡しておらず、また買主の受領のための提供も行っていないことから、CISG第69条に基づき危険負担は買主に移転していないので、売主は長期保管による物品の損害について買主に賠償請求することは認められないと判断した。

【国際ビジネスへの活用】

国際売買における売主の立場から、危険負担を買主に移転するために特に注意しなければならない点として、不特定物の特定の問題および買主への物品の提供と通知をあげることができる。

CISG第67条1項に関連する判例であるが、スペインの売主とドイツの買主間のビデオ・カメラ売買取引において、コンテナに積まれた梱包された物品には、ブランド名は記載されていたが、荷宛人の掲載がなく、したがって商品が特定されていないために危険負担は移転していないと判断された判例[20]がある。CISG第69条3項は、物品が明確に特定される (clearly identified) ことを要求している。また、上記関連仲裁事件 (Unilex, No. 7197/1992) では、物品が買主に受け渡されておらず、また買主の処分に委ねられてもいないことから、保管期間中の品質の毀損について危険負担は売主にあると判断している[21]。CISG第69条2項の下では、物品の処分が買主

に委ねられたことを認知できる状況にすることが求められる点に注意を要する。

さらに、挙証責任については、CISGに明文の規定がない。挙証責任は、一般原則にしたがって、危険の移転によって権利を主張する側が負担することになるので、当事者は対象物品の危険負担の移転時期について、どのような合意が当事者間でなされたのか、証明できるよう記録を残しておく必要がある。

6　売主による重大な契約違反と危険負担の関係（第70条）
　　メキシコ1996年4月29日メキシコ貿易保護委員会
　　（COMPROMEX）仲裁判断
　　Conservas la Costena S.A. de C.V. v. Lanis San Luis S.A. & Agro-Industrial Santa Aela S.A. 事件[22]

【論点】
　売主は、FOB条件で缶詰を輸出したが、缶およびその梱包が海上輸送に適さないものであったことから、輸送中に缶詰の品質の劣化が生じた。この輸送中の品質劣化の責任は、売主・買主のいずれが負担すべきか。

【事実の概要】
　メキシコの買主とアルゼンチンの売主とは、1992年にフルーツ缶詰の売買契約を締結した。この際、貿易取引条件はインコタームズにしたがいFOB (free on board: 船上渡し条件)と合意された。この契約に基づき、フルーツ缶詰はチリの製造者によって製造されメキシコに輸出されたが、買主が缶詰を受領後、缶詰の品質が劣化している事実が判明した。買主は、缶と梱包が劣等な品質であり、これが原因で缶詰の品質劣化が生じたとして、売主と製造者の双方を相手取って仲裁委員会に仲裁を申立てた。しかし、この段階でチリの製造者は破産手続に入ってしまい、またアルゼンチンの売主は仲裁付託を拒否したことから、仲裁廷は拘束力のない意見（Dictamen）を発した。

【仲裁判断の要旨】

売主は、売買契約はチリの製造者と買主間で成立しており、売主は契約当事者ではないと主張するが、物品代金決済のための信用状が買主によって、売主を受益者として開設されていることから、契約は売主と買主との間で成立していることは明らかである。また、売主は合意された貿易取引条件にしたがって、物品の危険は買主に移転していると主張するが、危険負担の移転とはかかわりなく売主はCISG第35条および第36条にしたがって物品を買主に引渡す義務を負担している。本事件では、缶および梱包が海上運送に適した材質でなかったことから、缶詰の品質劣化が生じた。売主は、その義務違反から生じた損害について責任を負担すべきであり、それは物品の危険負担が買主に移転した後であっても免除されない。

【解説】

本条は、売主側に重大な契約違反がある場合に、危険負担の移転がどのような影響を有するかという論点について、買主の権利行使を妨げないと規定したものであるが、危険負担が売主の契約違反を含む、作為または不作為によって発生した場合の法的効果はCISG第66条が規定していることから、本条は、売主の契約違反によって物品に滅失や毀損が生じた場合には適用されないと解される[23]。売主の契約違反による物品の滅失または毀損については、危険を誰が負担するかという問題にはかかわりなく、売主の契約違反が問題とされる。第70条が適用されるのは、売主の契約違反とは関係なく物品が逸失または毀損した場合に限定される。そのような場合に、買主は危険負担の移転とはかかわりなく権利を行使できることを明確にしたのが本条の趣旨である。その法的効果は、物品の危険負担が買主に移転した後に逸失または毀損が生じた場合であっても、それと関係なく買主は売主の重大な契約違反を理由として契約を解除できることである。本事例において、物品の危険負担はすでに売主から買主に移転している。もし、物品の損傷が売主の作為または不作為によって生じたものでない場合は、買主が危険を負担するのが原則である（CISG第66条以下）。しかし、売主に重大な契約違反がある場合、買主は契約解除権（CISG第49条）などの権利を行使することが可能であ

り、第70条はまさにこのような場合に買主の権利行使を妨げないと規定している。そこで、売主の重大な契約違反は存在するが、物品がそのような売主の契約違反とは関係なく毀損または滅失した場合の危険を誰が負担するのかという問題であるが、第70条は危険が一旦買主に移転した後であっても、最終的に買主から売主に転嫁（shift）されることを認めており、売主は物品に生じた滅失等による損害を買主に請求することができず、売主の負担となる[24]。

UNILEXは、CISG第70条関連の事例として上記事例を掲載しているが、UNCITRALの判例ダイジェストでは第70条関連の事例はないと記載されている[25]。上記事例において、物品の毀損が売主の契約違反に関係なく生じたものであるとすれば第70条関連の事例といえるが、もし売主の契約違反が原因で生じた物品の毀損であれば、第70条で規定する危険負担との関連性を議論する必要がないことになる。この点、仲裁廷の意見（Dictamen）によれば、フルーツ缶詰の大部分が破損したのは、当該物品が海上輸送されることを売主は認識していながら、容器たる缶とその梱包がこれに耐え得る品質でなかったことに起因する。したがって、CISG第35条および第36条に違反した事実は明白と述べられており、また、売主は、物品の危険負担は買主に移転済みであり、責任を負担しないと主張したが、この点について仲裁廷は、危険負担の移転とはかかわりなく、売主は契約違反で生じせしめた結果について責任を有すると述べている。

以上から、仲裁廷が危険負担の移転とはかかわりなく売主に責任を認めている点では第70条との関連性はないとはいい切れないが、他方で仲裁廷は、物品の品質劣化はそもそも売主の契約またはCISGに基づく義務違反から生じたものとしており、これを危険負担の観点から第70条の下で捕捉することが妥当であったかについては議論が残る。

【関連判例】

本事件の他に第70条に関して争われた事例は見出せないが、CISGの解説書[26]で紹介されている例では、売主が納期に物品を納入できず、これが重大な契約違反となる場合、または買主が追加の履行期間を設定したが、その

期間内に物品を納入できない場合は、いずれも買主による契約の解除権行使が可能であり、契約が解除された場合は、輸送期間中の物品の危険は売主の負担となるとしている。

【国際ビジネスへの活用】

　危険が買主に移転した後であっても、買主が売主の契約違反を理由として契約を解除する等の権利を行使することによって、売主はその契約違反とはかかわりなく生じた物品の滅失や毀損について、結果的に危険を負担せざるを得ない状況が生じ得る。この場合、売主は実質的に買主の支配下にある物品の危険を負担することになる。一方、買主は物品の不適合を発見し、または発見すべきであったときから合理的な期間内に通知をしなければ、物品の不適合を援用する権利を失い（第39条1項）、また代替品の引渡請求も合理的な期間内に行う必要があり（第46条2項）、さらに契約解除権についても同趣旨の規定（第49条2項b）があることから、売主のリスクは「合理的な期間」に限定されると考えられる。しかし、売主の立場から、慎重を期してリスクに備えるのであれば、売買契約書において物品の不適合が発見された場合の買主の通知期間を限定したり、物品が売主に返却されるまでの期間について保管責任を明示し、いずれの当事者が保険を付保すべきであるのか等、あらかじめ合意しておくことが必要であろう。

注
1　Ingeborg Schwenzer (Ed.), Schlechtriem & Schwenzer: *Commentary on the UN Convention on the International Sale of Goods* (*CISG*), 3rd Edition (Oxford, 2010), at 922.
2　Pace, Germany 14 December 2006 Appellate Court Koblenz (*Bottle case*) [CLOUT case No. 724].
3　Pace, China 23 February 1995 CIETAC Arbithation (*Jasmin aldehyde case*).
4　Unilex, 31.10.1995 Cámara Nacional de Apelaciones en lo Comercial, Sala C, No. 47448; Pace, Argentina 31 October 1995 Appellate Court [CLOUT case No. 191].
5　Pace, Belgium 16 June 2004, Appellate Court Ghent.
6　Pace, Germany 29 October 2002, Appellate Court OLG Schleswig-Holstein (*Stallion case*).
7　神田善弘『実践貿易実務』（ジェトロ、2007年）69頁。
8　[CLOUT case No. 447] USA 26 March 2002 District Court for the Southern District of New York.

9 1975年6月18日ドイツ最高裁判決(file nr. VIII ZR 34/74, published in WM 1975 page 917)。
10 Unilex, Germany 02.03.2005 Bundesgerichtshof [Supreme Court], No. VIII ZR 67/04 [CLOUT case No. 774].
11 Unilex, Switzerland 15.01.1998 Tribunale di Appello di Lugano, seconda camera civile, , No. 12.97.00193.
12 Unilex,Germany 22.08.2002 Oberlandesgericht Schleswig, No. 11 U 40/01.
13 Pace, Germany 13 April 2000, Duisburg Lower Court (*Pizza cartons case*).
14 Pace, China 1 April 1997 CIETAC Arbitration proceeding (*Fishmeal case*).
15 仲裁廷は、本事件について中国経済渉外契約法(Law of the People's Republic of China on Economic Contracts Involving Foreign Interest)が適用され、同法に規定がない場合はCISGが適用されると判断した。
16 Pace, Russia 3 June 2003 Arbitration Court [Appellate Court] for the Northwestern Circuit.
17 Pace, Germany 23 June 1998 Appellate Court Hamm (*Furniture case*) [CLOUT case No. 338].
18 Pace, Germany 22 September 1998 Appellate Court Oldenburg.
19 Pace,ICC Arbitration Cace No.7197 of 1992 (*Failure to open letter of credit and penalty clause case*).
20 Pace, Germany 9 July 1997 Appellate Court Köln (*Video camera case*) [CLOUT case No. 283].
21 Unilex, 7197/1992, Arbitral Award, ICC Court of Arbitration-Paris (1992).
22 Unilex, Mexico 21.04.1996 Arbitration Decision COMPROMEX, No. M/21/95.
23 Schwenzer, supra note 1, at 943.
24 ただし、そのような逸失や毀損が買主の作為または不作為による場合は、買主の責任が生じる。
25 UNCITRAL, Digest of Case Law on the United Nations Convention on the International Sale of Goods (United Nations, 2008), at 207.
26 Schwenzer, supra note 1, at 946.

第8章　買主の支払義務と引渡受領義務

1　要　点

　本章は国際商取引における買主の支払義務と引渡受領義務に関する解説である。

　対象条文群の構成は以下のとおりである。すなわち、支払と引渡しの受領という2つの買主義務の一般的総則規定をCISG第53条で、詳細規定については、買主の支払義務については第54条～59条で、買主の引渡受領義務については第60条でそれぞれ規定するという構えである。

　この条文構成からみてもわかるとおり、買主の重要な義務として支払義務にスポットライトが当たっている分、その条文数も多く、関連国際裁判例も多数存在する。特に支払義務が争われる場合は、売買代金の決定方法に関しては相反する結論が並立する判例の状況、締約国の国内法とCISGとのインタラクション（相互作用）に基づく準拠法と裁判管轄の決定、EU域内法と判例動向等、もともとCISGは国際売買取引に関するデフォルト・ルールとしての法的機能を持つ条約ではあるが、これにとどまらない派生的・波及的な法的効果と手続法的な面で展開をみせている部分の1つでもあるといえる。

　一方、第60条の引渡しを受領する義務は、取引履行の協力義務ゆえに判例も基本的な義務として顧みられるため、他条文の主たる争点を巡る裁判でそれら条文との関係で一般的に論じられるか引用されるにとどまっているにすぎない。支払義務と引渡受領義務の両方についての買主義務の一般的規定でもあるCISG第53条も同様である。したがって第60条の解説および関連判例に関しては本章の最終部分で解説することとなる。

〔1〕買主の支払義務

　先述の通りCISGでは支払義務に関連する規定は比較的まとまった形で構成されている。CISGでは第53条で一般的な買主義務として支払の義務と引渡しの受領義務を規定するが、その内容は、買主は契約または条約の要求にしたがい代金を支払い、引渡しを受けることが義務として定められた至ってシンプルなものであり、ここでは買主の支払義務の一点に絞られる。

　CISGではこの「買主の支払義務」の詳細規定として、第54条で所在国での法令にしたがって手続を取る義務が、第55条で契約に取引物品代金の定めがないときの代金の確定方法が、第56条で代金が重量で決定される際に疑義がある場合は正味重量に依るべきことが、第57条で支払に関する買主義務履行地が、第58条では買主支払義務の引換給付が、第59条で買主の履行義務は売主の催告を条件としないことが、それぞれ規定されている。

　買主の支払義務を扱う本章前半では、CISG第55条の契約に売買代金の定めがないときの確定方法の規定と、第57条の支払に関する買主義務履行地と裁判管轄の規定からなる2点にフォーカスすることとする。先に述べたとおり、共に判例の数も多く、欧州ではEUによる新法制定による新ルールの確立に呼応した判例も数多く出る等、動きも活発な分野でもある。

　本章の後半では、CISG第58条の買主の支払義務の反対給付と発効に関する法理と判例を取り上げる。第58条は、契約合意も取引慣習もないときの買主の支払義務は、物品または証書の引渡しおよび検査機会の付与がないと発効しないと規定するものである。支払遅延利息支払義務の発生時点の確定に利用（第78条との関係）され、その趣旨の判例も多く、本書でも第15章に記載されているとおりであるが、ここではこれとは別の主要争点をめぐって司法判断がなされたリーディング・ケースとして「アルゼンチン産木炭事件（ドイツ2006年Krefeld地方裁判所）」を（CISG第57条にかかる裁判管轄判定ではドイツ裁判管轄権が否定された点にも注目）、さらに続けて関連判例としてCISG第39条の通知と関連する判例を紹介する。

〔2〕買主の引渡受領義務

　CISGでは第53条で一般的な買主義務を規定し、そのなかで買主は契約ま

たは条約の要求にしたがい代金を支払い、引渡しを受けることが義務として定めてある至ってシンプルなものであり、本項との関連では買主は「引渡しを受ける」義務がある、の一点だけに絞られる。これは取引実行に買主が必要な事項に関する一般的な義務を規定するもので、取引遂行の協力義務規定であると解され、その意味においてはCISG第7条の信義誠実の履行義務の一翼を担う規定であると考えてもよいと思われる。

以上の状況により、買主の引渡受領義務関連条文であるCISG第53条、第60条は、判例にはわりに頻繁に登場はするものの、争点の実質的議論にまで到達していないものが多いので、ここでは1件だけ判例を取り上げ解説する。特に第60条は、買主の引渡しを受ける義務に関連し、売主側による重大な契約違反の有無が存在する点も見逃せないが、この点については、関連条文各章を参照されたい。

2　代金未定の場合の処理（1）（第55条）
　　ハンガリー 1992年9月25日最高裁判所判決
Pratt & Whitney v. Malev 事件[1]

【論点】

当事者間において契約が不存在であると判定される場合において、裁判所は売買代金の決定ができるか。

【事実の概要】

米国の航空機エンジン製造会社プラット・ホイットニー社（売主・原告）は、ハンガリーのツポレフ型航空機製造会社マレフ社（買主・被告）と包括的な契約交渉を推進するため、価格を明示しないで異なる種類の航空機エンジンについての2つの代替案を提示した。買主は売主オファー期日直前に、提示された案のうちの1つのエンジンを選び、未署名の契約書内容につきこれを受諾する旨のテレックスを発信したが、本来あるべきエンジンおよびジェット・エンジン・システムの詳細技術データおよびこれに付随した基本価格データその他必要な詳細も契約書には添付されていなかった。

買主はのちにエンジンは購入しない旨の連絡を売主にしたため、売主は買主を提訴、下級審（ブダペスト中央裁判所）は売主・原告に軍配を上げたが、買主・被告が控訴、ハンガリー最高裁判断の判断を仰ぐことになった。

【判決の要旨】

下級審判決破棄。争点は契約の存在・不存在の判断であったが、契約は不存在であり、したがって売買代金の査定はできないとした。

① 第一審では、オファー（申込み）が製品と数量・価格決定条項があることから、有効な契約が締結されたと判示されたが、本審（ハンガリー最高裁）ではオファー（申込み）と受諾は曖昧であると判断し、CISG第14条1項に規定されるように明示的・黙示的に価格を取決める、または契約で取決める等の契約成立要件をいずれも満たさないために、契約は不存在である。

② 申込みの受諾は単に買主が航空機エンジン購入の契約を締結する意図があるという意思表示をしただけであって、特に申込みについては、航空会社が航空機を買うために必要とするエンジンおよびジェット・エンジン・システム全体の技術データ、基本価格、メンテナンス詳細、データ等が欠けており、CISG第14条1項の契約成立要件を満たしていない。この明示性を欠いた申込みに対して行われたやはり明示性を欠いた受諾の存在をもってしても、法的には受諾には当たらない、すなわち、そもそも契約が存在しないのである。なお、第55条で価格を決めようと思っても、航空機には市場価格はなく個別に決められるものなので、価格も決められないのでその意味でも売買代金の決定もできない。

【解説】

契約に売買代金の定めがない場合の確定方法に関して、CISG第55条の条文では物品代金は契約締結時に一般的に請求されている売買代金により確定するものとされている。よく争点になるのは、CISG第14条1項が申込時の数量と売買代金の明示的・黙示的規定または決定方法の規定を契約成立要件と定めているにもかかわらず、第55条が売買代金が定まらない場合の措置

を規定していること自体がそもそも矛盾しているのではないかということである。そのどちらを優先すべきなのかという点については諸説がある。

　基本的な契約関連の紛争解決のためのアプローチとしては、契約当事者の意図（Intention of the Parties）は何であったのかを確認せよ、という契約法の普遍的な大前提の法理を前面に押し出すべきであるという自明の理ともいえる帰結が当然のこととして浮かんでくる。事実、判例の傾向を大掴みにすればそうした仲裁裁定、裁判例が多いという特徴が確認できる一方[2]、

① CISG第14条1項の規定（明示的・黙示的に申込みにおいて数量と代金を定めまたは決定方法を規定）に沿わない場合は契約を無効として扱い、第55条は適用されないという法理

② CISG第55条の規定を適用し、契約締結時に一般的に請求されている代金により確定する法理

という一見結果もアプローチも逆となる2つの法理の併存が現実の判例とともにクローズアップされてくることになる。このそれぞれの代表的な判例が、ここで取り上げる要注目のリーディング・ケースとなる[3]。

　上記の①のリーディング・ケースが、本件であり、②が、下記の3の事件であるスイスの衣類製造用生地の判例である。

　これら2例のリーディング・ケースからわかるように、売買代金の確定のための売買価格の決定において結果が逆とはなるものの、実は常識的なアプローチをしているのである。すなわち、裁判所の取る立場と手法は、法が保護すべき利益と利害関係者の判定をするのが先決であって、その法的救済手段による法益保護の実現の最も有効な方法としてどちらを取るかという合理的判断をしているのであり、売買価格が先か、契約成立が先かという点が常にオープンで白熱した議論の対象ではないのだという点が浮き上がってこよう。

　先に述べたとおり本事例は上記の相反する2つの法理のうちの①に関するものである。取引物品価格の決定（CISG第55条）がメインの目的で控訴されたようだが、ここではそれ以前の問題として、契約の存在・不存在で判断した結果「契約は不存在である」と判断し、ゆえに価格は決められないのだという結論を導き出している。ちなみにハンガリー航空機エンジン取引価格の

査定を試みたはずであろう裁判所は、対象となっている契約に適用しようとしてはみたもののそもそも航空機エンジン売買取引市場は存在しない、したがって参照市場価格もないので売買価格も算定できないのだというコメントも出している[4]。

【関連判例】
(1) ドイツ2000年5月9日ダルムシュタット（Darmstadt）地方裁判所判決
　　ビデオレコーダ事件[5]

　CISGダイジェストでは、「価格が決まっているときは、裁判所も仲裁機関もこれを変更することはできない」[6]と記された法理が含まれるケースである。スイスの買主は、ドイツ売主が出荷したビデオレコーダ8,000台のうち、一部部位に問題のあった4,000台につき、売買代金減額に応じるとの売主側の申出を一旦は承諾したが、後にこれを撤回して一切の支払いを拒否するに至ったので裁判になった。判決主文は、売買代金の支払を買主に命じ、CISG第40条から第39条への連関のなかで、買主の減額の認識が、売主の契約不適合の通知の適時性の抗弁の封止を妨げるものと判示した。本事件ではCISG第55条に関しても重要な判断が下されている。すなわち、売買取引価格の裁判所による査定について市場価格に基づく方法がデフォルト・ルールで用意されているところ、当事者間で合意された価格があるのであればそれに拠るべきであると判示したのである。

【国際ビジネスへの活用】
　国際ビジネスの視点から本事件の判旨を活用できる点を2点指摘しておこう。すなわち、有効な契約の存在に関する視点と、国際取引される物品の市場性の問題のそれぞれの考察である。
　国際取引ではまず有効な契約の成立と存在に目を向けるべきであろう。法理の詳細は別章（第3章）「契約の成立」に譲るが、Pratt & Whitney v. Malev 事件の判決文の最後で裁判所の本音が「なお、第55条で価格を決めようと思っても、航空機には市場価格はなく個別に決められるものなので、その意味でも売買代金の決定もできない」等と示唆されている。すなわち、裁判所は、

対象物品の市場性の欠如による参照できる市場価格の不存在を理由に、甚だ逆説的な形ではあるが、契約の存在/不存在の判定に関して否定的に構える可能性もあるといえよう。

次に対象物品の市場性の問題に注目したい。市場性の存在はひとえに売買取引数量と売買取引数が多量であることにより、対象物品が一般的に取引される参照価格が多数存在する市場とその市場で取引される売買取引価格の相場が存在し得るかどうかにかかっている。対象物品の仕様や性能等の品質が均質化していて数量的にも多量に取引されるのであれば市場性商品となり得るであろう。市場性商品であれば、当事者間で疑義が生じても、特定時点の市場価格の相場を参考にすればよい。

一方、例えば商品の品質が受注ごとの個体ごとに異なり、また取引の頻度も限られている受注製造販売の製品の場合、そうした取引市場は存在せず、相場がない個別取引の対象商品となる。スペックが違えば価格も当然違い、同等スペックの製品が存在しない。ただ本判例で取り上げられた航空機エンジンがその好例といえるかどうかについてはあえて疑問符を付けたい。なぜなら製造業における海外向けプラント（完全な受注生産で個体ごとに見事にスペックが違う大きな機械設備の集合体）・エンジニアリングの実務に照らして、仔細にスペックと対応する対価の項目ごとの明細を比較してゆけば、市場価格とほぼ同等の意味を持つ価格を導き出すことは不可能ではないはずだからである。

市場性商品の国際取引において売買取引契約で価格が特に定められていない場合、市場価格の相場で売買価格に関しての紛争には決着もつけられよう。そのような場合でも、売買価格は通常、当事者間で確認され合意されるのが普通であり、実務上もそのようにすべきであろう。そうすれば、裁判の帰結に直結する価格を予想だにしない市場価格に委ねずとも、関連判例のドイツ2000年5月9日ダルムシュタット地裁（ビデオレコーダ事件）のように、当事者間で合意された価格が根拠となるからである。市場価格に拠らざるを得ない場合に予想外の結果を避ける方法としては、個別に価格を契約で規定する他に、取引市場と市場価格が特定できる場合は市場名、取引日、商品の詳細銘柄、時間帯を特定することはできよう。

殊に市場がない受注製造販売製品の場合は、きっちり交渉して正当な権限保持者による署名をした形で契約が有効に成立していても、正確な取引価格の記載が契約書にない場合は、裁判所に決めてもらおうと思っても決められないことになる。したがって、このような製品の場合は売買取引価格を契約上に明記しておく必要がある。さらに、合意に至らなくとも大まかな見積金額が算出された段階でLOI（Letter of Intent：一般的には一定の幅の条件において当事者が取引契約を締結する意向があることを示す文書）を交わすことで、双方が暗黙のうちに目指していた金額につき、裁判所による証拠としての評価が可能になるものと考えられる。

3　代金未定の場合の処理（2）（第55条）
スイス1997年7月3日ザンクトガレン（St. Gallen）地方裁判所判決
衣料品製造業者不当返品事件[7]

【論点】

買主の正当な理由のない返品により損害を受けた売主の損害賠償金算定根拠として、裁判所が売買価格を決定することはできるか。

【事実の概要】

オランダの売主・衣料品製造原料用生地製造業者（原告）が、スイスの買主・衣料品製造業者（被告）と両者間の衣料の売買取引に関し、口頭による売買契約を締結したが、買主が売主のためにファッション衣料を創作することとなっていた。また引渡しの前に第三の業者に刺繍をしてもらうこととなっており、買主は売主に対してファックスで一定の量を刺繍業者に引渡すことを要求したが、買主がオランダの売主を訪問した際、商事的取引関係を継続する気がなくなり、刺繍業者へ引渡した衣料に関して請求書を発行するように要求した。売主の請求額に対して、買主は、品質に問題があるとして金額が高すぎるとクレーム、売主は価格の変更に応じたが、1カ月後に買主は製品を売主に返品し、請求金額を支払わないと通知したため、売主は納入さ

れた製品全部の売買代金支払を求め、買主をスイスの地方裁判所に提訴したのが本件事件である。

【判決の要旨】
① 裁判所は売主の請求を認め、買主に対し納入済製品全部について支払うこと、および未決定の売買価格はCISG第55条に基づき売主が変更に合意した価格とすることと決定した。
② まずCISG第8条3項（当事者の意図の判定につき、契約交渉、取引慣行、使用方法、契約締結後の行動をも考慮する）に基づき買主の契約締結後に取った行為に言及し、買主は問題の材料が全く使われることがないことを知っていたにもかかわらず、売主に対して請求書を送るように促していたことから契約は存在したと認定する。
③ 次に、買主が支払うべき金額の根拠として、契約に基づく取引売買価格が未決定であるが、CISG第55条に基づき当該請求書が発行され、その後売主が減額に合意した後、短期間で買主が異議を唱えた等の状況から判断し、取引売買価格は、減額後の請求書の金額であったと決定した。なお、遅延金利率は所定の国際私法の準則により導かれるオランダ法とすべきところ、原告が支払を受けられなかった損失を適切に補填するには原告の地の法とすべきであるとした。

【解説】
本事件は、上記相反する2つの法理のうちの②「CISG第55条の規定を適用し、契約締結時に一般的に請求されている代金により確定する法理」のほうで、前述の「プラット・ホイットニー事件」とは全く逆に契約の存在を肯定し、売買価格とこれに基づく売買代金を決定したものである。

本事件のように、原告に損害賠償請求を認めることが法の下の正義を実現することが明らかな場合においては、売買価格に争いがある場合には裁判所が決定するという合理的な帰結が導かれた好例だろう。

ここでは書面による正式契約が存在しないため、上記では省略されているが、裁判所は契約の存在/不存在の検証に判決文においてはかなりの労力を

費やしている。契約上の権利義務を確定する目的で、本章のPratt & Whitney v. Malev 事件の解説で述べたとおりの当事者の意図（Intention of the Parties）の査定が行われた。その査定のプロセスでは、第8条3項の規定（当事者の意図の判定においては、契約交渉、取引慣行、使用方法、契約締結後の行動をも考慮する）が効力を発揮している点も重要である。裁判所は、「買主は問題の材料が全く使われることがないことを知っていたにもかかわらず、売主に対して請求書を送るよう促し」ていたこと、ならびに請求書受領後の行動から判断し、契約の成立を認定したうえで、取引売買価格の金額の支払を買主にいいわたしたものである。

その買主が支払うべき金額の根拠としての取引売買価格はCISG第55条の下で査定されるものであるとしたうえで、裁判所は、その価格は、買主が発行するように要請し、受領後しばらくして、修正を求め、修正後は異議を唱えなかった請求書に記載された金額であると認定した。CISG第55条は「契約が有効に締結されている場合において、当該契約が明示的又は黙示的に、代金を定めず、又は代金の決定方法について規定していないときは、当事者は、反対の意思を示さない限り、関係する取引分野において同様の状況の下で売却された同種の物品について、契約の締結時に一般的に請求されていた価格を黙示的に適用したものとする。」と規定しており、当事者の異議が表明されなかった価格である「請求書の金額」をそのまま契約の下で合意された金額であると認定したのである。

【国際ビジネスへの活用】

上記の状況によれば、以下のとおりのルールが浮き彫りにされることになる。

第1に、CISGの下においては、売買取引で正式署名を伴う書面の契約が存在しない場合であったとしても、裁判所は、第8条を含む条文を読み合わせて状況を紡ぎ合わせることにより、契約の成立を認定してしまうということである。

第2に、取引売買価格については、請求書が発行され、その金額に買主が異議を適時に表明しなかった場合は、その請求書の金額に基づいて買主が支

払うべき金額を裁判所が認定してしまうことである。

　この2つのルールは売主に有利となっているといえる。買主が少々のキズや数量の不足でいとも簡単に商品の引渡しをも含む義務の履行を契約の解除により回避できる米国UCCの構えとは大違いである。

　本事件のような状況に置かれた場合、買主は、契約が成立していないかどうか、成立しているとしたらどのような契約なのか、そしてその契約のなかでどのような履行義務を負っているものなのかを、売主との交信の内容から十分によく吟味する必要がある。そして損害賠償リスクを回避または極小化するために必要と思われる相手方の主張や行動の否定や拒否行動を明確な形で起こし、その記録や書証を積み上げておく必要があろう。無論、これらは訴訟を予見して行うわけではないが、発生可能性がゼロでないのならこれらの行動は最低限でも必要である。

　このようなリスキーな状況は実は基本的な行動で根本的にゼロにすることも可能である。というのも、CISGの下での国際売買取引の場面においては、買主はこのCISGの基本的な構造をよく見据えて、より買主にとって有利、かつ効果的・効率的な義務の履行を売主側に促すことが可能となる「契約を事前に締結する」という有効なソリューションが画然と存在するからである。取引リスクの極小化のためには是非これを心掛けたいものである。

4　「新・欧州ルール」に基づく裁判管轄の判定（1）（第57条）
**　　オーストリア2008年4月3日最高裁判所判決**
**　　バイオリン売買取引事件[8]**

【論点】

　支払義務地判定の「新・欧州ルール」に基づいた場合、履行地は実際に商品を引渡した地でなければならないか。

【事実の概要】

① 　オーストリアの売主がドイツの買主に対して売った32台のバイオリンをめぐる争いである。オーストリアの売主である原告が、ドイツの買主で

ある被告に対し、代金の支払を求めオーストリアで提訴した。
② 買主は売買契約に基づき32台のバイオリンを受け入れ、自己の商売として転売、購入代金は転売進捗に基づいた分割払いとなっていた。ところが買主が支払不履行に陥ったため、売主はCISG第57条と関連したEuGVVO（裁判管轄に関する2000年12月の「民事および商事訴訟事件判決の認知と執行に関するEU法令」を指す。以下同じ。）第5条に基づき、本裁判所に裁判管轄権が存すると主張。買主は特に裁判管轄につき異論を唱えた。
③ 第一審で、オーストリア裁判管轄権を持つためにはEuGVVO第2条に基づく外国人でなければならないこと、さらにEuGVVO第5条1bにおける履行地は、売主の陳述に基づき、バイオリンを引渡した地であるドイツと判断した。
④ 控訴審は第一審判決を認容、EuGVVO第5条1bに基づき、すでに引渡しが完了した場合においては、それが契約に適合した形であるならば履行地は実際に商品を引渡した地でなければならないとした。裁判管轄決定に際してはCISGとEuGVVOのどちらが優先適用されるべきなのかという点について、CISG第57条は単に支払義務のみについて影響があるのに対し、EuGVVO第5条1bはこれに基づかないものであって、せいぜい支払請求につきEuGVVO第5条1bにもかかわらず履行場所についての明確な契約合意が有効かどうかという議論ができるだけにすぎないとし、しかも売主はこの趣旨の主張はできないとした。

【判決の要旨】

① 売主の特別上告は棄却。売主は買主に対し訴訟費用3,384.60ユーロを2週間以内に支払うことが決定された。
② 上告審では、売主の上告は受容するが正当化できないとした。売主にとってはEuGVVO第5条とCISG第57条1項との関連における売主による支払要求についての国際裁判管轄の初判断であって、前例がないものとして特別上告は認めるとされたものである。
③ 売主は、CISG第57条1項に照らして別段矛盾した合意のない本件のような場合、オーストリアの輸出者はオーストリアの法廷で売買代金の支払

請求を起こしてもよいはずで、CISGは唯一の手続法として統一された実体法であるとあると主張した。

④　これにつき本裁判所は、CISGに基づいて判断せねばならない事項をも含め、契約の特徴的な履行がなされるべき、またはなされるべきであった場所こそが、手続法の観点から契約義務の履行場所であると考慮されるべきであると判示した。契約履行が実際に行われた場所は法理論の国際的選択（international (choice of) jurisprudence）における決定基準であり、契約の履行場所は実体基準、すなわち法的基準でなく関係者間で実務的に決定出来ることは殊に重要であった。契約に基づき買主の所在地にて商品が引渡されたのであれば行為地裁判管轄（a forum actoris）が発生し、これはCISGによる解決が必要な場合も同様である。しかしEuGVVO第5条1bが適用される限りにおいて、契約の履行義務すべてについて商品引渡場所が決定基準となるため、CISG第57条1項は売買代金の請求については適用できない。よって、原告上告には正当理由がないとしたものである。

【解説】

本章の範囲でCISG第55条の売買取引金額の査定とともに注目したいもう1つの焦点が、CISG第57条の買主の支払義務履行地と裁判管轄をめぐる「新・欧州ルール」に縛られる判例群とその拘束を受けないCISGオリジナル・ルールに基づき判定された判例群である。第57条は、特段の定めのない限り買主の支払義務履行地を売主所在地または書面引渡地とするとの一見簡単にみえる規定であるが、この規定は裁判管轄と準拠法の決定に影響を与えるがゆえに、裁判の結果に与える影響も大きく、また事実、裁判で争われることが多いのも取り上げた理由である。なお、本条は売主の地の変更による費用増は買主負担だが、債権の譲渡先指定によるものである場合は除くとする規定も含んでいる。

2000年12月以前の欧州においては、裁判管轄のいわば「旧・欧州ルール」、すなわち、CISG締約国・EU加盟国同士の場合、CISG第57条に基づき買主の支払義務をめぐる裁判管轄は売主の地とするという判示が非常に多かった。しかし、これはその弊害ゆえ2000年12月の「民事および商事

訴訟事件判決の認知と執行に関するEU法令」[9]（以下判例で示されるとおり、ドイツ語圏では共通略語の"EuGVVO"[10]がポピュラーな呼称のようである）により域内CISG締約国同士の裁判についても修正がなされた。最大の変更点は、支払義務をめぐる裁判管轄地が物品引渡地基準へ変更・修正されたいわゆる「新・欧州ルール」が確立されたことである[11]。

　CISGは国際条約で、国内法に優位して適用されるべき法的地位を与えられているが、EUでは、両当事者が別の国家に所在したとしても同じEU加盟国同士であればその国家はいわば「EU連邦」構成員であるがゆえに、EU関連条約により同一国内に国内法が適用されるのと同じ効果を原則的にもたらす義務を加盟国が負っている関係でEU法令が等しく適用され、結果としてEU法令がCISGに優位して国内法のように適用されることになるわけである。ここで紹介する判例では、米国の連邦制ほど強固なものではないものの、巧みな法解釈により結果としてこの構造をベースにEU法令が強行法規的な用いられ方で判決に織り込まれる顕著な形で表れているのが読み取れよう。またEU法令には規定されていない事項でCISGに規定がある事項については、CISGが規定されるとする記述もある。しかし下記の「取引慣習事件（ドイツ2005年ケルン控訴裁判所）」にみられるように当事者の合意管轄が有効に契約上規定されていれば、合意管轄地における国際裁判も可能であることをも判例は示しているものとみられる。詳しくは下記判例にてご確認願いたい。

　品質クレームの補償金支払や過払金払戻しの履行地は裁判を行う場所の準拠法が選択し定める地のものとするというルールが一般的であるとされている。

　また、ここに掲げた下記判例からもわかるとおり、条文の内容から、第57条は、第58条（買主支払義務の物品または船積書類等との引換給付）とも並行して扱われることも多い点も申し添えておく。本章で以下取り上げる裁判例では、「XX Cucine社事件（イタリア2005年de Modena地方裁判所）」と「アルゼンチン産木炭事件（ドイツ2006年Krefeld地方裁判所）」をご参照願う。

　本判決は、2000年12月以降の「新・欧州ルール」を適用し裁判管轄を決定したオーストリア最高裁の判決である。CISGのスタンダード・スタイ

ルである支払義務履行地＝売主国＝裁判管轄地というのは完全に排除され、「CISGに基づいて判断せねばならない事項をも含め、契約の特徴的な履行がなされるべき、またはなされるべきであった場所こそが、手続法の観点から契約義務の履行場所であると考慮されるべきである」と結論づけている。まさに「新・欧州ルール」の面目躍如たる結果であるといえる。

【国際ビジネスへの活用】

欧州に拠点を置く日系企業はこの「新・欧州ルール」に十分留意する必要がある。または、一歩進めてこれを活用することも検討の視野に入れて戦略を練ることもできる余裕があるなら是非そうすべきであろう。商品の性質、特徴的な履行の場所、契約形態、契約ドラフティング、交渉、取引実務すべての面でよく戦略を練り、このルールを上手く活用する必要がある。

---

5 「新・欧州ルール」に基づく裁判管轄の判定（2）（第57条）
ドイツ2005年12月21日ケルン（Köln）上級地方裁判所判決
取引慣習事件[12]

【論点】

ドイツを国際裁判管轄とする取引慣習が存在し、これを契約合意の一部としてとらえた場合、支払義務地判定の「新・欧州ルール」に基づいて、ドイツ国際裁判管轄は導き出せないか。

【事実の概要】

事実関係詳細は非公開。ドイツ売主・原告がスペイン国内で据え付けされる商品売買契約の支払義務に関しスペイン買主・被告を提訴した。原審・ケルン地方裁判所判決で原告請求を国際裁判管轄権の欠如により棄却したところ、被告が控訴したものである。

【判決の要旨】

① 上級審では、原審・ケルン地方裁判所判決を認容、原告請求についてはドイツの国際裁判管轄権がないので棄却した。

② 2002年3月1日に施行されたEuGVVO（裁判管轄に関する2000年12月の「民事および商事訴訟事件判決の認知と執行に関するEU法令」を指す。以下同じ。）第60（1），66（1），76の各条により、契約締結がそれ以前に行われた本件にも適用されるものとする。

③ 本件においてはEuGVVO第23条に基づく当事者合意によるドイツ法廷の国際裁判管轄権は、有効な合意がないゆえに存在せず、この点についての原告の反論も存在しないので、本判決においては言及しない。またドイツを取引慣習に基づく合意国際裁判管轄とするとする主張も、そうした取引慣習ベースの合意について原告・売主が十分に証明できなかったため、不存在であると認定する。

④ EuGVVO第5条1bでもドイツ法廷の国際裁判管轄は導き出せない。同条によれば、EU加盟国は契約義務が履行され、または履行されるべき別の加盟国で提訴されうることを規定し、その地とは商品が引渡された場所のことを指している。本件の契約では、その場所をドイツではなく、スペインに存在する建物であるとしており、その場所が引渡しの場所となる。関連研究論文[13]によれば、それは買主が物理的なコントロールを得た場所であるとされており、またそれは輸送先でもある。

⑤ 原告・売主はまたCISG第57条1項に基づきドイツの裁判管轄権を主張する。しかしCISGをひも解くと、合意された支払義務履行地が売主の営業所所在地でなければならないことになり、この主張には理由がない。なぜなら、合意された契約義務履行地が、その合意がない場合に適用される法令と違うときは、単に合意が存在するだけではなく、実際の義務履行地も合意どおりでなければならないからである。本件では当事者が明示的に排除しなかったので黙示的にCISGが適用されるため、私法的な別ルールの存在も認められず、また実際行われた契約義務履行の実体行為からみても、こうしたルールは認識できない。

⑥ また契約成立が新法施行時期よりも早いからといってEuGVVO第5条

が適用されずにCISG第57条1項によるべきであるとの売主の主張もやはり認められない。合意が単に履行場所を定めるための法的な引渡場所の合意であるならば、EuGVVO第23条規定の形式要件を満たさねばならず、抽象的な合意は形式要件を満たすことはできない。また売主がCISGをも含むドイツ法を選択したことは契約当事者の自由であるとの主張も同様に認められない。

⑦ さらに、EuGVVO第5条1bに照らすと実際の引渡場所はドイツでなく、契約履行地の原則が適用される[14]と、デポ費用は売主の負担でもあることもあり、商品が設置されるスペインであると認定する。

【解説】

本判決も、やはり2000年12月以降の「新・欧州ルール」を適用し裁判管轄を決定した判決で、ドイツ控訴審のものである。同じく文中のEuGVVOの表記は「民事および商事訴訟事件判決の認知と執行に関するEU法令」を指す。なお、上記の英文タイトル末尾parentheses（カッコ）に入っているtrade usageは、取引慣習によりドイツ準拠法が認められているからドイツの裁判管轄の認定をせよとしたドイツ原告側主張であったが、これは裁判所により真っ向から否定されてしまっている。しかしながら、判決文は、合意管轄が契約上有効に認定される場合においては、EuGVVO（本章にいう「EU法令」）第23条によりドイツの裁判所に国際裁判管轄権が存在し得ることを匂わせるものとなっている点に注目されたい。

---

6 「新・欧州ルール」が適用されないスイス当事者に関する裁判管轄の判定（第57条）
　スイス2007年6月19日アールガウ（Aargau）商事裁判所判決
　中古鉄道レール事件[15]

【論点】

「新・欧州ルール」が適用されないスイス売主・原告が提訴した場合、ス

イスの国際裁判管轄権が認められるか。

【事実の概要】
　トンネル建設用鋼材・機械・材料類取扱および専門サービス業者であるスイス売主が、鉱山開発用機材販売等を業とするドイツ買主に販売したスイス国鉄（SBB）の中古レール1,008mと新品継手とピンをめぐって起きた事件である。売買契約に拠れば、売主が輸送費を負担し、買主が関税とその他税を負担することとなっていた。
　2006年5月17日と29日に売主により手配された輸送業者は契約規定どおりドイツに2便に分けてこれら物品をドイツに搬入し、買主はこれを受領したが、輸送業者が追加請求したVAT（付加価値税）の支払を拒否した。
　このこととは別に買主は同年同月追加のレール、継手、分岐器を発注した。それ以前の分が未払いであったため、売主はこれら追加発注分を納入しないことにした。その後の督促に応じたものの買主は支払を行わず、2006年8月に現金がないので払えないと連絡し、8カ月の支払延期を申し入れたが、売主はこれを拒絶。2006年11月20日、売主は売買代金、遅延金利と訴訟費用の賠償を求めて買主をスイスで提訴した。

【判決の要旨】
① 売主の主張を認め、売買代金、金利、訴訟費用の支払を買主に対し命ずる。
② CISG適用と裁判管轄については、国際条約が優先されない限り、国際抵触法に関してはスイス国内法を適用するので、スイスが締約国である1988年9月16日の民事商事訴訟の執行における裁判管轄に関するルガノ条約を本事件に適用する。ここには特定の裁判管轄のみとすべしとのルールはなく、法的義務の履行については、裁判管轄権の存在する国における裁判が有効であるとだけ規定され、契約義務の履行地は契約に関する法律において定められることになる。CISGは国際的な抵触法であり、ドイツもスイスもCISG締約国であるのでCISGが適用される。
③ 売主の請求権は別段の取決めがなく、かつ買主が引渡しを行う場所で支

払を行わなければ、支払義務の履行地においてなされなければならない。法定ルールどおりの契約であることから、買主の支払義務の履行場所は、売主の営業所所在地で行われなければならない。これをルガノ条約と請求額に基づき裁判管轄はスイスAargau地方裁判所に正当に帰属するものと判断する。
④　買主は契約不履行についての反論を期限内になさなかったので、これを認めない。
⑤　売主の売買代金の請求は正当な買主のオファーと売主の承諾によりCISG第14, 18各条にしたがって成立している契約に基づきなされている。CISGは、契約が国内法令に基づき無効とされる場合無効とするが、そうした要素は認められないので契約は有効に成立している。
⑥　売主が商品をドイツで買主に引渡した際、売主は税、関税を負担しないという契約条件であったので、すなわち買主がこれらを負担する義務があったが買主はこれを履行しなかった。売主はCISG第31条の義務を果たしたので買主はCISG第53条に基づき売買代金を支払う義務を負っている。さらに買主は支払延期を申し入れたときに売主に売買代金を支払う義務を概ね認めたことになる。よって買主は売買代金を支払う義務を負っている。
⑦　売主は支払った付加価値税相当金額の支払を買主に求めているが、これも認める。なぜならCISGは主たる権利義務の履行だけでなく付帯権利義務についても律しているからである[16]。契約に基づいて買主は付加価値税を支払う義務を負っているのに買主はこの義務の履行をしなかった。売主は、CISG第74条に関連した第61条1項（b）により損害賠償を受ける権利がある。

【解説】

本事件は「新・欧州ルール」が適用されない永世中立国スイス（CISG締約国ではあるが、EU加盟国ではない）の原告・売主が、それゆえCISG第57条に基づいて法構造的に可能となっているスイス国際裁判管轄権の行使を行い、勝訴を勝ち取っている事件である。

EU非加盟国であれば当然のことながら、「新・欧州ルール」が適用されな

いというだけのことであるが、すなわち、CISGのスタンダード・スタイルである「支払義務履行地＝売主国＝裁判管轄地」が適用されるということである。

【関連判例】
(1) イタリア2005年12月9日ディモデナ (di Modena) 地方裁判所判決
XX Cucine S.p.A. v. Rosda Nigeria Limited 事件[17]

イタリア売主（製造業者）とナイジェリア買主（ナイジェリア刑務所管理局）の間で起きたプロ用厨房機器の売買契約関連の事件で、欧州外（ナイジェリア）被告の提訴に関しイタリア裁判管轄が認められ、イタリア売主が勝訴した裁判例である。判決主文は、イタリア最高裁判例に基づき、預入金を払戻しせずにこれを原告・売主に帰属させることを認めている。

契約締結後、買主は支払と納入期日を数度延期、数度の催促後ようやく預入金を支払った。買主はその後間もなく既往の請求未払分の支払を履行せず、製品の引渡しを拒否。その結果、売主は預入金を払戻・留保し、買主に対し契約解除を通告したうえで買主をイタリアModena地方裁判所で提訴し、買主の契約不履行による損害賠償の請求に及んだ。

まずイタリア裁判管轄権を認めた。民事および商事事件の裁判管轄権と判決の執行に関する1968年ブリュッセル条約にしたがい立法されたイタリア法No. 218/1995（1995年）に基づき、ナイジェリアはブリュッセル条約の締約国ではないが、条約の基準を国内法として適用。ブリュッセル条約は、争点となっている契約履行場所に所在する裁判所がその事件の裁判管轄権を持つものと規定しており、その履行場所は国際私法の準則によるが、それはイタリア法であり、すなわちCISGである（CISG第1条1項 (b)）。CISG第57条は売主の営業所を履行場所としており、本件ではイタリア、よってイタリアの裁判管轄権が認められた。

被告・買主はCISG第53条（一般的な買主の義務としての支払および引渡受領義務）と第58条（買主支払義務の引換給付）により支払義務として負っており、これは引渡しの条件でもある。本法廷はしかしながら被告・買主は期限到来債務に対する支払を行っていなかったことからこの義務を怠ったゆえに原

告・売主が契約解除の権利を持っていたものと判定した。

　原告・売主が受けていた預入金はCISGの規定外であるが、CISG第7条はCISGの総則に基づくか、それも存在しない場合は国際私法の準則に依るべきものと規定している。しかしローマ条約第4条に基づき、契約の準拠法は最も関連の深い国の法に拠るべきものであるとの規定に基づき、本件ではイタリア法であると判定し、イタリア最高裁判例を根拠に、預入金を払戻しせずにこれを原告・売主に帰属させることを認めた。

【国際ビジネスへの活用】
　上記2事件については、少し位相を変えるだけで買主＝EU加盟国と売主＝日本との関係に焼き直して判決を読むとどのように法理を活用できるかがみえてくるのではないだろうか。ポイントはCISGが売主側に有利に書かれている点である。

　非常に短絡的に書くと、日本の売主は、例えばEUの買主の支払義務不履行に関して日本で提訴できるということである。ただし、このルールは日本の国際裁判管轄に関する法律が整備中であるので、完全な形で利用できるのは、現在国会で審議中であるはずのその立法が整ってからということになる。この立法措置ができて初めて日本は「世間並み」に買主の相手を日本の法廷で裁くことができるという対等な立場をようやく手にするわけである。

　ただ、そのためにはCISGを深く理解し、本条（第57条）のように活用すべきところと、そうでないところを峻別し、適切な排除を契約のなかへ戦略的なドラフティングにより織り込んでゆく姿勢がいよいよ求められることになってこよう。

7　支払義務発生時期（第58条）
　ドイツ2006年9月20日クレーフェルト（Krefeld）地方裁判所判決
　アルゼンチン産木炭事件[18]

【論点】

別個に契約履行地が認定できる状況において、第58条を逆読みして船積書類と為替手形（bill of exchange）の交換をもってその場所が契約の履行場所であるとし、国際裁判管轄を認定できるか。

【事実の概要】

① 本事件は2003年にドイツ買主（被告）がアルゼンチン売主（原告）から木炭を輸入発注したことに端を発する。納入はドイツまでの運賃の売主費用負担で行われ、両当事者間では、貨物のドイツ安着後60日後支払を約したとの買主主張、これに対するアルゼンチン港出港後85日を約したとの売主主張と、合意内容の認識に食い違いがあるが、船荷証券の指定銀行への提示と為替手形（bills of exchange）との引換えが行われるべきことも約されていた。

② 売主は買主から為替手形3通を受け取ったが、換金支払が拒否され、これに関する損害賠償金390ユーロが売主から請求された。さらに売主は未払分請求書番号5-155の9,630.56ユーロ、5-156の11,316.95ユーロ、および5-158の13,094ユーロの支払を請求した。売主は欠陥を伴った分割出荷分として14,905.68ユーロを買主請求額から減額したが、これらは請求書番号5-147の全額と請求書番号5-155からの2,291.19ユーロ減額で処理された。売主はまた訴訟前弁護士費用559.50ユーロの賠償も求めている。売主は所定の納入が行われ、買主は契約不適合の通知をしなかったと主張している。

③ 買主の主張としては、まずドイツKrefeld地方裁判所の裁判管轄権を争い、さらに分割納入分のうち2コンテナ分は完全水濡れで契約不適合であった旨毎日電話して報告することで通知はしているとしたところ、売主のCEOは、買主に対し残りの納入分を守る手だてを依頼したことから発生したコストと輸送中断コストの増で3,657ユーロを輸送会社に支払って負担したと主張。さらに他のコンテナの水濡れ被害でデマレッジ545.20ユーロと追加費用15,988.55ユーロが発生した。売主のCEOはこれら追加費用すべてを払うと約束した。売主は請求済の欠陥品8,905.68ユーロ分

を回収した。2003年4月分の出荷分はついに届かなかった。
④　商品のシーズンも終わったころ、5コンテナが到着したが、買主はこれを遅すぎるとして受領拒否した。売主のCEOはこの受領拒否を認め、返還された為替手形を回収した。2004年までこれら商品は受領されなかったが、刻印にもかかわらず、商品はドイツのDIN規格に適合していなかったことから、買主はその顧客との示談に応じ14,883.25ユーロ支払っただけでなく、重量不足ゆえに補償がさらにかさみ、5,846.40ユーロの損害増加をみた。これら欠陥に関し、買主は適切な通知をしており、売主のCEOと常に連絡を取り合っていた。こうして損害賠償金の支払売買代金からの差引きによる相殺をしていたと考えていた。為替手形が提出されなかったのは両当事者のCEOが相殺に合意したからであった。

【判決の要旨】

① 原告・売主の提訴は受諾できないので棄却する。売主が法廷費用を負担すること。
② Krefeld地方裁判所には本事件に関し国際裁判管轄が存在しない。なぜならCISG第57条1項（a）によれば売主の営業所所在地に裁判管轄が存在するとされているからで、管轄権のあるのはアルゼンチンの裁判所である。統一された法体系であるCISGはいかなる抵触法のルール（conflict of laws rules）および国際私法の準則よりも上位に位置付けられる法規範である[19]。
③ 本事件の分析において、両当事者が製品の引渡しにおいてINCOTERMS 2000の"CFR"または証言により両当事者のより可能性の高い合意とされた"delivery ex ship"であるかは問題ではない。売主主張に基づき"CFR"が合意だとすると、引渡しとリスク移転は貨物積込時にすでにアルゼンチン国内で起きていたことになる。とすると、この時点で売主はCISG第31条1項に基づき契約義務の履行を果たしていたことになる。本事件の契約の検討をしてゆくと、売買代金の支払は、契約のうえでは出船後85日以内でなければならないが、両当事者は売主のそれ以前の履行を合意していたはずだ。
④ 一方、買主の証言によると、製品の引渡しと所有権の移転は仕向地港到

着時に起きるとされており、本事件ではドイツへの製品安着後60日以内に支払を行う義務が発生することになる。これはまた前者と同じく、黙示的に売主がその時点までに契約履行義務を果たしていなければならなかったことになる。なぜなら製品引渡しが支払にリンクしていないからである。（CISG第58条１項参照）したがって、CISG第57条１項（a）に基づき検討が行われなければならなくなり、帰結として、売買代金支払は、売主の営業所でなければならないということになる。

⑤　売主の主張とは逆に、裁判管轄権はCISG第57条１項（b）には依るものではない。これはたとえ為替手形をKrefeldの銀行が引き取り、それと引換えに船積書類を受け取ったものと仮定しても、である。この時点で製品はすでに買主に引渡されており、契約上の義務履行がなされていたことになるからである。その義務は当事者間の契約に基づくものである。

⑥　船積書類と貨物を法的に同列に扱うCISG第58条２項に基づいても本裁判所が引き出した結論から違えることはできない。なぜなら売主の主張は船積書類の引渡しと為替手形との交換がリンクさせられているからである。実際、製品はそうしたことを履行条件にせずにそれ以前の時点と場所で引渡されているのである。売主が自らを保護すべき契約条項を無視して行動したとき、事前に履行する義務が生ずるのである。

【解説】

　本事件は、上記XX Cucine社事件とは全く逆に、欧州（ドイツ）での裁判管轄が否定されたものである。相手方の支払義務不履行の主張で提訴した原告・売主＝アルゼンチン、対、被告・買主＝ドイツ、両当事者共にCISG締約国、という構図である。本件の主役はCISG第58条である。

　まず、CISG第57条の規定に基づき、売主は売主の裁判所で提訴しなければならないと断じ、ドイツでのドイツ被告・買主に対する提訴を国際裁判管轄権の欠如で退けた。

　そのうえで、CISG第58条に基づく検討に入っている。第58条は、契約合意も取引慣習もないとき、買主の支払義務は、物品または証書の引渡し、および検査機会付与（契約で排除可）がないと発効しないと規定するもので

あるが、本判決では、別個に契約履行地が認定できる状況においては、第58条の下では船積書類と為替手形（bill of exchange）の交換をもってその場所が契約の履行場所であると論ずるのは本末転倒であるとしている。

【関連判例】
（1）スイス1995年6月30日ザンクトガレン（St. Gallen）司法委員会決定
引戸事件[20]

スイス買主がオーストリア売主間で締結された4つの引戸の納入と据付工事に関する1990年に締結された契約をめぐる争いである。買主が契約不適合を理由に購入代金の支払を拒み、売主が提訴した。争点は、据付工事込みの契約について、通知期限はその引渡しであったか、それとも初回検査時かであった。

CISG第39条1項に基づき、引渡し後1年経過した時点での契約不適合通知は明らかに遅すぎると判断、購入代金SF12,642.00と遅延金利9％の支払を命じた。

本事件の契約は、据付（設置）工事を売主側義務に含む契約であり、対象の引戸の納入は製造原材料用の製品売買に当たるので、CISG第3条1項にいう製造原材料用の製品売買に当たる。売主が据付作業を終わっていないので契約不適合の通知の合理的期間の期限のカウントが始まっていないとの買主の抗弁は認められない。反対に、CISG第58条3項に基づき、通知期限のカウントは、据付作業が完了していない両当事者同席の初回検査の時点で引渡しは完了して始まっていると判断する。微細な改良がその後に行われ、それが必要であったとしてもCISG第58条第1項の下、この引渡し完了のポジションには変更がない。

【国際ビジネスへの活用】

以上2事件の判旨を短くまとめていうと、CISG第58条のケースで最初のもの（アルゼンチン産木炭事件）は「法理を逆読みして支払義務発生時期を論ずるな」という判旨、そして関連判例（スイス引戸事件）のほうは、独特の据付込みの製品売買取引の場合に「契約不適合の通知期限は、据付作業が完

了する以前の、初回検査の時点である」という判旨である。

ともに、支払義務の発生とリンクされて作用するルールである。そして、支払義務の発生は、それぞれ実際の引渡しや、検査の時点であると裁判所は断じているのである。

「アルゼンチン産木炭事件」からは、船積書類の引渡しと為替手形との交換をリンクしようとする売主の主張に対し、製品はそうしたことを履行条件にせずにそれ以前の時点と場所で引渡されているという見方から、CISGの下での支払義務の発生についてのルールを見極めた言動が重要であることが読み取れるであろうか。

「スイス引戸事件」については、大型の機械の輸出に携わる場合に、据付完了時の検査の時点で相手方の支払義務が生じると考えられる場合に適用されるルールとして認識されるべきであろう。

両事件は、ともに一見単純にみえて、実務上・戦略上は非常に有効かつ重要なルールなのである。

---

8 引渡受領義務（第60条）
スペイン2005年9月26日パレンシア（Palencia）控訴裁判所判決
Simancas Ediciones S.A. v. Miracle Press Inc. 事件[21]

【論点】

買主による引渡受領を含む誠実な契約義務履行は、売主の重大な契約違反を認定し、買主に契約解除と損害賠償（代品購入コスト差額含む）を認めるための前提条件か。

【事実の概要】

米国被告・売主（Miracle Press Inc.）とスペイン原告買主（Simancas Ediciones S.A.）の間で締結された印刷機の売買と据付けに関する契約をめぐる争いである。据付け後、印刷機が正常に作動しなかったが、売主は既存の発電機に接続された印刷機の修理を拒み、まず買主が違う電圧の発電機に接続するよ

う要求。その後も印刷機故障の原因は不明のまま、買主はオランダの会社から代用の印刷機を購入し、その印刷機は予定どおり量産に入った。一方の問題の印刷機は新しい電気接続でも改善せずじまいだった。買主は売主との契約を解除し、売買代金の銀行送金手数料、輸入手続手数料、技術者のスペイン滞在費用、他社の印刷業務引受援助費用、そして代用印刷機購入費用マイナス転売費用を請求して売主を提訴した。

第一審は契約解除を認め、買主に代品購入以外の損害賠償を認めた。理由は期の熟していない代品購入であった。両当事者はともに控訴。

【判決の要旨】
① 控訴裁判所は第一審認定を破棄し、原告・スペイン買主に契約解除と代品購入も含む損害賠償の請求を認める。
② 第一審判決について、控訴審はまずCISG第1条1項（a）に基づき米国・スペイン両国が共に締約国であることに基づき、CISGが適用されるべき法であることを肯定した。
③ 次に控訴審は、CISG第25条, 30条, 35条1項, 2項に基づき、売主が瑕疵のある印刷機を納入したことにつき重大な契約違反が認められるかどうかを検討した結果、印刷機が不適切な場所に据え付けられたために正常に作動しなかったとの売主の主張を証明がないゆえに退けた。
④ 続いて控訴審は、CISG第60条の買主の引渡しの受領義務に基づく買主の義務違反がないことに言及し、第一審が契約解除を認めたことは正当であるとし、これに基づき当事者がCISG第81条に基づき契約履行で受領したものを返還することで原状に復する義務を負っていることを指摘、また買主はCISG第45条, 74条に基づき損害賠償を請求する権利を有するとした。
⑤ 売主の印刷機の瑕疵の原因が詳らかにならなかったのは代品購入時もその後も同じであると断じ、売主の印刷機の瑕疵が原因であると認定した代品購入ゆえ、査定損害額には代品購入時の代金マイナス転売価格をも含めるべきであるとし、買主が印刷業として印刷業務に従事している事情も斟酌し、代品購入は時宜を得ており適切であると結論づけた。

【解説】

　本裁判例は、スペインの控訴審において、スペイン原告・買主が契約上の義務としてのCISG第60条に規定された買主の引渡受領義務を含む契約違反が一切ないことを認定する一方、売主側については重大な契約違反を認定、ゆえに原告・買主の請求どおり、契約解除と、それに伴う代品購入コスト（購入費用マイナス転売代金）をも含む損害賠償を全面的に認めた判決である。関連条項へ繋がってゆくCISG第60条の機能に注目されたい。

【国際ビジネスへの活用】

　上記判決文および解説からも読み取れるように、原告・買主の誠意に溢れる履行状況の確認・認定は、判決文に否が応にも重みを持たせ、法の下の正義をもって法的救済を原告に与える裁判所のための「お膳立て」である。これが完遂された暁に原告・買主の主張が認められ、損害賠償を被告に支払わせるために必要ないわば錦の御旗が渡されることになる。すなわち第60条はCISG全体の底流を流れるCISG第7条1項の契約の誠実履行義務の現われの一部を支えるものであるとも考えられる。

　ここから汲み取れる教訓は、この第60条の機能の仕方とgood faithのインタラクションを上手く活用できて初めて、いざ裁判となってもあわてないようなCISGの下での国際取引対応体制が出来上がったということができるということである。そうした実務体制の実質をどのような状況においても堅実さと堅牢さを以て形成し維持する決意がいかに重要なのかという認識と、それを実務関係者全員が共有できるような風土作りの重要性が認識されるべきであろう。

注
1　Pace, Hungary 25 September 1992 Supreme Court [CLOUT case No. 53].
2　UNCITRAL Digest of the CISG, A/CN.9/SER.C/DIGEST/CISG/55, at 2参照。
3　UNCITRAL Digest of the CISG, A/CN.9/SER.C/DIGEST/CISG/55, at 4参照。
4　UNCITRAL Digest of the CISG, A/CN.9/SER.C/DIGEST/CISG/55, at 5参照。
5　[CLOUT case No. 343] Germany 9 May 2000 Landgericht Darmstadt.
6　UNCITRAL Digest of the CISG, A/CN.9/SER.C/DIGEST/CISG/55, at 2. 脚注2参照。
7　[CLOUT case No. 215] Switzerland 3 July 1997 District Court St. Gallen.

8 Pace, Austria 3 April 2008 Supreme Court (*Violins case*).
9 Council Regulation (EC) No. 44/2001 of December 2000 on Jurisdiction and the Recognition and Enforcement of Judgments in Civil and Commercial matters.
10 EuGVVOのドイツ語の略語原文は、"Europäische Gerichtsstands- und Vollstreckungsverordnung," the European Jurisdiction and Enforcement Regulationである。([FN5] of Germany 9 July 2008 Federal Supreme Court (*Airbag parts case*).
11 UNCITRAL Digest of the CISG, A/CN.9/SER.C/DIGEST/CISG/57, at 5参照。
12 Pace, Germany 21 December 2005 Appellate Court Köln (*Trade usage case*).
13 判決文で引用されている論文は下記：*Geimer/Schütze/Auer, Art. 5 EuGVVO Rn. 64; MünchKommZPO/ Gottwald, 2nd edit. (2002) Art. 5 EuGVVO Rn. 5; Geimer/Schütze, EuZVR, Art. 5 EuGVVO Rn. 86; Kropholler, Art. 5 Rn. 40; Hau, IPRax 2000, 354, 358.*
14 *OLG decision of 14 March 2005 - 16 U 89/04 - RIW 2005, 778, 779; Geimer/Schütze, EuZVR, Art. 5 EuGVVO Rn. 85.*
15 Pace, Switzerland 19 June 2007 Handelsgericht [Commercial Court] Aargau.
16 判決では *Schlechtriem / Schwenzer, Kommentar zum Einheitlichen UN-Kaufrecht,* 4th ed., Munich 2004, Art. 4 margin number 11を引用している。
17 Pace, Italy 9 December 2005 Tribunale [District Court] di Modena [CLOUT case No. 842].
18 Pace, Germany 20 September 2006 District Court Krefeld.
19 *Schlechtriem/Schwenzer/Ferrari, Kommentar zum Einheitlichen UN-Kaufrecht,* 4th ed., vor Artt. 1-6 para. 34; OGH [*] (Austria), decision of 29 March 2004, 5 Ob 313/03.
20 Pace, Switzerland 30 June 1995 St. Gallen Judicial Commission Oberrheintal [CLOUT case No. 262].
21 Pace, Spain 26 September 2005 Appellate Court Palencia [CLOUT case No. 732].

第9章　買主の検査・通知義務

1　要　点

　CISG第38条の「検査」と第39条の「通知」は、人目を引かない条項であるが、実は国際物品売買取引成否の重要な鍵を握る国際取引ルールである。事実、「検査」はCISG関連国際紛争の2割を占める「契約適合性」(CISG第35条等)問題[1]の判断基準であり、「通知」および「重大な契約違反」(CISG第25条)とともに買主側の法的救済の3要件の一角を占め、買主がこれら義務を怠ると非常に不利に扱われる国際物品売買取引安全の隠れたポイントだからである。

〔1〕検査

　CISG第38条で注意すべきなのは検査のタイミングと方法である。
　日本国内では、一般に「検査」とは、「ある基準に照らして適・不適、異常や不正の有無などをしらべること」を意味する一方、「納品時に仕様書等に適合しているかどうか、動作検査を行い正常に動作していることを確認すること、もしくは送り届けられた品を、数量・種類などを点検して受け取ること」を意味する「検収」とほぼ同義で、かつ混同されて使用される場合が多い。
　CISG第38条における「検査」も、その方法について大いに曖昧さを残しており、詳細ルールが裁判を管轄する締約国の判例に委ねられていることが、関連判例を豊富に生成する源になっている。最近の判例の傾向を一口に纏めると、取引慣行または契約上の規定があればそれにしたがい、それらがない場合はプロフェッショナルな詳細検査が必要、しかし高コストなものでなくてもよろしいとの判示が一般的である[2]。

より厄介なのがタイミングである。CISG第38条1項は、買主が「実行可能な限り短い期間内に」検査する義務を負っているとしている。同2項は、買主の検査実施のタイミングを物品が仕向地に到達した後まで延期することを認めており、また3項では、物品の仕向地を変更しまたは第三者に転送した場合には、物品が新たな仕向地に到着した後まで検査を延期することができると規定する。

本章では、特に買主側の法的リスクを高める意味から注目すべき検査のタイミングに関するリーディング・ケースとして下記2にて米国シカゴ・プライム・パッカー事件を解説することにし、関連判例として検査をCISGの要件にしたがって行わなかったために買主が不利益を蒙った事例の数々を紹介する。米国シカゴ・プライム・パッカー事件判決の要注目点は、契約適合/不適合の判断が検査に依存していて、その判断のタイミングがリスク移転タイミングなので、検査タイミング、イコール、リスク移転タイミングという買主にはやや酷かもしれない帰結がCISGデフォルト・ルールにはビルト・インされているということがもたらす点にある。

〔2〕通知

CISG第39条の「通知」は、取引物品に発生した問題を、売主に早期かつ正確に認識させ、売主を含む当事者双方の損害を最小化させる役割を担い、CISG第7条1項の国際取引上の信義則（good faith）[3]に基づく第77条の損害軽減義務の実現のために必要である[4]。ここで一般的な法理を簡単に纏めると以下のとおりとなる。

① タイミング　通知は、物品の契約不適合を発見しまたは発見すべきであったときから合理的な期間内に行わなければならない。最長2年以内であるが、合理的な期間内であることのほうが重要である。

② 内容　買主は、売主に対し通知により契約不適合の性質を特定しなければならない。これを満たした通知を行わない買主は「物品の契約不適合を援用する権利を失う」という非常に厳しい結果となるので十分に注意が必要である。また通知の具体性要件の判示は国によってかなり幅があるので注意が必要である。

③ 形式　通知の形式は、当事者合意の特定の形式のほか、書面通知は一般的に合法的で、また五月雨（さみだれ）式の連続でもよい。口頭通知でも足りるとするが、立証は裁判地の法に拠る。この結果、電話通信記録を提示せよとの判示、電話通知をした買主は、売主が代理人を通じて行われた通知に返答しない時には書面でフォローせよとの判示が存在する[5]。したがって、口頭通知には補助的な完了の証拠として何らかの追加書面が必要になると考えるべきであろう。

④ 電子メール　電子メールの記述は、UNCITRAL、判例、関連専門書にはない。しかし電子メールはCISG第13条の書面の定義に含まれるとする学説もすでに多数ドイツを中心に存在する[6]。電子メールは、発信ボタンを押して確実にメールソフトで送信された合理的な証明として電子的に「消印」刻印されることを含むITシステム上のプロセスが法的に証明でき、物理的なプロセスの理論的・客観的説明が可能で、裏づけのサーバー通信ログが取れる等の証明が可能であれば、締約国間同士では法的に有効な通知がなされたことになろう。

2　買主の検査義務（第38条）
アメリカ2005年5月23日第7巡回区連邦控訴裁判所判決
Chicago Prime Packers, Inc v. Northam Food Trading Co., et al. 事件[7]

【論点】
買主が検査をリスク移転のタイミングで行わなかった場合、買主による支払拒絶は認められるか。

【事実の概要】
① 2001年3月、買主・ノーザム社は、ポーク・バック・リブ購入契約を売主・シカゴ・プライム・パッカー社と締結した。数量1,350箱（40,500ポンド）、金額178,200.00ドル、支払期限は貨物到着後7日であった。他契約条件として製品の記述、価格、集荷日と場所が規定してあった。契約有効性については両当事者間で争いがない。

② 売主・シカゴ・プライム・パッカー社仕入先ではポークロイン解体処理後のバックリブが、"フラット（水平）に"、一枚ずつ30ポンド入り箱に詰められ、急速冷凍後、屋外冷凍庫で出荷迄保管された。売主・シカゴ・プライム・パッカー社は取引のどの時点においても自社で製品を占有したことはなかった。仕入先は自社冷凍庫の他に、別の2社の冷凍庫で保管。温度ログと自社の品質管理記録によると製品は受容温度で保管され、同社業務基準に基づいて処理・保管されていた。訴訟で提示された記録に依れば外部の1社の委託保管中は受容温度かそれ以下で保管されていたとされたが、もう1社については当事者から証拠の提示はなかった。

③ 2001年4月24日、運送会社ブラウン社はノーザム社代理で製品40,500ポンドを仕入先から集荷、貨物受領時に運送会社はbill of lading（"B/L"）にサインし、製品が"in apparent good order.（見た目は良好）"である旨を自認した。B/Lは"梱包内容物の中身と状態は不明（contents and condition of contents of packages [were] unknown.）"とも記していた。翌日、ブラウン社は、製品をノーザム社顧客（イリノイ州ロビンソン）に配送した。配送直後、ノーザム社顧客はB/Lに署名しやはり"見た目は良好（in apparent good order)"であることを自認した。

④ 2001年5月1日にノーザム社のシカゴ・プライム・パッカー社への代金支払期限が到来していたが、ノーザム社は支払わなかった。運送会社ブラウン社が上記のように貨物を保管先から通常の状態で受領していたことから、翌日、シカゴ・プライム・パッカー社は契約に基づきノーザム社に対し支払を要求した。なお、ノーザム社側契約交渉者はその日においてノーザム社には支払を止める理由がなかった旨の証言をしている。

⑤ 2001年5月4日、ノーザム社顧客はポーク・バック・リブの加工を始めたが、規格外品質であることに気づいた。米国農務省検査官が製品検査を行った結果、品質基準を満たしていないと判断、ノーザム社顧客に加工処理をやめるよう命じし、"米国政府により接収（U.S. Retained）"表示の札とともに"黄色、緑色、温度、取扱不良、劣化"と記しノーザム社顧客の冷凍庫に保管させた。同日、両当事者は、製品に潜在的問題が発生していることを知った。検査官はその後立入検査を継続、その上司が入荷記録を

チェックしたが、異常や偏差は認められなかった。問題の箱20個を検査したところ水平、垂直と置き方はバラバラで、個別に冷凍されたものは問題なかったが、纏めて冷凍されたものは腐敗していた。再利用しようとした仕掛品は腐敗して緑色に変色しヌルヌルのスライム状になっていたが、温度管理不良と判断する材料は認められなかった。当局は製品がノーザム社顧客に腐敗して到着したこと、多数の供給元から調達されたことを最終結論とし、再利用は不可であるとして接収した。

【判決の要旨】
① 買主・被告人（＝控訴人・ノーザム社）に代金と遅延金利支払を命じた原審[8]を支持し、控訴人（ノーザム社）の請求は棄却し原審のとおり命ずる。
② 2つの米国学術論文[9]に基づき、CISGの下では契約上の保証違反の立証責任は被告・買主側にあると判断する。しかるに控訴人（買主・被告人）ノーザム社は、「検査」を行わなかったので、商品不良がリスク移転時に発生していた事実の黙示の商品適合性保証義務違反の立証責任を果たせない。よって保証義務違反事実を理由に代金支払留保を行うことはできない。

【解説】
　品質問題が起こっているのが原告にも被告にも明確なのに、支払を止めることができないという判旨とその理由が導きだす結論の意外さに虚を突かれる感はないであろうか。まず米国当事者の訴訟では問題になりがちな準拠法だが、本件では明快にCISGを準拠法としている。訴訟の争点である「検査」の義務と黙示の商品適合性違反による権利義務は契約には定められていないため、参照するのはCISGのデフォルト・ルールであり、近年の米国でも際立ったCISGのリーディング・ケースである。
　さてその準拠法＝CISGの下で特徴的な「検査」と「リスク移転」の両タイミングの論理的接近がここでの焦点である。この判決において商品が契約不適合を起こしているとの保証違反の主張の立証責任の所在とその履行にフォーカスしているかにみえるものの、実質はその先の議論＝買主が検査を行わねばならないタイミングとはいつなのか、という点に最終的に収斂してゆ

く点がポイントである。本判決は、CISGの下、契約違反としての品質問題について黙示の契約保証義務違反の立証責任を果たすために必要不可欠なのは、「検査」であることが明確に判示され、「検査」の行われるべきタイミングの判定とその実施有無に基づいて勝敗が決せられ、しかも買主有利の法的フォーマットである米国で売主が勝訴した判決である点でも画期的であった。

すなわち、CISGの下での国際売買取引では、契約適合／不適合の判断は買主による「検査」に委ねられるゆえ、「検査」のタイミングと、第36条の契約不適合判断のタイミングは接近し、さらにその判断タイミングは第69条に規定される「リスク移転のタイミング」であると規定されていることから、論理的帰結として「検査」と「リスク移転のタイミング」が互いに接近してしまう。よって、契約の特段の取決めがない取引では、リスク移転のタイミングで検査をしていないと、殊に米国法（UCC）を準拠法としたケースに比して、買主は格段に不利に扱われるという厳しい結果を招く可能性が高くなっているのである。

この辺の重要点をもう少し噛み砕いてみると、

① 買主は商品検査を状況が許容する実務的に可能な最短期間内に検査しなければならず（第38条1項）、

② 商品の契約条件不適合の判断タイミングはリスク移転時（第69条）と明確に記されており（第36条）、

③ さらに検査の結果、商品に契約条件不適合が見つかった場合でも、取引の期待利益を喪失するほどの根本的違反でない限り（第25条）、かつ不適合の発見時または発見すべき時点から合理的期間内に売手に通知しない限りは、法的救済は得られない（第39条1項）とされている点に十分な注意が必要。また同様に買主の支払義務についても、検査完了（第58条）と根本的違反がない限り（第25条）、免除を勝ち取るのは難しい（第49条）という構えである。

④ 法的救済については、損害賠償（第74条ほか）が米国法UCCと書き方が違うが、内容は同じである。CISGではこの他に買主側[10]の履行請求権（第46条1項）、合理的期間内の代替品引渡請求権（第46条2項）、合理的要求であれば欠陥品修理請求権（第46条3項）や付加期間付与権（第47条）、

契約解除権（第49条）が可能と規定されている。なお、CISGではUCCにない一方的な代金減額請求権が条件付きで買手に与えられている点が特筆すべきであろう（第50条）。これはすべての法的救済が訴訟の対象となる米国法UCCよりも買手にとってCISGが有利となる点であるとされている。

契約適合/不適合の判断が検査に依存していて、その判断のタイミングがリスク移転タイミングなので、検査タイミング、イコール、リスク移転タイミングという買主にはやや酷かもしれない帰結がCISGデフォルト・ルールにはビルト・インされているということがこのような結果をもたらすわけである。

【関連判例】

その他買主義務の検査を怠ったために買主が不利に扱われた重要な判例[11]として以下のものがあげられるが、買主側がドイツ、オランダ、スイスの各国買主で、それぞれが自国の法廷で自社側主張をして敗訴している形である点が興味深い。ちなみに問題の商品は何の偶然の悪戯かほとんどイタリア製である。デザイン性に優れるゆえに需要が旺盛ゆえ品質問題を抱える可能性も高いのか、それとも判決が示すとおり買主が一方的に悪いのであろうか。

(1) ドイツ1989年8月31日シュツットガルト（Stuttgart）地方裁判所判決
　　イタリア製靴事件[12]

裁判当時未締約国であった買主所在国ドイツが争点についてはイタリア法準拠を規定すると、イタリアがCISG締約国であるのでCISGを以て本件を審理することになる。CISG第38条に基づけば買主は抜き取り検査をしたと主張するが、これは初回の納入の際に認識された瑕疵であればもっと完璧なプロレベルの検査をすべきであってこれを行わなかった買主側に責任がある。また第39条に基づくと、買主による1987年9月契約分の取引物品（靴）の契約不適合通知が翌年6月であるというのはいかにも遅すぎ、またこれを電話で行ったとの買主の主張は日時・相手方といった詳細がなく、認められない。よって売主の主張を認め、1988年3月発注・出荷分の売買代金5,208,000 Liraと金利の支払を買主に命ずる。

(2) オランダ1998年2月20日最高裁判所判決
　　Bronneberg v. Belvédère, イタリア製タイル事件[13]

　1991年7月に買主が顧客からクレームされていた釉薬剝離による製品不良につき、同年11月に行った通知までの間の期間が買主の十分な確証を得るために必要な時間であったとの主張は理由がなく認められない。買主は、製品の契約不適合についての検査を1991年7月の時点ですぐに行うべきであった。したがって売主の主張を認め、売買代金の支払を買主に命ずる。

(3) ドイツ1999年11月30日ケルン（Köln）地方裁判所判決
　　イタリア製壁面用石材事件[14]

　買主が製品の検査により契約不適合の発見と通知につき、検査を即座に行ったか否かについてのCISG第38条、通知の方法の適格性と適時性についての第39条の遵守は、陳述に依って証明されなかったと判断する。よって売主の主張を認め、売買代金の支払を買主に命ずる。

(4) スイス1992年4月27日ロカルノ（Locarno Campagna）地方裁判所判決
　　イタリア製家具事件[15]

　イタリア製ソファの背もたれが大きすぎて端に座った人が落ちてしまうという品質問題＝契約不適合の問題があった。イタリア売主の代理人が詰め物を詰め直す等修復したが、スイス買主の顧客はこれを拒否し返品した。地裁は、プロ同士の商売で検査もせずに顧客に転売した買主は、検査合格で受領したのも同然であると断じ、また問題自体は座ってみるだけの検査でも十分に露見され得たものであるとも指摘、買主に一部損害の相殺を認めつつも売買代金の支払を命じた。

(5) 中国1988年8月4日中国国際経済貿易仲裁委員会（CIETAC）仲裁判断
　　計算機組立用部品事件[16]

　中国の仲裁機関の判断事例である。買主が中国で、売買代金の未払いに関し海外と思われる売主から仲裁を提起され、ルールに忠実な形で非常に模範的な仲裁判断が下された。すなわち、買主が不合理に検査を拒んで支払を行わなかったのは不当であるとし、売主の請求どおり、買主に対して売買代金の支払を命ずる仲裁判断がなされた。

第9章　買主の検査・通知義務　219

【国際ビジネスへの活用】

　一般的傾向としてUNCITRALのCISG Digestに記載されている法理として、買主はCISGの下では「状況に応じて実行可能な限り短い期間内に」検査せねばならないものとされている。

　検査のタイミングは、物品の性質と当事者の置かれた状況により判断されるべき期間とされており、一例として消費期限が著しく短い生鮮食料品や切り花等は瞬時に検査を行わねばならないが、その他物品は、商慣習や状況から数日から数週間、最長は1カ月以内という幅が大方の目安である[17]。隠れた瑕疵については、発見時から検査「時効」のカウントダウンが始まるものというのが通説のようであるが、実際は各国判例の示す判断は現状ではかなりバラエティーに富んでいる[18]。第39条と併せ読むと、CISGは買主に対し最長2年以内に「検査」と本章後半で扱う「通知」を行うべしと要求しているようにも読み取れるが、関連判例にもあるように最長2年を主たるルールとしているのではなく、「検査」は直ちに、「通知」も合理的期間内に行うべしというのが基本であるので注意が必要である。

　数量のカウントは数日以内がせいぜい、その他項目の検査も1カ月以上経つと問題が起きているし、契約で8日以内と書かれていればその期間内に検査は行わねばならない。今後の各国裁判例に注目してゆきたい。また隠れた瑕疵発見後のリコール等を視野に入れると検査コストはかさんで巨額になることも十分に予想されるので、そのコスト負担者も契約書に明記しておく必要があろう。

　極端な結果の際立つ米国シカゴ・プライム・パッカー事件の判旨に拠ると、「足の速い（寿命の短い）」物品は、検査しなければならないタイミングとリスク移転のタイミングが限りなく「同じとき」に近づくので、この「検査」と「リスク移転」の2つのタイミングの接近によるトラブルに巻き込まれる可能性が非常に大きくなることになる。そういう物品は、商慣習上も検査のタイミング＝リスク移転時になっている可能性も高い。一方、「足の長い（寿命の長い）」物品の場合は、検査の猶予は先程の裏返しで最長1カ月程度はあることから検査とリスク移転の各タイミングが若干離れていくことになるが、このことがかえって問題を複雑にしてトラブルに巻き込まれる可能

性も高くなるおそれがあるのである。CISGは買主寄りの米国法UCCよりもフェアであるとされるが、米国シカゴ・プライム・パッカー事件をみる限りにおいては、結果はやや極端に売主側に寄り過ぎている感も否めない。取引契約をきっちりドラフティングしていないと嵌るおそれのある陥穽だということを銘記すべきであろう。

---

3 不適合の通知義務と瑕疵担保責任（1）（第39条）
スイス1999年6月8日ティッチーノ（Ticino）控訴裁判所判決
ワインボトル事件[19]

【論点】

買主が契約上の通知期限を守らなかった場合、買主は売主に対してどのような権利を失うことになるか。

【事実の概要】

イタリアのガラス瓶製造業者（原告/控訴人・売主）は、インボイス金額合計It£ 48,729,390のスイス国内販売用のワインボトルをスイスの流通業者（被告・買主）から受注し、1996年から1997年に亘って出荷・販売した。しかし被告・買主が製品の契約不適合を盾に代金支払を拒絶するとともに損害賠償請求をした。第一審のルガノ司法審判廷は1995年に受注され1996年にかけて出荷された分の一部は不良品であったと認定したが、これらの不良品の問題は売主が買主に相殺勘定書を提示することで処理済みであると判定した。さらに、その相殺勘定書の内の最初の分については、買主が適時の通知を行っていなかったとし、CISG第39条に違反するものであるとして拒絶した。買主は下級審がCISGの誤った適用をしたとして控訴した。

【判決の要旨】

被告請求棄却

① まず、CISG第39条1項の解釈に同条2項が考慮されていないので下級

審のCISG適用に誤りがあるとの控訴人の主張は認められない。なぜなら CISG第39条2項は控訴人の指摘に反し、同条1項を修正するものではなく、最長2年間の経過時迄に買主が売主に通知しない場合、買主は商品の契約不適合を主張できないと単にいっているにすぎないからである。

② CISG第39条の通知には、買主により商品が引渡しの受領を拒否される状況において、可及的速やかに買主が売主に商品の瑕疵を連絡すれば、買主の保証条件上の権利が行使されうるものかどうかを売主が見極めることができることにより売主の利益が保護されるという重要な機能がある。

③ 当事者間の取引約款第201条に依ると、買主は、製品引渡しから通常の商取引状況において可及的速やかに製品の瑕疵について売主に契約不適合の通知をなさねばならないことになっている。これは複数箇所に納入された瑕疵付きの製品をどう取り扱うかという売主側の現実的な問題の対処のためにも必要なことである。

④ さらに取引約款第7条には製品苦情の通知は製品受領後8日以内でなければならないとしており、この規定は売主側の利益になることが明白である書き方であることから、正当にCISG第39条に優先して適用されるべきものである。買主はこの契約上の8日以内ルールを過ぎてから通知しており、契約不適合を理由に支払を拒絶する権利を喪失していることになる。さらに、この通知は時宜を失したばかりでなく、内容は要求されている契約不適合の性質について十分な詳細を伴っていなかった。

【解説】

しかるべきタイミングでの検査の有無が勝敗を分けた米国シカゴ・プライム・パッカー事件に引き続き、このワインボトル事件は、買主の売主に対する商品の契約不適合の「通知」がタイムリーになされることの重要性とそれが不履行になった場合の買主不利の結果が意外性をもって大きくクローズアップされる判例ではないだろうか。

CISGにおいては、下記に述べるような合理性の説明により、買主による契約不適合の「通知」の義務履行の有無だけでも、勝敗の運命を分けているのだが、本事件では、CISGではなく、これに優位して適用された「契約条

項」規定の履行を怠った買主の敗北で終わっているのである。

　例えば契約の成立に要する受諾の通知等の、商品の契約不適合以外の通知においては、通知の遅延または不到達の場合はCISG第27条に基づき裁かれることとなる。第27条は、状況から適切と判断される通知を行ったにもかかわらず不到達となった場合、その通知を行った側の当事者が、通知は到達したものとして行動をする権利を損なわないとしているので、CISGは大まかにみて通知側に便利な構えにできているといえる。

　しかし商品の不適合の場合のCISGの構えはこれとは違うので注意が必要である。なぜなら判決文にもあるとおり、CISG第39条の通知には、売主を保護する重要な機能があるからである。買主から商品の引渡受領拒否を受けた場合においてはその再履行や代品納入といった対処行動を起こす基礎情報として、買主から売主へ商品の契約不適合についての具体的、適切、適時な情報が連絡されることから生じる売主が享受するメリットがある。すなわち、契約上の保証条件の買主権利行使マターなのか否かの売主による見極めや、代品納入、瑕疵品の回収の手配が効率よくできるといった形で、売主の利益が保護されるのである。

　同時に第39条2項の2年の期限内に通知をなさねばならないとした規定は、本章の冒頭の纏め部分、および判決文が端的に述べている通り、単に最長2年内であるということをいっているのであって、1項の合理的期間を延長しているわけではないことにも注意が必要である。

　この判決のもう1つの読みどころは、当事者間の契約においてCISG条文を離脱した異なる規定をしてCISGを一部排除する場合、その契約規定が「法」たるCISGのルールに代わるものとして位置づけられることが明確に読み取れる点である。判決では当事者間の契約条項が明らかに売主有利で書かれているので、製品受領から8日以内に買主は売主に苦情を呈さなければならないとした契約条項がCISGに優先して適用されると断じ、これを履行しなかった買主に製品不良を理由とした代金支払拒絶を認めないという決定がなされたのである。

【関連判例】

(1) スウェーデン1998年6月5日ストックホルム（Stockholm）商業会議所仲裁協会仲裁判断

　　Beijing Light Automobile Co., Ltd. v. Connell Limited Partnership事件[20]

　CISG関連判例においては、通知対象は契約上の保証違反をも含み、第35条にいう契約適合性の違反のみを指すのではないものとされ、本事件判決も例外ではない。詳細は本章5の判例紹介をご参照願いたい。

(2) ドイツ1995年3月8日連邦通常裁判所（最高裁判所）判決

　　ニュージーランド産ムール貝事件[21]

　ムール貝をニュージーランド売主から購入したが、カドミウム含有量がドイツの食品保健推奨基準を上回ったことから買主が契約解除したことの正当性が争われた。判決では、具体的にそうした公的な基準が守られることが契約条項に盛られていない場合は、食品保健推奨基準を上回った物質が含有される場合においても食用に供せられないわけではないので契約違反とはいえないとした。また判決は、買主による梱包の不適合の発見から通知が1カ月を経過したことは、CISG第39条1項の通知期限である合理的期間内が守られなかったものと断じ、軍配を売主側に上げている。

(3) イタリア1997年1月30日トリノ（Torino）地方裁判所判決

　　C. & M. v. Bankintzopoulos事件[22]

　一部の国の判決に例外が存在するが、一般に必要な通知がなされた点についての立証責任は買主側が負うとのほぼ国際的に一致している判示があるとされている[23]。本判決は、買主側が要求した取引物品は白い木綿生地であったが、売主が原料構成も色も違うものを売ろうとしたことから契約不適合をめぐる紛争に発展したものである。契約不適合の通知が物品引渡し後7カ月後に行われたことがCISG第39条1項の合理的期間内の通知義務に反しないかどうかが争点であったが、これは遅すぎるとの判断となった。また、合理的期間の立証責任はイタリア法に基づき買主側が負うとした。

【国際ビジネスへの活用】

　これら判例から読み取って国際ビジネスに生かせる教訓としては、やはり

商品の契約不適合の際は「通知」を軽んじてはならないということである。

買主の立場からみた場合、商品の契約不適合の問題が生じた際には迷わず売主に速やかに通知することが肝要となる。さらに手元の取引契約・約款類をみて通知期限が短く書かれていればその短い期限つきのほうが有効なのであって、CISG第39条2項の最長2年以内が期限であるわけではないということに気づいて頂けることであろう。この点に十分に注意が必要である。遡って考えると、買主は契約交渉の時点からできるだけ余裕を持たせた通知期限を設定するべく精一杯努力する必要がある、というもう1つの対処法の結論が導き出せることになる。

売主の立場からみた場合は、上記の逆である。契約・約款類の通知条項ではできるだけ通知期限を短く取り、契約交渉においても簡単に妥協しないほうがよいということになる。いずれにせよ、商品の契約不適合の場合の「通知」は、CISG適用の下においてはこれまで以上に重要視する姿勢が買主・売主の双方に求められることになろう。

4　不適合の通知義務と瑕疵担保責任（2）（第39条）
　　オーストリア1994年6月15日ウィーン（Wien）仲裁機関仲裁判断
　　金属板コイル事件[24]

【論点】

契約上の買主通知期限を超過したとの売主の抗弁が、売主自身の行為により否定される場合があり得るか。

【事実の概要】

金属板コイルのオーストリア売主とドイツ買主の間の取引契約に関し発生した事件である。製品は数回に分けられた分割納入で「FOBロシュトック」にて輸出仕様の梱包で出荷されることになっていたが、最初の2回分の納入分はベルギーの会社に転売され、さらに最終顧客のポルトガルの製造会社に再転売された。最終顧客は、製品の品質には欠陥があるとして初回納入

分以外の引取りを拒否した。ドイツ買主は契約上の仕様に製品が不適合であるとの通知を行ったが、売主は損害賠償金の支払について通知が適時でないと主張しこれを拒んだ。買主は取引契約に記載された仲裁条項に基づき仲裁を申立てた。

【仲裁判断の要旨】
① オーストリア法を準拠法に定めた当事者間の取決めとCISG第1条1項(b)より、CISGが準拠法になるとの判断に基づき、売主に対し、買主の契約不適合により生じた損害賠償金と金利の支払を命ずる。
② 買主はCISG第38条・第39条の規定の適用が排除された契約上の検査義務と通知義務を遵守していなかったと仲裁人に認定された一方、買主は売主に対して納入から6カ月にも満たない期間の後に国際的に認知された会社からの専門的意見を添えて契約不適合に関する通知をしていたことも判明した（契約上は2カ月以内でなければならないと規定されていた）。
③ さらに売主が通知義務不履行の抗弁の行使権を放棄したとの買主の主張があり、これについて仲裁人は、かかる権利放棄については、明確な契約当事者が共通した意思の下でなければならないとし、本件についてはその契約当事者の意思ではないと判断した。
④ しかし同時に、売主が問題の通知受領後において買主に製品クレームの状況に関する情報を寄せ続けるよう依頼し、さらに示談交渉をするなど、抗弁を行使しないであろうと買主に十分に信じさせるに足りるような行動をしたことから、エストッペル（禁反言）の法理により、売主は通知義務不履行の抗弁の行使は許されないと断じた。なお、仲裁人は、CISGではエストッペル（禁反言）は明確に結論づけられたものではないものの、第7条2項、第16条2項(b)、第29条第2項に示されているようなCISGの根底に流れる総則の一部（"venire contra factum proprium" ＝自らの過去の行為に反することはしてはならない）をなしていると判示した。

【解説】
この事件は裁判ではなく仲裁事案であるが、法理が正しく扱われていると

判断されるので紹介する。

　上記スイス・ワインボトル事件とは逆に、契約で取り決められたルールが厳然として存在し、買主がこれを遵守しなかったにもかかわらず、買主に軍配が上がっている。CISG条文に明言はないものの要所要所で出てくるエストッペル（禁反言）ルールの作用である。

　エストッペル（禁反言）とは、判決文の最後では一方の当事者が起こした行動や、発言等に反する行為を行うこととされているが、英米法上は、そうした行動や発言に相手方が依拠（reliance・リライアンス）することにより起こした行動の帰結や損害は依拠された側の当事者に責任を負わせるという、「リライアンス」に実は法理上は重要な意味がある。単に行動や発言を違えただけでは相手方がそれに依拠した行動を起こさなければ帰結も損害もないはずだという合理的な思想であるともいえる。

　相手方の通知に対して異議を唱える場合には、権利の放棄（waiver）の問題がある。これは英米法の法理・エストッペル（禁反言＝発言または行動をなした当事者は、法的ポジションを移した相手方に対し損害賠償責任を負うとする法理）が関係するものであるが、このタイプの判例の数が増しているとされる。判決は、売主が買主に製品クレーム情報を送り続けることを依頼し、さらに示談交渉をするなど、売主が買主に対して通知義務不履行の抗弁は行使しないであろうと買主に十分に信じさせるに足りるような行動をしたことから、エストッペル（禁反言）の法理により、売主は通知義務不履行の抗弁の行使は許されないと断じたものである。判決は一見リライアンスを顕在させていないようにみえるが、売主がまさか通知義務不履行の抗弁を使うはずがないだろうと判断させる行動を取ったことに依拠して取られた買主の法的ポジションを保護しようとの判決の主旨であろう。CISGの英米法域以外での裁判でもエストッペルで単に以前の行動や発言を違えただけでも十分に責任の負担が生じ得ることを示した好例であるといえる。

【関連判例】
（1）ドイツ1997年6月25日連邦通常裁判所（最高裁判所）判決
　　　ステンレス針金事件[25]

買主が購入した製品が品質要求水準以下であるとして売主に通知を行い、これに基づき売主が買主の主張どおり製品が契約不適合であった場合は、売買代金を払い戻す旨の表明をした。この売主の言動につき、後に売買代金の支払を求めて売主が買主を提訴したとしても、売主表明の時点で通知の適時性に対し異議を述べる権利を放棄したという判示がなされた。

(2) ドイツ2000年5月9日ダルムシュタット（Darmstadt）地方裁判所判決
　　　ビデオレコーダ事件[26]

　買主も、同様に物品を検収した場合においては、通知して法的救済を受ける権利を放棄したとみなされるものとされているが、本事件はその一例である。スイスの買主は、ドイツ売主が出荷したビデオレコーダ8,000台のうち、アーム・ローディング部位に問題のあった4,000台につき、売買代金減額に応じるとの売主側の申出を一旦は承諾した。しかし買主はのちにこれを撤回して一切の支払を拒否するに至ったので裁判になった。ドイツ・ダルムシュタット地裁は、買主は、売主の申出を承諾して製品の引渡しを受領した時点で、支払を拒否する権利を放棄したと判定し、4,000台分の製品不良相当減額分を差し引いた売買代金の支払を買主に命じた。ここでは減額の認識がCISG第40条に基づいて第39条の適用を妨げる論拠として扱われている。

【国際ビジネスへの活用】

　国際商取引においてエストッペル（禁反言）によるリーガルリスクを防ぐには、売主も買主も自他の国際売買取引における法的ポジションの正確な認識と、それらの法的ポジションの他方の言動による微妙なシフトをも含む様々な当事者それぞれの状況の変化に対する敏感な感覚と変化の予見能力を磨いておくことが何よりも重要である。

　すなわち、自らが相手方に対して発した言葉や取った行動により相手方がどう反応するのが合理的または一般的なのか、その帰結はどうなるのか、損害は生じるのかどうか、生じたとしたらどれ位なのか等を、相手の置かれた経済的な状況も含めて鋭く即座に読み取り、彼我ともに適切な法的なポジショニングを取ることによって、未然にリーガルリスクを防ぐことが求められるわけである。

そのためには、法的ポジションの感覚を磨くことと、相手方とのコミュニケーションについては一方的であってはならないことは当然として、さらにこちらが発した情報や発言がどう受け取られているかを常にモニターし検証する手続を何らかの形で標準的な業務手順にビルト・インしておく必要があろう。

特に本判決にみられるように、売主が通知について異議を唱える権利を行動なり発言なりで放棄（waiver）した場合、損害賠償責任を負うのは売主側となり得る点にも注意が必要である。また関連判例に示されたように買主の側にも同様の注意が必要である。

当然のこととして、相手を騙し討ちに遭わせるようなことは慎むべきであろう。あくまでも本章の冒頭で述べたCISGの根底に流れる"good faith（契約の誠実履行義務）"を最優先とするべきである。結局戻ってくるところは同じこの"good faith"こそがCISGのバックボーンとして画然と存在していることを今さらながらに強く認識せざるを得ないのである。

5 　売主が不適合を知っていた場合の買主の通知義務（第40条）
スェーデン1998年6月5日ストックホルム（Stockholm）商業会議所仲裁判断
Beijing Light Automobile Co., Ltd. v. Connell Limited Partnership 事件[27]

【論点】

売主が不適合を知っていた場合、買主の通知義務はどのように扱われるか。

【事実の概要】

米国の機械製造業者（売主）が中国の自動車製造会社（買主）に売ったプレス機の品質問題に端を発する事件である。契約には保証条項があり、「プレス機が最良の材料を使用し、一級品、新品で未使用品であることを保証する」とされていた。米国の機械製造業者は、製造工程で買主に渡した設計図書とは違う種類のロックプレートで代用してしまったが、売主はそれを買主

に伝えず、さらにロックプレートを適切に装着しなければならない旨の説明をも怠った。売主はプレス機を分解して米国から中国に出荷し、中国の買主が組立て直した際、ロックプレートが不適切に装着されたため、出荷後4年と少し経過した時点でロックプレートが破損し、プレス機に重大な損傷を与えてしまった。売主がプレス機故障には一切責任を負わないとし、これに対し買主が仲裁を申し立てた。

【仲裁判断の要旨】

売主がプレス機の故障による損害賠償の責めを負うと判断する。
① 本件の争点は、米国売主の製造業者が契約不適合の製品を売ったのかということと、中国買主の契約不適合クレームには適時性が認められるかどうか、の2点であった。
② 仲裁人パネルは、まず、CISG第35条2項に基づき売られたプレス機は契約不適合であったと断じた。
③ 買主の契約不適合のクレームの適時性については、ロックプレート代用品が不適切に取りつけられた場合おそらく破損するであろうということを売主が認識していたにもかかわらず、適切に装着しなければならないことを中国の買主に伝達しなかったことに注目、保証条項の明言はCISG第35条2項の適用を妨げないとし、さらに中国の買主がロックプレートを装着したが、プレス機を維持管理するに当たって注意義務違反はしていないと判断した。
④ また、仲裁人パネルの過半数は中国買主のクレームは、CISG第39条の2年内の通知期限にもかかわらず、第40条により契約不適合の事実を売主が知っていた場合に当たるゆえこの期限を適用しないため、適時であると判断し、これはCISG第7条にも通ずるものであるとし、そして売主が契約不適合に明らかに関する事実を意識的に買主に伝えなかったことにより、CISG第40条に基づき買主は売主に対する通知義務を免除されたと結論づけた。

【解説】

　このケースも裁判ではない、スウェーデン・ストックホルムの国際商事仲裁判断の事案である。買主側にとって「検査」義務は前述の米国シカゴ・プライム・パッカー判決で述べたとおり避け難い重要なものであるところ、CISG第40条に基づき、売主が製品不良の事実を知りつつそれを買主に知らせなかった場合においては、買主は第38条の検査義務を免れるとしたものである。

　ここでのポイントと本事案の要注目点は、CISG上の適時性の判断基準からみて、それが明らかに守られていないタイミングであるかどうかと、それとは別に契約不適合の事実を売主が知りつつ買主に知らせなかったという一見して"bad faith"（不誠実）とみられる行為があったときに、前者をどう扱うのかということに仲裁人パネルが1つの合理的な答えを出したことにある。すなわちbad faithである当事者のほうがより重く不利に裁かれるということである。

　この結論は考えてみれば至極合理的で万人に納得のいくものであろう。そもそも売主が製品の欠陥を知りつつも隠して買主に売りつけておいて、適時判断基準時以降にその欠陥が露呈したとしても、そうして発見された隠れた瑕疵の責任はあくまでも欠陥を知りつつ引渡した売主側に問われるべきであることは、法の正義からみても万人が認めるところだからである。この基準は、単なる認識だけでない悪意、不誠実、詐欺的欺瞞等は当然のこととして、重過失や未必の故意（意識的な無視）までを含めて炙り出すことになり、これが一般的な判例の傾向であるとされている[28]。

　本事案では両当事者の契約履行状況、認識、good faith（契約の誠実履行）を仔細に並べて比較考量した結果、どちらがより誠実に行動したかという判断の結果であるとも考えられよう。

　そのコンテクストから考えると、下記の判例は上記に述べた「売主の認識があれば不利に扱う」については「逆はまた真なり」を全く別のトーンで雄弁に物語っているといえる。すなわち、売主側に契約不適合の認識がなければ、第38条、第39条の抗弁ができるということになる。

【関連判例】

(1) ドイツ1995年4月5日ランズハット（Landshut）地方裁判所判決
　　スポーツウェア事件[29]

　この事件では売主が出荷したスポーツウェアが1度洗うと縮むという契約不適合の認識があったがゆえにCISG第40条を適用し、売主が第39条の買主通知義務の遅滞の抗弁をすることができないと判示したものである。しかし一方で、売主が認識していなかった数量不足の点については、第40条を適用せず、数日で期限が到来する数量不足に関する契約不適合に関しては、合理的な期間内に通知が行われなかったと判断した。

【国際ビジネスへの活用】

　またしても、CISGの根底に流れる"good faith（契約の誠実履行義務）"が地平に顔を出した形である。結局戻ってくるところがこの"good faith"なのである。契約不適合が起きていることの事実を知得した場合、知りつつ相手方に隠していた場合、起こり得ることを意識しつつも意識的に目をふさいで無視した場合、さらには相手方を欺瞞して契約不適合品を売りつけた場合等は明らかにこのgood faithに反することになる。

　この辺の構えは英米法の構えそのものであろう。知っていること、知り得る立場にいること自体が、どれだけその当事者の責任と義務のレベルを押し上げてしまうのかについて理解を深める必要がある。

　典型的かつ理想的な国際商取引の当事者の取るべき具体的行動としては、まず売主は製品の契約不適合が判明した時点で買主に即座に連絡し、取り得る最善の手を打ち、着荷後すぐに買主に確認するよう申入れ、買主も専門的なチェックを行い、どこまであるべき姿に修復できるかを売主と買主の共同作業で協力して見出し、双方の損害が最小限にとどめられるのがどういう解決かを探ってゆくという形になろう。これがCISGのいうところのgood faithなのである。

注

1. McNamara, Tom, *Graduating from Obscurity: The U.N. International Sale of Goods Convention*, June 24, 2004 参照。
2. UNCITRAL Digest of the CISG, A/CN.9/SER.C/DIGEST/CISG/38, at 10 参照。
3. 下掲の米国シカゴ・プライム・パッカー事件判決文に明記されているとおり、CISGの法的な拠り所は英米法であるとする説が有力であるが、その"good faith"の意味するところはあくまでも取引を成立させようとする当事者双方による真摯な努力を伴わなければならないものとされている。
4. Behr, Volker, Dealing with Non-Conformity –A Transaction Test Analysis of CISG Regulations on Examination and Notice Under Articles 38 Through 44, Chapter 18, Flechtner, Harry M., Brand, Ronald A., and Walter, Mark S., *Drafting Contracts Under CISG*, (Oxford University Press, 2007), at 429 参照。
5. UNCITRAL Digest of the CISG, A/CN.9/SER.C/DIGEST/CISG/39, at 4-5 参照。
6. Schroeter, Ulrich G.,Interpretation of "Writing": Comparison between Provisions of CISG (Article 13) and Counterpart Provisions of the Principles of European Contract Law, *6 Vindobona Journal of International Commercial Law and Arbitration* (2002-1), at 267-274 参照。
7. Chicago Prime Packers, Inc v. Northam Food Trading Co., et al., 408 F.3d 894 (7Cir, May 23, 2005)/ 2005 U.S. App. LEXIS 9355.
8. 320 F.Supp.2d 702, 2004 U.S.Dist.LEXIS9347.
9. 一般に判例が存在しない法律論点に初めて裁判所が判断を示すときに拠り所にするものの1つが学術論文であるとされている。判決では、Ralph H. Folsom, *1 International Business Transactions*, § 1.15, at 39, 41 (2d ed. 2002)、および The Interpretive Turn in International Sales Law: An Analysis of Fifteen Years of CISG Jurisprudence, *24 NW. J. INT'L L. & BUS.*, 299, 400 (2004)を引用している。
10. CISGで買手のオプションとされている合理的期間内の代替品引渡請求権(第46条2項)、合理的要求であれば欠陥品修理請求権第(第46条3項)は、UCCでは共に契約締結時に規定してあれば売手側が利用できる手段として位置づけられている。
11. UNCITRAL Digest of the CISG, A/CN.9/SER.C/DIGEST/CISG/38, at 2 参照。
12. ［CLOUT case No. 4］Germany, 31 August 1989 Landgericht Stuttgart.
13. Unilex, Netherlands 20. 02. 1998 Hoge Raad, the Netherlands ［CLOUT case No. 833］.
14. ［CLOUT case No. 364］Germany 30 November 1999 Landgericht Köln.
15. Pace, Switzerland 27 April 1992 District Court Locarno Campagna (*Furniture case*) ［CLOUT case No. 56］.
16. China 4 August 1988 CIETAC Arbitration proceeding.
17. Behr, Volker, Dealing with Non-Conformity –A Transaction Test Analysis of CISG Regulations on Examination and Notice Under Articles 38 Through 44, Chapter 18, Flechtner, Harry M., Brand, Ronald A., and Walter, Mark S., *Draftig Contracts Under CISG*, (Oxford University Press,2007), at 444 参照。
18. UNCITRAL Digest of the CISG, A/CN.9/SER.C/DIGEST/CISG/38, at 12 参照。
19. ［CLOUT case No. 336］Switzerland 8 June 1999 Ticino Appellate Court Lugano (*Wine bottles case*).

20 UNCITRAL Digest of the CISG, A/CN.9/SER.C/DIGEST/CISG/39, at 2.Arbitration Institute of the Stockholm Chamber of Commerce, 5 June 1998 ［CLOUT case No. 237］.
21 UNCITRAL Digest of the CISG, A/CN.9/SER.C/DIGEST/CISG/39,at 2, Bundesgerichtshof, Germany, 8 March 1995 ［CLOUT case No. 123］. Unilex, Germany 05. 04. 1995 Landgericht Landshut. Unilex, Germany 18. 01. 1991 Landgericht Bielefeld. Unilex, Austria 27. 08. 1999 Oberster Gerichtshof.
22 Unilex, Italy 30. 01. 1997 Pretura di Torino.
23 UNCITRAL Digest of the CISG, A/CN.9/SER.C/DIGEST/CISG/39, at 3 参照。
24 ［CLOUT case No. 94］Arbitral Tribunal - Vienna 15 June 1994, SCH-4318.
25 ［CLOUT case No. 235］Germany 25 June 1997 Bundesgerichtshof.
26 ［CLOUT case No. 343］Germany 9 May 2000 Landgericht Darmstadt.
27 北京軽型汽車事件(ストックホルム商工会議所・1998年)［CLOUT case No. 237］Sweden 5 June 1998 Stockholm Chamber of Commerce.
28 UNCITRAL Digest of the CISG, A/CN.9/SER.C/DIGEST/CISG/40, at 4 参照。
29 Landgericht Landshut 5 April 1995 (*Sport clothing case*).

第10章　不履行の免責と事情変更

1　要点

　当事者は、契約時点においてそれぞれ履行の障害事由やリスク要因を予見し、考慮のうえあるいは計算に入れて契約の締結に至るのが通常である。しかしながら、契約締結後、締結時には予見しなかった、あるいは予見し得なかったような障害や出来事が発生することがある。このように契約締結後に生じた障害や出来事の発生によって、契約の履行が物理的または法的に不能に至る場合、あるいは履行不能までには至らなくても経済的に契約の履行が困難になる場合があり得る。

　国際売買契約においては、当事者を取り巻く自然的な環境のみならず、経済的・政治的な環境が、契約締結後に国際的に激変することがしばしばであり、とりわけ長期的ないし継続的契約においてはその影響は著しいものとなる。この場合契約を締結して履行義務を負った以上あくまで契約を遵守すべきとして、履行障害に陥った当事者に履行を要求することがきわめて酷なあるいは不公正な状況が生じることがある。

　このような障害や出来事の発生の影響を被った当事者に対して何らかの救済方法を手当てする理論的な必要性およびビジネス上の要請があり、各国の法制度上2つの方策が考案されている。1つは、契約不履行の免責としての不可抗力であり、CISGにおいて規定されている。もう1つは、CISGには規定がないが、事情変更に対応するハードシップであり、国際ビジネスにおいてしばしば用いられている。

　前者は、CISG第79条において不履行の免責事由として規定されており、契約遵守の原則の例外として位置づけられる。当事者は、その不履行が自己の支配を超える障害によって生じたこと、契約の締結時に当該障害を考慮す

ることも、当該障害またはその結果を回避し、または克服することも自己に合理的に期待することができなかったことを証明する場合には、当該障害が存在する間その不履行について損害賠償責任を免れるのである。

後者は、ユニドロワ原則第6.2.2条・第6.2.3条において契約締結後生じた事情変更に対応して当事者間に再交渉の機会を与え、最終的には裁判所の介入により処理するシステムとして規定されている。ある出来事が生じたため、当事者の履行価値が増加し、または当事者の受領する価値が減少して、契約の均衡に重大な変更がもたらされた場合、そしてその出来事が契約締結後生じまたは事情の変更を被った当事者がそれを知るに至り、契約締結時にはその当事者が合理的に考慮し得るものではなく、その支配を超えており、かつその当事者によりそのリスクが引き受けられていなかった場合には、ハードシップが存在する。その場合には、事情の変更を被った当事者は、再交渉の権利を有する。そして合理的期間内に合意に達しないときには、いずれの当事者も裁判所に申立てることが可能であり、裁判所は契約の解除または契約の均衡を回復させるために契約を改訂することができるのである。

さらにCISG第80条は、不履行の免責事由として、当事者の一方は、相手方の不履行が自己の作為または不作為によって生じた限度において、相手方の不履行を援用することができないと規定する。

第79条および第80条は、無過失責任の例外である不履行の免責として規定されているが、第79条と対比して、第80条は、当事者の一方に過失があるかどうかは関係なく、損害賠償責任からの免責のみならず、すべての他の救済方法からの免責を規定している。

2　不可抗力による免責（1）（第79条）
オランダ2008年7月9日マーストリヒト（Maastricht）地方裁判所判決
Agristo N.V. v. Maccess Agri B.V. 事件[1]

【論点】
　当事者は、どのような場合に不可抗力を根拠として不履行の免責を主張す

ることができるか。

【事実の概要】
　ベルギーの買主Agristo社は、ジャガイモを冷凍して販売するジャガイモ加工会社であり、ジャガイモ栽培業者と契約を結んでおり、その量は総需要量の60％を占めている。オランダの売主Maccess Agri社は、穀物、トウモロコシ、ジャガイモを110エーカーの土地で栽培する農業法人である。2006年にはジャガイモの栽培に10エーカーが使われ、通常の収穫量は1エーカー当たりジャガイモ44トン、計440トンである。

① 　両社は、2006年3月1日に契約を締結し、2006年の収穫量から440トンを2007年の10～13週間の間（2007年3月5日から4月1日まで）に引渡すこと、価格は最初の220トンについては100キロ当たり7.80ユーロ、残りの220トンは6.80から9.80ユーロの間で市場価格により決めることに合意した。

② 　2006年、きわめて悪天候状況が生じ、収穫したジャガイモの低数量と低品質を引き起こした。2006年10月頃、売主には買主に引渡し得る約440トンの収穫したジャガイモがあったが、低品質のため、ジャガイモを貯蔵する能力は相当に限定され、売主は、2006年の10月末の検査の間の非常に短い期日でジャガイモを処分しようとした。他の栽培業者がジャガイモの引渡しを表明したので、買主はこの時点ではジャガイモの引取りを拒否した。

③ 　2006年11月22日、26日には買主はジャガイモを引き取る用意があった。売主は、257,100キロのジャガイモの引渡しを行ったが、買主は、ジャガイモの品質が悪いことを指摘して、引渡しの前に洗浄するよう要請した。洗浄後も、買主は一部の引渡しを拒否したが、92,538キロのジャガイモの引渡しを受領した。

④ 　買主は、残る347,462キロの引渡しを2006年12月5日、2007年2月5日および2007年3月8日の手紙で売主に請求した。引渡しがなかったので、2007年3月11日、買主は契約を解除した。

⑤ 　買主は、売主により引渡されなかったジャガイモの代替購入をしなけれ

ばならず、当初売主に支払うべきであった金額以上に70,999.25ユーロの支出を余儀なくされたと主張して、この金額を被った損害とし、2007年3月17日以降の金利を加えたものの支払を請求した。売主は、不可抗力の事案を参照して、その支配を超えた事情により引渡しが生じなかったとして、買主の請求を拒絶した。

【判決の要旨】

主たる論点に対するオランダのマーストリヒト地方裁判所の判断は以下のとおりである。
① 天候状況を売主の支配を超えた障害であるとする売主の主張に関して、ジャガイモの供給が仲介的な義務であり、売主が自身の貯蔵から引渡しをすることができなかったジャガイモは購入することができたであろうという事実のみによって、支配を超えた障害はあり得ないと主張する買主の論争については、裁判所はこれを拒否する。この論法では、売主が貿易業者ではなく、ジャガイモの単なる栽培業者であるという事実に関する判断を誤まることになる。
② 買主がその需要を満たすために契約を唯一のジャガイモ貿易業者とではなく、個々のジャガイモ栽培業者たちと締結しているという事実がある。栽培業者が契約の必要条件を適正に遵守するかどうかをみるために、買主は農場の検査を行っているということも証明された。その結果、契約の本質は当事者により個別化されて、引渡義務は売主により栽培されたジャガイモに限定されていると判断される。
③ しかしながら、天候は不安定であり、栽培業者の作物は、量および価格に関して、季節の間の天候状況いかんによっているというのは通常の事実である。勤勉な栽培業者が契約を締結するときに、天候の変化をおよびその収穫量に対する結果を考慮することは期待し得ることである。
④ したがって、本事案においては、裁判所は、売主による不履行がこれまでの収穫年に比して少なくとも90％の収穫の達成を不可能とするような悪天候によるものであったということを立証することによってのみ売主は免責され得るであろうとの判断を下した。

【解説】

　裁判所が、売主は、ジャガイモを取り扱う貿易業者ではなく、農場の検査を行うなど買主により特定されたジャガイモ栽培業者であり、売主の引渡義務は売主により栽培されたジャガイモに限定されており、引渡しをすることができなかったジャガイモを他から購入するという代替措置を講ずる義務までを負っていないと判断したことは支持できる。

　売主が第79条に基づき非常な悪天候による免責を主張するためには、不履行が自己の支配を超える障害によって生じたことおよび契約の締結時に当該障害を考慮することも自己に合理的に期待することができなかったことを証明しなければならないが、裁判所は、ジャガイモの栽培業者が契約の締結時に天候の変化およびその収穫量に対する結果を考慮することは期待し得ることであるとして、悪天候という気象条件は栽培業者である売主が契約締結時に考慮に入れることができたはずであると判断したことも一般的に妥当であると考えられる。本事案においては、その悪天候の内容と程度がどのようなものであったか、その結果が収穫量にどのように影響したかであり、契約締結時に売主が合理的に考慮し得る範囲を超えていたかどうかを評価することになる。

　裁判所は、契約締結時における合理的考慮可能性の基準として、当該悪天候がこれまでの収穫年に比して少なくとも90％の収穫の達成を不可能とするようなものであることを証明するよう要求している。90％という数字がどのような根拠に基づくかは判決文からは不明であるが、ジャガイモの収穫がほとんど壊滅状態になったことが必要であるとしており、売主にとっては厳しい基準となっている。

　悪天候を含む天災地変は契約当事者の支配を超えた障害であると一般的にいうことができるが、一方で農産物の栽培・収穫は栽培地方における気象条件によっており、栽培業者は売買契約の締結時にそれを考慮し得るものであると評価することができる。不履行当事者は、当該障害が契約締結時に合理的に考慮し得る範囲を超えていたことを証明しなければならない。この証明により免責を得ることは、本事案における裁判所の判断基準によれば相当に困難であると想定される。上記90％という基準がオランダ近辺における農

産物の栽培に特有のものであるかどうか、他の地域や国においてはどのように評価されるのか、このような取引において何らかの不可抗力による主張を確保したい当事者は慎重な検討を要するであろう。

【関連判例】

(1) ドイツ1997年7月4日ハンブルグ（Hamburg）上級地方裁判所判決
トマト濃縮ジュース事件[2]

売主フランスの会社と買主ドイツの会社の間のトマト濃縮ジュースの売買契約において、ドイツのハンブルグ上級地方裁判所は、フランスにおける豪雨は確かにトマトの生産を減少させ、価格の上昇を招いたが、トマト収穫のすべての壊滅を引き起こしたわけではなく、売主の履行はまだ可能であったとして、第79条による免責を否定した。

(2) ドイツ2008年3月5日ミュンヘン（München）上級地方裁判所判決
盗難自動車事件[3]

ドイツの売主とイタリアの買主は、いずれも車専門のディーラーであり、中古車の売買契約を締結した。売主は当該車を他の車ディーラーから購入したが、後に盗難車であることが判明し、イタリアの警察は元の所有者にその車を返却した。売主の責任に関して、ドイツのミュンヘン上級地方裁判所は、第79条に基づく免責は契約上の義務の履行を妨げる客観的な状況の発生を前提としているが、本事案の状況は主観的な性質のものであり、安い価格、走行距離や車の登録簿における記載とは異なる所有者の名前を勘案すると、当該車の所有について疑念を売主に生じさせるものであったと判断して、買主の損害賠償の請求を認めた。

(3) オランダ1998年10月2日 スヘルトーヘンボス（'s-Hertogenbosch）地方裁判所判決
Malaysia Dairy Industries Pte. Ltd. v. Dairex Holland BV[4]

オランダの売主とシンガポールの買主が粉乳の売買契約を締結したが、放射能に汚染された食物の輸入禁止というシンガポールの規制に対応して、両者は放射能を一定のパーセンテージ以下という規格に合意していた。当該規格を満たす粉乳の引渡しができなかった売主の責任に関して、オランダのス

ヘルト-ヘンボス地方裁判所は、売主が契約締結前にそのような規制をよく知っていたので、売主は適合する物品を供給できないリスクを引き受けていたとして、買主の損害賠償請求を認めた。

(4) ドイツ1999年3月24日連邦通常裁判所（最高裁判所）判決
　　ワイン・ワックス事件[5]

　オーストリアのブドウ園の所有者である買主とドイツの売主は、過剰な乾燥を阻止し伝染の危険を制限するための特殊なワックスの購入の長いビジネス関係にあったが、当該ワックスは、売主の供給者が製造を委託した第三者から直接買主に引渡しが行われた。ワックスを施した多数のブドウの木に甚大な損害が生じた買主が損害賠償を求めた事案において、ドイツ連邦通常裁判所は、第79条2項にしたがい、障害が売主の支配およびその供給者の支配内に存しないということがないならば、売主はその供給者の不履行から生ずる不適合のリスクを負担しなければならないとの判断を下した。当該第三者の製造業者は、そのワックスの製造の間、ハンガリーから輸入した不適切な原料を使用したと指摘されている。

【国際ビジネスへの活用】

　上記関連判例（1）においては履行可能性、（2）および（3）では予見可能性、（4）においては支配の内外という観点から、売主は第79条の要件を満たしていないとの判断が下されている。

　本事案およびこのような関連判例の状況から判断すると、不履行当事者、とりわけ売主が第79条に基づき免責を得ることは困難である。したがって、国際売買契約、とりわけ長期的ないし継続的契約の場合や当該契約の性質・目的から不可抗力による免責の主張を確保しておきたい当事者にとっては、第79条の要件をより緩和した不可抗力条項を工夫し、当事者間の契約に織り込んでおき、履行を妨げる障害に対して柔軟に対応できるようにしておくことが必要である。不可抗力がどうかをめぐって当事者間に争いが生じた後、第79条の規定にしたがって判断するという仕組みでは、国際売買の当事者の実際のニーズに対応することはできない。

　例えば、当事者間の契約に、当事者が締結時点で不可抗力と想定する不可

抗力事由を当該契約の性質や・目的を考慮して数多く列挙しておき、不可効力を主張しやすくすることが考えられる。契約に具体的に列挙することにより、そもそも不可抗力に当たるのかどうかという一般的な論争を避けることができる。

　もっとも、当該障害が当事者の支配を超えていることは明らかであっても、契約締結時に合理的に考慮し得るものではなかったことの証明は上述のように不履行当事者にとっては困難であるので、上記のように列挙した不可抗力事由に該当すれば、第79条の要件を満たす「障害」であると推定されるとの規定を定め、立証責任を相手方の被不履行当事者に転嫁することも1つの工夫と考えられる。

> 3　不可抗力による免責（2）（第79条）
> アメリカ2007年12月12日アメリカ仲裁協会仲裁判断
> アメリカ2008年4月16日ニューヨーク（New York）地区連邦地方裁判所判決
> Macromex Srl. v. Globex International, Inc. 事件[6]

【論点】
　不履行当事者は、不可抗力を根拠として不履行の免責を主張するためにはどのような義務を尽くすべきか。

【事実の概要】
　売主Globex Internationalは、東欧を含む多くの国に食品を輸出することを業とするアメリカの会社であり、ルーマニアの会社である買主Macromex Srlと鶏の脚四半分を船で運送・販売する非独占的取引関係を発展させた。両社間の取引状況は以下のとおりである。
① 　2006年4月14日付けの売買契約において、4回の注文にしたがいブカレストの買主に向けて、すべての鶏肉は2006年5月29日（船積日はそれぞれ4月24日、5月1日、5月8日、5月15日に1～2週間をプラス）までに船積みをすることとされたが、鶏肉の供給者は特定されていなかった。

② 業界の通常の慣行により、引渡しには柔軟性が認められていた。契約締結後、鶏肉の価格は急騰し、売主の供給者はタイムリーなやり方で船積みをしなかった。売主は、買主のような顧客のためのコンテナー販売よりも自らのためのバラ船積みに数量を割り当てることによって、おそらく当初は気づかずに、このような供給状況に影響を与えていた。買主が5月に入り迅速な引渡しを主張するようになってきた間、買主は契約違反を正式に申立てることもなく、また事前通知なくして鶏肉の輸入を禁止したルーマニア政府の政令の発行の前に別に引渡日を設定することもなかった。

③ 鳥インフルエンザの突発により、ルーマニア政府は2006年6月7日付けで認証されていない鶏肉の輸入を全面的に禁止した。売主が、契約に明記された2週間の枠内で鶏肉の船積みをしていたならば、ルーマニアへの輸入が認められたであろうが、輸入禁止令により、売主はすべての鶏肉の認証を得ることができず、最後の引渡しができなかった。

④ 買主は、売主が最後の注文の船積みをルーマニア外の場所（近隣国のグルジア）の港に向けて行うよう提案した。買主の他の供給者は、遅すぎた船積みに関する輸入禁止の発令後、そのような代替履行を提供していた。しかし、売主は、契約の未履行部分が不可抗力事由を構成するルーマニア政府の行為により解除されたと主張して、買主の提案を拒絶した。売主は引渡しをしていない鶏肉を他の買主に販売し、相当な利益を得た。買主は未引渡しの鶏肉に関して損害賠償を請求した。

【判決の要旨】

(1) 仲裁判断

買主により仲裁が申立てられたが、主たる論点に関するアメリカ仲裁協会の仲裁判断は以下のとおりである。

① 契約した鶏肉のすべての引渡しの売主による不履行は、第79条に基づいて免責されないときは、重大な契約違反を構成する。

② 第79条を適用するためには、当事者は4つの要素を満たす必要がある。まず、不履行当事者の支配を超えた障害がなければならない。次いで、障害は、契約締結時に不履行当事者により合理的に考慮に入れることができ

なかったものであり、さらに障害もしくはその結果が合理的に回避し得ない、または克服し得ないものものであったことが必要である。そして、不履行当事者は不履行が当該障害によるものであることを証明する必要がある。
③ 業界に事前通告なくしてすべての鶏肉輸入の禁止というルーマニア政府の決定は売主の支配を超えたものであり、契約締結時に売主に課されたリスクとして合理的に考慮に入れることができなかったであろう。しかし、本事案においては、障害の結果が合理的に回避し得ない、または克服し得ないものであったかという要素が代替履行の概念にかかわるかどうかであり、問題は、売主は、買主が提案したルーマニア外の場所へ向けた代替船積みという提案にしたがうべきであったかどうかである。
④ 買主は、その後の船積みを可能とするようなどこかで引渡しの受領をする見込みを表明した。売主と同じルーマニア政府の禁止に直面した別のアメリカの供給者は別の港に向けて船積みをした。独占的取引関係がそのような引渡しを排除しないような港があることは証拠より明らかである。売主にはそのような代替履行に応じる義務があったが、急激な価格上昇による利益を獲得することを選んで、そうしなかった。買主の提案を拒むことによって、売主は、代替する仕向地向けの船積みにより買主が獲得すべきであった利益を不当に獲得したことになる。法はそのような結果を許さない。したがって、買主には損害賠償を請求する権利がある。

(2) 裁判所の判断

買主は仲裁判断の確認を裁判所に申立て、アメリカのニューヨーク南部地区連邦地方裁判所は以下のような判断を下した。
① 当該争いに関してCISGのケースローが実質的にない場合には、CISGが基礎とする一般原則に依拠し、さらにCISGの条項の文言がUCC第2条に由来するときにはUCC第2条の関係条項を解釈するケースローを参照する。
② 売主は仲裁人がUCCの適用を誤ったと主張する。UCCの公式コメントは、第2-614条が不可抗力状況に適用される意図ではなく、そのような状況は第2-615条によりカバーされるべきと述べていると主張する。しかし、

第2-614条の規定は明確であり、いずれの当事者にも過失なくして使用できなくなった積下しの場所について規定している。すなわち、商業的に合理的な代替に関して、第2-614条1項によれば、「いずれの当事者にも過失なくして、合意した停泊、積込み・積下しの施設がなく、合意した船の型式が使用できなくなり、またはその他合意した履行の仕方が商業的に実行できなくなったが、商業的に合理的な代替が可能であるときは、その代替は提供され受け入れられなければならない。」

③　代わりに売主は、第2-614条は契約の履行の技術的な詳細について参照しているにすぎないと主張する。しかし、公式コメントは仲裁人による適用を確認するよう容易に読むことが可能である。代替のない不履行は、障害が契約の重要な要素に影響するというようなものでは不十分であり、当該障害が全く克服し得ないものであるときにのみ正当化されるのである。

④　売主は供給できる鶏肉を手元に持っていたが、それの引渡しをしなかった。最善の代替策は、売主が船による鶏肉の引渡しを意図していたので、別の港で引渡しをすることであった。売主は全く船積みをすることができなかったのではなく、未だ代替履行を行うよう買主から要求された。仲裁人は第2-614条を適正に適用したのである。

【解説】

　事前通告なくすべての鶏肉の輸入禁止というルーマニア政府の措置は、第79条の適用要件を満たしているとするアメリカ仲裁協会の判断は妥当である。この禁止令に対応して、ルーマニア外の場所に向けて代替船積みを行うという買主の提案について、他のアメリカの供給者が同様の代替策をとっていることや売主がそれに応じなかったことにより不当な利益を得ていることを勘案して、売主には買主の提案に応じる義務があると判断したことは、結論として支持することができる。

　上記仲裁判断の確認を申立てられたニューヨーク南部地区連邦地裁は、UCC第2-614条1項に基づき、「商業的に合理的な代替が可能であるときは」当事者にその代替策の履行を義務づけているとして、売主は上記買主の提案に応じる義務があると判断したことは、具体的な法に基づいた妥当な結

論であると評価できる。もっとも、もっぱらUCCの適用により判断を下しており、CISGの解釈・適用には言及していない。

なお、UCC第2-614条は上記のように代替履行に関する規定であるが、第2-615条は実行困難に関して「ある条件が発生しないことを基本的な前提として契約が締結されていたのに、その条件が生じたため、合意された履行が実行困難なものになった場合」、売主の不履行は売主の義務の違反とならないと規定している。

連邦地裁は、売主が代替履行に関する買主の提案に応じる義務があったかどうかについて、代替履行の問題としてとらえ、CISGを補足する法としてのUCC第2-614条1項に基づき判断を下している。仲裁人も、CISGの公式コメントやケースローは限られたものであるが、UCC第2-614条はこの問題の方向を決定するものと述べている。

しかし、CISGには不可抗力状況における代替履行の問題に直接言及する規定はないが、第79条の解釈およびCISGの一般原則に依拠することにより同様の結論を得ることは可能と考えられる。不可抗力状況において売主に代替履行の機会が残されている場合には、「障害の結果が合理的に回避し得ない、または克服し得ないものであった」ということはできない。さらに第7条1項の信義の原則も勘案すると、不可抗力状況における売主には、引渡場所の変更に関する買主の提案に応じて代替履行という合理的措置を講ずる義務があると解することは可能であると考えられる。

【関連判例】

(1) ドイツ1997年2月28日ハンブルグ（Hamburg）上級地方裁判所判決

　　モリブテン鋼事件[7]

　ドイツの売主とイギリスの買主は、少なくとも64％のモリブデンを含有したモリブデン鋼の売買契約を締結した。契約締結後数日経って、市価の上昇に伴い代金を値上げするとの売主の提案に対して、買主はこれを拒絶、さらにモリブデンの含有量を削減するとの売主の提案に対して、買主はこの削減に同意したが、短い期間での引渡しを要求した。売主は、中国の供給者から当該製品の引渡しを受領しておらず、当該期間内に履行をしなかったので、

買主は、すでに第三者と締結した契約の履行をするために高い価格での代替購入を行わなければならなかった。当該製品の市価は契約締結時に合意された価格の３倍にまで上昇していた。

　売主の責任に関して、ドイツのハンブルグ上級地方裁判所は、代替可能な物品の場合は、売主は、同様の品質の物品を市場で見つけることが不可能なときにのみ責任を免責され得るとし、売主は第79条または標準条項に含まれる不可抗力条項にしたがってその責任を免れることはできないとの判断を下した。第79条における障害は、代替品が市場で調達可能である限り、売主により克服し得るものと判断されている。

【国際ビジネスへの活用】
　本事案および上記の関連判例においては、代替品が調達可能である限り、売主は代替品を市場で調達する義務、すなわち代替履行の義務が課されていると解されており、実際の国際ビジネスにおいても当事者間の契約で、不履行当事者に代替措置を講ずる義務を負わせることが一般的になりつつあるが、この問題に関するCISGの判例の数は未だ限られている。また、第79条の解釈においてもCISGの一般原則やUCCなどに依拠して補足しなければならない場合もあり得る。解釈上の争いを避けるために、国際売買の当事者は、当事者間の契約にこのような不履行当事者の代替措置義務に関する条項を織り込むことが必要であると考えられる。

4　ハードシップ（ユニドロワ原則第6.2.2条・第6.2.3条）
　　フランス2001年６月12日コルマール（Colmar）控訴院判決
　　フランス2004年６月30日破毀院（最高裁判所）判決
　　Société Romay AG v. SARL Behr France事件[8]

【論点】
　当事者は、どのような場合にハードシップを根拠として契約の再交渉を主張することができるか。

【事実の概要】

① 部品メーカーであるスイスの売主とフランスの買主は、1991年4月26日、もっぱらフランスのトラックメーカーのために製造される空調機用ポリウレタンフォームのカバーを供給する枠組契約を締結した。

② 契約には、8年間で少なくとも20,000ユニットがトラックメーカーの需要に応じて供給されるべきこと、そして年間3,000から6,000ユニットが予想されることが規定されていた。支払代金は、各年に供給される当該製品の数量にしたがって決定されるが、価格を計算する方式は契約の全期間固定されていた。自動車市場における突然の崩壊は、トラックメーカーにその購入条件の急激な変更を引き起こし、売主に対してその供給する製品の価格を50％以下に引き下げることを強いた。

③ 1993年12月6日、買主は、トラックメーカーの購買条件の急激な変化、すなわち、購入価格の大幅な引下げによりもはや当該製品を受領しない旨通告した。

④ 売主は、とりわけ注文に応じるためになした投資を勘案して、契約の早期解除により生ずる損害の賠償を請求した。

⑤ フランスの第一審裁判所は、当事者間で締結された契約は売買契約に該当しないとして、本事案にCISGを適用することを拒否した。

【判決の要旨】

① フランスのコルマール控訴院は、第一審の判断を覆し、当事者の意図やその他関連する状況を考慮して当事者間で締結した契約はCISGにより規定される要求をすべて満たしていることを認めた。さらに、買主は契約上の義務を履行しなかったので、第74条および第77条に基づいて売主の被った損失を回復すべきであり、買主は契約締結時点で顧客の購入代金の減額を予想し得たのみならず、例えば契約にハードシップ条項を含めることによって、事情変更の場合のために再交渉のメカニズムを規定することは、長いビジネス関係に入ることを認識している買主にかかっているが、本事案においてはそのような条項が設けられておらず、また買主は第79条も主張することができないとの判断を下した。

②　フランス破毀院も、控訴院の上記判断を確認し、さらに次のように述べた。

　　国際貿易の慣行に通じている専門家として、履行の保証または契約の改訂について契約上のメカニズムを規定するかどうかは買主にかかっている。そのような規定がない場合には、買主は、第79条の規定を享受し得ることなく、不履行のリスクを引き受けたのである。

【解説】

　控訴院は、買主が契約締結時点で顧客の購入代金の減額を予想し得たとして、それが50％以下の引下げであったとしても、第79条適用の要件を欠いていると判断したことは妥当である。顧客側の事情変更によるこのような代金の大幅な下落の問題は、契約の当事者が契約にハードシップ条項を織り込むことによって再交渉を可能にすべきものであるとして、当事者の工夫が推奨されている。

　破毀院もまた控訴院の判断を確認しており、そのような条項が規定されていないことは当事者が上記事情変更による不履行のリスクを引き受けたものとさえ述べている。CISGには事情変更に対応するハードシップの規定は設けられておらず、CISGの範囲外の問題として対処しなければならない。

　国際売買取引において、とりわけ長期的ないし継続的契約においては、契約締結時に考慮し得なかったような事情の変更がその後に生じる場合があり得る。このような事情変更に対応して当初の契約関係を調整する仕組みは実際の国際ビジネスのニーズから生み出されてきたものであり、ハードシップ条項として当事者間の再交渉を目的とする。その一般原則は、下記の関連判例に言及されているユニドロワ国際商事契約原則（以下「ユニドロワ原則」という）第6.2.2条および第6.2.3条[9]に具体化されている。

　第6.2.2条によれば、ある出来事が生じたため、当事者の履行費用が増加し、または当事者の受領する履行価値が減少して、契約の均衡に重大な変更がもたらされ、かつ次のような要件が満たされる場合には、ハードシップが存在する。(a) 契約締結後、その出来事が生じ、または不利な立場の当事者がそれを知るに至ったこと、(b) その出来事が、契約締結時に、不利な立場

の当事者により合理的に考慮し得るものではなかったこと、(c) その出来事が、不利な立場の当事者の支配を超えていること、および (d) その出来事のリスクが、不利な立場の当事者により引き受けられていなかったこと。

【関連判例】
(1) フランス1997年5月5日国際商業会議所（ICC）パリ国際仲裁裁判所仲裁判断
Ministry of Defense and Support for the Armed Forces of the Islamic Republic of Iran v. Cubic Defense Systems, Inc. 事件[10]

アメリカの売主と買主イラン空軍との間で、1977年に軍事機器の販売と据付けのために2つの契約が締結された。契約は1979年初めのイスラム革命勃発までは適正に履行されたが、その後どのようにするかについては当事者間で合意に達しなかった。

フランス、パリのICC国際仲裁裁判所は、1979年2月のイスラム革命前後の混乱した出来事の結果として、各当事者は契約の解消または契約条項の適合を要請する権利があるとしつつ、ユニドロワ原則第6.2.3条4項（ハードシップの効果）に言及した。ハードシップの概念は多くの法制度に織り込まれており、広く法の一般原則とみなされている。したがって、この概念は、イラン法の一部を構成していないとしても、本件仲裁に適用することができるとの判断を下した。

(2) ベルギー2009年6月19日破毀院（最高裁判所）判決
Scafom International BV v. Lorraine Tubes s.a.s. 事件[11]

ドイツの買主は、フランスの売主と鋼管の売買契約をいくつか締結した。その後、鋼の価格が不意に70％も上昇した。契約には価格調整条項は規定されていない。

ベルギー最高裁判所は、国際取引の法を規律する一般原則を考慮して、とりわけユニドロワ原則に規定される原則にしたがって、契約の均衡を基本的に崩壊させる環境変化を主張する当事者は契約の再交渉を要請する権利を持っているとし、代金の再交渉を要請する権利を売主に許諾した控訴裁判所の決定を確認したのである。

(3) メキシコ2006年11月30日メキシコ仲裁廷仲裁判断[12]

売主であるメキシコの栽培業者は、買主であるアメリカのディストリビューターと1年の独占的契約を締結し、売主が一定の数量のカボチャとキュウリを生産して、買主に独占的に供給することを引き受けた、そして買主はそれをカリフォルニア市場に販売することになっていた。買主は、売主が製品を供給しないことにより契約に違反したと申立てたが、売主は、引渡しの不履行が、いわゆるエルニィーニョとして知られる気象現象によって引き起こされた一連の豪雨と洪水による作物の破壊に由来しており、不可抗力またはハードシップのケースに至る出来事であって、その責任は免責されると主張した。

　メキシコの仲裁廷は、豪雨や洪水が売主の支配を超えているが、その発生は売主により予見不能と考えることはできない。売主は農業分野における長期の活動の過程ではすでにそのような出来事を何度も経験しているからであり、ユニドロワ原則第7.1.7条1項（不可抗力）に規定する基準を満たしていないとして、売主の主張を否認した。さらに、仲裁廷は、問題の気象現象が売主の履行コストを大幅に増加させたことには同意しつつ、ユニドロワ原則第6.2.2条に規定するハードシップ発生のもう1つの基本的要件、すなわち契約の均衡を実質的に変更する出来事のリスクが不利な立場の当事者により引き受けられていなかったという要件を欠いていると判断した。本事案のようなディストリビューターシップ契約においては、野菜の栽培業者は豪雨や洪水による作物破壊のリスクを典型的に引き受けているからであるとして、売主の主張を否認したのである。

【国際ビジネスへの活用】

　上記関連判例にみられるように、ハードシップの一般原則としてユニドロワ原則に言及することは国際的に認められるようになってきたといえるであろう。第6.2.2条が規定するハードシップ適用の要件も一般的に承認されているといえるが、上記関連判例（3）においてはリスクの引受けの観点からハードシップの要件を満たしていないと判断されており、各要件の実際の適用に際しては慎重な検討がなされることに留意する必要がある。

　ところでハードシップの効果に関して第6.2.3条は次のように規定してい

る。
① ハードシップの場合には、不利な立場の当事者は、再交渉を要請する権利を有する。この要請は、不当に遅滞することなくなされ、かつそれを基礎付ける根拠を示さなければならない。
② 再交渉の要請は、それだけでは不利な立場の当事者に履行を留保する権利を与えない。
③ 合理的な期間内に合意に達しないときには、いずれの当事者も裁判所に申立てることができる。
④ 裁判所は、ハードシップがあると認めたときには、それが合理的であれば、
　(a) 裁判所が定める期日および条件により契約を解消することができる、または
　(b) 契約の均衡を回復させるために契約を改訂することができる。

　このように再交渉において当事者が合意に達しなければ、裁判所が介入して契約の解除または契約の改訂を命じることが可能となっている。もっともそれら以外に現行契約の確認あるいは再度の再交渉を命ずることができると解されている。
　しかし、国際ビジネスの実際において当事者は、その紛争解決に裁判所が介入することを本来的に好まない。長期的・継続的な関係においては、当事者は、迅速に紛争を解決してビジネスの次のステップへ踏み出す必要性に迫られているのが通常であり、そして裁判所による介入が必ずしもハードシップのような状況を打開するのに適しているとはいえないことを認識しているからである。もっとも、仲裁の場合には妥当な解決策が見出される可能性が国際ビジネスにおいては認識されている。
　したがって、ハードシップ条項の目的は当事者間に再交渉を義務づけることにあり、契約において再交渉のプロセスを強化することが最も有効であろう。当事者は契約に次のような趣旨の規定を織り込むことが考えられる。
- 当事者は、代替的契約条項を交渉するために誠実に交渉する義務を負い、信義誠実と公正取引に反して再交渉を申し出、拒否または打ち切っ

てはならないこと。
- 一定の期間（例えば3カ月間）、代替的契約条項の合意に達すべく最善努力義務を尽くすこと。
- 合意に達しないときは、契約を解消する権利を有すること。

5　自己に起因する相手方の不履行（第80条）
　ドイツ1995年2月8日ミュンヘン（München）上級地方裁判所判決
　R. Motor S.n.c. v. M. Auto Vertriebs GmBH, 自動車事件[13]

【論点】
　どのような場合に相手方の不履行が自己に起因することになれば、当事者は相手方の不履行を主張できないか。

【事実の概要】
　1992年3月9日、イタリアの貿易会社である買主とドイツの自動車販売会社である売主は、ドイツブランドBMWの自動車11台の売買契約を締結した。両社間のその後の取引状況は以下のとおりである。
① 　代金は419,587.69ドイツマルクで、買主は売主のために銀行保証を提供する義務があり、ナポリ銀行が売主のために55,000ドイツマルクまで銀行保証を付与した。
② 　売主は、4月14日付けの手紙において、各自動車の型式と価格とともに、引渡しが7月、8月、9月または10月の間であること買主に知らせた。買主は、サインをしてその手紙を売主に送り返したが、売主はすべての自動車を7月、8月の間に、遅くとも8月15日までに引渡すべきと手書きによる変更を加えた。11台中の6台について、買主はその型式を変更したい旨伝え、売主は、7月20日および8月13日に適切な型式を買主にオファーした。
③ 　売主は、8月18日付けの手紙で総計5台は引渡しの用意があると買主に知らせた。

④　10月8日、売主は、6台が引渡しの用意があり、買主が注文した残りは数日のうちに引渡すことができると知らせた。
⑤　10月8日付けの売主の手紙に対して、買主は、イタリアのリラとドイツのマルクの間の為替レートにおける大きな変動のために自動車を受領することができない、為替レートが正常に戻るまで引渡時期を延期して欲しい旨売主に回答した。同じ手紙において、買主は、自動車の引渡しを延期するよう売主が自動車の供給者と交渉に入ることを売主に求めた。
⑥　その後、買主は、数度電話で、ついには10月23日付けの手紙で引渡日の延期を要請した。売主は、この手紙を受け取った後遅滞なく、すべての自動車について引渡しの用意ができており、これ以上遅滞なくして引取るべき旨を知らせたが、買主は引取りを拒絶した。
⑦　11月2日、売主はナポリ銀行に対して保証額の支払を請求した。11月の初め、売主は販売済みの自動車に関するその供給者とのすべての注文をキャンセルした。
⑧　1993年5月19日以来、買主は、保証額5,000ドイツマルクの支払をしないようナポリ銀行に命ずる旨の裁判所の命令を求めてイタリアの裁判所に申立てを行っていた。
⑨　1993年9月8日、売主の代理人は、売買契約に基づいて支払うべき代金の支払を買主に請求し、不払いの場合には買主に対して訴えを提起する旨警告した。

　以上の過程を経て、売主は、買主による契約違反の結果として喪失利益の損害を求めて訴えを提起した。買主は、売主が保証の履行により獲得した金額の回復および売主の引渡遅滞による契約違反により被った損害の賠償を申立てた。
　ドイツの第一審裁判所は、イタリアとドイツで同時に買主の訴訟手続が行われることになるという理由で買主の訴えを不適法として却下し、買主はこれに対して控訴に及んだ。

【判決の要旨】
　主たる論点に関するドイツのミュンヘン上級地方裁判所の判断は以下のと

おりである。

① 4月14日付けの売主の手紙における自動車の型式と引渡時期に関する情報は、3月9日の契約に付加されるものであり、買主による受諾が必要である。買主が手書きを加えて引渡時期を再度変更したことにより、買主はこの売主のオファーを拒絶し、正確な引渡時期に関する新しいオファーを売主に行ったことになる。この新しい買主のオファーに対してはさらに売主による受諾が必要であるが、売主はこれを受諾したことはなかった。

② 売主が契約上の義務にしたがって販売した自動車の引渡しの用意があると知らせた後合理的な期間内に、買主が自動車を受領しなかったことは買主自身の義務違反である。そのような違反は、一般的に売主に、損失のような損害の賠償を請求する権利を与える。

③ このような買主の一般的責任にかかわらず、売主は被った喪失利益を軽減する合理的な手段を講じなかったので、買主はそれ以上に売主に賠償する義務を負わない。このような軽減手段の1つは契約上の権利の強制であり、売主の救済方法としては、契約の履行・完成および期待利益の実現を強制するために一定の猶予期間を与え、その期間終了後の契約解除であった。買主は、1992年10月23日付けの手紙で自動車の受領・引取りの意向を示していたからである。売主はこのような措置を講じるべきであった。もっとも、1992年11月初めに売主がメーカーとの自動車の注文をキャンセルした後では、売主には売買契約の完全な不履行に対して買主に補償を請求する権利はなかった。売主が被ったという損失の算定においては、売主はそのような合理的な手段を取るべきであったことが勘案される。売主が主張するような喪失利益という損害は存在しないのである。

④ 買主は、売主が遅くとも1992年8月15日までにという引渡日に引渡しをしなかったと主張することはできない。上述したように当事者は、そのような固定した引渡日に合意していなかったからである。買主は、売主が自動車の引渡しを遅滞したと主張することはできない。1992年8月18日付けの売主の手紙によれば、5台の自動車は引渡しの用意ができており、残り6台についても数日のうちに用意できると買主に知らせた。したがって、売主には非難されるべき引渡しの遅滞や重大な契約違反はない。

⑤　買主自身が最初に売主による契約不履行に対して影響を与えたのであり、契約の解除を主張する前に約2年半も経過している。このような状況の下で買主に契約不履行に対して損害賠償を主張する権利があるとすることは信義の原則に反する。したがって、買主による損害賠償請求については、CISG第80条の法理論の適用にしたがい、喪失利益を含むいかなる損害賠償請求の権利も失われたのである。

【解説】

　自動車の引渡時期に関して、遅くとも1992年8月15日までに引渡すべきとして買主が加えた変更は、売主がこれを受諾していない以上効力を生じていないとの裁判所の判断は妥当であり、引渡時期は当初の契約どおり7月から10月の間ということは変わっていない。10月8日に売主はすべての自動車の引渡しのオファーをしたが、買主は為替レートの変動を理由として引取りの受領を拒絶し、引渡しの延期を申し出ている。売主には引渡しの遅滞はなく、なんら契約を違反していない、そして引渡時期の遅れは買主の受領拒絶に起因するのであって、第80条にしがたい買主には損害賠償を請求する権利はないとの判断も適切である。

　買主の受領拒絶による契約違反から生じる売主の損害について、売主が契約解除により損害軽減の合理的手段を講じるべきであったとして、売主に喪失利益という損害はないとする裁判所の判断は、契約を解除して転売した場合の転売価格と当初の契約価格と同じであることを前提としていると解されるが、必ずしも常にそうなるわけではない。転売という代替取引ができない場合や転売価格が契約価格と異なる場合があり得る。本事案においては両者の価格が同じ水準にあるとされたのであろうか。

　また、売主は契約を解除するという合理的な手段を取るべきであったというのみではなく、第77条の適用による損害軽減義務が売主には課され、本事案においても自動車を転売できる状況にあったということが説明されるべきであろう。

【関連判例】

(1) ドイツ1997年1月31日コブレンツ（Koblenz）上級地方裁判所判決
　　アクリル毛布事件[14]

　オランダの売主とドイツの買主の間のアクリル毛布の売買契約において、買主が、引渡された物品について数量不足と契約不適合を申立て、代金の支払を拒絶した事件において、売主が代替品の引渡しにより不適合品を治癒することをオファーしたが、買主は不当にこれを受け入れなかった。ドイツのコブレンツ上級地方裁判所は、買主が売主の治癒を妨げたので、第80条にしたがい、買主は不適合品の引渡しから生ずる損害を回復する権利を失ったと判断した。

(2) ドイツ2002年2月20日ミュンヘン（München）地方裁判所判決
　　シューズ事件[15]

　イタリアの売主とドイツの買主の間のシューズの売買契約において、購入注文の正確な数量と数量不足に関して争いが生じ、買主が代金を支払わなかったので、売主は注文数量の一部のみを引渡し、購入代金の回復を求めて買主を訴えた。ドイツのミュンヘン地方裁判所は、売主が残る物品の引渡しを停止するよう促したのは買主の代金支払の拒絶であり、第80条にしたがい、買主は売主の不履行から生ずる損害賠償を請求する権利を失ったとの判断を下した。

(3) ベラルーシ1995年10月5日ベラルーシ商工会議所国際仲裁裁判所仲裁判断
　　ATT v. Armco 事件[16]

　ベラルーシの売主とブルガリアの買主との間で冷蔵庫・冷凍庫の売買契約が締結されたが、買主が受領した物品の一部の代金を支払わなかったので、売主が残代金を求めて訴えを提起し、買主は売主が一方的に不適正に履行を停止したと主張した。ベラルーシ商工会議所国際仲裁裁判所は、買主がすでに受領した物品の実質的な量の代金を支払わなかったので、売主は第71条にしたがって引渡しを停止した。買主は、残代金支払の不履行の抗弁として、売主による残る物品の引渡しの拒絶に依拠することはできないと判断した。

【国際ビジネスへの活用】

　上記関連判例（1）においては代替品引渡しの不当な拒絶、（2）および（3）では代金支払の拒絶という買主自身の行為が売主の不履行を引き起こしたと判断されており、本事案では為替変動による引渡受領の拒絶という買主の行為が売主の不履行の起因となったと判断されている。

　国際売買取引においては、為替レート変動のリスクは、これに対応する価格調整条項を設けない限り、常に存在している。買主が為替レートの変動を理由に引渡しの受領を拒む、あるいはその延期を図り、不履行の状態がずるずると継続し引渡時期をめぐって争いが生じる場合がしばしば見受けられる。

　当事者が契約に為替レートの変動に応じた合理的な価格調整条項を織り込む、あるいは合理的なハードシップ条項を織り込んで再交渉の道を開いておくことは買主の立場からは望ましいが、売主・買主間で合意できれば1つの方策である。

　売主の観点からは、本事案における裁判所が述べるように、買主が引渡しの受領を拒絶した時点で、売主は、買主に履行のために一定期間の付加期間を与え、当該期間経過後に契約を解除して、転売を図るという方法が最も簡明であろう。売主としては、事態が好転する見込みがなければできるだけ早期に契約関係を解消して次のステップへ入ることが賢明と考えられる。

注
1　Pace, Netherlands 9 July 2008 District Court Maastricht.
2　Pace, Germany 4 July 1997 Appellate Court Hamburg (*Tomato Concentrate case*).
3　Pace, Germany 5 March 2008 Appellate Court München (*Stolen car case*).
4　Pace, Netherlands 2 October 1998 District Court's-Hertogenbosch.
5　Pace, Germany 24 March 1999 Supreme Court (*Vine wax case*) [CLOUT case No. 271].
6　Unilex, 12.12.2007 Arbitral Award No. 50181T 0036406 American Arbitration Association.
　　Pace, USA 16 April 2008 Federal District Court [New York].
7　Pace, Germany 28 February 1997 Appellate Court Hamburg (*Iron molybdenum case*) [CLOUT case No.277].
8　Unilex, France 12.06.2001 Cour d'Appel de Colmar.
　　Pace, France 12 June 2001 Appellate Court Colmar [CLOUT Case No.480].
　　Unilex, France 30.06 2004 No.Y01-15.964 Cour de Cassation.
　　Pace, France 30 June 2004 Supreme Court [CLOUT Case No.839].

9 ユニドロワ国際商事契約原則(UNIDROIT Principles of International Commercial Contracts) 2004年版。
10 Unilex, 05.05.1997 Arbitral Award No.7365/FMS ICC International Court of Arbitration, Paris.
11 Unilex, Belgium 19.06.2009 No.C.07.0289.N Court of Cassation of Belgium.
12 Unilex, 30.11.2006 Arbitral Award Centro de Arbitraje de Mexico (CAM).
13 Pace, Germany 8 February 1995 Appellate Court München [7 U 1720/94] (*Automobile case*) [CLOUT case No. 133].
14 Pace, Germany 31 January 1997 Appellate Court Koblenz (*Acrylic blankets case*).
15 Pace, Germany 20 Feburuary 2002 District Court München (*Shoes case*).
16 Pace, Belarus 5 October 1995 Belarusian Chamber of Commerce and Industry International Court of Arbitration Case 24/13-95.

第11章　将来の履行の不安に対する救済方法

1　要　点

　国際売買契約は通常は双務契約であり、双務契約において、相手方当事者の義務の実質的な部分の不履行をもたらす事情が契約の締結後明らかになった場合、相手方の履行に不安を抱く当事者の利益を保護することが当事者の履行利益のバランスから必要となる場合がある。この方策として、不安を抱く当事者には自己の利益を保護するためにその義務の履行を停止する権利が与えられる。その結果、両当事者はそれぞれ履行義務から解放されるが、不安を抱く当事者は損害賠償を請求する権利も留保することになる。国際売買契約においては、各当事者の義務の同時履行というよりも、当事者の一方が先履行義務を負う場合がしばしばである。

　CISG第71条は、このように将来の履行に対して不安を抱く当事者の利益を保護するとともに、不履行当事者に適切な保証提供の機会を与えることにより、その利益の保護を図っている。当事者の一方は、相手方の履行をする能力または相手方の信用力の著しい不足、あるいは契約の履行の準備または契約の履行における相手方の行動という理由によって、相手方がその義務の実質的な部分を履行しないであろうという事情が契約の締結後明らかになった場合には、自己の義務を停止することができる。

　CISG第72条により、相手方が重大な契約違反を行うであろうことが契約の履行期前に明白である場合には、当事者の一方は契約の解除の意思表示をすることができる。その際不履行当事者に適切な保証提供の機会を与えるために合理的な通知をすることが要求されている。

　第71条は、履行期に契約を履行できない、または履行しようとしないと確信する理由があるが、当該不履行当事者には履行する、または履行できる

可能性が未だあるがゆえに、第72条による履行期前の契約解除を主張することができない当事者の利益を保護するものである。

このように将来の履行に対する不安の程度に対応して、不安を抱く当事者に履行期を待たずしてその利益を保護する救済方法として、第71条では履行の停止、第72条では契約の解除の権利が与えられている。このような将来の履行の不安に対する履行期前の救済方法は売主・買主いずれの当事者にとっても基本的に有用と考えられる。

CISG第73条は、分割履行、つまり相当の期間にわたる契約で物品の引渡しが複数回に分けられる契約については、契約違反に対して特有の救済方法を規定する。このような分割履行契約では個々の分割部分は全体の契約の一部を構成している。

第71条に基づく履行停止権は、第73条に基づく分割履行契約にも適用される。第71条と第73条の要件がそれぞれ満たされる場合には、当事者は第71条に基づく履行停止か第73条に基づき将来の履行について契約解除を選択することが可能である。

2　将来の履行の不安に対する抗弁権（第71条）
　アメリカ2009年5月29日ニューヨーク（New York）地区連邦地方裁判所判決
　Doolim Corp. v. R Doll, LLC, et al. 事件[1]

【論点】

債務不履行のおそれがどの程度になれば、債権者には不安の抗弁権の発動による自己の債務の履行の停止など、どのような救済方法があり得るか。

【事実の概要】

原告・売主Doolim社はアパレルを生産する韓国の会社であり、被告・買主Doll社は登録商標Dollによるアパレルを生産・販売するニューヨークの会社である。両社は、2007年4月から10月の間に売主が買主の規格に基づいて約500,000着の婦人服をベトナムで生産し、ロスアンゼルスに向けて船

積みをする旨の一連の契約を締結した。価格条件は関税支払済みの到着地渡し、支払条件は買主による受領後15日以内である。

① 売主は、買主の注文により2007年7、8月に77,528着（7、8月用衣服、購入代金381,026 USドル）の船積みをした。買主は、9月7日にこれを受領したが、9月22日にはこの代金を支払わなかった。売主は、9月22日から10月9日の間に、買主がこれを支払う旨の確約をとりつけた。

② 10、11月の初め、売主は次の注文の157,092着（10月用衣服、659,059 USドル）の船積みをし、買主は11月20日にこれを受領した。同じ期間の間に、買主は、249,293着（追加注文衣服、878,262 USドル）を注文したが、その約87％は2008年1月に買主向けに船積みをする予定であり、買主はこれをK-Mart（K-Mart用衣服、766,438 USドル）に転売する計画であった。

③ 2007年11月21日、買主は売主に200,000 USドルのみの支払を行った。

④ 2007年11月25日、売主は13,735着（11月用衣服、67,433 USドル）の船積みをした。

⑤ 2007年12月1日、売主は、同日までに受け取ったすべての注文に対する残代金の支払の確約を買主に要求した。

⑥ 2007年12月8日、両社は、それぞれの権利義務を変更する書面契約（変更契約）を締結し、2007年12月30日までのインボイスに対応する総額931,000 USドルを5回に分割して（2007年12月14日、28日、2008年1月11日、25日、4月20日）支払うことで合意した。買主は、K-Mart用衣服の支払を確保する信用状（Letter of Credit：LC）を2007年12月14日までに売主に提供することも約束した。

⑦ 2008年1月中旬までに、買主は上記分割払いのいずれの支払も行わず、上記LCも提供しなかった。その結果、売主はすべての引渡しを停止するに至った。

⑧ この時点で売主は、11月用衣服を引渡しておらず、ロスアンゼルスに留め置き、追加注文衣服については生産を続けて完了したが、ベトナムに在庫した。

⑨ 売主は、上記11月用衣服および追加注文衣服を転売することを試みなかった。買主およびその経営者で登録商標Dollの所有者であるOshatzが、

売主が直接販売した場合にはその知的財産権を保護するつもりであるとほのめかしていたからである。
⑩　2008年初め頃、OshatzはDoolim社に、自分と買主は支払不能である、Dollブランドはお終いであり、自分はニューヨークを離れようと計画していると話していた。

【判決の要旨】

売主の主たる主張についてのアメリカ、ニューヨーク南部地区連邦地方裁判所の判断は以下のとおりである。
①　原告・売主は、買主に引渡した7、8月用衣服および10月用衣服に対する損害賠償を請求する。買主は、上記衣服の購入代金、1,040,085 USドルを売主に支払う義務がある（CISG第53条）。しかし買主は、衣服代金として200,000 USドルのみを支払い、残額を支払わないことにより重大な契約違反を犯した。購入代金の20％以下にすぎない支払は、売主が買主に期待する権利を有する履行利益を奪ったことになる（CISG第25条）。したがって、このような買主の契約違反により、売主は、上記購入代金の総額と支払代金との差額、840,085 USドルを回復する権利を有する（CISG第74条）。
②　原告・売主は、生産したが引渡さなかった衣服に対する損害賠償を請求する。売主は、11月用衣服および追加注文衣服の引渡しを適正に停止した。買主がこれらの衣服代金の支払をすることができないことが明らかになったからである（CISG第71条1項）。2007年12月7日、売主は、買主が7、8月用衣服についてすでに3カ月以上も債務不履行になっているので、生産中の衣服に対しても支払をしないだろうという、根拠あるおそれを抱いていた。買主が2007年12月14日までに追加注文衣服のためにLC発行を確保すると約束し、軽減された分割支払（第1回目2007年12月14日に200,000 USドルの支払）を行うことを約束したがゆえに、売主は追加注文衣服の生産を再開したのであった。しかし、買主がLC発行の確保または12月14日の支払をしなかった場合には、買主が残存する契約義務の重大な不履行を犯すであろうことは明らかであった。売主は、適正に契約を解

第11章　将来の履行の不安に対する救済方法　263

除し、11月用衣服および追加注文衣服の引渡しを永久に停止した。買主による注文した衣服の度重なる不払いの事実が、これらの衣服に対して合意した代金を支払うことができない、あるいは支払いたくないということを表わしていたからである。

③　2008年1月末までに、買主は、K-Mart用衣服のためのLCを確保せず、2007年12月14日、28日、2008年1月11日、25日に支払うべき総額530,000.00 USドルの支払を行わず、これまでに受領した衣服に対して売主に支払うべき代金債務の履行を確保できる保証（assurance）を売主に与えなかった。したがって、買主が変更契約ならびに11月用衣服および追加注文衣服に対する購入注文に基づく義務の違反を継続するであろうことは明らかであった。

④　売主は11月用衣服および追加注文衣服に関する契約を合理的に解除したので、CISG第75条、第76条に基づき2つの救済方法を選択する権利を有する。すなわち、合理的な期間内に合理的な方法で当該衣服を再販売することにより、予見可能な結果的損失を加えて再販売価格と契約価格との差額を損害として回復すること、あるいは引渡場所における時価と契約価格との差額を損害として回復すること。売主は、第1のオプションを行使するのを望んでいるようにみえたが、当該衣服にはDollの商標が付いていたので、その販売により商標権の侵害を引き起こすことを懸念して再販売を行わなかった。したがって、第1のオプション行使による損害賠償請求は否定される。

【解説】

　結論として連邦地裁は、上記主たる論点に関して、買主に対して売主に840,085 USドルの支払を命ずる判決および売主はDoll商標にかかわりなくその所有する衣服を販売する権利を有する旨の宣言的判決を売主に与えた。

　買主は、2007年12月14日時点において、約束した200,000 USドルの支払および追加注文衣服のためのLC発行を確保しなかったので、裁判所が判断するように、第71条1項および2項に該当し、買主による実質的な部分の義務不履行が明らかになったと評価できる。

買主は、2008年1月末の時点において、上記の不履行に加えて、変更契約に基づいて12月28日、2008年1月11日および25日に支払うべき残代金の支払を行わず、また履行に代わり得る保証もなんら提供しなかった。裁判所が判断するように、追加注文衣服および11月用衣服についても義務違反を継続し、重大な契約違反を行うであろうことが明らかであって、売主は第72条1項に基づき適正に契約を解除できる。

買主に対する損害賠償請求については、裁判所は、CISG第74条に基づき、7、8月用衣服および10月用衣服の残代金850,085 USドルの支払を認めている。しかし、追加注文衣服および11月用衣服については、売主による再販売が行われなかったとして、CISG第75条の適用を否定した。もっとも、本事案のような状況下においてはDoll商標権の黙示のライセンスの許諾という論法により、売主は上記衣服を再販売する権利を有する旨の宣言的判決を認めている。

本事案は、国際物品売買取引において一応基本となる契約に基づいて個別の取引が連続して行われる、よく見受けられる例であるが、その履行過程において買主が支払不能となる場合もしばしばである。裁判所が2007年12月14日の時点で第71条1項の適用がある旨判断したことは、不安の抗弁権による履行の停止および損害賠償にかかわる紛争についての裁判所の判断としては妥当と考えられるが、国際ビジネスの観点からは、2007年12月7日の時点において、買主は、7、8月用衣服についてすでに3カ月以上の大幅な支払遅延に陥っており、売主は、生産中の衣服に対する支払についても買主の債務不履行を強く懸念していた。衣服購入代金の支払条件は買主による受領後15日以内である。逆にいえばLCベースによるK-Mart向けの取引を除けば、売主としては買主の支払について常に不安を抱えている状態にあった。買主の約束にもかかわらず、このLCも発行されることはなかった。このような状況下であれば、買主はその義務の実質的な部分を履行しないであろうことが12月7日よりかなり前の時点ですでに明らかになったと評価することも可能と考えられる。

さらに、裁判所が2008年1月末の時点で第72条1項の適用がある旨判断したことも、契約の解除および損害賠償にかかわる紛争についての裁判所

の判断としては妥当と考えられるが、国際ビジネスの観点からは2007年12月14日の時点で、LCの発行および変更契約に基づく第1回目の分割支払についての不履行により、買主が重大な契約違反を行うであろうことが明白であったと評価することも可能と考えられる。

　売主は、買主およびDoll商標権者が商標権侵害の訴えという手段をとることをおそれて、11月用衣服および追加注文衣服を再販売しようとはしなかった。裁判所が黙示のライセンスという論法により売主の再販売の権利を確認したことは妥当であるが、国際ビジネスの観点からは、売主は、買主側のいわば脅しに屈したことになり、再販売の商機を失ったと考えられる。11月用衣服および追加注文衣服に対する損害賠償請求について、裁判所は売主の再販売の権利の宣言的判決を下すにとどまり、第76条に基づく損害賠償額の算定にまで踏み込んでおらず、その理由は判決文からは不明である。売主による損害賠償請求の仕方に問題があったのか、あるいは裁判所が再販売の実行による回収で十分と判断したのであろうか、いずれにしても理論的な面から疑問が残る。もっとも、本判決が下された2009年5月の時点で季節性のある婦人用衣服の再販売を行ったとしても、回収し得る金額は僅かなものであったであろう。また、裁判所が判決により損害賠償額を算定したとしても、2008年初めに買主の経営者が話していたように、買主は当時すでに支払不能であり、判決の執行により回収できる金額はほとんどなかったであろうと推測される。

【関連判例】

(1) ベルギー 1995年3月1日ハッセルト（Hasselt）地方裁判所判決
　　J.P.S. BVBA v. Kabri Mode BV 事件[2]

　ベルギーのハッセルト地方裁判所は、冬用衣服の売買契約において、とりわけ7カ月を超える買主の大幅な支払遅延により、買主は将来も履行をしないという疑いに合理的に到達することを考慮して、売主は、2回目の注文の引渡しを1回目の引渡しに対する全額の支払があるまで、第71条1項にしたがって停止する権利を有すると判断した。

(2) オーストリア1998年2月12日最高裁判所判決
傘事件[3]

オーストリアの最高裁判所は、傘の分割履行契約における第1回の引渡しに対する買主による支払の不履行あるいは支払の不継続は、第71条1項(a)が要求する重大な財務的困難あるいは信用力の喪失を正当化するには不十分であるとの意見であり、当事者が支払不能手続に服している、あるいは完全に支払もしくは製品の引渡しをストップした場合には、(a)にいう信用力の喪失に該当すると述べている。

(3) フランス2007年2月20日破毀院(最高裁判所)判決
Société Mim. v. Société YSLP, 香水事件[4]

フランスの破毀院は、香水の売買契約において、買主が前の支払において大幅に遅延していること、とりわけ買主に重大な負債を負っているグループに買主が属していることを考慮すると、保証なくして引渡しを行った場合には、買主の支払能力に深刻な疑念を生じさせ、買主が将来履行をしないということを売主に合理的に信じさせることになるので、第71条を適用することができると述べている。

(4) ベラルーシ1995年10月5日ベラルーシ商工会議所国際仲裁裁判所仲裁判断
ATT v. Armco 事件[5]

第10章5［関連判例］(3)の事案であるが、ベラルーシ商工会議所国際仲裁裁判所は、買主がすでに巨額の負債を蓄積しており、毎月の支払を継続して行っていないということから、第71条にしたがって、売主は追加の商品の引渡しを停止する権利があるとの判断を下した。

【国際ビジネスへの活用】

上記関連判例(1)は、履行停止を正当化する支払遅延として7カ月という具体的な時間的経過をあげているが、(2)(3)(4)の事例は、大幅な支払遅延ないし不払いの継続という要素に加えて、支払不能手続、重大な負債を負っているグループの一員や巨額の負債の蓄積などのプラスアルファが認識されており、相当に慎重な判断がなされているともいえる。

本事案のような季節性のある商品の国境を越えた売買取引は国際売買契約

の典型であるが、信用状態に不安のある買主を相手方とする売主にとっては細心の注意が必要とされる取引である。商品売買基本契約に基づいて分割して個別の売買契約が継続する場合は、それぞれの商品の引渡時期と代金の支払時期については、厳格な履行が要求され、この意味において時間が本質的要素となる売買契約である。売主としては、買主の代金支払に一度でも支払遅延が生ずる場合には、履行の停止、さらには契約の解除の権利をいつでも発動できる権利を確保しておくべきであろう。売主が、代金不払いに対する引渡しの停止や損害賠償請求を裁判所による第71条ないし第72条の抽象的文言の適用に委ねることでは十分な救済は期待することができない。

したがって、売主としては、本事案のような売買契約においては、買主による支払遅延が一度でも生ずれば「履行能力または信用力の著しい不足」に該当し、さらに「契約の重大な違反」に該当することを契約上明記することが必要と考えられる。

3　履行期前の不履行（第72条）
オーストラリア2000年11月17日クイーンズランド（Qeensland）州最高裁判所判決
Downs Investments v. Perwaja Steel, くず鉄事件[6]

【論点】

契約の履行期前であっても債務不履行がどの程度明らかになれば、相手方はその不履行に対して救済されることが可能か。

【事実の概要】

オーストラリアの原告・売主（Downs Investment社）は、約30,000トン±10％のくず鉄を供給する契約をマレーシアの被告・買主（Perwaja Steel社）と1996年5月6日付けで締結した。価格条件は1トン当たり164USドル、マレーシアのケママン（Kemaman）渡しで、数量は±10％の範囲内で売主に選択できるオプションがあり、支払条件は一覧払いのLCを7月1日までに発行すること、船積条件は、1996年の7月の間にオーストラリアの港で、傭船

契約の締結前に本船の詳細が買主の承認を得るために買主に告知されることであった。

① 契約交渉は、売主側はマネージャーのAnderson、買主側は購買オフィサーのBasirの間で行われ、これまで両者間で同様の取引で使われた標準契約書式が用いられた。交渉の過程で本船の性質について議論がされたが、Basirは、売主が以前に多くの船積みをして買主の希望する本船の性質を知っているので、傭船契約の締結前に売主が買主の承認のために本船の詳細を告知することを懸念する必要はないと言明していた。

② 7月2日売主は、オーストラリアにおけるくず鉄の供給不足や売主の加工工場の機械的故障から7月の船積みを8月に延期することを要請し、買主のマネージングディレクターGhaniはこれに同意した。

③ 売主のクアラルンプールにおける代理人Teoは、7月10日前に、買主の経営体制が変わるべきだという新聞記事を読んでいた。その後Ghaniがマネージングディレクターを辞任し、新しい経営体制に変わったことを知った。

④ 7月18日、売主は買主にファックスを送り、3つの港での船積みの予定とともに、8月1日にLCを発行することを要請した。7月22日、Basirは、売主が本船を確認すれば、LCを発行する旨回答した。

⑤ 7月26日前に、AndersonとTeoは、買主の経営体制の変更に伴い契約履行に対する買主の態度の変化に気づいたが、そのときまでに売主は本船Dooyang Winnerを傭船することに合意していた。

⑥ 7月24日および26日、Teoは新経営陣の1人Yunnsを訪問したが、Yunnsは本契約について何も知らされていないと述べた。

⑦ 7月29日または30日にAndersonとTeoは、新経営陣の会長Abuを訪問し、すでに本船は手配済みで、傭船契約をキャンセルすることはできない、そしてLCが発行されなければ売主は多大の損害を被ると主張したが、Abuは、新しい経営体制の下では、LCの発行には経営委員会の承認が必要であり、Abuは経営委員会のメンバーの1人であったが、LCを発行する権限を有していないと返事した。

⑧ 7月31日、売主は買主に本船名Dooyang Winnerおよび船積みと到着の

予定を知らせた。AndersonとTeoは、Abuを再び訪問したが、AbuはLCの発行について経営委員会の承認を得られなかった、8月2日の経営員会に再び上げてみるとの回答であった。8月2日にTeoはAbuにコンタクトしたが、経営委員会の承認を得られなかった、8月22日にもう一度試みるとの返事であった。

⑨　8月頃には、くず鉄の国際価格は1トン当たり20.50 USドル下がっていた。

⑩　売主のマレーシア弁護士は、LCが8月7日までに発行されなければ、買主は履行を拒絶したものとみなす旨の警告を買主に行った。8月8日、買主の弁護士は、買主から肯定的な指示を得ることはできなかったと返事した。8月9日、売主は、その弁護士が買主へ手紙を送り、買主が契約上要求されたLCの提供を拒否し、履行を拒絶（repudiate）したので、発生する損失を回復する権利を留保しつつこの拒絶を受け入れ、契約を解除したと主張する。

【判決の要旨】

　主たる論点に関してオーストラリアのクイーンズランド州最高裁判所は以下のような判断を下し、売主の主張を認容した。

①　1996年8月9日前に当初の1996年5月契約の条項は変更されたか。

　遅くとも7月22日までに買主は、傭船される本船の名前が知らされ次第、要求されたLCを発行することに合意した。7月31日に売主は、本船が、船積条項の要求にすべての面で合致したDooyang Winnerであることを買主に知らせた。手紙のやりとり、とりわけ7月22日付けの買主の手紙から、買主がその段階で、傭船される本船の名前の提示を承認のために要求していないことが明らかである。また、AndersonとBasirとの間で船積条項の効果についてこれまでになされた調整に照らして、買主は、売主が傭船契約の前に買主から承認を得ていないことを契約の重大な違反であると主張することは明らかに禁止される（be estopped）。

②　買主または売主はどの程度1996年8月9日前に変更された契約の本質的部分を違反したか。

Dooyang Winnerの傭船契約をする前に買主の承認を得なかったとする売主による船積条項の技術的違反は、本質的条項の違反ではなく、買主が8月9日までにLCを発行することを拒否する正当化理由として、買主が依拠することはできない。一方、Dooyang Winnerがくず鉄の船積みを開始するためにタスマニアのベル湾に停泊しているときに、LCの発行を買主が拒否することは、変更された契約の本質的条項の買主による明らかな違反である。経営体制の変化によりLCの発行には経営委員会の承認を要することになったが、それが拒否されたという、LC発行の不履行についての買主の抗弁は、法的にはなんらの抗弁とはならない。

③　売主は、買主の本質的契約条項の履行拒絶・不遵守を理由に買主との契約を解除し損害を回復する権利があるか。そして売主は、契約解除前の重要な時点において義務を履行する用意、その意思およびその可能性はあったのか。

　契約の支払条項および7月18日付けの売主から買主への手紙を読めば、くず鉄の船積みの開始前にLCを提供することが契約の本質的条項であったことは明らかである。そして8月2日の経営委員会の決議から、買主が売主との契約義務を履行する代わりに、おそらくくず鉄の市場価格の下落に照らして、契約の再交渉に乗り出すことを提案していたことも明らかである。売主は、契約を解除して、買主が売主との契約の本質的な条項の履行を拒絶し、遵守しなかった結果として被った損失を回復する権利がある。

　売主の契約遵守を妨げた唯一のものは、Dooyang Winnerがタスマニアのベル湾でくず鉄の船積みを開始する前にLCを提供するという契約の本質的な義務を買主が拒絶したことであった。8，9月の間において売主は、契約にしたがって9月末前に引渡しを完了するように、くず鉄を買主に引渡す用意、その意思およびその可能性があった。

【解説】
　当初の1996年5月契約において、傭船契約の締結前に本船の詳細が買主の承認を得るために買主へ告知されることを要するという点については、売主と買主との間のこれまでのやりとりから、売主による重大な違反であると

買主が主張することは禁反言として禁止されるという最高裁判所の判断は、結論として支持することができる。もっとも、当事者間の取引慣行からこのような売主による告知違反は重大な違反には該当しないと判断することも可能であったと考えられる。

売主は、7月2日に、7月の船積みを8月に延期することを買主に要請し、買主はこれに同意することにより当初の契約は変更された。売主は、7月18日に、8月1日にLCを発行するよう買主に要請した。船積みの開始前に買主がLCを発行する義務は本契約の本質的なものであり、これに違反することは重大な契約違反である、と最高裁判所は適正な判断を下しており、買主が内部的に経営委員会の承認を得てないということを口実にしてLC発行の引延しを図ったのは、市況の下落に照らして再交渉を提案するためであったと認識している。したがって、最高裁判所は、売主が8月9日に契約を解除し、損害を回復する権利があることを認めており、この判断を支持することができる。

本事案において、履行期前の解除権発動の要件として、第72条1項にいう「相手方が重大な契約違反を行うであろうことが契約の履行期前に明白である」とはいつのことであろうか。7月31日の時点で、AndersonとTeoがAbuを再度訪問したが、経営委員会の承認が得られておらず、8月2日に確認を求めたが、またもや経営委員会の承認がとられていなかった。8月22日に再度試みるというAbuの返事は、市況の下落傾向を勘案した明らかな引延しであったとみられる。8月9日には、売主はその弁護士を通じて買主の履行拒絶を確認したとする手紙を送っているが、すでに8月2日の時点で重大な契約違反を行うであろうことが明白になっており、売主は契約の解除の意思表示をすることができると考えられる。

【関連判例】

(1) アメリカ1999年12月7日イリノイ（Illinois）北部地区連邦地方裁判所判決
　　Magellan International Corporation v. Salzgitter Handel GmbH 事件[7]
　鉄鋼製品の売買契約において売主は、当初のLCが、運送取扱人の貨物受取証（Forwarder's Certificates of Receipt）を船荷証券（Bills of Lading：BL）に代える

ことを無条件に認めるように変更されることを要求し、LCが変更されない場合には、契約義務を履行しないと買主を脅したが、アメリカのイリノイ地区連邦地方裁判所は、これが契約の履行期前の契約違反に至ると判断した。

(2) ドイツ1992年9月30日ベルリン（Berlin）地方裁判所判決
　　シューズ事件[8]
　　ドイツ1993年4月28日クレーフェルト（Krefeld）地方裁判所判決
　　シューズ事件[9]

　ドイツのベルリン地方裁判所は、シューズの売買契約における第72条の適用に際して、将来の契約違反の蓋然性は非常に高く、誰にとっても明らかでなければならないが、きわめて完全な確実性を要求していないと言明し、引渡しがなされるべきであったときに、買主が未だ前の契約に基づく履行をしていなかったので、買主が以後の契約を違反するであろうことを信ずるべき理由があったと判断した。また、クレーフェルト地方裁判所も、同様に第72条の適用において、売主が数回履行の催促をし、訴えさえも提起したけれども、買主が以前の契約に基づく履行をしなかったことを考慮した。

(3) スイス1997年1月国際商業会議所（ICC）国際仲裁裁判所仲裁判断
　　衣服事件[10]

　ICC国際仲裁裁判所は、季節性のある服飾コレクションのための衣服の売買契約において、タイムリーな引渡しが本質的なものであり、遅滞した引渡しは契約の重大な違反となり、買主は第72条1項にしたがい契約を有効に解除したと判断した。

【国際ビジネスへの活用】

　国際取引において、買主からの代金回収を確保することは売主にとって最大の関心事であり、とりわけ買主の信用状態に懸念がある場合には、信用状取引は売主にとり売買契約の必須要件である。もし代金回収ができない可能性が生じたならば、売主としてはできるだけ早い機会に契約を解除して、新たなステップに入ることが必要である。一方で、上記関連判例（1）においては売主による一方的なLCの変更は許されないと判断されている。

　第72条に基づき履行期前に契約を解除するためには、「重大な契約違反」

に該当するかどうかの問題があり、争いが生じる場合がある。関連判例（2）においては、以前の契約の不履行継続、（3）では引渡時期が契約の本質的要素であることが、契約の重大な違反に該当するか否かの判断において斟酌された。

本事案のように、買主が売主の形式的な違反を申立てて、売主を牽制することもあり得る。したがって、売主にとっては、買主が契約にしたがいLC発行の手続をとり、船積み前にLCを入手しておくことは契約の本質的な条項であり、これに違反することは重大な契約違反に当たることを明文化すべきである。また、「明白である」とする時期をめぐっても争いが生じる場合があり、売主としてはできるだけ早期に解除権発動の権利を確保しておく必要がある。したがって、LC発行の時期を明記し、それに遅滞すれば直ちに重大な契約違反となり、解除権の発動ができるようにすべきであろう。

4　分割履行における不履行（第73条）
フランス1995年2月22日グルノーブル（Grenoble）控訴院判決
BRI Production "Bonaventure" v. Pan African Export, ジーンズ事件[11]

【論点】

分割履行の契約において、債務者の不履行がどの程度明らかであれば、債権者は将来の履行の不安に対して契約解除による救済を得ることができるか。

【事実の概要】

フランスの売主BRI Production社は、1991年にアメリカの買主Pan American社とそのBonaventureブランドの衣服の分割販売契約を締結した。両社間の交渉過程は以下のとおりである。

① 両社の最初のコンタクト時、買主は1991年5月27日付けのファックスで、アメリカへのジーンズの輸入に関心はなく、アフリカと南アメリカの顧客のために購入したい旨表明し、8月31日には、エクアドルのグアヤキル向けに衣服を注文した。

② 買主は、10月14日、2番目の注文を検討中と売主に知らせ、売主は衣服の仕向地がどこかを尋ねた。10月17日付けのファックスで、11月15日引渡しの条件で特定の数量を注文したが、最終の顧客の名前は知らされなかった。10月21日、売主は再度顧客の名前と住所を求め、買主は「La Palestina N.A. DE RYDERKADE CURACAONA」とファックスで示した。売主は、10月24日付けのファックスで引渡しに合意した。10月27日、買主は、船積みの手配をし、顧客と仕向地を売主に知らせる旨連絡した。

③ 11月初め、売主は10月末に販売された衣服のグアヤキル引渡しを証明するよう買主に求めた。買主は、このような要請は最初からおよび将来のために明確には公式化されていないが、売主が要求する書類を提供する権限を運送取扱代理人に与える、さらに商品が船積みされたことを証明するBLを提示する用意がある旨回答した。

④ 11月15日、売主は、10月に引渡された衣服の最終仕向地の証拠がなければ、新しい引渡しをしないことを知らせ、買主は、書類がその代理人Me Kaplanの事務所で検査されると回答した。Me Kaplanから買主への手紙には、最初の商品販売に関するBLが売主のディレクターに示されたと書いてあった。このBLのコピーの要請は拒否された。

⑤ この船積みに関するいかなる書類も本法廷には提示されなかった。

⑥ 売主は、多くの海外のディストリビューターとの契約に縛られており、とりわけスペインにおいては「ジーンズBonaventure」のブランド名が大人気で、並行輸入を認めないことに利害を有しているが、Bonaventureジーンズが今や市場に溢れているとのクレームをスペインのディストリビューターから受け取っており、そしてアメリカにおいては、Bonaventureの商標権の所有者ではなく、その商品が差し押さえられるリスクがあると述べ、商品の最終仕向地が契約の本質的条件であると主張する。さらに売主は、エクアドルのグアヤキル向けの1991年9月契約の目的物が、実際にはマドリッドの商店向けに引渡されたこと、そしてこの転送が、買主がフランスの運送代理人に指示したことから生じたことを主張・説明する。

したがって、売主は、新しい引渡しに進む前に商品の実際の仕向地を証明することを買主に要求する権限があり、それが拒絶された場合には引渡

しを拒絶し、契約を解除して損害賠償を請求することができると主張する。

これに対し、買主は、商品の最終仕向地を開示したこと、売主が新しい注文の引渡しの条件として前の注文が実際にグアヤキルで引渡されたことを証明する書類を要求するのが遅すぎること、スペインは明確に禁止された仕向地では決してないことなどを主張する。

【判決の要旨】

フランスのグルノーブル控訴院は、主たる論点について以下のように判断して原告・売主の主張を認めた。

① CISG第8条を適用すると、買主が売主の意図が何であったかを知っており、または知らないことはあり得なかった場合には、売主の言明および行為はその意図にしたがって解釈しなければならない。売主と買主との間に長いビジネス関係を確立するための最初の契約から、ビジネス関係が南アメリカまたはアフリカ向けに船積みされる商品に関してのみであることを買主は知っており、買主の1991年5月21日付けのファックスはこの点に関して売主を安心させるものであった。

② 売主には、契約上の書類に記載された引渡しの場所が実際の引渡場所であることを証明する証拠を求める権利がある。実際の引渡場所の証拠の欠如またはコピーの提供のないBLの証拠としての単なる作成は（更なる調査で偽造であることがわかった）、売主が契約から期待する権利があるものを奪っており、買主の行為はCISG第25条に規定される契約の重大な違反に至っている。

③ 売主は、買主が契約上の義務を遵守するために、状況を考慮して10月21日から11月25日までの合理的な長さの履行の付加期間を買主に与えた。

④ 最初の契約の十分な履行がない場合には、売主には同様の義務を課す更なる履行のための契約関係を解消する権利がある。売主の契約解除は、急なものではなく、買主に他の供給者を見つける余裕を与える期間の後になされたものである。

【解説】

　ブランド品衣服の分割履行契約である本事案において、買主は、当該衣服がアフリカと南アメリカの顧客向けである旨を表示しており、売主にとってはとりわけスペインやアメリカ向けに販売されないことが最大の関心事であり、また売主には最終仕向地を確認するための証拠の提出を要求する権利があるが、これらに違反することは買主による重大な契約違反に該当するとの控訴裁判所の判断は、結論として支持できる。

　買主は、実際はスペイン向けに引き渡されたにもかかわらず、最終仕向地がエクアドルのグアヤキルであると主張し、時間稼ぎを行っている。分割履行契約の最初の履行が不十分な場合には、本事案における買主が最終仕向地をごまかそうとした悪質さを考慮すれば、将来の引渡部分についても同様の重大な契約違反が生ずると判断し、売主に契約を解除する権利を認めたことは妥当である。

　第73条に基づく契約解除権は、分割履行において「当該引渡部分についての重大な契約違反となる場合には」当該引渡部分について発動され、そして「将来の引渡部分について重大な契約違反が生ずると判断する十分な根拠」がある場合には、将来の引渡部分について発動される。

　本事案において売主は、多くの海外のディストリビューターとの契約により当該衣服の販売地域について拘束されており、最終仕向地は重大な関心事である。買主のこの点に関する表示は不実表示であるが、CISGには不実表示に対する救済の規定が存在していないので、実際の引渡しに関する証拠の欠如ないし証拠の偽造が重大な契約違反に該当するという迂遠な方法がとられている。

　当事者間の契約において、販売地域に関する条項を設け、これに違反していることの根拠を提示することができるならば、直ちに重大な契約違反になると構成すべきであろう。

【関連判例】

（1）スイス1997年2月5日チューリッヒ（Zürich）商事裁判所判決
　　R.H. v. E., ひまわり油事件[12]

スイスのチューリッヒ商業裁判所は、イタリア産ひまわり油の売買契約における最初の分割履行の不履行が買主に、重大な契約違反が将来の分割履行に際してもまた生ずるであろうと結論づけるに十分な根拠を提供するとし、売主が買主により設定された履行の付加期間内に履行しなかったので、買主は第73条1項にしたがい契約の解除を有効に宣言したとの判断を下した。

(2) ドイツ1995年8月21日エルワンゲン（Ellwangen）地方裁判所判決
　　スペイン・パプリカ事件[13]

ドイツのエルワンゲン地方裁判所は、スペイン産パプリカの売買契約において、売主がドイツの食品安全法を遵守する食品を供給できるかどうか、またいつ供給できるかを証明することができないので、このような売主の契約違反は、重大な契約違反が将来の分割履行についても生ずるであろうと結論づけるに十分な根拠を買主に提供していると判断した。

(3) ドイツ1998年12月29日ハンブルグ（Hamburg）仲裁廷仲裁判断
　　チーズ事件[14]

ドイツのハンブルグ仲裁廷は、チーズの売買契約における2回目の分割履行に関する売主の不履行は、契約の重大な違反が将来の分割履行についても生ずるであろうと結論づけるに十分な根拠を買主に提供しているとし、未だ履行されていないすべての分割履行について契約の解除を宣言する権利が買主に与えられると判断した。

(4) オーストリア1997年12月10日ウィーン（Vienna）仲裁廷仲裁判断
　　大麦事件[15]

オーストリア、ウィーンの農産物取引所の仲裁廷においては、大麦の売買契約に第73条2項を適用して契約を解除するに際しての「十分な根拠」とは、違反の高い蓋然性を意味するが、履行期前の契約違反に対してCISG第72条により要求されるテストほど厳格である必要はない、そして最初の2つの分割履行の遵守の欠如は、売主側における反対の言明または手段がない場合には、将来の分割履行についてもそのような違反が高い蓋然性で生ずるであろうとして、売主による重大な契約違反に至ると判断された。

(5) ハンガリー1995年11月17日ハンガリー（Hungary）商工会議所仲裁廷仲裁判断[16]

ハンガリーの仲裁廷は、キノコの売買契約において、買主の銀行保証提供の拒絶は、買主が将来の引渡しについて支払をしないだろうと結論づけるに十分な根拠を売主に提供し、売主は第73条2項にしたがって契約の解除を宣言する権利があるとの判断を下した。

【国際ビジネスへの活用】

分割履行の契約は、複数回の引渡しにより履行が行われ、国際売買契約にはこのような分割履行の形態がしばしば見受けられる。分割履行の性格上、かなり長期に履行期間が続くことになるので、当事者、特に売主は、将来の引渡しが契約に定めるとおり行われるかについて懸念を抱くのが通常である。売買契約や対象物品の性格、契約をめぐる環境などにより将来の履行を確保することが困難な場合があり得る。

第73条の適用においては「重大な契約違反」に該当するかどうかについて争いが生じ、あるいは将来の履行における重大な契約違反発生の十分な根拠について争いが生じ得る。売主の分割履行契約について、上記関連判例(1)においては1回目の不履行のみで重大な契約違反に当たると判断されたが、(3)、(4)では、2回目までの不履行により重大な契約違反に至ると判断されており、各事案の状況により判断に差異が生じるおそれがある。

したがって、本事案における「販売地域の規定」や「引渡時期遵守の規定」など、当該契約において何が重大な契約違反事由であるか、またどの程度の根拠があれば「将来の履行における重大な契約違反」に該当するといえるかについて、当事者間の契約により明文の規定を定めておくことが必要と考えられる。最も簡明な方法としては、分割履行契約の最初の履行において、当事者が本質的なものとして定める規定に違反すれば直ちに将来の履行も含めて重大な契約違反に該当し、契約を解除することができるとすべきであろう。

注
1 Pace, USA 29 May 2009 Federal District Court [New York].
2 Unilex, Belgium 01.03.1995 No.AR 3641/94 Rechtbank van Koophandel, Hasselt.
3 Pace, Austria 12 February 1998 Supreme Court (*Umbrella case*) [CLOUT case No.238].

4   Pace, France 20 February 2007 Supreme Court (*Perfume case*) [CLOUT case No.835].
5   Unilex, Belarus 05.10.1995 Arbitral Award No. 24/13-95 Belarusian Chamber of Commerce and Industry International Court of Arbitration.
6   Pace, Australia 17 November 2000 Supreme Court of Qeensland (*Scrap steel case*) [CLOUT case No.631].
7   Pace, USA 7 December 1999 District Court of Illinois [CLOUT case No.417].
8   Pace, Germany 30 September 1992 District Court Berlin (*Shoes case*).
9   Pace, Germany 28 April 1993 District Court Krefeld (*Shoes case*).
10   Pace, ICC Arbitration Case No. 8786 of January 1997 (*Clothing case*).
11   Pace, France 22 February 1995 Appellate Court Grenoble (*Jeans case*).
12   Pace, Switzerland 5 February 1997 Commercial Court Zürich (*Sunflower oil case*) [CLOUT case No.214].
13   Pace, Germany 21 August 1995 District Court Ellwangen (*Spanish paprika case*).
14   Pace, Germany 29 December 1998 Hamburg Arbitration proceedings (*Cheese case*) [CLOUT case No..293].
15   Pace, Austria 10 December 1997 Vienna Arbitration proceeding S 2/97 (*Barley case*).
16   Pace, Hungary 17 November 1995 Hungarian Chamber of Commerce and Industry Court of Arbitration.

第12章　契約違反に対する救済方法（1）

1　要　点

　国際売買契約において、売主または買主である当事者はそれぞれの義務を契約の主たる内容として規定するが、その義務の不履行の発生や結果について具体的な規定を設けるまでに至らない場合がしばしばである。当事者間で実際に問題や紛争が生じるのは、履行の過程における不履行をめぐってであり、これらの解決策を単に準拠法に委ねるのではなく、あらかじめ契約締結時に当事者間で議論し、契約に織り込んでおくことが将来の紛争解決に役立つと考えられる。この意味においてCISG第45条および第61条はかなり周到な救済方法を用意しており、売主、買主それぞれの立場から検討することが必要である。

　CISG第45条によれば、買主は、売主による契約違反に対して、第46条から第52条までに規定する権利（特定履行・代替品引渡し・修補の請求、履行の付加期間、売主による追完、契約解除、代金減額請求など）を行使すること、および第74条から第77条（損害賠償の範囲、代替取引の有無による損害賠償、損害軽減義務）までの規定にしたがって損害賠償を請求することができる。もっとも、救済方法としての本来的性質から両立できないものを同時に主張することはできない。CISG第61条によれば、売主は、買主による契約違反に対して、第62条から第65条までに規定する権利を行使すること、および第74条から第77条までの規定にしたがって損害賠償を請求することができる。

　CISGの責任は、故意・過失等の帰責事由を必要としない無過失責任を原則としているが、無過失責任といっても絶対的な厳格責任であることを意味しているのではなく、第79条（自己の支配を超えた障害発生による不履行責任）

に基づく例外的な場合には履行義務が免責される。したがって、不履行は、免責されることがあり得るがゆえに、契約違反とは同じではない。

　CISG第46条によれば、物品が契約に適合しない場合には、買主は、代替品の引渡しを請求することができる。ただし、その不適合が重大な契約違反となり、かつその請求を第39条（不適合の通知義務）に規定する通知の際またはその後の合理的な期間内に行う場合に限られる（2項）。また買主は、すべての状況に照らして不合理であるときを除くほか、売主に対しその不適合を修補によって追完することを請求することができる（3項）。

　一方、CISGは、物品の引渡期日前と引渡期日後に分けて、売主による不履行の追完を規定している。売主は、引渡しの期日前に物品を引渡した場合には、買主に不合理な不便または不合理な費用を生じさせないときに限り、その期日までその不適合を追完することができる（第37条）。さらに売主は、引渡しの期日後も、不合理に遅滞せず、かつ買主に対して不合理な不便または買主の支出した費用につき自己から償還を受けることについての不安を生じさせない場合には、自己の費用負担によりその不履行を追完することができる（第48条）。このような売主の追完権を認めることによって、重大な契約違反に対する買主の契約解除権を制限している。買主は、契約上の引渡期日が過ぎるまでは、契約を解除することができないからである。

　CISGは、当事者間における契約の維持を目指しており、損害軽減義務（第77条）のような経済的な浪費を最小限にするポリシーおよび信義の原則をその規定に反映させているが、買主による修補請求や売主による不履行の追完もこのような原則の具体化の1つである。

　CISG第51条によれば、売主が買主に引渡した物品が契約したものの一部にすぎない場合、あるいはその一部のみしか契約に適合しない場合、売主による一部不履行として不完全履行となり、買主には、上述した売主の契約違反に対して与えられる様々な救済方法が適用される。また買主は、完全な引渡しまたは契約に適合した引渡しが行われないことが重大な契約違反となる場合に限り、その契約の全部を解除することができる。

> 2 当事者の契約違反に対する相手方の救済方法（第45条・第61条）
> ロシア2006年2月13日ロシア連邦商工会議所国際商事仲裁廷仲裁判断
> 産業機器事件[1]

【論点】

当事者は、どのような場合に相手方の義務違反に対してどのような救済方法を申し立てることができるか。

【事実の概要】

2003年、ロシアの買主とドイツの売主は、第三者のドイツの会社により製造される産業機器の売買契約を締結した。売主は、機器の引渡し、据付け、組立ておよびテストならびに買主のスタッフの訓練および当該機器の完全な運転準備状態での引渡しを行うことが契約に規定されていた。

両者間の取引関係は以下のとおりである。

① 契約には、機器の完全なセットの引渡しは2004年7月30日までに行われること、機器の据付けは、合意した技術規格および据付書面にしたがって両当事者が据付作業を完全に準備していることを条件として行われること、および機器の据付け、組立ておよびテストの期間は10週間を超えないことが規定されていた。

契約によれば、買主は、機器および技術資料のコストを5回に分割して支払わなければならない。すなわち、契約締結後10日以内に20％、プロジェクト認可後10日以内に20％、テスト実施計画受取り後10日以内に30％、運転状態通知後10日以内に20％、最終確認後10日以内に残り10％。

また、売主の過失により上記の日までに機器を運転状態に置くことに遅滞した場合は、売主は買主に対して、遅滞1日につき契約代金の0.06％のペナルティを支払う、支払いの遅滞の場合には、買主は売主に対して同様

のペナルティを支払わなければならない。
② 買主は契約にしたがって、2003年11月21日に代金の20％の第1回目の前渡金、2004年2月9日に同じく20％の第2回目の前渡金の支払を行った。

　当事者間の交信によれば、売主は、引渡しが2カ月遅れること、10週間の据付期間を勘案すると機器の運転状態は2004年11月になるであろうと認識していた。
③ 2004年9月24日、当事者は追加契約を締結し、支払条件について、追加契約締結後10日以内に30％、運転状態通知後10日以内に20％、そして残り10％に変更した。また、機器の検査および据付けの開始については別途の契約で取決める旨も合意された。
④ 10月7日、売主は機器を受領し、売主と買主は、機器の検査および据付けの開始について別途の契約で定める旨合意した。
⑤ 契約にしたがって、買主は、10月7日に第3回目の支払（20％）、10月8日に第4回目の支払（30％）を実行した。10月14日に買主は、7月31日から10月6日までの期間（68日間）における機器引渡しの遅滞によるペナルティを売主に請求した。

　12月1日の手紙で、買主は、売主が据付用の機器を受領したにもかかわらず、まだ据付けの義務の遂行に進んでおらず、機器の据付けは契約に定められた10週間以内には完成しないであろうことが明らかになったと述べた。このような状況から、買主は第49条1項（b）および第72条をベースとして12月3日以降について契約の解除を宣言した。
⑥ 2004年12月20日、2005年1月28日には、当事者は引渡された機器が契約条件に適合しているかの検査を確認する書面に署名した。

　2005年4月27日、当事者は機器が運転準備状態にある旨の書面に署名した。これにより、機器が完全に運転準備状態にあり、買主による最終回の支払の根拠を提示していることが証明された。
⑦ 売主は、4月29日の手紙で、最終支払のために請求書2通を買主に送付した。この支払の期限は5月18日であったが、買主は支払わなかった。5月18日、売主は買主に対してこれを19日までに支払うよう要求し、引

き続き契約に定められた履行遅滞のペナルティの支払を請求する手紙を送付した。

【仲裁判断の要旨】

主たる論点に関するロシア連邦商工会議所国際商事仲裁廷の判断は以下のとおりである。

① CISGには、履行義務条項の決定に関する規定が含まれていないので、仲裁廷は補充的な実体法としてドイツ民事法および商事法を参照する。

② 当事者が10週間として定めた、据付けの完成および機器を運転状態に置くための期間は、売主のみならず買主にもかかわる多くの条件によっており、買主は、当該期間は売主が機器を引渡すべきであった日、7月30日から起算すべきと主張するが、これを考慮に入れることはできない。とりわけ機器の据付けは、買主による機器の通関後および据付けの開始に必要なすべての条件の準備後に始めることができるのであり、機器を運転状態に置くまでの期間の10週間は、売主がその義務の遂行を始めるときから起算される。

③ 2004年12月1日の手紙において、買主は売主に機器据付けを履行する義務を思い出させている。その手紙での契約解除の表明にもかかわらず、当事者は契約上の義務の履行を継続した。これを考慮すると、契約解除の表明はなんらの法的意味を持っていないと考えられる。

④ 2004年12月1日には買主は据付けの準備状態にあり、その直後売主も据付作業を開始した。機器を据え付けて完全な運転準備状態に置くまでの期間は10週間であるから、売主は2005年2月9日までにその作業を完成させる義務を負っている。しかし、実際には2005年4月27日まで完成しなかった。売主は、その義務の履行についてこの10週間の終了日の翌日、すなわち2005年2月10日から遅滞したものとみなされる。したがって、遅滞の期間は2005年2月10日から4月27日までの77日間である。

⑤ 契約にしたがって、買主は機器の据付け、組立ておよびスタッフの訓練のために最後の支払をする義務を負っている。売主は2005年4月29日

の手紙で請求書2通を送ったが、買主は支払わなかった。買主は、第53条、第59条、第61条、第62条、第74条および第78条にしたがって支払をする義務を負っている。

【解説】

2004年12月1日の手紙で買主が、売主は10月7日に機器を受領したにかかわらず、据付作業が大幅に遅れていることから、第72条にしたがい履行期前の解除を宣言したが、その後も両者が履行を継続したので、解除の効果が生じなかったとする仲裁判断は、その前提として売主のこのような遅滞が重大な契約違反として契約解除の対象になる（第45条）との判断を含めて、妥当である。この解除宣言の実際的な効き目であろうか、その直後に売主は据付作業を開始している。買主としては、契約を解除して売主に損害賠償を請求するよりも、売主に履行を続けさせて据付けを完了した方が得策であると判断したのであろう。

また、買主は売主に最後の支払をする義務を負っている（第53条、第61条、第62条等）との判断も妥当である。

売主の遅滞に対するペナルティの起算時に関して、機器を据え付けて完全な運転準備状態までの10週間は2004年12月1日に始まり2005年2月9日に終わるとして、2月10日以降と仲裁廷は判断している。しかし、売主はメーカーのドイツの会社より当該機器をすでに10月7日に受領しており、12月1日まで据付作業の開始がなされなかった事情は、裁定書の内容からは必ずしも明らかではない。完全な運転準備状態に至るまでの作業が売主と買主の共同作業であり、少なくとも買主による当該機器の輸入通関の期間は必要であるとしても、約2カ月弱の期間は長すぎるであろう。

【関連判例】

〔1〕売主の契約違反に対する買主の救済方法

(1) イタリア1998年3月20日ミラノ（Milano）控訴裁判所判決

　　Italdecor S.a.s. v. Yiu's Industries（H.K.）Ltd. 事件[2]

　1990年11月28日イタリアの買主と香港の売主はニット服の売買契約を

締結した。引渡日は契約に1990年12月3日と定められていたが、売主はその日に引渡しをしなかったので、買主は第45条1項および第49条1項に基づいて契約を解除した。イタリアのミラノ控訴裁判所は、売主による引渡日の遵守は、年末セールに間に合うように受け取ることを期待していた買主にとっては基本的に重要なものであり、契約により特定された日におけるノンデリバリーは売主による重大な契約違反となると判断した。
(2) エジプト1995年10月3日カイロ（Cairo）商工会議所仲裁判断[3]

エジプトの売主とアメリカの買主は一定数量の装置の売買契約を締結した。売主の義務に関して、エジプトのカイロ商工会議所仲裁廷は、第45条を参照して、売主が買主のための銀行保証の延長を拒否したことにより契約義務に違反したとの判断を下した。

〔2〕買主の契約違反に対する売主の救済方法
(1) ウクライナ2007年12月11日最高裁判所判決
　　Bobst S.A. v. Express, 自動るつぼプレス事件[4]

スイスの売主とウクライナの買主は、Incoterms 2000に基づくFCA（Free Carrier, 運送人渡）条件で自動るつぼプレスの売買契約を締結した。売主は当該プレスを引渡し組み立てたが、買主は代金の一部のみを支払った。ウクライナ最高裁判所は、売買契約の準拠法はスイス法であり、CISGの範囲内に入るとしたうえで、契約の規定上、売主は買主に対する更なる通知なくして代金全額の支払を請求する権利があると判断した。類似のルールがCISG第61条、第62条に規定されていることを認識して、この結論に達した。

(2) ドイツ1993年5月13日アーヘン（Aachen）地方裁判所判決
　　電子補聴器事件[5]

ドイツの売主は、以前に購入の意思を表明していたイタリアの買主に10個の電子補聴器のインボイスを送付した。買主はファックスにより製品を引き取ることができる旨述べたが、その後そうしなかった。売主から履行の通知を受け取った後、買主は、もはや製品を引き取る意思がない旨知らせた。その後両者は和解し、売主は、買主が製品を引き取り、一定の期間内に代金を支払うことを条件として、契約上のクレームを放棄することに合意したが、買主はこの和解を遵守しなかった。ドイツのアーヘン地方裁判所は、買主が

製品を引き取る義務に違反しており、売主は、履行の付加期間を設定したので、第61条1項（b）および第63条にしたがって損害を回復する権利があるとの判断を下した。

【国際ビジネスへの活用】

相手方の契約違反に対する当事者の救済方法として、上記関連判例〔1〕(1)は、重大な契約違反に該当するとして契約解除と損害賠償請求、関連判例〔1〕(2)および〔2〕(1)は、そこまでに至らない契約違反として損害賠償請求を認め、関連判例〔2〕(2)では、履行期間の付加というプロセスを経て、解約解除と損害賠償請求を認めており、契約違反の重大性により救済方法の選択肢が異なってくる。

本事案は、売主の履行義務として単なる機器の引渡しのみにとどまらず、据付け、組立て、完全な運転準備状態での引渡しまでも対象とする売買であり、この種の国際売買取引においてこのような据付作業が遅滞する例が多く見受けられる。据付作業の遅滞に対するペナルティの趣旨は、契約に定められた据付作業の期間を売主に厳守させることにあり、本事案のような争いを避けるためには、当事者は契約にペナルティ算定の起算時点を明確に規定する必要があると考えられる。

3　買主による代替品・修補の請求（第46条2項・3項）
　オーストリア2002年1月14日最高裁判所判決
　冷却システム事件[6]

【論点】

買主は、売主による物品の不適合に対してどのような要件を満たせば代替品または修補を請求することができるか。

【事実の概要】

ドイツの売主とオーストリアの買主は、売主により特別に製造される冷却装置の売買契約を締結した。両者間の取引状況は以下のとおりである。

①　契約によれば、冷却装置はテストのためにオーストリアの買主の施設で引渡され、最終的にドイツの水プラントに取付けられることになっていた。当該プラント所有者の代理人として仲介者が介在して、買主に冷却装置の引渡しと取付けを要求し、買主と当該仲介者間の契約では特定の引渡日が定められ、遅滞の場合には高額のペナルティの支払が規定されていた。

②　売主は、そのオファーに際し、インボイスの裏面に印刷された標準条項の適用に言及していた。買主は、以前に適正に行われた3回の取引からその標準条項をすでに知っていた。標準条項によれば、買主は引渡された製品を到着後直ちに検査し、製品受領後8日以内に明白な欠陥を書面で売主に通知しなければならない。その不適合を修補により治癒するか、または代替品の引渡しにより治癒するかは売主の選択によっている。保証については、保証期間は12カ月、結果的損害は対象外とされる。履行地および仲裁地は売主の営業所、準拠法はドイツ法であった。

③　仲介者が水プラント所有者に1996年6月1日までに取付けることを前提に、当該製品を1996年4月までに仲介者に引渡すことを約束した買主は、1996年1月10日に売主のオファーを受諾した。その後売主は引渡時期を5月13日まで延長することを要請したが、この時期に履行できず、5月28日まで引渡すことができなかった。買主は、売主に直接ドイツの建設場所に製品を引渡すように指示した。買主はその施設で検査ができなかったが、5月28日、当該建設場所で買主の従業員が目視検査のみを行い、目視による欠陥が判明し、直ちに売主に知らされた。これらの欠陥にかかわらず、買主は、仲介者との契約による圧力から、5月29日から6月1日にかけて冷却装置を取付けることを余儀なくされた。最初のテストで設計上の欠陥が判明した、そして買主は6月3日に書面で売主に、5月31日に始まった運転はこれらの大きな欠陥のために停止しなければならない旨通告した。その後売主の従業員は建設場所で買主が指摘した欠陥の修補を試み、6月12日に、売主は買主に欠陥を修補したと知らせた。同じ6月12日に、買主は再度売主にファックスで具体的な別の欠陥を知らせた。

④　6月25日付の書面によれば、売主は買主が指摘した欠陥を受け入れ、

7月5日までに修補することを約束した。7月12日、買主は売主に、顧客は現在の状態で冷却装置を受領するつもりはなく、むしろ完全な交換を期待していると知らせた。7月23日、買主は、遅くとも7月26日までに欠陥が修補されるか、または取替えが行われるかを要求した。7月31日には、買主はさらに別の欠陥を知らせ、売主により引き起こされた損害を最小にするために、第三者からの代替品調達が直ちに要請されると通告した。売主からはなんらの回答がなく、拒絶された。

⑤ その後、仲介者との合意により買主は、売主から引渡された冷却装置を取り外して修補のために持ち帰った。1996年9月にも冷却装置を修補して取付けたが、冷却装置は十分な機能を果さなかった。1997年初めに買主は再び冷却装置を取り外して持ち帰り、すべての欠陥が最終的に修補された。それ以降冷却装置は順調に運転されている。

⑥ 売主は、買主がその発見した様々な欠陥をタイムリーに知らせなかったと主張し、買主はこれを否定した。売主が、両者間の別の取引に関して買主による支払を請求する訴えを提起したとき、買主は、その支払を拒否し、当該支払義務と欠陥のある冷却装置の引渡しの結果被った損失の売主による償還義務とを相殺した。

オーストリアの第一審裁判所は、本事案はサービスの履行が義務の主要な部分であるとしてCISGの適用を否定した。

【判決の要旨】

主たる論点についてオーストリア最高裁判所は、第一審の判断を覆してCISGを適用した控訴裁判所の判断を確認し、以下のように述べている。

① 買主が引渡し直後の検査により発見できた欠陥については、売主への通知は8日間の期限内になされた。その後にのみ発見され得たであろうすべての隠れた設計上の欠陥については、第38条および第39条にしたがい発見後の合理的期間内に通知がなされた。もし買主の通知が遅滞していたという場合であっても、売主は、欠陥を修補する意思を明示に表明することによって通知の遅滞という抗弁を主張することは妨げられる。

合理的な期間とは各事案の状況によっており、とりわけ買主の企業規模

やビジネス環境、検査される製品のタイプ、腐りやすさや季節性といった製品の特徴、数量のタイプ、検査費用、引渡しの程度や救済方法のタイプなどが考慮される。
② 売主が合理的期間内に修補しないとき、あるいは修補が売主によりなされることが期待できない、すなわち第46条3項に基づく修補の請求ができないときでも、買主は欠陥を自らまたは第三者により修補してその費用を損害として売主に賠償請求することができる。
③ 買主によりなされた通知が必ずしも欠陥の種類を十分に記載していなかったという売主の主張に対しても、裁判所はこれを否定した。製品の不適合は、売主が適切な方法で対応することができるように特定されるべきであるが、この要求は誇張されるべきではなく、各事案の状況によっているとし、買主はその施設での完全な検査の機会を売主の遅延により奪われて、検査は限られた方法でしかなし得なかったが、買主の不適合の通知は内容的に十分であった。
④ 買主は、第74条にしたがい冷却装置の修補に要した費用を回復する権利があるが、顧客との関係で被った他の損失は、売主の標準条項により結果的損害が除外されているので、回復できない。

【解説】
　当該冷却装置の欠陥に関する買主の通知は、第39条1項の要件を満たしており、合理的期間内に行われ、その内容は十分であったとする裁判所の判断は妥当である。また検査のやり方と通知の内容、合理的期間についての判断基準についても、本事案の状況を勘案して柔軟で合理的な判断がなされている。
　売主は、当該冷却装置の買主への引渡しについて当初予定の1996年4月から5月28日まで大幅に遅滞し、さらに発見された欠陥の修補を試みたが、成功しなかった。このような売主の不履行は重大な契約違反であり、買主は、7月12日の売主への通告の時点では契約を解除することが可能であったと考えられる。その後7月23日、31日の通告では取替えないし代替品の調達を要請したが、売主はこれを拒絶している。

買主は、その後3度にわたり当該冷却装置を取り外して持ち帰り、自ら修補を行って欠陥をすべて修補することに成功した。買主は、早期に契約を解除して損害賠償を請求するよりも、顧客との関係から欠陥冷却装置を自ら修補することを選んだのであろうか。その理由は判決文からは明らかではない。買主による修補作業も1997年の初めまで長期間を要しており、その間買主の顧客はなんらかの損害を被ったのではないかと推察される。

【関連判例】
〔1〕代替品の請求
(1) スペイン2004年4月28日バルセロナ（Barcelona）控訴裁判所判決
　　金属カバー事件[7]

　スペインの売主とポルトガルの買主間の下水システム・ネットワーク用の金属カバーの売買契約において、売主のカタログに提示された規格を満たしていない不適合が判明した。スペインのバルセロナ控訴裁判所は、売主がこの欠陥を認めて無料で欠陥カバーを取り換えることを申し出たことにより、売主は第46条2項・3項にしたがったことを確認した。

(2) ドイツ1995年6月9日ハム（Hamm）上級地方裁判所判決
　　窓ガラス事件[8]

　ドイツの買主はイタリアの製造業者である売主にビルに取付ける窓ガラスを19枚注文したが、それらのいくつかに欠陥が発見された。買主からのクレームに応じて、売主は新しい窓ガラスを引渡し、買主が自己の費用で再び取付けた。ドイツのハム上級地方裁判所は、新しい窓ガラスが欠陥品の代替か修補かのいずれを構成するかを決める必要はないとしたうえで、売主は実際に適合する窓ガラスを引渡しており、不適合品の代替または修補に要するコストを負担しなければならないとの判断を下した。

(3) ポーランド2007年5月11日最高裁判所判決
　　Spoldzielnia Pracy v. M.W.D. GmBH & Co. KG, 靴革事件[9]

　ドイツの買主とポーランドの売主は、ドイツの靴製造業者に供給される特定のタイプの革の売買契約を締結したが、当該製品が不適合であるとの靴製造業者からの通告を受けて、買主は売主に代替品の引渡しを請求した。ポー

ランド最高裁判所によれば、代替品が引渡されるまで、買主は代金を支払う義務を負わない。なぜなら売主が契約上履行をしなかったとしても買主から反対給付を受け取ることになるからである。しかし、第46条2項の内容からは、本条は買主による代替品の請求権のみを規定しているので、代替品の請求が自動的に当事者に代金の支払を停止する権利を与えるということにはならない。

(4) アメリカ2008年8月20日ニューヨーク（New York）地区連邦地方裁判所判決
　　Hilaturas Miel, S.L. v. Republic of Iraq事件[10]

スペインの会社は2000年に、国連のプログラムに基づきイラクの政府企業にアクリル糸を供給する契約を締結したが、戦争勃発により契約義務の履行を妨げられた。アメリカのニューヨーク地区連邦地方裁判所は、CISGには代替履行について規定されていないが、代替品の引渡しについての第46条2項から、類似のUCC第2-614条に関するアメリカの判例に照らして、一般原則として、不履行が重大な契約違反に達するときには、債務者は合理的な代替履行を提供することが要求されると述べている。

〔2〕修補の請求

(1) フランス1998年1月29日ヴェルサイユ（Versailles）控訴院判決
　　Giustina International Sp.A. v. Perfect Circle Europe SARL事件[11]

1990年イタリアの売主とフランスの買主は、ハイテク機械2台の売買契約を締結したが、買主は、不適合の通知とともに、第46条3項にしたがい欠陥の修補を売主に請求し、売主が機械を修理するつもりとの表明をした結果、売主に履行の付加期間を付与した。フランスのヴェルサイユ控訴院は、修理にかかわる困難さを考慮して、付加期間は合理的であり、第47条1項の要求を満たしているとの判断を下した。

(2) ドイツ1994年11月9日オルデンブルグ（Oldenburg）地方裁判所判決
　　ローリー・プラットフォーム事件[12]

ドイツの買主は、イタリアの売主からトラックに据え付ける6台のローリー・プラットフォームを購入したが、その内5台は契約に適合していなかったため、修理のために売主に送り返された。買主は、修理済み品を受領したが、修理済み品がまだ不適合であるとの新たな通知をしなかった。ドイツの

オルデンブルグ地方裁判所は、失敗した修理はもう1つの契約不適合を意味するので、売主の契約違反に対する買主の救済のためにはもう1つの通知が要求されると判断した。

【国際ビジネスへの活用】

　修補の請求に比して、代替品の請求のためには、売主の不履行が重大な契約違反に当たることが必要であるが、上記関連判例〔1〕(1)、(2)、(3)のような事案では、売主の不履行における契約違反の重大性についての判断は必ずしも十分になされていない。

　一方、本事案のような、買主が売主から機器を購入してそれを買主の顧客に引渡して据え付けることを前提とした機器を国際売買の対象とする取引は数多く見受けられる。買主は顧客に当該機器の据付け完了の時期について合意しており、買主はそれを厳守しなければならない。したがって、当該機器の売主・買主間の契約において、引渡時期に遅れた引渡しは重大な契約違反になることを明記し、買主はいつでも直ちに契約を解除して次の手当てを講じることができるようにすべきと考えられる。

　なお、本事案では売主がその標準条項を使用することにより、結果的損害が売主の責任から除外されている。本事案にように売主から引渡された機器を顧客のプラントに据え付けるような国際取引においては、対象機器の欠陥により買主の顧客との関係で結果的損害が発生することはしばしばであり、買主は被った損害をすべて回復することはできないことになるので、買主としてはこのような条項については売主と契約時点で交渉することが必要であろう。

　修補請求の要件として、上記関連判例〔2〕(1)においては合理的な履行期間の付加、〔2〕(2)では不適合についての適正な通知が要求されている。

4　売主による債務不履行の追完（第48条）
　　ドイツ1995年6月23日ミュンヘン（München）地方裁判所判決
　　テトラサイクリン事件[13]

【論点】
　売主がその不履行の追完をするためには不合理に遅滞なくこれをしなければならないが、どのような状況であればこの要件を満たすことができるか。

【事実の概要】
　1993年3月15日、イタリアの売主とドイツの買主は医薬品の製造のために25ミクロン以下のミクロ化という規格を備えた化学製品テトラサイクリン200キログラムの売買契約を締結した。両者間の取引状況は以下のとおりである。
① 当該製品の積出しは当初1993年3月末と合意されていたが、売主の費用で航空便により5月5日に行われた。製品は5月10日にドイツのミュンヘンに到着、買主により買主の顧客に向けて5月11日に発送された。5月25日買主の顧客が、ミクロ化がその製品を使う生産プロセスのスタートに不十分であるというクレームを申立てたので、買主は売主に不適合のクレームを伝達した。売主の同意により、試験生産が買主の顧客の場所で行われたが失敗したので、5月25日、当事者は欠陥を修補するために引渡された製品のすべてをイタリアに送り返すことに合意した。
② 売主は、5月25日付の手紙で買主に製品送り返しの指示を出し、5月25日付のファックスでは、送り返しの運送費は売主負担で、製品を受領して修補した後直ちに、同じ運送手段で同じ運送業者により買主に返却する旨を表明した。5月25日、買主はミュンヘンの運送業者に製品の運送を委託し、買主の顧客の住所を教え、製品をできるだけ早く、可能ならば25日に買主の顧客の営業所で引き取り、直ちにイタリアに運送するように指示を出した。ミュンヘンの運送業者は、ハノーバーの代理店に買主の顧客の営業所で製品を引き取るよう委託した。
③ しかし、6月1日、買主がミュンヘンの運送業者に問い合わせたところ、製品が当該運送業者の理由でミュンヘンに貯蔵されており、イタリアの運送代理店に運送する手筈をとっていなかったことが判明した。売主・買主間で数度連絡をとったが、その間に当該運送業者は、買主の倉庫に製品4樽を引渡し、6月4日それから製品20キログラムを取り出し、買主の顧

客に発送した。この製品もミクロ化の規格に適合していなかった。6月8日付けのファックスで、買主は売主にこの不適合を知らせ、買主の顧客がすでに生産をストップするような状況なので、ドイツの会社で直ちにミクロ化をする必要がある旨連絡した。買主は、これ以上の遅滞は受け入れられない、これ以上の遅滞は代わりに相当な損害賠償の請求を引き起こすであろうと顧客から知らされていた。

④　6月9日売主は、ドイツでのミクロ化の価格が非常に高く、これに同意しない旨回答した。同日買主は、ブレーメンの会社に全量のミクロ化を委託し、6月14日そこから買主の顧客に直接製品を引渡した。

⑤　買主は、当初の契約代金から運送費を含めてミクロ化に要した費用を差し引いて残額を売主に支払ったが、売主は、契約代金満額の支払を主張した。

【判決の要旨】

主たる論点に関してドイツのミュンヘン裁判所は以下のように判断して買主の主張を認めた。

①　第48条1項に基づいてイタリアで不適合を追完するという売主の試みは、送り返される予定の製品がイタリアに運送されず、ミュンヘンに留め置かれた後では、失敗に帰した。結果として売主は、買主に不合理な不便を引き起こさなかったであろう期間内、すなわち1993年6月8日までに追完をしなかった。6月8日以後のより長い遅滞は、買主の顧客による相当な損害賠償の請求に至ったであろうことは争いがないので、買主に不合理な不便を引き起こしたであろう。

②　買主は、売主による不適合の追完のために買主の名前でミュンヘンの運送業者に委託したが、売主の計算によるものであった。買主はもっぱら売主の指示に基づいて運送を委託したのであり、運送契約は売主の義務を履行するためになされた取引で、買主自身のための取引とみなされるべきではない。したがって、買主は運送を委託する義務はあるが、運送契約の適正な履行に責任を負っているのではなかった。

③　製品がまだミュンヘンに貯蔵されている事実を知らされた時点で、製品

がミュンヘンの運送業者によりイタリアに運送されるべきかを指示することは売主にかかっており、また買主、ミュンヘンの運送業者、またはイタリアの運送代理店に指示を与えることにより障害を取り除くことは売主にかかっていたが、売主はなんらの指示を与えなかった。
④　引渡した製品の欠陥に対する売主の追完は、イタリアにおける更なるミクロ化であったが、それは1993年6月8日以降の不合理な遅滞に至ったであろう。この事実は、第48条1項に基づき自己の費用で製品を追完する売主の権利を排除した。

【解説】
　6月8日の時点において、当該化学製品テトラサイクリンを使用して医薬品を製造する買主の顧客は生産をストップせざるを得ない状況にあり、これ以上の遅滞は買主に不合理な不便を引き起こすので、売主はもはや第48条1項に基づく追完をすることができなくなったとする裁判所の判断は妥当である。また、売主がミュンヘンの運送業者による運送義務の適正な履行について責任を負っているとする判断も妥当である

　買主の顧客に損失を生じさせないためには、直ちにドイツの会社でミクロ化をする必要があったが、売主は、ドイツでのミクロ化のコストが非常に高いとしてイタリアに送り返してミクロ化することに固執し、買主の提案を拒絶した。買主は、代替策として損害を軽減するためにブレーメンの会社でミクロ化を行ったのである。

　当該化学品の引渡しは、当初3月末積出しの予定から大幅に遅滞したうえ、規格不適合による修補まで引き起こしており、大幅な遅滞ということだけでも重大な契約違反と評価することができる。6月1日運送業者の不履行が判明した時点で買主は、重大な契約違反による契約の解除を宣言し、ドイツの会社でのミクロ化という代替措置を早期に講ずることが可能であった。しかし、買主は6月9日に至って自らドイツの会社にミクロ化を委託したのである。ここまで買主のアクションが遅滞した理由は、判決文からは明らかではない。

　買主は売主が迅速に対応するであろうと期待したのであろうか。結果とし

て、ミクロ化の大幅な遅滞が買主の顧客の生産に悪影響を与えるに至ったものと考えられる。

【関連判例】
(1) ドイツ1997年1月31日コブレンツ（Koblentz）上級地方裁判所判決
アクリル毛布事件[14]

オランダの売主とドイツの買主間のアクリル毛布の売買において、品質不適合により買主が代金の支払を拒絶した事案において、売主は代替品の供給により不適合の追完をすることを買主にオファーしたが、買主はこれを理由なくして拒絶した。売主の追完権と買主の解除権との関係についてドイツのコブレンツ上級地方裁判所は、売主が買主に不合理な不便を引き起こすことなく追完をすることができ、その意思があるときには、重大な欠陥であっても第49条の意味における重大な契約違反とはならないと述べて、買主の主張を認めなかった。

(2) ドイツ1998年9月24日レーゲンスブルグ（Regensburg）地方裁判所判決
織物事件[15]

イタリアの売主とドイツの買主間のサンプルに基づいた織物の売買契約において、引渡された織物がサンプルに適合していないとして、買主は適合した織物を14日以内に引渡すよう期間を設定し、売主が他の織物を送ったが、買主はこれを拒絶した。ドイツのレーゲンスブルグ地方裁判所は、売主が、織物の加工過程における困難に直面している買主を助けようとし、その困難の性質について買主に情報を求め、さらに加工を試みることができるように別の種類の織物を買主に送ったが、買主は欠陥の性質を特定することなくこれを拒絶したという事実から、売主の第48条に基づく追完権を奪ったとして、買主の契約解除権を否定した。

(3) フランス1994年国際商業会議所（ICC）パリ国際仲裁裁判所仲裁判断
足場装置事件[16]

ICCパリ国際仲裁裁判所は、中国の売主とオーストリアの買主間の足場装置の売買において、重大な欠陥が生じたが、引渡期日後の売主の追完の権利は契約上買主の同意いかんによるとされており、売主には代替品を供給する

ことにより追完をする権利はないとの判断を下した。

【国際ビジネスへの活用】

　買主が売主から購入した物品を連続して転売する予定の国際売買取引においては、買主の立場から転売先の顧客に不便や損失を生じさせないためには、売主に引渡時期を厳守させ、品質等に不適合がある場合には迅速な対応をしなければならない。売主にこのような不履行が生じた場合に備えて、買主はいつでも第45条および第49条1項にしたがい契約を解除することができるように、契約に売主の引渡し遅滞が重大な契約違反に該当する旨の規定を織り込むことが必要である。

　上記関連判例（1）、（2）においては、売主による追完の意思が明らかに表明されているとして、買主の契約解除権を否定する判断がなされている。しかし、買主の契約解除権は売主の追完権に対して優先的地位を与えられるとの見解があり、あるいは売主の追完の意思についての解釈をめぐる争いが生じ得る。

　したがって、売主の立場からは、第48条の要件を満たして不履行を追完する意思を表明する場合には、買主からの契約解除の宣言により追完が妨げられないように、その旨の規定を契約に織り込むことが必要である。さらに、買主の顧客に不便や損失を生じさせないために、売主が取替えや代替履行などの代替措置を自ら講ずる義務を引き受ける規定を設けることも考えられる。

5　一部不履行（51条）
　ドイツ2007年11月21日コブレンツ（Koblentz）上級地方裁判所判決
　シューズ事件[17]

【論点】

　契約に適合する履行が一部しかなされなかったとき、どのような場合であれば契約を解除することができるか。

【事実の概要】

　イタリアの売主とドイツの買主は、定期的に靴を供給する契約を締結した。両者間の取引関係は以下のとおりである。

① 　ドイツで小さな靴店を経営している買主は、イタリアの靴メーカーである売主から定期的に靴を購入していた。最後の注文はブーツ319足（Ｓブランド、代金12,680.04ユーロ）であり、2001年3月から9月の間に買主に引渡された。

② 　2001年7月、多くの女性客から、ブーツについて靴の縫目と底が緩いとのクレームが寄せられ、買主は36足についてそのクレームを売主に知らせた。

③ 　2001年12月12日、買主は手紙で契約の解除を宣言し、残っている靴を送り返した。買主は、多くのクレームにより契約上の義務の履行が期待できなくなったと主張した。

④ 　買主が購入代金の一部のみを支払ったので、売主は残る購入代金10,927.49ユーロの支払を求めて訴えを提起した。

⑤ 　マインツ地方裁判所は、総計319足のうちの36足のみが不適合を示したにすぎず、買主の解除宣言は第49条にしたがい正当化されないので、売主には残る購入代金を回復する権利があるとして、売主の主張を認めた。

【判決の要旨】

　コブレンツ上級地方裁判所は以下のように判断して地方裁判所の決定を覆した。

① 　買主は、2001年12月12日付けの手紙で、クレームのためもはや契約関係を維持する意思はなく、残っているブーツについて契約を解除する旨宣言した。この宣言は、買主が型式、参照番号および数量を明示することによりブーツならびに事前に伝達されたクレームに言及したので、十分に特定されたものであった。

② 　売主への通知で特定された36足には欠陥があった。接着剤は溶け始めており、革にひびが入り、縫目と底が部分的に緩くなり、革部分はしばしば短すぎた。このように製品は貧弱な材料で作られ、あるいはその製造も

貧弱であった。買主は、まだ売れていなかった残るブーツも同様に欠陥品であるとおそれざるを得なかった。買主がこれまでに受け取ったクレームから、品質の欠如は一般的に顧客の信頼喪失に至り得るので、販売減少のおそれを惹起した。この状況は、欠陥品が品揃えの小さな部分にすぎないとしても、買主が小さな靴店を経営する本事案にはとりわけ該当する。

　このようなマイナスの経験は口伝えに拡がり、実際の欠陥を超える影響を与える。欠陥のあるブーツの販売は、小さな店にとっては甚大な損失をもたらすことになる。売主は、買主に引渡された製品が消費者に販売されることを知っていた。したがって、買主は、ブーツの一部のみが明らかな欠陥品であったとしても、契約の全体を解除する権利を有する。

③　第39条に基づく通知については、買主は、クレームの受領後直ちに、欠陥品を売主またはその商業代理人に送り返した。当該ブーツは、2001年9月27日、9月29日、10月9日、10月19日、10月26日という短い間隔で送り返されたのであり、クレーム受領後遅滞なくなされた。また契約解除の宣言は、2001年12月12日に手紙で合理的な期間内になされたと判断される。

④　12月12日付けの手紙によって、買主は、第49条1項(a)および第51条2項にしたがい契約を適正に解除することを宣言した。

⑤　第47条にしたがい売主による履行のために合理的な長さの付加期間が設定されることが契約解除の要件であるとの売主の主張については、重大な契約違反が生じたのでそのような付加期間は必要でないとされた。

【解説】

　欠陥があるとして売主に通知された靴は数量的には全体の11％強にすぎないが、コブレンツ上級地方裁判所は、当該欠陥が買主の小さいビジネスに与える影響を次の2点から考察している。1つは、欠陥の状況から貧弱な材料が使われ、製造自体も貧弱であったことから、残るブーツについても同様の欠陥品であるとのおそれを買主に抱かせた。もう1つは、このようなブーツの欠陥は口伝えに拡がり、実際の欠陥を超える影響を及ぼして販売を減少させ、買主のような小さな靴店には甚大な損失をもたらすという経験を買主

に与えていた。したがって、契約の対象とするブーツの性質、欠陥の内容、買主のビジネスの規模を勘案して当該欠陥が重大な契約違反に該当するとの判断は妥当であると支持することができる。

また買主は、欠陥の通知について、欠陥の性質を特定し、欠陥を発見した時から合理的期間内に行っており、第39条１項の要件を満たしている、そして解除の宣言について、違反を知った時から合理的期間内に行っており、第49条２項（b）の要件を満たしていると判断していることは妥当である。

本事案における売主と買主は、以前にも同様のブーツの売買を定期的に行ってきたように推測される。引渡されたブーツの一部に起きた欠陥が重大な契約違反かどうかについて争いが生じた。買主はこれまでの取引でこのような品質上の欠陥の経験を持っているはずであるが、売主との力関係からか、あるいは両者間の商慣行に委ねたのであろうか、売主との契約においてこの経験が生かされていないようである。

【関連判例】
(1) オーストリア2005年６月21日最高裁判所判決
　　ソフトウェア事件[18]
　ドイツの売主とオーストリアの買主は枠組契約を締結し、買主にはオーストリア内で特定のソフトウェアを販売する権利が与えられた。買主がオーストリア政府により使用される予定のソフトウェアを売主に注文したが、引渡されたCDには注文されたと主張されるすべてのプログラムを含んでおらず、買主は代金を支払うことを拒否した。オーストリア最高裁判所は、一部引渡しの場合に契約の重大な違反になるかどうかは、当事者の合意および履行の重要性の評価を考慮して決定されるべきであるとの判断を下した。

(2) ドイツ1997年６月25日連邦通常裁判所（最高裁判所）判決
　　ステンレス針金事件[19]
　ドイツの売主とスイスの買主は、ステンレス針金の売買契約を締結したが、引渡し後買主は、一定の数量のものに裂片があるため加工できなかった。ドイツ連邦通常裁判所は、一定数量のものは使うことができず、それを売主の処分に委ねた旨を通知したことにより、買主は黙示に契約の解除を宣言した

ので、解除の通知は第49条1項 (a) および第51条1項にしたがいタイムリーになされたと判断した。

(3) スイス1995年国際商業会議所 (ICC) バーゼル仲裁裁判所仲裁判断
化学肥料事件[20]

第三者との契約を履行するために、スイスの買主は、オーストリアの売主と化学肥料の供給契約を締結した。当該製品が契約に特定された期間内に引渡されなかったことについて、スイスのバーゼルのICC仲裁裁判所は、引渡日が買主にとって特に重要であり、売主がそれを知っていたという状況であるならば、引渡しの遅滞は重大な契約違反となると判断した。

(4) フランス1994年8月23日国際商業会議所 (ICC) パリ仲裁裁判所仲裁判断
電池自動組立ライン機械事件[21]

イタリアの売主とチェコの買主は、3つの機器から構成される電池の自動組立ライン機械の供給契約を締結した。引渡し後買主は、1つの機器に機能不全があると主張した。第51条1項に基づく一部解除の主張について、フランスのICCパリ裁判所は、不適合が製品の独立の部分に関係するときは一部契約解除が許されると述べている。

【国際ビジネスへの活用】

国際売買において、物品の一部のみの引渡しまたは引渡した物品の一部のみの適合ないし一部の不適合という不完全履行が契約全体の履行に重大な影響を及ぼし、重大な契約違反に該当するかをめぐって争いが生じる場合が見受けられる。上記関連判例 (3) においては重大な契約違反が適正に認定されている。

関連判例 (1) においてなされたような考慮により、あるいは本事案におけるような、契約の性質、対象物品の性質、当事者の規模などにより一部の不完全履行が契約全体の履行に大きく波及する場合があり得る。このような争いを避けるためには、契約にこのような不完全履行が契約全体の重大な違反を構成する旨の規定を織り込むことが必要と考えられる。

注

1 Unilex, 13.02.2006 Russian Federation No.102/2005 Tribunal of Int'l Commercial Arbitration at the Russian Federation Chamber of Commerce and Industry.
　Pace, Russia 13 February 2006 Arbitration proceeding 102/2005 (*Equipment case*).
2 Unilex, Italy 20.03.1998 No.790 Corte dl Appello dl Milano.
　Pace, Italy 20 March 1998 Appellate Court Milan.
3 Pace, Egypt, Arbitration Award of 3 October 1995 (Cairo Chamber of Commerce and Industry).
4 Unilex, Ukraine 13.04.2007 No.44/69 The Commercial Court of Donetsk Region.
　Pace, Ukraine 11 December. 2007 Supreme Court of Ukraine [Case No.44/69] (*Crucible press case*).
5 Unilex, Germany 14.05.1993 No.43 O 136/92 Landgericht Aachen.
　Pace, Germany 14 May 1993 District Court of Aachen (*Electronic hearing aid case*) [CLOUT case No.47].
6 Unilex, Austria 14.01.2002 No. Ob 301/01t Oberster Gerichtshof.
　Pace, Austria 14 January 2002 Supreme Court (*Cooling system case*) [CLOUT case No. 541].
7 Pace, Spain 28 April 2004 Appellate Court Barcelona (*Metallic covers case*) [CLOUT case No.553].
8 Pace, Germany 9 June 1995 Appellate Court Hamm (*Window elements case*).
9 Pace, Poland 11 May 2007 Supreme Court of Poland (*Shoe leather case*).
10 Pace, USA 20 August 2008 Federal District Court [New York].
11 Pace, France 29 January 1998 Appellate Court Versailles [CLOUT case No. 225].
12 Pace, Germany 9 November 1994 District Court Oldenburg (*Lorry platforms case*).
13 Unilex, Germany 23.06.1995 Amtsgericht München.
　Pace, Germany 23 June 1995 Lower Court München (*Tetracycline case*).
14 Pace, Germany 31 January 1997 Appellate Court Koblentz (*Acrylic blankets case*) [CLOUT case No. 282].
15 Pace, Germany 24 September 1998 District Court Regensburg (*Cloth case*) [CLOUT case No. 339].
16 Pace, Paris, ICC Arbitration Case No. 7531 of 1994 (*Scaffold fittings case*) [CLOUT case No. 304].
17 Pace, Germany 21 November 2007 Appellate Court Koblenz (*Shoes case*).
18 Unilex, Austria 21.06.2005 No.5 Ob 45/05m Oberster Gerichtshof.
　Pace, Austria 21 June 2005 Supreme Court (*Software case*) [CLOUT case No.749].
19 Pace, Germany 25 June 1997 Supreme Court (*Stainless steel wire case*) [CLOUT case No.235].
20 Unilex, 00.00.1995 Arbitral Award No.8128 ICC Court of Arbitration, Basel.
　Pace, Basel, ICC Arbitration Case No.8128 of 1995 (*Chemical fertilizer case*).
21 Unilex, 23.08.1994 Arbitral Award No.7660/JK ICC Court of Arbitration-Paris.
　Pace, Paris, ICC Arbitration Case No.7660 of 23 August 1994 (*Battery machinery case*) [CLOUT case No.302].

第13章　契約違反に対する救済方法（2）

1　要点

　CISGは、現実的履行の強制（specific performance; 特定履行）を裁判所に求める権利を買主および売主に与えている（第46条、第62条）。ただし、裁判所は、CISGが規律しない類似の売買契約（国内売買契約）について自国の法に基づいて同様の裁判をするであろうときを除くほか、特定履行を命ずる裁判をする義務を負わない（第28条）。

　CISGは、契約上の履行期限までにその義務を履行しなかった場合、買主または売主が合理的な長さの付加期間を設定することを認めている（第47条、第63条）。

　付加期間の設定は履行請求権を補完するものであるが、契約解除権と密接な関連がある。第49条1項（b）は、引渡しがない場合において、買主が定めた付加期間内に売主が物品を引渡さず、または売主が当該付加期間内に引渡さない旨の意思表示をしたとき、買主は、売主による履行遅滞が重大な契約違反に当たることを立証する必要なく、契約解除の意思表示をすることができるとしている。同様に売主が定めた付加期間内に買主が代金の支払義務もしくは物品引渡受領義務を履行しない場合または買主が当該付加期間内にそれらの義務を履行しない旨の意思表示をした場合、売主は、買主による履行遅滞が重大な契約違反に当たることを立証する必要なく、契約解除の意思表示をすることができる（第64条1項（b））。

第13章　契約違反に対する救済方法（2）　305

> 2　買主による特定履行の請求（第46条・第28条）
> アメリカ1999年12月7日イリノイ（Illinois）北部地区連邦地方裁判所判決
> Magellan International Corporation v. Salzgitter Handel GmBH事件[1]

【論点】
　買主は、売主による義務の特定履行を請求するに当たって、救済を認めるに足る主張の欠如を理由とした売主による訴え却下の申立てを逃れるためには、どのような主張をなす必要があるか。

【事実の概要】
　原告・買主Magellan International社は米国イリノイ州に本拠を置く鉄鋼製品の販売業者である。被告・売主Salzgitter Handel社はドイツ・デュッセルドルフに本拠を置く鉄鋼の販売業者であり、イリノイ州に販売オフィスを設けている。
① 　1999年1月、売主と買主は、売主を中間業者として、ウクライナの鉄鋼メーカーから、買主の仕様にしたがって製造する棒鋼を購入する取引の交渉を開始した。1月28日付けのレターで、買主は売主に対し5,585トンの棒鋼の仕様書を、希望購入価格と支払方法として信用状を発行する旨の合意とともに交付した。売主は2週間後（2月12日および13日）に買主が提示した価格よりもトン当たり5ドルから20ドル高い価格を返答した。
② 　2月15日、買主は売主の提示した価格を受諾し、購入数量は4,000トンとすることに合意し、買主が希望する港からの船積みを実施するため、売主の提示価格にトン当たり5ドルを上乗せした。買主はこれらの条件および以前に当事者間で交渉した他の主要な条件を2月15日の発注書に記載した。2月17日、売主は買主の書面化された条件について、価格に関する2つの「変更」を除いて、受諾した。売主は買主に対してこれらの2つの値上げについてファックスの返信で受諾するよう求め、鉄鋼メーカーが注文確認書に署名したらすぐに、作成済みの注文確認書を送付すること

を約束した。同日、買主は同意し、値上げについて同意した旨の書面に署名し、返信した。

③　2月19日、売主は仮の注文確認書を買主に送付した。しかし、かかる注文確認書に添付されていた一般契約条件は、いくつかの点（主に船の荷役条件、紛争解決および準拠法）において買主の注文書に添付されていた契約条件と異なっていた。

　継続的な取引関係を意図していたため、買主と売主はそれぞれの契約条件の差異について残っている問題を解決しようとして交渉を継続した。細かい契約条件を詰める交渉が継続している間、売主は買主に対して売主のために信用状を開設するよう催促を始めた。3月4日、買主は売主に対して信用状のドラフトを検討のために送付した。3月8日、売主は信用状に対して些細な変更を求め、その他のすべての条件は受け入れることができると述べた書簡を返信した。買主はすべての契約条件について合意に至るまで信用状を発行しないことを希望したが、売主は直ちに信用状を発行するよう催促を続けた。

④　3月22日、売主は変更した注文確認書を買主に発送した。売主の従業員は買主の従業員を4日後の3月26日に訪問し、買主が売主のために信用状をその日のうちに開設しないのであれば注文をキャンセルすると脅しをかけた。その後両者は残っている契約上の問題について合意に至った。そこで、売主の従業員による取引の残りの詳細については合意したという言質を信頼して、買主の従業員は同日1.2百万ドルの信用状を発行させた。

⑤　3日後（3月29日）売主の従業員と買主の従業員はファックスでのやりとりを行った。売主は、無条件に船荷証券を貨物受取証で代替するように信用状を変更することを要求し、買主は信用状の変更を拒否した。買主はまた売主の3月22日の変更された注文確認書を当事者の3月26日の最終的な合意に適合させる必要性を指摘した。同時に買主は鉄鋼の仕様に関して些細な変更を要求した。売主は、鉄鋼メーカーはすでに注文の60％を製造済みであること、そして残りについても製造中であることから、仕様を変更するには遅すぎると返答した。

⑥　その翌日（3月30日）、売主と買主との友好的な交渉は終わった。売主

は買主に対して、翌日の正午までに信用状を変更しろ、さもなければ売主は契約を履行する義務があるとは思わない、そして棒鋼を他に転売するつもりだという最後通告を突きつけた。4月1日、買主は、売主の契約違反であると考えて、信用状をキャンセルするように依頼した。売主は信用状を返却し、それ以降、製造された鉄鋼を買主の米国の顧客に売却しようと試みている。

買主は、売主の履行期前の契約違反に基づく損害賠償と売主の義務の特定履行等を求めて訴訟を提起した。売主は、買主による自らに対する訴訟に対して連邦民事訴訟規則12 (b) (6) に基づく訴え却下の申立てをした。

【判決の要旨】

特定履行については売主の却下の申立てを否定。

① CISG第46条1項は、買主がその請求と両立しない救済を求めた場合を除いて、買主は、売主に対してその義務の履行を請求することができると規定している。この規定はCISGの下では特定履行が普通に利用可能であることを示しているようである。しかし、CISG第28条は特定履行の利用可能性について次のように条件を課している。

② 「当事者の一方がこの条約に基づいて相手方の義務の履行を請求することができる場合であっても、裁判所は、この条約が規律しない類似の売買契約について自国の法に基づいて同様の裁判をするであろうときを除くほか、現実の履行を命ずる裁判をする義務を負わない。」

要するに、この規定は統一商事法典（UCC）の下で特定履行が利用可能であるかに関心を向けるものである。

③ UCC第2-716条1項の下で、裁判所は「物品が独特のものであるか、またはその他適切な事情の下では」特定履行を命じることができる。この規定の公式コメントは代替物の入手を行うことができないことは「他の適切な事情」を示す「強い証拠」として考えられるべきであると述べている。UCC第2-716条は、特定履行を稀にしか認めなかったコモン・ローを緩和することを意図したものである。基本的に現在、裁判所は物品が実際問題として代替可能であるか、例えば公開市場で同様の物品を入手すること

が困難であるかによって、(特定履行の可否を) 決定する。
④ UCCにおいて特定履行が利用可能であるかを決定するに当たり、代替可能性の問題が中心となることを考慮すると、訴答者 (原告) は代替物入手の困難さを主張するだけで救済を認めるに足る主張をしたことになる。買主はその主張を行っている。

【解説】
　第46条1項本文は、「買主は、売主に対してその義務の履行を請求することができる。」と規定し、現実的履行の強制 (specific performance; 特定履行) を裁判所に求める権利を買主に与えている。ただし、買主がその請求と両立しない救済 (契約解除や代金減額) を求めた場合は、この限りでない。また特定履行が不可能である場合 (例えば他に存在しない物品が引渡し前に滅失した場合)、買主の履行請求権は消滅する。
　さらに第46条に基づく履行請求権は、第28条で規定する特定履行に関する制約に服している。日本やドイツのように債務不履行の際に、債権者に履行請求権が認められ、それを強制的に実現できる法制を取る国がある一方で、コモン・ロー諸国のように債務不履行の第一次的な救済方法は損害賠償であり、特定履行は例外的にしか認めない法制を取る国もある。第28条は、特定履行を例外的にしか認めない国々がCISGを批准しやすいようにするため、一定の範囲で法廷地国の裁判所の裁量を認めている。
　すなわち第28条により、裁判所は、CISGが規律しない類似の売買契約 (国内売買契約) について自国の法に基づいて同様の裁判をするであろうときを除くほか、特定履行を命ずる裁判をする義務を負わない。したがって、自国の法律に基づいても特定履行を認めるであろう場合を除いて、救済方法として特定履行を制限する法域の裁判所は、紛争となっている義務の特定履行を命ずることを拒否することができる。
　本事例では、買主は売主に対して、契約上の引渡義務の特定履行を請求した。それに対して、売主は、救済が与えられるべきことを示す請求が原告の訴状に記載されていないとして、連邦民事訴訟規則第12条 (b) (6)[2]に基づく訴え却下の申立て (motion to dismiss) をした。

訴え却下の申立てを検討するに当たり、裁判所は、原告が訴状に記載した、事実に関する主張を真実であるとして受け入れ、またそれらの事実から合理的に導き出されるすべての推論を原告に有利に判断するという基準を適用した。

本事例で、アメリカの連邦地裁はCISGにおいて特定履行が救済方法として通常認められること（第46条1項）を確認したうえで、第28条を検討した。前述のとおり、第28条では、類似の売買契約について自国の法律において特定履行が認められるであろう場合を除いて、裁判所は特定履行を命ずる裁判をする義務を負わない。一方、もし自国の法律においても特定履行が救済方法として認められるであろう場合には、自国の法律とCISGの間で抵触は生じないため、特定履行を救済方法として認めることに問題はない。

連邦地裁は、自国の法律である統一商事法典（UCC）を検討したうえで、UCC第2-716条の下で、代替品の入手が困難である場合には特定履行が救済方法として認められると判示した。したがって、代替品の入手が困難である場合には、UCCとCISGの間で抵触は生じないため、特定履行を救済方法として認めることに問題はない。

本事例においては原告が訴状において代替品の入手が困難であることを主張していたので、連邦地裁は、救済が与えられるべきことを示す請求が原告の訴状に記載されていたとして、被告による訴え却下の申立てを否定した。

【関連判例】

(1) ロシア2007年1月30日ロシア連邦商工会議所国際仲裁廷仲裁判断[3]

ロシアの売主とドイツの買主が金属製品の売買契約を締結した。物品の引渡しは7カ月間にわたり複数回に分けて行われることになっていたが、売主は注文された物品のごく一部しか引渡さなかった。買主は、売主が引渡しを履行しなかった物品の引渡しを求めて、仲裁手続を申し立てた。仲裁廷は、CISGも国際私法の準則により適用されるロシア法も、買主に対して認められる特定履行の適用要件を定めていないと判示した。仲裁廷は、そのような状況の下、補助的な法源としてユニドロワ国際商事契約原則（以下「ユニドロワ原則」という）を適用し、履行請求権を有する当事者が、不履行を知

り、または知るべきであった時から合理的な期間内に履行を請求しなければならないというルール（ユニドロワ原則第7.2.2条）に基づいて、買主の特定履行請求を拒否した。

【国際ビジネスへの活用】

　売主の契約上の義務の不履行があった場合に、買主が売主に特定履行を請求しようとするときは、不履行となっている義務の履行を明確に請求すべきである。例えば、物品が引渡期日に納入されなかった場合に、引渡義務の履行請求または引渡期日の変更のいずれにも解釈できるような曖昧な文言[4]での請求は避けるべきである。

　また買主の履行請求権の行使については、一定の場合に時間的な制約があることに注意する必要がある。物品が契約に適合しない場合に、一定の要件のもとで、買主は代替品の引渡し（第46条2項）または修補（第46条3項）を売主に請求することができるが、いずれの場合も合理的な期間内に行わなければならない。その他の売主の義務の履行請求については、第46条1項では時間的な制約は規定されていないが、ユニドロワ原則を援用して合理的な期間内に履行請求を行わなければならないとする仲裁判断（本項関連判例参照）もあるので、実務的には合理的な期間内に履行請求をすべきであろう。

　さらに第28条に基づいて、特定履行を救済方法として法廷地国の裁判所が認めない場合もある。売主の義務の不履行について特定履行を請求することを希望する買主は、特定履行が救済方法として認められる旨を契約書に明記することが考えられるが、そのような条項が特定履行を例外的にしか認めない法廷地国において、有効と解釈されるとは限らない。もっとも、法廷地の裁判所には特定履行の判決を下すかどうかの判断に裁量の余地があり、とりわけ特定履行について当事者の明示の合意が表示されている場合には、その評価は裁判所にかかっている。

　特定履行を救済方法として認める国の裁判所を合意管轄条項で指定することが考えられるが、合意管轄裁判所で特定履行を命ずる判決が得られたとしても、当該判決が特定履行が必要となる国で執行することができるか検討が必要であろう。

3 売主の履行のための付加期間の付与（第47条1項）
ドイツ1999年4月27日ナウムバーグ（Naumburg）上級地方裁判所判決
自動車事件[5]

【論点】
　売主による引渡遅延が生じた場合、買主が売主の義務の履行のために定めた付加期間が合理的な期間としては短すぎたとき、買主は付加期間の徒過をもって契約を解除することができるか。

【事実の概要】
① 1997年1月26日付けの書面で、ドイツの自動車小売業者（買主）はデンマークの自動車卸売業者（売主）に対して自動車1台を注文した。注文書には、引渡期日は「1997年3月15日まで」と記載されていた。1997年1月29日、売主は買主に注文承諾書を送付したが、そのなかで引渡期日については1997年4月とし、さらに追加された標準契約条件のなかで売主は引渡期日を変更する権利を留保した。買主はこの注文承諾書に署名をし、引渡期日に関する相違に異議を述べることなく売主に返送した。
② 買主は、1997年3月16日および3月21日に、自動車が遅くとも1997年3月24日までに引渡されないときは、契約を解除する旨を売主に対して通知した。1997年4月11日、自動車が引渡されなかったため、買主は売主に対して、契約解除の意思表示をした通知書を送付した。
③ 1997年5月中旬、売主は買主に対して、自動車の引渡しの準備ができた旨を通知した。売主は支払のための付加期間を数回定めた後で、契約価格よりも低い価格で第三者との間で代替取引を行った。
④ 売主は、買主に対して代替取引金額と契約金額との差額の支払を求めて訴訟を提起した。売主は契約では引渡期日の定めがなかったこと、そして契約解除の通知書を受け取らなかったことを主張した。第一審が売主の請求を棄却したので、売主が控訴したのが本件である。

【判決の要旨】
〔控訴棄却〕
① 申込みに対する承諾としてされた応答であっても、変更を含むものは、一般的に申込みの拒絶であり、反対申込みとして扱われる（CISG第19条1項）。しかし、本件の応答は申込みの内容を実質的に変更するものではなかった。そこで応答に異議を述べるか否かは買主次第だった（CISG第19条2項）。（買主が）かかる異議を述べなかったことについては当事者間に争いはない。したがって、契約の内容は、（買主の）申込みの内容に（売主の）承諾に含まれた変更を加えたものとなった。
② 一方、売主の注文承諾書から引渡期日が明確に特定されるわけではなく、そして引渡期日を「変更する権利を留保する」という条件が付いていたため、引渡期日を契約から決定することはできない（CISG第33条(a)）。そこで、売主は、契約の締結後の合理的な期間内に物品を引渡さなければならない（CISG第33条(c)）。
③ 契約は、1997年1月29日に売主の注文承諾書の受領によって締結された。1997年3月15日までに引渡しを求める買主の要請は契約の内容とはならなかったが、その要請はCISG第33条(c)に基づく引渡しのための合理的な期間を決定する際に考慮されなければならない。買主にとって引渡しがこの期間内（1997年1月29日～1997年3月15日）に行われることが重要であることは明らかだったことから、売主は、契約の締結後の合理的な期間内に引渡すためには1997年3月15日までに引渡さなければならなかった。
④ 国際的な自動車の売買において、2週間から4週間の引渡しの遅れが一般的であるか否かは関係がない。引渡しのための合理的な期間を決定する際には、当事者の言明および契約にかかわる具体的な事情を考慮することが最も重要である。5月15日または6月3日までに引渡すことは、もはや合理的であるとはいえない。
⑤ 買主の権利はCISG第45条以下の規定により決定される。引渡しがない場合において、買主が定めた付加期間内に売主が物品を引渡さないとき、買主は契約の解除の意思表示をすることができる（CISG第49条1項

(b))。第47条1項は、買主は、売主による義務の履行のために合理的な長さの付加期間を定めることができるとしか定めていないが、付加期間の設定は契約を解除するための1つの前提条件である。証拠によると、買主は、1997年3月16日および同年3月21日に、口頭で売主による義務の履行のための付加期間を遅くとも1997年3月24日までと定めた。

⑥　当裁判所は、売主によって定められた1997年3月24日までという付加期間が短すぎるかを決定する必要はない。なぜならば、付加期間が短すぎる場合であっても、合理的な期間は開始したからである。かかる合理的な期間は遅くとも、買主が契約解除の意思表示を行った1997年4月11日には経過したと考えられる。

⑦　1997年4月11日の通知書により、買主は契約解除の意思表示をした（CISG第49条1項）。売主がこの通知書を受け取ったかどうかは無関係である。ドイツ民法第130条とは異なり、CISG第27条に基づき、買主は発信を証明するだけでよく、通信の到達を証明する必要はない。送信者は、状況に応じて適切な方法により通知を送信した場合、たとえ当該通知が受信者に届くのが遅すぎたり、変更されていたり、または全く到達しなかったとしても、もとの通知の内容に依拠することができる。買主が有効に契約を解除したため、売主はその損失の補償を受ける権利を有しない。CISG第74条以下に基づく損害賠償の請求には相手方当事者の契約違反が必要である。買主は、正当に契約を解除したのであるから、契約違反をしていない。

したがって、控訴を棄却する。

【解説】

売主が契約上の履行期限までにその義務を履行しなかった場合、買主は第47条1項に基づき、売主の義務の履行のために合理的な長さの付加期間を定めることができる。買主が第47条1項に基づいて付加期間を定めた場合、付加期間内に履行をしない旨の通知を売主から受けた場合を除くほか、当該期間内は、契約違反についてのいかなる救済も求めることはできない（第47条2項）。これは、買主による付加期間の設定の通知に対して、付加期間内

に義務を履行するための準備を行う売主を保護するための規定である。ただし、買主は、履行遅滞について損害賠償の請求をする権利を奪われない。

　第47条1項の規定は第46条の履行請求権を補完するものであるが、第49条に基づく契約解除権と密接な関連がある。第49条1項（b）は、引渡しがない場合において、買主が第47条1項の規定に基づいて定めた付加期間内に売主が物品を引渡さず、または売主が当該付加期間内に引渡さない旨の意思表示をしたとき、買主は契約解除の意思表示をすることができるとしている。第49条1項（b）に基づく契約解除の場合、それ以外の場合と異なり、売主の義務の不履行が重大な契約違反に該当することは要件とされていない。したがって、第47条1項による付加期間の設定は、買主による契約解除への下準備という意味を持つ。

　第47条1項の要件を満たすためには、買主が定める売主による義務履行のための付加期間は合理的な長さでなければならない。買主が不合理に短い期間を付加期間として定めた場合、裁判所は合理的な期間を代わりに定める[6]。

　本事例では、引渡期日に物品（自動車1台）を引渡さなかった売主に対して、買主は1週間の付加期間を設定した。その後、引渡期日から約4週間後に買主は契約解除の意思表示をした。ドイツの裁判所は、買主が定めた付加期間が合理的な長さに足りなかったとしても、契約解除の意思表示をした時までに合理的な期間は経過していたとして、買主の契約解除を有効と認めた。

【関連判例】

(1) ドイツ1995年5月24日ツェレ（Celle）上級地方裁判所判決[7]

　ドイツの売主とエジプトの買主が9台の中古印刷機の契約を締結した。物品は2回に分けて、初回に6台、2回目に3台が引渡されることになっていた。買主は初回の6台分の代金を先払いしたが、売主は3台しか引渡さなかった。残りの物品の引渡しを数回にわたり請求した後、買主は引渡しがされていない物品のうち、3台はもはや不要となった旨を通知した。買主は残りの3台について、11日間の付加期間を定めた。売主は付加期間内に引渡しを行わなかったので、買主は残りの3台について契約の解除の意思表示をした。

裁判所は、買主の定めた11日間の付加期間が合理的な長さではなかったとしても、付加期間の通知から買主が契約解除の意思表示をした日まで7週間が経過していたため、合理的な付加期間であると判断した。
(2) ドイツ1997年4月24日デュッセルドルフ（Düsseldorf）上級地方裁判所判決[8]
　イタリアの売主はドイツの買主に靴を販売したが、合意した数量を引渡さなかった。売主は売買代金の一部支払を請求した。買主は引渡しの不履行から生じた損害との相殺を求め、二次的に、残りの数量の引渡しまで支払を停止する権利を主張した。裁判所は、買主が電話で早急な引渡しを催促しただけでは、具体的な履行期限を含んでいないため、CISG第47条1項の付加期間の付与の要件を満たしていないと判断し、買主によるCISG第49条1項(b)に基づく契約解除の主張を認めなかった。

【国際ビジネスへの活用】

　売主による引渡遅延が生じた場合、買主としては第47条1項に基づき、速やかに履行のための付加期間を設定し、売主に通知すべきだろう。単に早急に引渡しを行うよう売主に催促するだけでは、第47条1項に基づく付加期間の設定としては不十分とされる可能性があるため（上記項関連判例(2)参照）、付加期間を付与する際には、売主に対して具体的に特定した義務の履行を請求する旨および新たに定めた履行期限を明確に通知することが重要である。

　買主が付与した合理的な長さの付加期間を過ぎても、売主が物品を引渡さない場合、買主は契約を解除することができる。

　また買主として、付加期間の付与なしに契約を解除することを希望する場合には、契約書に売主が一定の期限内に引渡義務を履行しない場合、買主は直ちに契約解除の意思表示ができる旨の特約を定めておくべきだろう。

　売主の立場からは、引渡遅延が生じた場合で、買主から付加期間の付与の通知を受けた場合には、直ちに当該期間内での引渡しが可能であるか検討のうえ、付加期間が不合理に短いため当該期間内での引渡しが困難であると判断したときには、買主と直ちに協議すべきと思われる。

> 4　買主の履行のための付加期間の付与（第63条）
> フランス1999年2月4日グルノーブル（Grenoble）控訴院判決
> SARL Ego Fruits v. Sté La Verja Begasti 事件[9]

【論点】

買主が物品の引渡しの受領義務を履行しないで数日間が経過した場合に、売主は履行のための付加期間を付与することをしないで契約を解除することができるか。

【事実の概要】

① 1996年5月、フランスの買主 SARL Ego Fruits 社はスペインの売主 Sté La Verja Begasti 社に対して、860,000リットルのオレンジのストレート果汁をフルーツ・ジュースの製造・販売に使用するために注文した。

② 契約では、引渡しは1996年の5月から12月にかけて分割して行われるとされた。

③ その後、価格の引下げの見返りとして、当初9月上旬までとされていた9月分の物品の引取り期間を8月末までとすることが当事者間で合意された。

④ ところが買主は8月末までに物品を受領せず、9月2日に、物品の引渡しの受領を9月11日まで延期することを提案した。

⑤ 売主は、9月3日および5日に、買主が8月末までに物品の引渡しを受領しなかったので、保管上の問題が生じて、オレンジのストレート果汁を保存のため濃縮した、そのため売主はオレンジのストレート果汁を合意した価格では引渡すことはできないと返答した。

⑥ 買主は、売主からオレンジのストレート果汁を購入することができなくなったため、9月から12月にかけて、代替品のオレンジのストレート果汁をより高い価格で第三者から購入しなければならなかったと主張して、以前に引渡しを受けた物品の売買代金の支払を拒否したため、当事者間で

紛争が生じた。第一審が売主は売買代金の支払を請求することができると判断したため、買主が控訴したのが本件である。

【判決の要旨】
〔原判決取消〕
① 変更契約によって合意された8月末に買主が売買契約の目的物だったオレンジ果汁の引渡しを受領しなかったこと、および9月3日に売主が買主に対して売主はもはや「オレンジのストレート果汁」を保有していないと話したことは当事者間で争いはない。
② CISG第64条1項（a）は、「契約またはこの条約に基づく買主の義務の不履行が重大な契約違反となる場合」、売主が契約の解除の意思表示をすることを認めている。
③ 物品の不足（すなわち、オレンジのストレート果汁がもはや提供できないこと）について言及した売主の9月3日付けのファックスは、8月末に買主が引渡しの受領をしなかったことについて苦情を述べた売主の2日後の別のメッセージと合わせて考えると、契約の解除の意思表示としてとらえることができる。
④ したがって、当裁判所は、買主の行動が重大な契約違反であるか否かを決定しなければならない。
⑤ CISGの第25条は、重大な契約違反を「相手方がその契約に基づいて期待することができたものを実質的に奪うような不利益を当該相手方に生じさせる」契約違反と定義している。一方で、同条は、契約違反を行った当事者が「そのような結果を予見せず、かつ、同様の状況の下において当該当事者と同種の合理的な者がそのような結果を予見しなかったであろう場合」は、重大な契約違反とはならないとしている。
⑥ したがって、不履行となった義務が、債権者にとって実質的であると予見され、かつ、債務者がそのことを予見することができた場合、重大な契約違反が生じる。
⑦ 8月末に引渡しを受領しなかったことが重大な契約違反であるかを決定するためには、この時期が合意された文脈を検討しなければならない。

⑧　まず、当初の契約では、物品の受領は8月末より後に行われる予定だったことを想起するのが適当である。売主は、買主から値下げの要求があったことを受けて、8月末までに引渡しの受領が行われることを提案した。

1996年6月11日のファックスで、売主は以下のように述べた。

「貴社が顧客に対して値上げを要求することの困難さは承知しています。(中略)貴社の側で、物品すべてを6月、7月および8月に引渡しを受領する努力をして頂ければ、55ペセタまで価格を下げることが可能です。」

⑨　当裁判所は、1996年9月5日のメッセージまで、オレンジのストレート果汁の不安定性および8月末を過ぎると濃縮しなければならないことの必要性について、売主が言及したことはなかったと考えざるを得ない。

⑩　買主による1996年12月までの代替取引は、1996年度の「オレンジのストレート果汁」に関するものだった。

⑪　8月末までの引渡しの受領は、売主によって値下げの交換条件として提案されたものだった。

買主は、引渡しの受領が数日間遅れることが(売主の9月2日付のファックスで提案された引渡しの受領日は9月11日だった)売主にとって実質的な契約違反となるであろうことを理解することはできなかっただろう。

引渡受領日の変更に関する合意がなされた文脈からすると、引渡受領義務の違反は、値引きの取消しという結果をもたらすのが通常だろう。

⑫　したがって、買主の側には重大な契約違反がないため、(契約を適法に解除するためには)売主は物品の引渡しを受領するための付加的な期間を付与しなければならなかった。それをしないで契約を解除したことにより、売主は契約違反を犯した。

【解説】

第63条による売主による付加期間の付与の規定は、第47条による買主による付加期間の付与の規定に対応するものである。第47条と第67条の基本的な考え方および条文の規定の仕方は類似している。

買主が契約上の履行期限までにその義務を履行しなかった場合、売主は第63条1項に基づき、買主による義務の履行のために合理的な長さの付加期

間を定めることができる。売主が第63条1項に基づいて付加期間を定めた場合、付加期間内に履行をしない旨の通知を買主から受けた場合を除くほか、当該期間内は、契約違反についてのいかなる救済も求めることはできない（第63条2項）。ただし、売主は、履行遅滞について損害賠償の請求をする権利を奪われない。

　第63条の主要目的は、第47条の目的と同様に、買主がその基本的な義務、すなわち代金の支払義務および物品の引渡受領義務、を決められた期限までに履行しなかった場合に売主が契約を解除するための条件を整えることである。このような事態に直面した売主が、買主による義務の履行のために合理的な長さの付加期間を付与した場合、当該付加期間内に買主が義務を履行しないときは、買主による履行遅滞が重大な契約違反に当たることを立証する必要なく契約を解除することができる（第64条1項(b)）。

　第64条1項(b)によって、重大な契約違反に当たることを立証する必要なく、売主が契約を解除することができるのは、売主が定めた付加期間内に買主が代金の支払義務もしくは物品引渡受領義務を履行しない場合または買主が当該付加期間内にそれらの義務を履行しない旨の意思表示をした場合に限られる。

　なお、第64条1項(b)における「代金の支払義務」には、第54条で定めるとおり、代金を支払う義務だけでなく、支払を可能とするため、契約または法令にしたがって必要とされる措置をとるとともに手続を遵守する義務が含まれる。同様に「物品引渡受領義務」には、第60条で定めるとおり、物品を受け取ることだけでなく、売主による引渡しを可能とするために買主に合理的に期待することのできるすべての行為を行うことも含まれる。

　第63条による付加期間の付与は、買主による履行遅滞が重大な契約違反に当たるかがはっきりしない場合において特に有益である。

　本事例では、合意した物品の引渡受領期日までに、引渡しの受領をしなかった買主に対して、引渡受領期日の数日後に、売主が付加期間の付与をすることなく契約解除の意思表示をしたところ、裁判所は、買主の義務違反は重大な契約違反に当たるとはいえず、売主による契約解除が契約違反を構成すると判断した。

【関連判例】

(1) イタリア1998年12月11日ミラノ（Milano）控訴裁判所判決
　　Bielloni Castello S.p.A. v. EGO S.A. 事件[10]

　イタリアの売主とフランスの買主が印刷機の売買契約を締結した。買主は代金の一部を支払ったが、残りの代金の支払および印刷機の引渡しの受領を合意した期日までに履行しなかった。合意した引渡受領および支払期日から2カ月後、売主はイタリア民法の規定にしたがって、15日以内に履行すること、そして買主が履行しない場合には契約は解除されたものと考えることを買主に通知した。

　買主は追加された15日間に履行することができず、数日後、売主はさらに同様の内容で通知した。そして買主が2度目の追加期間内にも履行しなかったため、売主は買主の不履行を理由とする契約解除と損害賠償を請求して訴訟を提起した。裁判所は、契約上の引渡日から売主により定められた付加期間の満了日までの合計期間（2カ月半）は、状況の下では疑いなく合理的な長さであると判示した。

(2) スイス1997年2月20日ザーネ（Zaane）地方裁判所判決[11]

　原告であるオーストリアの買主は、被告・売主であるリヒテンシュタインに本拠を構える会社のスイス支店と酒類の売買およびロシアまでの輸送の契約を締結した。買主は売買代金の一部を前払いしたが、当事者間で輸送手段と最終履行期日について争いが生じたため、契約は履行されなかった。契約では買主は1993年12月30日までに信用状を開設することになっていたが、売主による数度の付与期間の設定にもかかわらず、買主は信用状を開設しなかった。売主は、1994年1月15日付のレターで同年1月28日までに、代金の支払または信用状の開設を履行しない場合、契約を解除する旨の意思表示をした。

　しかし、1994年1月28日を過ぎても、買主は代金の支払も信用状の開設もしなかった。買主は前払金の返還を求めて売主を提訴し、売主は契約違反による損害賠償を求めて反訴した。裁判所は、買主が信用状の開設を履行しなかったことで、支払を可能とするため、契約にしたがって必要とされる手続を遵守する義務（第54条）に違反したと判断した。したがって、売主は、

付加期間を定めた後、買主がかかる義務を履行しなかったので、有効に契約解除の意思表示をすることができたとした。

【国際ビジネスへの活用】

　CISGでは原則として買主による支払遅延や物品引渡受領義務の履行遅滞は、それ自体では重大な契約違反にはならないと考えられている[12]。したがって、買主による支払遅延が生じた場合や物品引渡受領義務が契約した履行時期に行われない場合でも、売主は直ちに重大な契約違反を理由として契約を解除し、契約上の自らの義務を免れることはできない。

　そのような場合、売主は第63条1項に基づき、速やかに履行のための付加期間を設定し、売主に通知すべきだろう。売主が与えた合理的な付加期間を過ぎても、買主が代金支払義務または物品引渡受領義務を履行しない場合、売主は契約を解除することができる（第64条1項(b)）。

　売主として、買主に履行のための付加期間を付与することなしに契約を解除することを希望する場合には、契約に一定の義務を合意された期限までに買主が履行しないときは、売主は直ちに契約解除の意思表示をすることができる旨の特約を定めておくべきだろう。

注

1　Pace, USA 7 December 1999 Federal District Court, Northern District of Illinois ［CLOUT case No. 417］.
2　米国の連邦民事訴訟規則第12条(b)(6)は、原告の訴状に救済が与えられるべきであることを示す請求が記載されていない場合、被告は訴え却下の申立てをすることができると定めている。
3　Unilex, Arbitration Award, 30.01.2007 International Arbitration Court of the Chamber of Commerce and Industry of the Russian Federation.
4　曖昧な文言の例："Example 42A: When the goods were not delivered on the contract date, 1 July, Buyer wrote Seller 'Your failure to deliver on 1 July as promised may not be too serious for us but we certainly will need the goods by 15 July'. Seller subsequently delivered the goods by 15 July". *Official Records of the United Nations Conference on Contracts for the International Sale of Goods, Viena, 10 March -11 April 1980* (United Nations publication, Sales No. E.81.IV.3), 38.
5　Pace, Germany 27 April 1999 Oberlandesgericht Naumburg ［CLOUT case No. 362］.
6　［CLOUT case No. 136］ Germany 24 May 1995 Oberlandesgericht Celle.
　　Unilex, Germany 21.08.1995 Lengericht Ellwangen.

7   Pace, Germany 24 May 1995 Oberlandesgericht Celle [CLOUT case No. 136].
8   Pace, Germany 24 April 1997 Oberlandesgericht Düsseldorf [CLOUT case No. 275].
9   Pace, France 4 February 1999 Cour d'appel Grenoble [CLOUT case No. 243].
10 Pace, Italy 11 December 1998 Corte di Appello di Milano [CLOUT case No. 645].
11 Pace, Switzerland 20 February 1997 Bezirksgericht der Saane [CLOUT case No. 261].
12 UNCITRAL Digest, art. 25, para. 6, 10.

第14章　契約解除と重大な契約違反

1　要　点

(1) 重大な契約違反

　契約の当事者の一方による債務不履行の場合、つまり契約違反の場合、他方当事者にとっての救済策の1つが契約の解除権である。この契約解除権についてのCISGにおけるルールは、原則、売主または買主からの一方的な契約解除を規定したものであり、解除権が認められる場合は、「重大な契約違反」に該当する場合、つまり当事者の義務違反、債務不履行が「重大な契約違反」とされる場合である。この「重大な契約違反」は、相手方の期待を実質的に裏切った場合、つまり予見された期待利益が喪失した場合であると第25条で定義されている。

　もし売主がこの重大な契約違反に該当すれば第49条1項 (a) で買主側から、買主がこの重大な契約違反に該当すれば第64条1項 (a) で売主側からそれぞれ一方的に契約解除ができる形となっている[1]。さらに第26・27条で通知義務と方法を規定、第49条で買主側、第64条で売主側からの契約解除事由をほぼ相互に同じように規定している。

　実際上は、CISGは例外的な状況においてのみ、契約の解除を認めるという原則に則っており、契約を解除する権利は買主にとっての最も重要な救済策であるとし、この救済策が正当化されるかどうかは、以下の判例からも明らかであるが、当該事件に関係する状況をすべて考慮して決定されなければならないという考え方がとられている。

　つまり、「重大な契約違反」かどうかの判断は、その都度、総合的に判断されることとなるが、重大な契約違反に対する救済方法は、契約解除という例外的な方法であるので、単なる債務不履行だけでは重大な契約違反とはな

らず、契約違反の内容が治癒されうるものかどうか、さらには売主が治癒する意思を示しているか否かも重要な判断要素となる。契約の基本部分にかかわる義務違反があっても、相手方の期待を実質的に裏切らない場合には、重大な契約違反とはならないこととなる。一方、軽微な違反であっても、期限どおりの履行が重要な要素である場合には、重大な契約違反となる。

ただし、契約違反を行った当事者がそのような結果を予見せず、かつ、同様の状況の下において当該当事者と同種の合理的な者がそのような結果を予見しなかったであろう場合はこの限りでない、と第25条のただし書で規定している。

(2) 買主による契約解除

売主については、物品の引渡義務があるところ（第30条）、売主による物品の引渡しが行われない場合（欠陥等の瑕疵のある物品の引渡しの場合は別である）や、正当な権利なく履行期またはそれ以前に売主が履行を拒否した場合は、重大な契約違反となるが、第49条1項においては、次のいずれかの場合には、買主は、契約の解除の意思表示をすることができる、と規定している。

(a) 契約またはこの条約に基づく売主の義務の不履行が重大な契約違反となる場合

(b) 引渡しがない場合において、買主が第47条（1）の規定に基づいて定めた付加期間内に売主が物品を引渡さず、または売主が当該付加期間内に引渡さない旨の意思表示をしたとき。

(3) 売主による契約解除

買主については、物品の受領義務があるところ（第53条）、売主が引渡しをしようとしたにもかかわらず、買主が受領を拒絶した場合には、重大な契約違反となる可能性が高いが、第64条1項においては、次のいずれかの場合には、売主は、契約の解除の意思表示をすることができる、と規定している。

(a) 契約またはこの条約に基づく買主の義務の不履行が重大な契約違反とな

る場合
(b) 売主が前条（1）の規定に基づいて定めた付加期間内に買主が代金の支払義務もしくは物品の引渡しの受領義務を履行しない場合または買主が当該付加期間内にそれらの義務を履行しない旨の意思表示をした場合。

(4) 契約解除の効果

　CISGにおいては、契約解除の効果として、契約上の義務からの解放（第81条1項）、引渡済みの物品の返還義務や支払済み代金の返還義務などの原状回復義務（第81条2項）、代金返還に伴う利息の支払義務および物品返還等に伴う利益返還義務（第84条）が規定されている。またこれら契約解除の効果の他に、買主が物品の返還をすることができない場合には、契約解除権および代替品引渡請求権の喪失も規定されている（第82条・第83条）。

　なお、債務不履行に伴う損害賠償義務は、通常、契約解除の際にも発生するわけであるが、これは契約解除の効果としてのものではないので、この損害賠償義務については、CISG第81条1項においても、「損害を賠償する義務を除き」として契約解除の効果からは除外されている。この損害賠償義務については、本書第12章および第13章の「契約違反に対する救済方法（1）（2）」ならびに第15章「損害賠償」を参照乞う。

　また、契約解除は、契約関係のすべてを消滅することにはならず、一定の事項、例えば、契約の一般条項といわれる紛争解決条項（裁判管轄条項や仲裁条項など）、損害賠償額の予定、違約金などや、解除の結果生ずる当事者の権利や義務を規律する条項、売買の目的物の保存義務などの契約条項には影響を与えないことを明確にしている（第81条1項）。

2　重大な契約違反とされる事由（1）（第25条・第49条）
　　ドイツ1997年2月28日ハンブルグ（Hamburg）上級地方裁判所判決
　　モリブデン鋼事件[2]

【論点】

売主による引渡しの遅延は、買主に契約解除を認める重大な契約違反に該当するかどうか

【事実の概要】

① 英国の買主とドイツの売主との間で締結された中国からのモリブデン鋼の売買契約で、引渡条件は、1994年10月のCIFロッテルダム条件であった。モリブデンの含有量は最低でも64％とされており、合意価格は、モリブデンキロ当たり9.70ドルであった。売主の契約条件には、不可抗力条項が規定されており、商品の引渡不能または遅延に伴う売主の責任が免除されることとなっていた。

② 契約締結後数日して、市場価格の上昇により売買契約価格の増額の提案が売主からあったが、買主は、その増額提案を断ったため、売主は、買主に対して、引渡しの延期とともに、モリブデン量の少ない鉄を代替として供給することを提案したものの、買主は、モリブデン量が減ることは受け入れたが、納期は延期せず当初合意した期間を要求したものである。

③ これに対して、売主は、納入のため付加期間が必要であることを買主に対して通知し、買主に対してその延期に伴う損害賠償を支払うことを提案した。しかし、売主は、商品を売主が中国の供給者から受領しなかったために、この付加期間内に履行できなかった。

④ そこで、買主は、引渡しのための追加納入期間が終了した後、第三者との間で締結した契約を履行するため、より高い価格での代替取引を実施することとなり、支払済代金と契約代金との差額について売主に対して損害賠償請求訴訟を提起したものである。

【判決の要旨】

① 裁判所は、CISG第75条に基づき、買主による損害賠償請求権を認めたものである。CISG第49条1項（a）および（b）により、契約は解除されたとし、(a)により、引渡しの遅延は、通常「重大な契約違反」であるとは考えられないが、確定した期日における引渡しが買主にとり特別な意味

を有している場合で、契約の締結時において予測することができた場合には、「重大な契約違反」に該当し得るとした（第25条）。
② 本件では、裁判所は、売主も期限どおりの引渡しが買主にとって重要であることを認識していたので、引渡しの遅延は、重大な契約違反を構成するとし、これはインコタームズのCIF条件の定義からも明らかであるとされた。CIF条件によれば、合意した期間内に引渡しを行うことが義務となっており、また、(b)においても、付加期間が合意されており（第47条1項）、その付加期間内においても引渡しの実行をすることができなかったので、契約解除権を有効に行使できるものとされた。
③ 裁判所は、契約解除についての通知も、売主が引渡義務の履行を拒絶したこととなった場合には、CISG第7条1項による信義則に反することとなるので、必要とはされないと判断した。契約の解除が原則的に可能であり、代替的売買取引が実行されたときに売主はその義務の履行をしないことが明らかである限り（本件では売主は履行ができないことを明示していた）、このような通知は重要ではないとされ、売主の不履行後2週間という期間での代替的売買取引も合理的な期間内に行われたものと判断した。
④ 裁判所は、さらに売主が履行義務を免除されたかどうかについても判断しており、本件では、売主は、契約の不可抗力条項によっても、またCISG第79条1項によっても免除されないとされた。売主は、自己の供給者から商品の供給を受けるというリスクを負担しており、市場で同等または同種の品質の商品が供給されない場合においてのみ、責任を免除されることになるとし、代替的取引の時期に市場価格が上昇するというリスクを負担するのは売主の責任となると判示した。市場価格がこの契約時に合意した価格から3倍に増加したとしても、それは、取引自体が高度に投機的であるので、犠牲的な価格であるということにはならないともされた。

【解説】
　本判例は、売主による引渡義務の不履行や遅延が、買主による契約の解除を正当化する「重大な契約違反」に該当するかどうかという点について判断された事例である。

通常、売主は、CISG第30条により物品の引渡義務を負担しており、売主による物品の引渡しが全く実行されない場合や、後述のように欠陥のある物品の引渡しなどの場合、あるいは正当な理由がなく、履行期または履行期前に履行の拒絶をした場合には、重大な契約違反とされるわけであるが、履行期日に履行しない場合（履行遅滞）について重大な契約違反となるかどうかという点が問題となったものである。

　履行遅滞は通常は重大な契約違反とはならないが、引渡時期が重要な場合、例えば、季節物で引渡日が特定日であるような場合、買主が売主に対して転売先への引渡期日を通知していたような場合、あるいは、契約上引渡期日が重要であることを明示していた場合や状況から明らかに履行遅滞が重要な意味を持つ場合には、履行遅滞が重大な契約違反であるとされるものである。

　一部不履行などのように不完全履行の場合には、期日どおりの完全な履行が重要な要素であるとされる場合で、不履行について正当化する理由がない場合には、重大な契約違反であるとされることがある（CISG第51条）。契約締結後1週間以内に引渡す義務を負っていたところ、契約締結後2カ月を経過しても引渡数量が注文の3分の1にすぎなかった場合、重大な契約違反を認めた裁判例[3]がある。

　本件は、期日どおりの引渡しが重要であることが売主に認識されていた場合であり、CISG第49条1項（a）で引渡遅延が重大な契約違反であるとされたのであるが、同時に、当事者間で引渡しの履行のために付加期間が合意されたにもかかわらず、その付加期間が経過しても履行がされなかったことは、CISG第49条1項（b）により、契約の解除を正当化するものとされた事例であり、売主が商品を調達できなかったことについても、それは売主が負担すべきリスクであるとして不可抗力による免責の主張を認めなかったものである。

【関連判例】

(1) ドイツ1991年8月13日シュツットガルト（Stuttgart）地方裁判所判決
　　婦人服事件[4]
　ドイツの買主とフランスの売主間で婦人服を特定の期間内に運送業者に引

渡すことが条件とされた売買取引が対象であった。合意した引渡日の2日後に商品が運送業者に引渡され、買主にはさらに2日後に引渡されたことに対して、買主は、6週間後に当該物品を減額された価格でなら引き受けると通知したため、売主は、代金全額の支払を求めて訴訟を提起したものである。

第一審では、合意された期日から2日後の引渡しは、契約の解除を認める重大な契約違反には該当しない（CISG第25条）、買主も引渡しの遅延が明らかとなった後合理的な期間内に契約の解除の通知をしなかった（CISG第49条2項(a)）、6週間は合理的な期間ではないと判断し、控訴審でもこの第一審の判断が支持されたものである。

(2) ドイツ1996年3月27日オルデンブルグ（Oldenburg）地方裁判所判決

　　衣料事件[5]

イタリアの売主とドイツの買主との間の衣料の売買取引であり、売主は、一定の期間（February-March-10 April）に運送業者に引渡すことが合意されていたが、実際には4月11日に引渡され、1日の遅延であった。裁判所は、当事者が引渡しの時期が絶対的なものであることに合意しているのでなければ、1日の遅延は、CISG第25条に基づく重大な契約違反とはならないとし、売主は、CISG第33条にしたがって引渡しを実行していると判断、かつ買主は引渡しがなされた後合理的な期間内に契約解除の通知をしていないので（CISG第49条2項(a)）、契約解除権を行使する権利を喪失しているとした。

(3) ドイツ1997年4月24日デュッセルドルフ（Düsseldorf）上級地方裁判所判決

　　シューズ事件[6]

イタリアのシューズメーカーとドイツの買主とのシューズの売買取引であるが、イタリアのシューズメーカーである売主は、合意したシューズの引渡しをしなかったため、買主は解約解除を主張し、債務不履行に伴う損害賠償金を既履行分の代金と相殺することを求め、かつシューズの残りの引渡しがなされるまで、支払を留保することを主張したものである。

裁判所は、売主の主張を認め（第51条1項）、買主は、契約の解除権を行使できないとした。CISG第49条1項に基づき契約の解除権を行使するための要件としては、重大な契約違反に該当するか、合意した付加期間内に引渡しをしなかった場合であり、部分的な引渡しの不履行は、この第49条1項

(a) に基づく重大な契約違反には該当せず、また合意した期間内の引渡不履行は、買主が引渡期日に重大な意味を有している場合、かつ売主が履行が遅滞するよりは引渡しの不履行のほうを買主が望んでいることを知っていた場合にのみ (CISG第25条)、重大な契約違反に該当するものとした。本件では、買主は、引渡しのために付加期間に合意したことを証明することができなかったため、CISG第49条1項 (b) に基づき、契約の解除を宣言することはできないとした。

　なお、売主は、部分的に履行をしており、それに該当する代金については、支払期日が到来しており (CISG第58条1項)、買主は、残りの引渡しに関し、部分代金の支払を留保することはできないと判断したものである。

【国際ビジネスへの活用】

　以上のように売買の対象物の引渡しが、その遅延や引渡しの不履行となっても、それだけでは重大な契約違反に該当せず、契約の解除権を行使することはできない。それが重大な契約解除とされるためには、季節物のように引渡期日に特別の意味がある場合や完全履行でないと契約が意味をなさない場合に限られている。さらに、契約解除の意思表示も合理的な期間内にしないと契約の解除も認められないこととなっている。

　したがって、契約実務においては、これらの判断を裁判所に任せるのではなく、当事者間で、引渡期日どおりの引渡しが契約の目的を達成するために非常に重要であることを当事者間で合意をしておくとか、引渡期限までに引渡しが行われない場合には、当事者間でその効果を争うことなく、契約解除権が行使できるよう、当事者間の契約において重大な契約違反となる事由を明記しておくなどということが必要となろう。

3　重大な契約違反とされる事由 (2)(第25条・第49条)
フランス1995年4月26日グルノーブル (Grenoble) 控訴院判決
Marques Roque Joachim v. La Sarl Holding Manin Riviere 事件[7]

第14章 契約解除と重大な契約違反　331

【論点】
　売主側が提供した物品の品質不良などの不適合は、買主に契約解除を認める重大な契約違反に該当するかどうか。

【事実の概要】
① フランスで設立された売主 (Manin Riviere) は、ポルトガルで設立された買主 (Mr. Roque) に対して、1990年3月30日付のInvoiceと1990年4月2日付の確認により、中古の倉庫を解体作業と輸送込みで500,000フラン (倉庫代は381,200フラン) で売却した。
② この支払については3回分割となっており、最初の2回 (170,000フランと150,000フラン) は支払われたものの、最後の3回目の残金については、解体された金属材料のいくつかに瑕疵があり、再組立てができないという理由で支払がなされなかった。
③ 売主は瑕疵のある材料を修繕したが、買主はこの修繕した材料の引取りを拒絶し、売主は新品の金属材料を供給することを約束していたと主張した。そこで売主は、売買代金の残額の支払を求めてグルノーブルの商業裁判所に訴訟を提起したところ、売主の主張を一部認める判決を得たが、買主は、控訴して、当該契約の取消しを求め、支払済みの代金の返還と損害賠償を請求した事件である。
④ このなかで売主は、注文を受けた金属の型枠 (瑕疵のある梁の10材料を除き) を買主に対し提供し、ポルトガルへ輸送することで本件引渡義務は果たしており、またこれらの瑕疵のある材料は修繕し買主に提供していると主張した。

【判決の要旨】
① CISGの適用可否
　本契約は、フランスに営業所を有する売主とポルトガルに営業所を有する買主との間で締結されており、フランスはCISGの締約国であるが、他方ポルトガルは未だCISGに署名もしておらず、また批准もしていないので、CISG第1条1項 (b) により、国際私法のルールが締約国の法の適用とな

ることを理由にCISGが適用されるかどうかを決定しなければならないとし、本件では、フランスの国際私法（国際物品売買に適用される1955年6月15日付けのヘーグ条約）がフランス法の適用を導くことから、CISGが適用されることとなると判示した。

② 重大な契約違反かどうか

裁判所は、売主は不適合な金属材料を買主に対し引渡していることから、契約違反であるという事実は変りないことを認定した。事実、瑕疵のある金属材料は、倉庫の再組立てという売主が契約締結前に認知していた買主の特定目的には合致していない。しかしながら、裁判所は、本件不適合は、倉庫の一部に関するものであり、売主は当該瑕疵のある材料の修繕をすることができたことから、本件適合性の不備は、買主が契約で期待した利益を買主から奪うような重大な契約違反を構成するものではないと判示した（第25条）。したがって、裁判所は、本件契約違反はCISG第49条にしたがって、契約の取消しを正当化するものではないとした。

さらに、裁判所は、売主は、CISG第46条3項にしたがって、当該金属材料を修繕することで適合性の欠如を有効に治癒したものであると判定し、さらに買主においても修繕後に瑕疵のある材料が倉庫の再組立てのために使用できなかったということについて立証することをしなかったことから重大な契約違反に該当するかどうかの対象にはならないと意見を述べている。

【解説】

CISGに基づいて、一方の当事者が契約解除の権利を行使することができるのは、相手方の契約違反の結果が、当事者に予見された合理的な期待利益の喪失に当たるかどうかという場合であり、このような期待利益の喪失に当たる場合であれば、重大な契約違反となり、買主による契約解除権（第49条）ないし売主による契約解除権（第64条）の行使をすることができることとなっている。

本件では、契約対象物の一部に契約不適合の瑕疵があった場合、このような瑕疵の存在だけでは、買主の期待利益を喪失したとされるような重大な契約違反には当たらないとされた事件であり、売主が契約不適合とされた瑕疵

について修繕を行って買主に提供されている事実や、それが実際に倉庫の再組立てに利用できないということを買主が証明することができなかったことから、買主の期待利益が実質的に損なわれる場合には該当しないものとされたわけである。なお、以下の関連判例からもわかるように、契約上の不適合についても、重大な契約違反だと認めた事例も存在している。

このように実際の事例においても、期待利益の喪失に該当するかどうかについては、ケースバイケースとなっており、どのような場合に期待利益の喪失となり、重大な契約違反となるかどうかについては、相手方がそれを予見することができる状態であったかどうかという問題も含め、過去の判例などを検討しながら、当事者間の契約条項において対応すべきものである。

【関連判例】

(1) スイス1998年10月28日最高裁判所判決
　　　冷凍牛肉事件[8]

この事件は、ドイツの売主がスイスの買主との間で締結した売買契約に基づき、1992年の9月と10月にエジプトおよびヨルダン向けに海上輸送した冷凍牛肉につき、品質不良により買主が売買代金の支払を拒絶したため、売主は、スイスの州裁判所に訴えたものである。当該州裁判所は、売主の主張を大方認め、買主に対して代金の支払を認めたところ、買主はそれを不服として控訴したものである。控訴裁判所は、買主の主張を一部認め、支払金額を減額したが、買主はそれを不服として最高裁判所に上告したものである。

上告審では、合意されたものと引渡されたものとの間の品質の違いについては、買主に契約を解除することを認めるのに十分な重大な契約違反であるとはいえないと判断した。そこでは、エキスパートが、脂肪分や水分が多すぎるため肉の価値は、25.5％も減少していると評価していた。裁判所は、CISGは例外的な状況においてのみ、契約の解除を認めるという原則に則っており、契約を解除する権利は買主にとっての最も重要な救済策であるとし、この救済策が正当化されるかどうかは、当該事件に関係する状況をすべて考慮して決定されなければならないとした。それには、買主が肉を加工したり、低価格で処分することができるかどうかということも含まれるとし、そして、

上告審では、買主において、このような代替措置を有していたことから買主の期待利益を喪失したものとはいえず、契約の解除権の行使を否定した原審の判断を採用したわけである。

単なる品質保証の不良だけでは、重大な契約違反には該当せず、修補や転売の可能性の有無も考慮されるという考え方が採用された事例である。

(2) フランス1996年1月23日破毀院（最高裁判所）判決

Sacovini/M Marrazza v. Les fils de Henri Ramel, 加糖ワイン事件[9]

イタリアに営業所を有する売主とフランス在の買主は、1988年にワインの売買に関して、いくつかの契約を締結したが、その年にフランスに輸入されたイタリアワインには、混ぜ物（加糖）による品質の不良があったため、買主は消費者公正取引局（Fraud Control Service）に通報したところ、当該ワインには確かに混ぜ物（加糖）が入っていたことが判明した。そこで、買主は、フランスのセト商事裁判所およびモンペリエ控訴裁判所に対して、当該ワインの売買契約の解除とそれにより被った物的および精神的損害の賠償を求める訴訟を提起した。

これに対して、控訴裁判所は、フランスの国内法により、売主が契約にしたがい、かつ正当な商業上の品質を有するワインを供給する契約上の義務を履行しなかったという理由により、当該ワインの売買契約を解除することを認めると宣言したところ、イタリアの売主は、CISGの適用をしないでなされた決定には適用法に問題があるとして上告したものである。破毀院は、加糖ワインを引渡した売主が契約条件に適合したワインを引渡す義務を履行しなかったと原判決が判断したのは、CISGの規定（特に第35条）の規定を適用した結果である。さらにこの加糖のみが引渡し済みのワインを飲用に適さなくしたのであるから、原判決の判断は相当であるとして、売主における重大な契約違反を認め、上告を棄却した。

本件は、契約上の不適合が、重大な契約違反に該当するとして、契約解除を認めたものである。

(3) フランス1999年1月5日破毀院（最高裁判所）判決

Thermo King v. Cigna Insurance, 輸送用冷凍機器事件[10]

米国の会社の販売代理店として活動しているフランスの会社である売主は、

別のフランスの会社に冷凍機器を販売し、それをフランスの輸送会社に対して冷凍車両に搭載するために売却した事例である。輸送会社は、ナッツと魚を輸送したが、輸送途上に解凍されたため、荷主は引渡しを受けることを拒絶した。そこで輸送会社は、米国の会社に対して損害賠償を請求したところ、第一審の裁判所はCISGの適用をせずその主張を認めた。

第二審では、米国の会社は、当該輸送会社に対して品質保証を与えているので、両当事者は契約関係にあるとし、それは売買契約であるとみなした。さらにこの契約の当事者は、フランスと米国にそれぞれ営業所を有するのでCISGの適用を受けることとなり、フランスの会社の主張を認めたところ、上告されたものである。

上告審である破毀院は、第二審の判断を取消し、本件訴訟は、フランス輸送会社の主張のベースが適合性の不備の保証であるという理由で、CISGの適用を受ける売買契約には該当しないとされたものである。

(4) オーストリア1994年7月1日インスブルック (Innsbruck) 控訴裁判所判決
Dansk Blumsterexport A/s v. Frick Blumenhandel, ガーデンフラワー事件[11]

デンマークの生花の輸出業者である売主は、オーストリアの買主に対してガーデンフラワーを販売したところ、買主は、当該ガーデンフラワーが夏の間、花が咲き続けなかったとして、売主は、契約に基づく保証義務に違反しており、この違反は、重大な契約違反に該当するものとして代金の支払を拒絶したため、売主がその支払請求訴訟を提起したものである。

第一審では、売主が、ガーデンフラワーは夏の間、花を咲かせると保証したこと、および花が契約上の仕様にしたがっていないという理由で、売主は重大な契約違反を犯したということを、買主が証明できなかったという理由（第36条、49条1項 (a)）で買主の主張を認めず、売主である原告の代金支払請求を認容した。また、買主が物品の適合性の不備を証明できたとしても、買主は品質不良を発見した後、合理的な期間内に売主に対し通知をしなかったことから、契約を解除する権利を喪失している（第39条1項）と判示した。なお、本件では合理的な期間とは、引渡し後2カ月間であるとも判断した。

控訴審も、買主は、売主が保証に違反し、あるいは契約上の仕様に適合していない花を供給するという点で重大な契約違反を犯したことを立証できな

かったので、第一審の判断を支持した。本件は、適合性の不備や、重大な契約違反であることの立証責任は買主にあることを認めたという点、さらには、これらを立証できれば、重大な契約違反として、買主による契約解除権が行使できるという点で参考になる判決である。

ただ、本事例は、買主に立証責任を負わせる結果となっているが、物品の適合性に関する立証責任について、CISGには規定もないので、買主にあると判断することはできないという考え方もあると指摘しているスイスの判例（ココア豆事件）もある[12]。

【国際ビジネスへの活用】

以上のように売買の対象物が、その瑕疵により契約に不適合であったとしても、それは自動的に重大な契約違反に該当することにはならない。契約解除権を認める重大な契約解除とされるためには、その不適合について相手方が修補できるにもかかわらず修補をしていない、代替措置がない、当初の当事者の使用目的に合致しないとか、あるいは、このような不適合について、立証ができた場合であるとされるようである。

したがって、契約実務においては、これらを裁判所の判断に任せるのではなく、当事者間で、不適合な事実が生じた場合には、それを重大な契約違反とみなし、ただちに契約解除権を行使することができるような取決めをしておくとか、具体的な契約不適合の事由を当事者間で確認をしたうえで、その事実が発生した場合には、当事者間でその効果を争うことなく、契約解除権が行使できるよう、当事者間の契約において重大な契約違反となる事由を明記しておくなどということが必要となろう。

4 重大な契約違反とされる事由（3）（第25条・第64条・第72条）
オーストラリア1995年4月28日アデレード（Adelaide）南オーストラリア地区連邦裁判所判決
Roder Zelt- und Hallenkonstruktionen GmBH v. Rosedown Park Pty Ltd., et al., テント事件[13]

【論点】
　買主の整理手続など倒産の場合、重大な契約違反に該当するとして売主は契約解除ができるかどうか。

【事実の概要】
　ドイツの大型テントおよび屋外テントの売主は、オーストラリアにおいてグランプリなどのイベントを実行している買主に対して、テントの構造物（アルミのテントの外枠、大型テントのカバーや付属品）を販売し、契約上、買主はその代金を分割で支払うこととしていた。しかしながら、買主は深刻な財政上の困難に陥り、売主への分割支払に遅延が生じた。その後、買主は、オーストラリア会社法にしたがって整理手続に入ったため、売主は、買主および買主の財産管理人を相手として、買主との間の契約においては、所有権留保条項により、テントの所有権を留保していると主張し、テントの返還と損害賠償を求めて訴訟を提起したのが本件事件である。

【判決の要旨】
① 　裁判所は、契約に所有権留保条項があるかどうかは、CISGの第8条、11条、15条1項および29条1項に基づき決定されなければならない事実問題であるとし、所有権留保条項の有効性については、CISGが所有権に関して規定を有していないので（第4条）、適切な国内法にしたがって、決定されなければならないとした。そして本契約には、適切な国内法にしたがって売主のための有効な所有権留保条項があると判断したものである。

② 本件、売主は、買主が財産管理人を指名したことにより、CISG第61条および第64条に基づき契約解除権を有していると判断した。そしてその財産管理人の指名は、CISG第25条の意味において、契約の重大な違反を構成するとした。つまり、買主による整理手続の開始は、売主による契約上の期待権を売主から奪うことになるとし、さらに裁判所は、財産管理人は買主の代理人として売主からテント等の返還を要求されたものとされると判断したところ、財産管理人は、契約上所有権留保条項があることを否定し、テント等の返還を拒絶したことに対して、これは重大な契約違反になると示したものである。

③ 裁判所いわく、財産管理人の指名に先立ち、買主は分割払いに遅延があり、契約違反の状態にあったが、売主は、買主に支払の要求をせず、またCISG第63条により買主に対して義務の履行のための履行期間も決めていなかったため、契約解除を正当化する重大な契約違反を構成しないとしたが、売主は、請求書に必要事項を記載することにより、CISG第26条で契約解除を有効に行うための条件、つまり相手方当事者へ解除の通知をするということ、を満たしていると判断したものである。

④ なお、裁判所は、本契約には有効な所有権留保条項が規定されており、売買代金の支払が完了するまでは、商品の所有権は、買主に対し移転せず、買主の債権者が買主の事業および債務の支払のリストラのための会社整理案を承認した場合には、その時点から売主はテントの取戻しをすることができるとした。

【解説】

CISGに基づいて、一方の当事者が契約解除の権利を行使することができるのは、相手方の契約違反の結果が、当事者に予見された合理的な期待利益の喪失に当たるかどうかという場合であり、このような期待利益の喪失に当たる場合であれば、重大な契約違反となり、買主による契約解除権（第49条）ないし売主による契約解除権（第64条）の行使をすることができることとなっている。

本件は、買主である相手方における財産管理人の指名がCISG第25条にお

いて、契約の重大な違反を構成するかどうかが判断された事例である。つまり、買主による整理手続の開始は、売主による契約上の期待権を売主から奪うことになるとし、さらに裁判所は、財産管理人が売主に契約上所有権留保条項があることを否定し、テント等の返還を拒絶したことに対して、重大な契約違反になると示したものである。つまり、売主にとっては、売主としての義務を履行したことに対して、買主が代金を支払ってくれるということを期待しているわけであるが、買主の財政状態が悪くなったことを理由に、財産管理人の指名をするということは、売主のこの期待権を剥奪することとなるため、重大な契約違反に該当することとなるわけである。

関連判例でも紹介したとおり、売買代金の支払のための信用状の開設を実行しなかったり、支払の担保を提供しなかったことは、重大な契約違反に該当するというケースも存在しているが、このような支払の不履行や支払保証の提供をしないことにより、売主の利益が大きな影響を受けるというケースは限られていることから、ただちに重大な契約違反となるかどうかは、明らかではない。これは、売主が単に物品の引渡しを数日遅延しただけでは、売主の重大な契約違反とはみなされないのと同様、買主が支払いを数日遅延しただけでは、買主の重大な契約違反とはならないこととなる。この点については、CISGは、当事者に義務履行のための一定の付加期間を与え（第47条および第63条）、その期間内に履行を求め、それが果たせない場合に、それを重大な契約違反と同様に扱い、相手方に契約解除権を付与するという構造となっている。

【関連判例】

(1) オーストラリア2000年11月17日クイーンズランド（Qeensland）州最高裁判所判決

Downs Investments v. Perwaja Steel, くず鉄事件[14]

売主であるオーストラリアの会社（Downs Investment）と買主であるマレーシアの会社（Perwaja Steel）は、オーストラリアからマレーシア向けの鉄屑の売買取引をし、船積の前に取消し不能の信用状を開設することが要求されていた。ところがこの信用状を開設する直前に、買主の経営陣が交代し、信用

状の開設について経営委員会から許可を得ることが必要となり、時間内に必要な委員会が開催されなかったため、信用状の開設が期日までにできなかった。そこで、売主は、買主からの連絡と同時に、買主による契約の放棄を受け容れることを返事し、契約を解除したものである。

裁判所は、買主が重大な契約違反に該当する契約上の義務を履行しなかった場合には、売主は契約の解除をすることができるとし（CISG第64条）、重大な契約違反の定義はCISG第25条に規定があるとし、期日どおりの信用状の開設をしないということは、CISG第25条および第64条1項（a）の意味において、重大な契約違反となることは明らかであるとした。さらに裁判所は、CISG第72条の適用を考慮し、契約の履行前に当事者のいずれかが重大な契約違反をするであろうことが明らかな場合には、相手方は、契約の解除を宣言することができると結論づけた。そして、もし時間が許せば、売主は、買主に対して、適切な保証を提供することを可能とするため、合理的な通知を行わなければならないとした（第72条2項）。

裁判所は、買主の経営陣の交代や信用状の発行のために経営委員会の承認を取らなければならないという事実および委員会によるその拒絶は、法律上弁解として許されないものと判断した。

本件判例の詳細は、第11章「将来の履行の不安に対する救済方法」を参照のこと。

(2) ドイツ1994年1月14日デュセルドルフ（Düsserdorf）上級地方裁判所判決
　　シューズ事件[15]

ドイツの会社である買主は、イタリアの靴メーカーである売主から、140足の冬用の靴を購入し、売主が注文を受けた靴を製造した後、売主は、買主から他の取引における代金債務があることを理由に、従前の契約に基づく残債務の1週間以内の完済と今回の販売代金の支払保証を要求し、支払等がなければ、契約を解除する権利を行使し、すでに製造した靴を転売することを通知したところ、買主は、支払も担保提供もしなかった。そこで売主は、従前の契約に基づく残債務の支払を求め訴訟を提起し、今回の契約の解除を宣言し、靴を転売し転売損を被ったため、買主に対し損害賠償請求訴訟を提起したものである。なお、転売に際しては、21足は損失が発生しなかったが、

109足は、低額でしか販売できず、10足は、転売ができていなかった。

控訴裁判所は、売主はCISG第72条により契約を解除する権利を有していることを認め、第74条および第75条により損害賠償を認めたものである。

(3) アメリカ1997年7月21日ニューヨーク南部地区連邦地方裁判所判決
　　Helen Kaminski v. Marketing Australian Products事件[16]

オーストラリアのファッション・アクセサリーの製造業者は、米国の販売店との間で、販売代理店契約を締結し、米国の販売店に対して北米でのファッション・アクセサリーの販売代理権を付与することを合意した。当該契約において、米国の買主は、期間中200万ドルの買取りを行うことを合意していた。オーストラリアの売主が米国の買主に対して、商品は出荷の用意ができている旨通知したにもかかわらず、米国の買主は、販売代理店契約で規定されていた信用状を開設することができず、オーストラリアの売主は、開設するように要求したが、開設されなかったので、販売代理店契約の解除を宣言し、訴訟を提起したものである。

そして、米国の買主は、破産手続の申立てを行い、同時に米国破産法（チャプター11）に基づき、オーストラリアの売主が申立てた訴訟手続は中断する旨の申立てと、米国破産法（チャプター11）の第108条（b）にしたがい、販売代理店契約の違反を治癒するための期間を認める命令を求めたものである。オーストラリアの売主は、CISGが米国破産法の適用に優先し、破産裁判所は買主に対して猶予期間を認めることはできない旨主張したところ（CISG第61条3項）、裁判所は、CISGが販売代理店契約に適用されるかどうかについての先例はないものの、販売代理店契約も特定の物品に関する規定を含んでいるのであれば、CISGの適用対象となるとするが、本件では、販売代理店契約は、今回注文したファッション・アクセサリーをカバーしていないので、CISGの対象とはならないとし、破産裁判所の出した義務履行期間の延長命令を支持したものである。

【国際ビジネスへの活用】

上記の判例でも明らかなように、重大な契約違反とされるかどうかの判断は、その都度、総合的に判断されることとなり、その判断は、最終的には裁

判所等に任せられることとなってしまう。そこで契約実務においては、これらを裁判所の判断に任せるのではなく、当事者間で、売主において引渡遅延や物品の不適合などが生じた場合、あるいは買主において代金支払の遅延などが生じた場合には、それを重大な契約違反とみなし、ただちに契約解除権を行使することができるような取決めをしておくとか、具体的な契約不適合の事由を当事者間で確認をしたうえで、その事実が発生した場合には、当事者間でその効果を争うことなく、契約解除権が行使できるよう、当事者間の契約において重大な契約違反となる事由を明記しておくなどということが必要となろう。

5　契約解除の効果（1）（第81条～第84条）
　　オーストリア2009年4月2日最高裁判所判決
　　ボイラー事件[17]

【論点】
　契約の解除の結果として、原状回復の義務はどの範囲まで課されるか。

【事実の概要】
① ドイツの配管業者である買主は、オーストリアのボイラー製造業者である売主から、2002年8月13日付けの注文書に基づきボイラーと付属品（特にペレット加熱式ボイラー）の購入を注文した。ボイラーは自動加熱することを両者間で合意しており、買主は2棟の新築建物のために加熱システムを必要とし、かつボイラーの燃料として、自身の木工場のペレット、木片、およびチップを使用することを望んでいた顧客との間で取引関係を有していたので、買主は、木工場の木製品や木屑がボイラーで使用できるかどうか、売主の代理人に問い合わせていた。
② また、売主の標準売買条件が買主に対して注文前に送付されており、そこには、すべてのクレームはオーストリア法によるものとし、抵触法に基づくルールおよびCISGは除外する旨の規定が存在していた。
③ 買主は、2002年の9月に引渡しを受け、10月10日にボイラーを設置し、

その際、売主の従業員も立ち会っており、木屑が使用された場合、最善の方法でもボイラーは稼動しないであろうと買主に対し説明をしていた。
④　ボイラーは最初から、特に自動加熱等に関して適切に動かず、買主の顧客はそれを買主に通知するも、買主は売主に対し通知をしていなかった。そこで、売主は翌年2月半ばに買主の顧客から直接に連絡を受け、従業員がその瑕疵を修理するために買主の顧客を訪問した結果、ペレットが補給センサーで引っかかることがわかり、センサーを取り替え、使用されている木屑が長すぎると指摘した。
⑤　しかし、自動スターターは適切に稼動せず、買主の顧客からの2004年1月8日付けのレターで様々な瑕疵が指摘されていたため、売主は、いくつかの部品を交換するために別の従業員を送り、買主の顧客に対して、2005年10月まで品質保証期間の延長を認めた。
⑥　ボイラーは、依然として適切に稼動しなかったため、買主の顧客は、2005年1月8日に瑕疵の通知をしたので、売主は、ボイラーの引上げをし、すでにボイラーを使用しているという事実があるので、一定の金額を減額することを申し出たが、買主の顧客はこの減額には同意しなかった。ボイラーは、不純物が混じっていない材料であれば稼動するも、ペレットでは稼動しないことを売主は認識した。
⑦　買主の顧客は、買主に対して2005年3月7日に契約は解除することを宣言するレターを送り、買主は、新しい加熱システムを販売したが、古いボイラーは、適切に分解されておらず、かつ2005年の末まで買主の顧客の場所でなんらの保護措置をしないまま保管されていた。また買主は、ボイラーの適切な検査をしていなかった。
⑧　買主は、2005年8月26日に訴訟を提起し、契約の解除、売買代金の返還および新規加熱システムの設置のための費用の請求をしたものである。同時にボイラーと機器の分解については、売主に責任があるとの宣言の申立てをしたものである。

【判例の要旨】
①　第一審の判決

第一審は、本件にはオーストリア法が適用されるとして、買主の請求を認めず、当事者間でボイラーは自動的に加熱され、燃料も補充されることが合意されており、これが適合性の欠如となる可能性がある。買主は、適時に検査をすることをせず、また買主の顧客から通知されたにもかかわらず、不適合について適時に通知をしなかったので、ボイラーは買主により受領されたものとされ、かつ損害賠償請求を含め、それ以降の請求権を放棄したものとされると判示された。

② 控訴審の判決

　控訴審では、第一審の判決を一部取消し、契約の解除を認め、買主の請求を一部認容し、原審に差戻しがされた。控訴審は、オーストリア法は本件では適用されず、CISGが適用されるものとした。つまり、当事者は、その営業所を異なる国に持ち、当事者間では、CISGの適用を排除することに合意していないので、CISGが適用されるものとした。

　CISG第38条によって買主はボイラーを実際に可能な期間内に検査しなければならず、不適合を発見してから、あるいは発見すべきであったときから合理的な期間内に不適合の性質を明記した通知を売主に送らなければ、ボイラーの適合性の不備を請求する権利を喪失するものとされる。本件では、買主は完全な検査をすることをせず、買主の顧客から通知された後も、売主に通知しなかった。したがって、CISG第45条により権利を喪失しているとした。結果として、裁判所は、売主が重大な契約違反を犯したどうか、また買主が契約の解除を適切に行ったかどうかを判断することとなった。

　一方、CISG第82条により、買主は、受領した状態で物品を返還する義務も有しており、契約が解除された後、売主側も買主がボイラーの不適切な解体および保管を怠ったことにより損害賠償請求をすることができるとした（CISG第81条）。またCISG第84条2項により、買主は、物品から得られた利益のすべてを売主に対して返還しなければならないとされたため、売主が上告したものである。

③ 上告審の判決

　上告審では、控訴審の判決を否定、当事者は、CISGの適用を排除して

いたとした。裁判所の検討によれば、CISGを排除するという当事者の意図は、両当事者がその主張のなかでオーストリア法の規定のみを引用しているという事実から、導き出されるであろうと判断でき、準拠法条項においても、CISG第1条1項（a）により、CISGが直接適用されるという場合にも、オーストリア法が排他的に適用されることとしていると判示した。

しかしながら、裁判所は、契約がCISGの適用を受けるかどうかの問題は、本件の場合には関係はなく、控訴審においても、買主は、オーストリア法およびCISG第39条にしたがって、適合性の不備による契約解除権を喪失していることを正しく述べているので、買主の主張は却下されるとした。

【解説】

契約解除がなされた場合の効果として、CISG第81条は、損害賠償の義務を除き、契約上の義務から解放されること（第81条1項）、および、すでに履行された契約上の給付については、同時履行の関係において返還されること（第81条2項）を規定しており、契約の解除は、契約関係のすべてを消滅させることなく、紛争解決のための契約条項または契約の解除の結果生じる当事者の権利および義務を規律する他の契約条項に影響を及ぼさない旨を明らかにしている（第81条1項）。

上記のように第81条において除外された損害賠償義務については、別途CISGにおいて、相手方に契約違反があった場合、契約の他方当事者に認められる一般的な損害賠償の範囲（第74条）が規定されているが、これは契約解除の効果としての損害賠償ではない。また、契約解除後における損害賠償については、他方当事者により代替取引が行われた場合の損害賠償額（第75条）および代替取引が行われなかった場合の損害賠償額（第76条）等が規定されている。

【関連判例】

(1) ドイツ1998年1月28日ミュンヘン（München）上級地方裁判所判決
　　自動車事件[18]

イタリアの売主とドイツの買主との間の自動車の2つの売買契約に関する事例である。第1の契約に基づく自動車の売買代金の未払残額の支払と支払済みの代金の返還を求め、売主は買主を相手として訴訟を提起したものである。本件では、買主は第1の契約に基づく代金の支払方法として小切手を発行したが不渡りとなり、第2の契約が当事者の合意により解除された際に、別の小切手により買主が支払った前払金の返還が現金でなされたが、結果として小切手が不渡りとなったため、買主が相殺を主張したものである。

裁判所は、第1の契約に基づく売主の請求を認め、買主は自動車の代金の支払義務があると判示し（第53条）、不渡り手形に基づく損害を認めた（第74条）。返還請求に関しては、支払が当初の契約に基づきなされた場合に、CISGが適用されると判示され（第81条2項）、もし契約の解除の後、売主が実際には受領していない売買代金を償還する場合には、これは契約に基づきなされた支払としてみなされないものとし、ドイツの国際私法によりイタリアの法律が適用され、返還請求が正当化されるものと判示した。

(2) ドイツ2008年2月14日カールスルーエ（Karlruhe）上級地方裁判所判決
　　クラシックのジャガースポーツカー事件[19]

売主は、クラシックのスポーツカー（ジャガーCタイプ）を170,000ユーロで中古車の販売業者である買主に対して販売したが、買主は、198,500ユーロで2006年2月14日に転売し、70,000ユーロを支払った後、残りの100,000ユーロの支払をする意思はないと売主に通知したところ、売主の代理人弁護士から残代金の支払請求がなされたものの（4月13日）、売主は5月2日に契約を解除したものである。

第一審では、買主に100,000ユーロの支払を命じたものの、残代金の支払は却下し、売主はCISG第81条により契約を解除することを宣言できないとし、CISG第82条1項によれば、商品を受領した際と実質的に同様の状態で返還することができない場合には、買主は契約を解除する権利や売主に代替品の引渡しを要求する権利は喪失することとされているが、例外として通常の営業活動の一環として売却されたような場合には、同条1項は適用されないこととされている（第82条2項(c)）。

控訴審では、ほぼ第一審の判決を認め、CISG第81条2項により、全部ま

たは一部を履行した当事者は、他方の当事者から自らが供給したもの、あるいは支払ったものの返還を求めることができ、CISG第82条1項により、買主は、受領したのと実質的に同様の状態で商品の返還をしなければならないとした。買主は、受領したと実質的に同様の状態で商品の返還をすることができない場合には、契約の解除権を喪失し、あるいは売主に対し代替品の引渡しを要求する権利も喪失するものとされ、CISG第82条2項はこの一般原則の例外である。特に第82条2項 (c) は、商品あるいはその一部が通常の商活動において販売され、消費され、あるいは加工されたような場合に該当するとされている。

【国際ビジネスへの活用】

　上記の判例でも明らかなように、契約の解除がなされた場合には、契約上の義務から解放されるという基本的な効果は当然のこととして、契約解除の原因が契約違反である場合には、損害賠償がどうなるかという問題、契約解除の効果として生じる原状回復義務がどのように履行されるかという問題は、契約当事者にとっては重要な問題である。買主からまだ代金を全額回収していない売主にとっては、買主において信用不安があるような場合に、代金回収のために代金請求訴訟を提起したとしても、債権の満足を得ることが事実上困難になる場合がある。このような場合には、契約を解除することで引渡した物品の引取りをすることにより、損害を最小に減少させるということも可能となる。また受領済みの代金については、返金がなされることになるが、これは同時履行の関係になるため、一応の保全ができていることとなる。

　以上のように、契約解除の効果について、当事者の権利義務がどうなるかという点が規定されているため（第81条）、一応の権利保全は可能となっているが、最終的には裁判所等に任せられることとなってしまう。そこで契約実務においては、これらを裁判所の判断に任せるのではなく、当事者間で、契約解除権の行使とともに、契約解除の効果を当事者間で明確に規定しておくなどということが必要となろう。

6 契約解除の効果（2）（第82条～第84条）
スイス2009年5月18日連邦最高裁判所判決
包装機械事件[20]

【論点】

引渡しを受けた商品につき同じ状態で返還ができない場合にも、契約解除権や代替品の引渡請求権は行使できるか。

【事実の概要】

① スイスのバーゼルに営業所を有する売主とスペインの買主との間で2000年12月12日に締結された包装機械の売買契約につき、売買代金は247,278,337スペイン・ペソで、包装機械は、個別の装置といくつかの搬送および接合システムから構成されていた。売主は、機械を買主の工場に設置し、稼動させること、および設置が完了した後、包装機械の試運転をすることとなっていた。

② ところが、機械の性能に関して両者間で紛争が発生し、買主は、一定の性能保証が売主により約束されていたとし、売主は、このような全体的な性能は可能ではなく、当事者間で合意もされていなかったと反論したものである。売主としては、その後数度にわたり、機械の性能を上げるべく努力したものの、買主の期待に応えることはできなかった。そこで最終的に買主は、2003年3月23日に契約を解除することを宣言し、売買代金の返還と損害賠償を求めたところ、売主は、2004年2月9日に、残代金の支払と損害賠償を求めて訴訟を提起しようとしたものである。

③ 2004年8月5日に買主は、売主に対してバーゼル・スタッドの地方裁判所に訴訟を提起し、納入された機械の返還に対して495,390ユーロと利息の支払および別の495,390ユーロと利息の償還を求めたものである。

④ 第一審および控訴審とも、CISGの規定に基づき、買主の請求を認めたので、売主は最高裁判所に上告したものである。

【判決の趣旨】

① 上告審は、控訴審において重大な契約違反があると判断したのは、CISG第25条の適用に違反があるとする売主の主張につき、売主により引渡された機械の現実の性能が、契約に基づき要求された性能を下回っていたからであり、したがって、買主はCISG第25条により、契約に基づき期待することができたものを剥奪されたことになるので、CISG第49条1項(a)にしたがって、契約を解除する権利を有していると述べ、さらに、同条2項(b)にしたがって、買主は契約を解除する権利を放棄したとする売主の主張に対しては、第49条2項(b)の意味において履行期間が合理的であるなら、事件の状況（特に物品の性質、適合性の不備、買主の不適合の通知についての売主の行動など）や規定の目的を見て判断されなければならないと強調した。

② 本件では、買主は、機械が設置され最初の試運転が実施された後、直ちに機械に生じた問題を売主に通知しているので、CISG第39条1項に基づき、適合性の不備を適時に通知したといえるとした。さらに、裁判所は、CISG第49条2項(b)(1)にしたがって契約の解除を宣言するための期間は、2003年2月14日に開始しており、売主もそのとき、契約に基づき要求されている性能以下であった目標性能のために円満な解決策を提案し、買主も売主の重大な契約違反であることを結果として認識していたとした。そして買主は、2003年3月23日に契約の解除を宣言したことから、合理的な期間内に行動したと判断された。

③ そして、買主は機械の使用により契約解除の宣言をする権利を喪失したとする売主の主張については（第82条1項）、かかる規定は、機械の状態が売主に返還を期待するには合理的ではないとされるよう変化した場合にのみ、適用されるものとされると判示した。最高裁判所は、下級審においては、買主が機械を受領した状態で機械の返還を不可能とするとは判断しておらず、売主の主張には根拠がないとした。

④ 裁判所は、CISG第84条2項に基づいた機械の使用に対する補償の請求権による相殺の権利は、売主がその証拠を提示していないという理由で否定した。そして売主の上告を却下したものである。

【解説】

　本条は、解除権と代替品引渡請求権を同列の救済方法として扱い、物品の返還がこれらの権利行使の前提となっていることから、買主が物品を受領したときと実質的に同じ状態で返還することができない場合には、一定の例外を除き（第82条2項）、解除権および代替品の引渡請求権を喪失するとしている（第82条1項）。

　この返還時の状態については、実質的に同じであればよいとされているが、物品の使用による劣化や毀損があっても、実質的に同じ状態だとされる限り、買主は解除権や代替品の引渡請求権を失わないとされている。このような劣化や毀損については、損害賠償や利益返還において考慮されることとされている（第84条）。実質的に同じ状態であるかどうかの時期の基準については、解除の意思表示がされた時点において判断されることとされ、その後に実質的に同じ状態で返還できなくなっても、請求の効力には影響を及ぼすことはないとされている。

　なお、第82条により契約解除権や代替品引渡請求権を喪失した場合であっても、それ以外の当事者間の契約およびCISGに基づく債務不履行に対する救済措置については影響を受けないとしているのが第83条の規定である。

【関連判例】

(1) ドイツ1997年6月25日連邦通常裁判所（最高裁判所）判決
　　ステンレス針金事件[21]

　ドイツの売主は、スイスの買主に対して、ステンレス・ワイヤーを引渡したところ、買主は、納入された標準以下のものは利用できないと売主に通知し、売主の処分に任せた結果、売主としては、買主による適合性の不備があるとの主張が正当化された場合に、物品の代金を返却することに合意し、買主を相手取り未払代金の支払を求めて訴訟を提起した。買主は、欠陥のあるワイヤーを加工するため使用された研磨機械を交換するための費用を相殺すると主張したのが本件事件である。

　裁判所は売主の請求を認めず、買主はCISG第81条1項、第49条1項(a)および第51条1項に基づき、契約の解除権を行使することができると

し、事実、買主も標準以下のワイヤーは使用できないと通知することにより契約の解除を有効に行っているとした。一方、買主が第38条に基づきワイヤーを検査したかどうか、および合理的な期間内に第39条に基づく通知をしたかどうかについては、売主が不適合のワイヤーの代金を返還することに合意したことにより反論する権利を放棄したことから、判断をすることをしなかった。

ワイヤーを原状のまま保存することができないので、買主がCISG第82条1項に基づき契約解除をすることを妨げないとされ、両当事者は、ワイヤーは不具合が発見される前に加工されなければならないことを認識しているとされた。さらに、検査時にワイヤーに検査による瑕疵や損傷があることが発見された場合には、買主は契約の解除を宣言することができるとした（第82条2項(b)）。

(2) ドイツ2002年12月19日カールスルーエ（Karlruhe）上級地方裁判所判決
　　機械事件[22]

ドイツの買主とスイスの売主とは、買主の指示にしたがって機械を製造し、引渡す契約を締結したところ、買主は売主の営業所における検査および買主に引渡された後に実施される検査により機械を受領することを拒絶し、瑕疵と機械の時計のスピードに関する適合性の不備を指摘した。売主はこの修補に同意したため、買主が売主へ返送したところ、その途上で粗雑な荷積みにより破損したため、売主は引取りを拒否し、機械の修補も実施しなかったので、買主は契約解除による支払済代金の返還を求めたところ、裁判所は、買主は、CISG第82条により契約の解除権を喪失したという理由で、請求を却下したが、控訴審においては、この判決を取消し、売主に対して前金の返還を命令した。

裁判所は、CISG第82条1項および2項(a)を引用し、売主は物品の不適合を認めたので、売主の営業所で不適合を修補する義務を負うこととなった。そして、機械の売主への返還のための輸送の義務に関しては、CISG第31条(c)が適用されることとなるが、買主は、梱包等につき、より安全な運送を保証したかどうかには関係なく、輸送に適した方法で売主の処分に委ねるという義務を履行したとされ、荷積み自体は第31条(c)に基づく買主の義務

ではないとした。

　そして、さらに、買主は、リスクが買主に移転しているかどうかには関係なく、物品の保存義務を負っているが（第86条）、記録によれば、運送人によってなされた不適切な荷積みを買主が認識し、または認識可能であったとは示されていない。したがって、第82条は適用されず、買主は解除権を喪失するものとはされないと判示された。

(3) オーストリア2005年5月23日最高裁判所判決
　　　コーヒーマシーン事件[23]

　イタリアの売主は、オーストリアの買主に対してコーヒーマシーンを販売し、買主はそれを自分の顧客に販売したが、当該コーヒーマシーンに不具合があり、何度か修理を試みたがだめであり、このコーヒーマシーンには商業的な価値がないほど重大な不具合であった。そこで買主は代金の支払を拒絶したが、合理的な期間内に対応しなかったためにCISG第49条にしたがって契約の解除を宣言する権利を喪失したとされた。

　買主は、CISG第50条により、価格をゼロと減額することができると反論したところ、裁判所も第49条に基づき契約の解除を宣言することができるような場合には、第50条も適用ができ、もし物品に価値がないのであれば、代金をゼロに減額することも認められると判示した。

　これは、契約解除権が失効したとしても、代金減額請求権は認められることを確認した事例である（CISG第83条）。

【国際ビジネスへの活用】

　上記のように、契約の解除がなされた場合には、契約上の義務から解放されるという効果に加え、契約解除の効果として生じる原状回復義務のうち、引渡した物品の返還あるいは支払った代金の返還などが可能となっているが（第81条）、契約解除権と代替品引渡請求権については、物品の返還等がこれらの権利行使の前提となっていることから、買主が物品を受領したときと実質的に同じ状態で返還することができない場合には、一定の例外を除き（第82条2項）、解除権および代替品の引渡請求権を喪失することを規定している（第82条1項）。

第14章 契約解除と重大な契約違反 353

　以上のように、契約解除の効果について、原状回復義務を含め当事者の権利義務がどうなるかという点は規定されているものの（第81条）、実務的には、原状回復義務をどのように履行するかというための履行地や費用負担あるいは支払場所や通貨などは、明示の規定がないので、当事者間の契約において明確に定めておくべきである。また、物品の返還が費用や返還後の転売可能性などの観点から、合理的ではないとされる場合、実務的に合理的な処分方法などをあらかじめ取決めておくことも必要であろう。

7　物品の保存義務（第85条～第88条）
　ロシア1995年4月25日ロシア連邦商工会議所国際商事仲裁廷仲裁判断
　トラック事件[24]

【論点】
　契約の相手方が物品の期日どおりの引取りをしないなどの場合、その物品を適切な保存状態に置く義務は、売主にあるか。

【事実の概要】
① 　チェコの売主とソビエト連邦の買主との間で1991年3月に締結された売買契約は、買主がトラックの買取りを行うためのハード通貨を受領したことを確認することにより有効となるとされ、1991年の末までに50台のトラックの引渡しを規定していた。
② 　その後1991年の10月になり輸送問題を解決するための修正契約を締結し、1991年11月に有効となることが確認されたので、売主はメーカーに対して売主の倉庫にトラックを輸送することを依頼し、1991年の11月に引渡しを開始した。12月3日になり、売主は買主からのテレックスを受領し、改めて通知するまで引渡しを中断してほしいと依頼された。買主は1992年2月に契約の解除を検討したいと売主に対して通知したが、売主は同意しなかった。その後1992年4月になり、トラックの引渡しはもういらないので、契約を解除する旨の連絡を受領した。そこで売主は、仲裁

廷に対して買主の不当な行為により負担した損害およびトラックの保管費用や保管中に必要なサービスを提供する費用等についての賠償命令を下すよう申立てをしたものである。

【判決の趣旨】
① 仲裁廷は、当事者間の契約は、引渡しの時期を1991年の末まで延期することを規定しているので、売主は1991年11月に引渡しを開始する権利を有していると裁定した。
② 引渡しがすでにスタートした後、トラックの引渡しを中断するようテレックスによる通知が1991年12月3日に買主からなされた。買主は、トラックの引取りを不当に拒絶したことから、売主は、CISG第85条および第87条にしたがって、買主の費用負担でトラックを保存し、倉庫に保管するための状況について合理的だとされる手段をとることができるとされた。そしてCISG第88条により、売主は、市場価格でトラックの処分をすることができるとも裁定した。
③ そして仲裁廷は、売主は、トラックの契約価格と第三者に対して販売された際の市場価格との差額、保管料（合理的だとされたので）、保管期間中のトラックのサービスに関連する費用（これらのサービスが提供されていなければ市場でトラックの転売処分ができないので）は、買主の負担であると判断した。しかし、買主の不履行によりトラック代金として支払うための借入に関し、銀行に対して支払った利息については、経済協力委員会の一般規則にしたがって6％を超えて請求できないこととなっているために6％相当部分以外は認められなかった。

【解説】
物品の滅失・毀損または減価を防ぐことを目的として物品の保存義務を規定しているのが、CISG第85条の「売主の物品保存義務」であり、第86条の「買主の物品保存義務」である。この規定の趣旨は、契約違反の有無を問わず、物品の保存をする義務を課すものであり、売主あるいは買主は当該物品を保存するため、状況に応じて合理的な措置をとらなければならないこと

とされている（第85条・第86条）。

　本件については、買主側の不当な契約解除によることとなっていることから、保存に必要な費用は、買主が負担することが明らかとなっているので問題はないが、買主がこの保存費用の支払をしない場合には、売主は物品の留置をすることができるほか、自助売却権を行使することもできることとなっている（第88条1項）。

【関連判例】
(1) アメリカ2008年5月19日カリフォルニア東部地区連邦地方裁判所判決
　　The Rice Corporation v. Grain Board of Iraq事件[25]

　原告は、カリフォルニア州で営業を行っているデラウエア州法人であり、米、飼料および植物油を含む米国産の農産物の輸出業者である。被告は、イラクの穀物省であり通商省の下、イラク共和国の食糧供給システムの一部として機能している。穀物省は、小麦、大麦および米を輸入し、イラク国内のサイロや倉庫にこれらを販売している。

　2005年に両当事者はルイジアナからイラク向けに輸出される米の売買取引契約を締結し、2005年8月に約35,000トンの白米を本船アルダ号に船積み、買主である被告はこの85％に相当する代金（12.7百万ドル）を信用状により支払い、残りの15％は引渡時に支払うこととなった。

　同年10月にこの本船が到着したが、買主は品質的には契約条件どおりであるにもかかわらず、引取りを拒否し、本船に対して出港するように命じ、15％の残金の支払の拒絶と支払済みの85％相当額の返還を求めたものである。本船は約90日以上ペルシャ湾に滞船し、買主に対して白米の引取りを求め、買主はこれを拒否したが、別の船から貨物を引き取る旨の指示と同時に、本船の所有者との間でデュバイで荷卸しをすることに合意し、デュバイで荷卸費用および追加運賃を支払った。

　そして白米を袋詰めにして別の船で運送し、2006年2月2日に到着したにもかかわらず、買主は理由の説明もなく受領を拒絶したため、その船は再度デュバイに戻り、荷卸しをし、売主は第三者に転売したが、大幅な損失を被ったケースである。結果として2006年7月7日に、売主は、契約にしたが

ったイラク向けの米の最初の船積みについて不当に拒絶したことを理由に買主である被告を相手として転売等により被った損害等の賠償請求訴訟を提起した。

最終的には欠席裁判による判決ではあったが、売主の主張をほぼ認め、売主の損害額を受領済みの代金から差引くことを認めた事件である。そしてこの損害には、当初の本船により発生した滞船料および荷卸費用、保管・分割・再船積の費用、さらには、転売に要した費用を含んでいた。

(2) スイス1994年5月17日バウド (Vaud) 控訴裁判所判決
　工業機械事件[26]

① CLOUT 96事件

スイスの工業機械の買主は、引渡しを受け、まだ未払いの機械の稼動に必要な部品を第三者の倉庫に保管するようドイツの売主に対し要求したところ、売主は倉庫の中の部品の保管の費用は買主が負担すべきであるとして、CISG第87条に基づき訴えたが、裁判所は、CISGは適用されるものの、その命令は手続上のルールによるものであり、保管の費用に関しては、CISGに拘束されないと判示した。その理由としては、手続問題であり、CISGは実質的な法律問題に適用されるとした。

② CLOUT 200事件

スイスの買主はドイツの売主との間で機械の売買契約を締結し、買主は代金を2回分割で支払ったが、残額の支払を拒絶した。そこで売主は機械のベースである部品（それがないと機械は買主にとって価値のないものとなる）を引渡さず、もし買主が代金の支払をしない場合には、この機械部品を誰かほかのものに売却するとした。結果として、買主は裁判所に対して、売主が機械部品を売却することを禁止する仮処分の申立てを行い、これに対し売主は、CISG第88条に基づき、機械部品を直ちに売却する許可ないしCISG第87条に基づき、買主の費用でそれを保管する許可を求めたケースである。

裁判所は、この請求が正当化されるかどうかを決定するという問題は、CISGをベースとするのではなく、スイスの法廷地法 (lex fori) により決定すべきであるとした。そして買主による仮処分申立を認め、売主が機械部品を売主の費用負担ではあるが保管することを許可した。

第14章　契約解除と重大な契約違反　357

(3) スペイン2002年3月11日バルセロナ（Barcelona）控訴裁判所判決
　　チップ保護ラベル事件[27]

　スペインの買主は、英国の売主との間で、一定のコンピュータチップの保護ラベルの売買に関して契約を締結したところ、買主は当該保護ラベルは欠陥があるとして売主に対し返還を求めたが、売主は返還を拒絶したため、買主は紛争が解決されるまで、法的な保管を求めた。
　第一審は、この請求を拒絶したが、控訴審は、原審に対してこの法的な保管の適用を再度検討するように指示し、物品を拒絶しようとしている買主が物品を保護する合理的な方法を採用する義務、およびスペインの民事訴訟手続法とともにCISG第86条および第87条にしたがって返還が行われるまで第三者に預けることの義務も考慮しなければならないとした。

【国際ビジネスへの活用】
　本件のように売買の対象となっている物品の保存義務（CISG第85条～第86条）は、契約の履行途上における物品の滅失・毀損または減価を防ぐことを目的として設けられた規定であるが、物品の価値の維持が困難な場合や、保存のために不合理な費用がかかる場合には、物品の第三者への寄託や売却を行うことを認めている（CISG第87条～第88条）。
　この保存義務については、状況に応じ、合理的な保存措置が必要であるとされ、この保存措置とは、客観的に期待可能な範囲で、物品への損害発生を回避し、物品の原状と価値を維持する措置であるとされている。しかし、実務的にはこのような合理的な保存措置の内容や合理的な保存費用の範囲等については、後日の紛争を避けるためにも、あらかじめ当事者間の契約において明確に定めておくということも必要である。

注
1　UNCITRAL Digest of the CISG, section 2, A/CN.9/SER.C/DIGEST/CISG/49, at 2参照。
2　Pace, Germany 28 February 1997 Appellate Court Hamburg (*Iron molybdenum case*)［CLOUT case No.277］．
3　［CLOUT case No.90］Italy 24 November 1989 Court of First Instance Parma (*Foliopack v. Daniplast*).

4   Pace, Germany 13 August 1991 District Court Stuttgart (*Women's clothes case*).
    Unilex, Germany 13.08.1991 Landgericht Stuttgurt, No.16 S 40/91.
5   Pace, Germany 27 March 1996 District Court Oldenburg (*Clothes case*).
    Unilex, Germany 27.03.1996 Landgericht Oldenburg, No.12 O 2541/95.
6   Pace, Germany 24 April 1997 Appellate Court Düsseldorf (*Shoes case*) [CLOUT case No.275].
7   Pace, France 26 April 1995 Appellate Court Grenoble [CLOUT case No. 152].
8   Pace, Switzerland 28 October 1998 Supreme Court (*Frozen Meet case*) [CLOUT case No. 248].
9   Pace, France 23 January 1996 Supreme Court [CLOUT case No.150].
10 Pace, France 5 January 1999 Supreme Court [CLOUT case No.204].
11 Pace, Austria 1 July 1994 Appellate Court Innsbruck [CLOUT case No.107].
12 Pace, Switzerland 15 January 1998 Appellate Court Lugano, Cantone del Ticino (*Cocoa beans case*) [CLOUT case No.253].
13 Pace, Australia 28 April 1995 Federal Court, South Australian District, Adelaide [CLOUT case No.308].
14 Pace, Australia 17 November 2000 Supreme Court of Queensland [CLOUT case No.631].
15 Pace, Germany 14 January 1994 Appellate Court Düsseldorf (*Shoes case*) [CLOUT case No.130].
16 Pace, USA 21 July 1997 Federal District Court [New York][CLOUT case No.187].
17 Austria 2 April 2009 Supreme Court (*Boiler case*).
18 Pace, Germany 28 January 1998 Appellate Court München (*Automobiles case*) [CLOUT case No.288].
19 Pace, Germany 14 February 2008 Appellate Court Karlruhe (*Antique Jaguar sports car case*).
20 Pace, Switzerland 18 May 2009 Bundesgericht [Federal Supreme Court] (*Packaging machine case*).
21 Pace, Germany 25 June 1997 Supreme Court (*Stainless steel wire case*) [CLOUT case No.235].
22 Pace, Germany 19 December 2002 Appellate Court Karlsruhe (*Machine case*) [CLOUT case No.594].
23 Pace, Austria 23 May 2005 Supreme Court (*Coffee machines case*) [CLOUT case No.747].
24 Pace, Russia 25 April 1995 Arbitration Proceeding 142/1994 (*Trucks case*).
25 Pace, USA 19 May 2008 Federal District Court [California].
26 [CLOUT case No.96] · [CLOUT case No.200] Switzerland 17 May 1994 Appellate Court Vaud (*Industrial machinery case*).
27 Pace, Spain 11 March 2002 Appellate Court Barcelona (*Chip protection labels case*) [CLOUT case No.489].

第15章 損害賠償

1 要点

　第10章において詳しく紹介されているように、当事者の一方が契約またはCISGに基づく義務を履行しない場合には、相手方が第74条から第77条までの規定にしたがって損害賠償を請求することが可能である（第45条1項および第61条1項）。このうち、第74条は損害賠償額の算定に関する一般原則を定め、第75条および第76条は契約が解除された場合の特則を定めている[1]。しかし、第75条または第76条が適用される場合であっても第74条の適用が排除されるわけではなく、第75条や第76条によって補填されない損失が生じている場合には、第74条に基づく損害賠償請求が可能である（第75条および第76条1項）。また、契約が解除された場合であっても第75条や第76条は適用されない場合があり、その場合も、損害賠償の額は第74条の規定にしたがって算定されることになる[2]。しかし、第74条には具体的な損害賠償額の算定方式が定められているわけではなく、第75条や第76条が適用される場合を含め、具体的な損害賠償額については、個別の事案に即して判断せざるを得ない[3]。このため、本章では、国連国際商取引法委員会（UNCITRAL）による裁判例等のダイジェスト（以下「ダイジェスト」）において言及されている裁判例等を中心に、実際の適用事例を紹介することで、具体的な損害賠償額の算定等を検討する一助としたい[4]。

　また、本章では、第78条が規定する利息に関する裁判例等の紹介も行う。第78条によると、当事者の一方が代金その他の金銭を期限を過ぎても支払わない場合には、相手方が「第74条の規定に従って求めることができる損害賠償の請求を妨げられることなく」、その金銭の利息を請求することが可能である。しかし、第78条には具体的な利率や利息の計算方法等が明示さ

れていないため、CISGの適用事例における利息の計算方法等については見解が分かれている[5]。このため、本章では、この問題に関する裁判例や仲裁判断の多数派（majority）に属すると考えられている裁判例を紹介することで、第78条の適用事例における利息の検討に資するとしたい[6]。

なお、実際の訴訟や仲裁においては、損害賠償が問題となる場合が多く、他の章で紹介されている判例等にも参考となるものが少なくないと考えられる。また、以下の裁判例が示すように、CISGの適用事例において、損害賠償を検討するには、第74条ないし第78条の適用を総合考慮する必要がある場合が多いため、本章では、個々の事例について【国際ビジネスへの活用】を検討するのではなく、損害賠償に関する裁判例等を概観した後で、CISGの適用事例における留意事項等を検討することとしたい。

2　損害賠償額の算定に関する一般原則（1）（第74条）
アメリカ1994年9月7日ニューヨーク（New York）北部地区連邦地方裁判所判決
Delchi Carrier, SpA v. Rotorex Corp. 事件[8]

【論点】

第74条の適用事例における損害賠償額の算定はどのようになされるか、そして第75条・第77条および同78条との関係はどうか。

【事実の概要】

① 1988年1月、イタリアの会社である買主Delchi Carrier社とアメリカの会社である売主Rotorex社との間で、売主が1万800個のコンプレッサーを同年5月15日までに3回に分けて買主に引渡す契約が締結された（なお、目的物であるコンプレッサーは、買主が同年夏の販売を予定しているエアコンの製造に利用する予定であり、買主はその旨を売主に伝えていたこと、また、契約の履行に先立ち、売主は買主にコンプレッサーの見本と仕様書を送付したことが認定されている）。

② 同年3月26日、売主から2,438個のコンプレッサーが船便で発送され、

同年4月20日にはイタリアにある買主の工場に到着した。同年5月9日頃、売主は第2便として1,680個のコンプレッサーを発送したが、第2便の運送途上で、買主は、最初の船便で送られてきたコンプレッサーが見本および仕様書に適合していないことを発見した。同年5月13日、買主は送られてきたコンプレッサーの93%が品質管理チェックで不合格と判定されたことを売主に通知した。

③　その後、コンプレッサーを修復する試みがなされたが、完全に修復することはできず、買主は、見本および仕様書に適合する新しいコンプレッサーの引渡しを売主に請求した。しかし、売主はこれを拒否したため、買主は同年5月23日付けのファックスにより契約を解除し、売主の契約違反と適合的な物品の引渡しがないことを理由として損害賠償請求訴訟を提起した。

【判決の要旨】

このような事案において判決は、売主には契約に適合した1万800個のコンプレッサーを供給しなかったことによる契約違反が認められること、CISGの下において買主は、当事者が合理的に予見可能な額を限度として相手方の契約違反により被った損失（得るはずであった利益の喪失を含む）に等しい額の損害賠償請求が認められること（第74条）、この規定は被害当事者の期待利益と信頼に基づく出捐の双方を含む取引上の利益を付与するものであるとしたうえで、以下のように判示した。

① まず、買主は、不適合の修復を試みるために支出した費用に相当する額の賠償請求が可能である。これらの費用は、後述するエアコンの生産費とは区別されるものであり、売主にも予見可能なものであるため、買主は、以下の費用に相当する額の賠償請求が認められる。（i）コネクターの運送に関する費用183,170リラ、（ii）代替品であるグロメットの運送に関する費用1,309,851リラ、（iii）グロメットの取替えに関する人件費1,5874,030リラおよび（iv）代替品であるグロメットとコネクターを組み込んだ後で必要となった特別な検査費用11,687,142リラ。

② 次に、買主は、不適合の修復が困難となった後で、損害を軽減するため、

代替品の急送に要した費用に相当する額の賠償請求が可能である。この代替品は、契約違反が生じる以前の段階ですでに発注されていたため、第75条によってカバーされるものではない。第77条が契約違反を援用する当事者に損害の軽減を求めているために認められるものであり、買主による代替品の急送は商業上合理的なものであって、かつ、合理的に予見可能であるため、航空便と船便との差額に相当する504,305,665リラの賠償請求が認められる。

③　また、買主は、不適合な物品の授受および保管に要した費用に相当する額の賠償請求が可能である。なお、買主は、第2便で到着したコンプレッサーの保管に要した費用の正確な額を証明しているわけではないが、これに合理的な費用として、2,103,683リラの費用が見込まれるため、第1便で到着したものとあわせ、買主には、13,200,083リラの賠償請求が認められる。

④　さらに、CISGは、売上高減少の結果として生じた利益の喪失の賠償を認めているが、当事者がコモン・ローおよびニューヨークの法に基づき、CISGの適用事例においてlost profitに相当する額の賠償を請求するには、当事者が合理的な程度の確実性をもって損害額を推定できる十分な証拠を提出しなければならないところ、買主は、売主による契約違反の結果として生じる予見可能な損害として、以下の利益の喪失を十分な確かさを持って証明している。(i) ヨーロッパの系列会社に2,395台のエアコンを販売することによって得るはずであった利益421,187,095リラ、(ii) ドイツの会社に100台のエアコンを販売することによって得るはずであった利益31,310,200リラ、(iii) イタリア国内で合計1,259台のエアコンを販売することによって得るはずであった利益546,377,612リラ。なお、買主は、この他にも、(iv) イタリア国内で4,000台のエアコンを販売するはずであったと主張しているが、この数は推測的な証言（speculative testimony）によってしか証明されておらず、仮に、買主には売上高の減少に伴う損害が生じていたとしても、その額は合理的な程度の確実性をもって証明できるものではないため、この追加的なlost profitに相当する額の賠償請求は認められない。

⑤　次に、買主は、売主のコンプレッサーを利用してエアコンの生産に要する費用（cost of production）に相当する額の賠償を請求することはできない。これらの費用は、買主が得るはずであった利益の喪失に相当する額の賠償を請求するなかで説明されるもの（accounted for in Delhi's recovery on its lost profits claim）であり、買主が補填を求めることができない固定費（fixed cost）に、以下の費用が含まれる。(i) 売主のコンプレッサーを輸入する際の運送および税関に関する費用ならびに雑費187,877,520リラ、(ii) コンプレッサーが不適合なため、エアコンの生産を停止した期間の人件費22,144,322リラ、(iii) 売主のコンプレッサーを組み込むためだけに購入し破棄された設備や管類、そして機械工具の費用計66,129,822リラ。

　また、買主は、代替品のコンプレッサーを組み込むため電器パネルの変更に要した費用2,016,000リラに相当する額の賠償を請求することもできない。買主は、これが売主の契約違反を直接の原因とするものであることを証明しておらず、この費用が代替品のサプライヤーから購入したコンプレッサーを使用してエアコンを製造する際に通常必要な費用の一部ではないことも証明していないからである。

⑥　なお、買主には、第78条によって判決前の利息（prejudgment interest）の請求が認められるところ、第78条は適用される利率を特定していないため、裁判所の裁量により、合衆国の短期国債の利率（United States Treasury Bill rate）によって算定された利息の請求が認められる。

⑦　最後に、損害賠償額のリラからドルへの交換につき、1988年4月20日の実効為替レートが適切であることについて当事者間に争いはない。これはニューヨークの"breach-day rule"にも適合するものであり、買主が請求可能な損害賠償額は、1ドル＝1,238リラを適用して1,545,434,848リラまたは1,248,311.87ドルに利息を加えた額となる。

【解説】

　冒頭に記載のとおり、第74条は、CISGの適用事例における損害賠償額の算定に関する一般原則を定めている。第74条によると、当事者の一方による契約違反についての損害賠償の額は「当該契約違反により相手方が被っ

た損失（得るはずであった利益の喪失を含む。）に等しい額」となり、その額は「契約違反を行った当事者が契約の締結時に知り、又は知っているべきであった事実および事情に照らし、当該当事者が契約違反から生じ得る結果として契約の締結時に予見し、又は予見すべきであった損失の額」を超えることができない。この規定は、買主による損害賠償請求と売主による損害賠償請求の双方に適用されるものであり、損害賠償請求は様々な状況においてなされるものであるため、第74条には、得るはずであった利益の喪失（loss of profit）以外にどのような損失が賠償請求の対象となるのか明記されておらず、得るはずであった利益の喪失についても、具体的な賠償額の算定方式が明記されているわけではない。このため、具体的な損害項目や賠償額の算定方式は、個別の事案に即して判断せざるを得ない。本件は、後述する本件の控訴審判決（本章3の事件）とともにUNCITRALのダイジェストやCISG-ACの意見書第6号「CISG第74条に従った損害賠償額の算定」にも参照されているものであり、この問題を検討する際の参考となる[9]。

　本件判決によると、CISGの適用事例において、損害賠償の対象となる損失の内容は以下に分類することができよう。

　まず、契約違反の相手方が、契約違反の結果として支出した費用。本件では、①買主が物品の不適合を修復するために支出した費用、②代替品の急送に要した費用、そして③買主が不適合な物品の授受および保管に要した費用がこれに該当するといってよいであろう。関連する裁判例として、不適合な物品を第三者に引渡し、その返還に要した費用に相当する額の賠償を認めたドイツの裁判例（後述する7の事件）等がある。なお、上記の②について、本件の代替品は契約違反が生じる前に発注されていたものであるため、その急送に要した費用に相当する額の賠償請求（のみ）が認められ、その根拠も第75条ではなく、第77条が契約違反の相手方に損害の軽減を求めていることに基づいているところ、第74条は、このような付随的損害（損害を軽減するために支出した費用）の賠償を明文で認めているわけではないが、被害当事者はこの損害が合理的なものであることをはじめとする要件を満たす限り、同条が規定する全部賠償の原則によって、その賠償を請求することができると解されている[10]。

次に、④契約違反の相手方が「得るはずであった利益の喪失」。これは、第74条が明文をもって損害賠償請求の対象と認めるものである。この点は控訴審で争点の１つとなっているため、詳細については後述する３の事件を参照されたい。ここでは、「得るはずであった利益の喪失」に相当する額の証明について、国内法（本件では、コモン・ローおよびニューヨークの法）が適用されていることに留意したい。すでに指摘されているように、第74条が「得るはずであった利益の喪失」について特に言及しているのは、損失（loss）という概念が、それだけでは「得るはずであった利益の喪失」を含まない法域も存在するからであり、CISGの適用事例において、国内法に基づき、得るはずであった利益の喪失に相当する額の賠償請求を否定することはできないと解されている[11]。しかし、第74条は、その額をどの程度立証しなければならないのかについて明示しておらず、この問題は本条約によって黙示に解決されている問題なのか、それとも、国内法にしたがって解決されるべき手続法上の問題なのかについては議論があるため、注意が必要である（本件では、英米法の基本原則にしたがって「合理的な程度の確実性」が要求されている）[12]。

3　損害賠償額の算定に関する一般原則（２）（第74条）
アメリカ1995年12月６日第２巡回区連邦控訴裁判所判決
Delchi Carrier, SpA v. Rotorex Corp. 事件[13]

【論点】

第74条の適用事例における損害賠償額の算定に際し、「得るはずであった利益の喪失（lost of proft または lost profits）」はどのように算定されるか、そして「生産費」はどのように考慮されるか。

【事実の概要】

本件は、本章２の事件の控訴審判決であるため、【事実の概要】については上記２の事件を参照されたい。なお、売主は、売主が合意に違反しているわけではなく、仮に売主には契約違反が認められるとしても、買主は、買主

が販売可能なエアコンの台数を超える在庫を維持しており、lost profits に相当する額の賠償請求は認められないはずであるとして上訴（控訴）している。また、売主は、仮に lost profits に相当する額の賠償請求が認められるとしても、地裁の算定は不適切である（買主が販売可能なエアコンの台数および地裁による lost profits の算定方式は不適切である）とも主張している。これに対して買主は、地裁判決で認められなかった費用と lost profits に相当する額の賠償を求めて交差上訴（cross appeal）している。

【判決の要旨】

　控訴審判決は、地裁判決において売主のコンプレッサーが契約条項に適合していないと判断されたことに問題はなく、CISG は、売主の違反が重大である場合に買主による代替品の引渡請求（第46条）または解除（第49条）および損害賠償請求を認めているところ、売主の違反は第25条に照らして重大な契約違反に当たるという地裁の判断は適切であるとした上で、以下のように判示した。

① 　まず、たとえ売主が主張するように、売主の契約違反にかかわらず、買主は販売可能な台数を超えるエアコンを確保することが可能であったとしても、買主は lost profits に相当する額の賠償請求が可能である。なるほどシーズンを通してみれば、買主は期間中に販売可能な台数のエアコンを確保することができたかも知れないが、買主は数日間エアコンの製造停止を余儀なくされており、売主の契約違反によって買主は春に販売するはずであったエアコンを7月末に販売しなければならなくなるなど、春および初夏の販売機会を失ったと考えられるからである。また、売主は、地裁の判決において買主が販売可能なエアコンの台数は過大評価されていると主張しているが、買主が販売可能なエアコンの台数について、地裁は与えられた権限の範囲でどの発注が十分な確かさをもって証明されたかを判断しており、その数は当事者にも予見可能なものである。

② 　次に、売主は、地裁が lost profits の算定に当たり、製造原価から固定費および減価償却費を不適切に控除していると主張しているが（地裁判決では、エアコン1台当たりの平均的販売価格（average sale price）654,644 リラから生産

単位当たりの製造原価（manufacturing cost）——総変動費（total variable cost）——478,783リラを控除してlost profitsの額が算定されている）、CISGは、lost profitsの算定につき、売上収益（sales revenue）から変動費のみを控除するのか、それとも変動費と固定費の双方を控除するのかを明示していない。そして、CISGに特別な規定がない以上、地裁が多くの裁判所によって用いられている標準的な算定方式（売上収益（sales revenue）から変動費のみを控除）を用いてlost profitsを算定したことは適切である。一般に、（アメリカの）裁判所は、契約違反によって継続的取引（ongoing business）が終了したような場合を除き、lost profitsの算定に当たって固定費を考慮しないが、これは固定費が契約違反の有無にかかわらず支出されるものだからである。

③　一方、地裁判決では、買主の生産費に相当する額の賠償請求を認めると買主に二重の補填（double recovery）を認めることになる（買主の生産費は「得るはずであった利益の喪失」に相当する額の賠償請求が認められることによって補填される）として、買主の生産費に相当する額の賠償請求が否定されているが、買主が得るはずであった利益は、実際に行われていない取引の売上収入から、実際に支出されていない仮定的な変動費を控除することによって算定されるものであるところ、この額には、買主が実際に支出した費用は含まれておらず、買主が実際に支出した費用に相当する額の賠償請求を認めたとしても、買主に二重の補填を認めることにはならない。そして、買主がコンプレッサーの返送に要した運送費や税関費等は（売主が2回目に発送したコンプレッサーの保管費用を含めて）明らかに予見可能な損害であり、買主には、これに相当する額の賠償請求が認められる（機械工具や設備に関する費用等についても同様である）。

④　また、エアコンの生産が停止された期間の人件費も、不適合なコンプレッサーが引渡された結果として合理的に予見可能な損害である。地裁はこれを固定費に分類しているが、一般に、変動費とは企業の生産高によって上下するものであって、経営や管理に要するものを除く人件費が含まれるところ、地裁判決においては、これがエアコンの生産量にかかわらず支払われるものなのかを検討しておらず、控訴審でこれを判断することはできないため、この問題を地裁に差し戻す。

⑤ なお、買主は、代替品のコンプレッサーを使用するため電気パネルを変更しており、これに要した費用に相当する額の賠償を請求しているが、地裁はこれが売主の契約違反の結果として生じた損害であることが証明されていないとして、この請求を否定している。これは地裁が権限を有する証明に関する信用性の決定（credibility determination）の問題であり、その認定に明確な誤りがあるとはいえないため、地裁の判断を是認する。

⑥ また、買主は、地裁判決で認定されたlost salesの他にもイタリア国内で4,000台のエアコンを販売するはずであったと主張しているが、買主は、十分な確実性をもってその発注を証明していないというのが地裁の判断である。地裁は、買主が認定された台数より多くのエアコンを販売できたというイタリアのエージェントの証言を最も適切に評価する地位にあり、証言は推測的に過ぎる（too speculative）という地裁の判断に明確な誤りがあるとはいえない。

【解説】

　本件は本章２の事件の控訴審判決であり、第74条が規定する「得るはずであった利益」の算定および生産費との関係を検討するうえで参考となる。まず、得るはずであった利益の算定につき、本件控訴審判決は、エアコン１台当たりの平均的な販売価格から生産単位当たりの変動費を控除してlost profitsを算定した地裁の判断を是認しており、固定費は契約違反の有無にかかわらず支出されるものであるため、継続的取引（ongoing business）が終了したような場合を除き、lost profitsの算定に当たって考慮されないとしている。この判断は、利用可能な注釈の中で本条約の公式注釈に最も近いと考えられている事務局のコメンタリーに沿うものであり、他の裁判例にも採用されているところである[14]。なお、「得るはずであった利益の喪失」に関連する問題として、「取引高減少」あるいは「売上高減少」とも訳されるlost volume salesの問題があるが、この点については、後述する６の事件を参照されたい[15]。

　また、本件控訴審判決では、買主の生産費に相当する額の賠償請求について、地裁判決で認められなかった請求の多くが認められている（あるいは差し戻されている）。ただし、控訴審判決によると、第74条は、被害当事者を

相手方が適切に契約を履行した場合と同様の地位に置くものであり、上記の「生産費」は、売主が適切に契約を履行した場合であっても買主が支出するものであることに鑑みると、このような費用に相当する額の賠償請求が認められるのは、相手方の契約違反によりこれらの費用が全く無駄となった場合（とりわけ契約が解除された場合）であって、かつ、第74条の要件がすべて満たされるような場合に限られるのではないかと考えられる（後述する【国際ビジネスへの活用】も参照されたい）[16]。

---

4 契約解除後の代替取引における損害賠償額の算定（1）（第75条）
ドイツ1994年1月14日デュッセルドルフ（Düsseldorf）上級地方裁判所判決
シューズ事件[17]

【論点】
　契約解除後に合理的な代替取引が行われた場合の損害賠償額はどのように算定されるか。

【事実の概要】
① 　1992年3月31日、イタリアの靴製造業者である売主は、ドイツの会社である買主から140足の靴の注文を受けた。しかし、買主は、以前請求された代金の支払を怠ったことがあるため、売主は、代金支払が担保されない限り、注文された靴を引渡すことに消極的であった。そこで、売主は同年7月9日、同月16日までに適切な担保が提供されない限り契約を解除する旨通知したが、期限までに担保が提供されなかったため、同年8月5日付けで契約解除の意思表示をした。そして、売主は、買主のために製造した靴のうち、21足を同年9月16日に255,000イタリア・リラ（It£）でM社に販売し（この価格は当初売主が買主に販売することを合意した価格であった）、109足を当初の契約で合意されていた価格よりも安い1足当たりIt£50,000、計It£5,450,000でS社に販売した。なお、残りの10足は売主

の倉庫に保管されており、売主は1足当たりIt£50,000の価値があると評価していた。

② このような事案において売主は、(1) 契約価格と代替取引における価格との差額および契約価格と残された商品の価格との差額に相当する額（計It£9,215,000）、(2) 弁護士費用として954ドイツ・マルク（DM）、(3) 1992年11月23日までの利息It£1,037,000（利率16.5%）、(4) 15%の通貨下落に伴う損失（計It£2,658,000）、そして(5) 利率16.5%の利息に相当する額の損害賠償を請求した。

③ 第一審判決では、売主による契約の解除が認められ、売主の請求はほぼ認められることとなった（為替変動等に伴う損害賠償および一定期間の利息に関する請求の一部は認められなかった）。このため、買主は、売主の代替取引は適時に行われておらず、代替取引に十分な注意が払われていないと主張し、弁護士費用は現在の訴訟手続のなかですでにカバーされているほか、売主に両替予定があったことは証明されていないことから、弁護士費用や為替変動・通貨切下げに伴う損害の補填は請求できないはずであるとして控訴した。本件は、その控訴審判決である。

【判決の要旨】

① 売主には、CISG第72条に基づく解除権が認められることについて当事者間に争いはなく、したがって、売主には第74条および第75条に基づく損害賠償請求が認められる。ただし、その額は、契約価格と代替取引における価格および残された靴の価値との差額（It£9,215,000）ならびに1992年11月23日までの金利損益（It£1,037,000）の合計額It£10,252,000および1992年11月24日以降の利息に相当する額に限られる。

② 第75条によると、売主は、解除後の合理的な期間内に、かつ、合理的な方法で物品を再売却した場合に、契約価格と代替取引における価格との差額を請求することが可能であるところ、本件においては、1992年8月5日付けの書面によって解除の意思表示がなされており、売主は同月7日にこの書面を受領しているため、合理的な期間は同日から進行する。そして、売主は契約の解除前に代替取引を行わなければならないという買主の

主張は間違っている。そもそも、契約の解除前に売主が代替取引を行い得るのかも疑わしく、仮に解除前の代替取引が可能であるとしても、売主に代替取引が義務づけられるわけではない（履行の請求が可能である）。また、売主による解除の決定が遅く合理性を欠き、第77条の損害軽減義務に違反しているのか否かは別問題である。なるほど売主が第75条および第77条の要件を満たすためには、可能な限り有利な取引を行うことが義務づけられているが、本件においては、売主がこの義務を履行したと認められる（売主はイタリアの業者に靴の販売を申込み、弁護士をドイツの代理商に派遣して代替取引の可能性を探るなどしており、問題となっている靴が冬用のものであることに鑑みると、当初の契約価格でM社に再売却できたことが幸運なのであって、そのような例外的なケースをもって第75条や第77条の標準とすることはできないといった判示がなされている）。

③　また、本件の売主は（第75条が規定する算定方式によって算定された賠償額に加えて）、第74条に基づく損害賠償請求が可能であるところ、売主は（買主が代金を支払わないため、別の金融機関等から）16.5％で貸付を受けたと主張しており、16.5％という利率はイタリアにおいて比較的低いことを考慮すると、売主は、この金利差損益に相当する額の賠償請求が可能である。本件の売主は、代替取引による収益も考慮しつつ、当初の契約に基づき1992年7月12日から同年11月23日までの利息It£1,037,000を計算しているところ、買主はこの点について何も主張しておらず、したがって、16.5％の利率による利息は、同月24日以降のIt£9,215,000という額に対しても支払われるべきものである。

④　なお、第74条に基づく損害賠償請求には、法的権利の追及に必要な費用に相当する額の請求も含まれるが、弁護士費用に関するドイツ国内の規則において、本件契約の解除と本件の訴訟活動は同じ事案とみなされ、弁護士はこれらをまとめた額の費用しか請求できないところ、これは買主によって負担されるため、本件の売主が契約の解除によって必要となった弁護士費用（DM954）を請求することは信義則に反する。

⑤　また、通貨の下落に相当する額の賠償請求は、通貨の下落が債権者に損害を及ぼす場合（例えば債権者が普段から頻繁に両替を行っている場合等）に

限って認められるものであり、代金の支払が債権者の国の通貨によって行われる場合には、原則として為替レートの変動が債権者に損失をもたらすことはないと考えられ、通常は債権者の通貨が他の通貨に両替されることもない（本件において売主が為替レートの変動の結果として損失を被ったことを示す事実はない）と考えられる。このため、売主が代替的な要求としてイタリア・リラのドイツ・マルクに対する下落分It£1,382,250を請求していたかは無関係である。また、売主が代替的な要求としてイタリア・リラの国内における通貨下落すなわちインフレに伴う損害賠償を請求していたかは無関係である。売主は、銀行のクレジットを利用しており、売主の債務が物価上昇率に依存しているとはいえ、インフレの結果として売主が何らかの損失を被ったとはいえないからである。

【解説】

先にも述べたように、第75条および第76条は、契約が解除された場合の特則を定めている。そして、第75条には、ある程度具体的な算定方式が定められているため、第75条に基づく損害賠償額の算定については、それほど問題がないようである[18]。しかし、第75条が適用されるのは、「契約が解除された場合において、合理的な方法で、かつ、解除後の合理的な期間内に、買主が代替品を購入し、又は売主が物品を再売却したとき」であるため、たとえ契約違反の相手方が、損害を軽減するため実際に代替取引を行ったとしても、それが解除後の合理的な期間内に合理的な方法で行われない限り、第75条は適用されないことになる[19]。そこで、まず、どのような代替取引であれば「解除後の合理的な期間内」に「合理的な方法」で行われたといえるのか —— どのような取引が裁判所等によって「合理的」な代替取引と認められるのか —— が問題となるところ、本件は、この問題を検討する際の参考となる。

なお、第75条は、代替取引が解除後の「合理的な期間内」に「合理的な方法」で行われることを要件としているのであって、代替取引の価格が合理的であることを要件としているわけではないが、一般に、第75条が規定する合理的な代替取引と認められるためには、可能な限り高い価格での再売却

（または低い価格での代替品の購入）が実現されなければならないと考えられている[20]。そして、代替取引における価格が契約価格と著しく異なる場合には、代替取引の合理性が否定され、あるいは第77条によって賠償額が減額される可能性があるため、注意が必要である[21]。

　上記のように、第75条が適用されるのは、「解除後の合理的な期間内」に、かつ、「合理的な方法」で代替取引が行われた場合に限られるため、次に、契約違反の相手方が代替取引を行ったにもかかわらず、第75が適用されない場合には、どのようにして損害賠償額が算定されるのかが問題となる。CISGの適用事例のなかには、第76条に基づいて賠償額を算定し、第74条に基づく賠償請求の可能性に言及する裁判例もみられるが、これは上記事務局のコメンタリーとも一致するものである[22]（後述する6の事件も参照されたい）。

　なお、第75条が適用される場合であっても、当事者は第75条が規定する算定方式（代替取引の価格と契約価格との差額）によっては補填されない損害を被る場合があり、この場合には、第74条に基づく賠償請求が可能である。これは第75条が明文をもって認めるところであり、本件では、このような追加的損害として、売主が金融機関への支払を余儀なくされた利息（interest on bank loan）に相当する額の賠償請求が認められている点が参考になろう（後述する8の事件も参照されたい）。ただし、このような追加的損害の賠償は、第74条が規定する予見可能性によって制限される場合が多いと考えられているため、注意が必要である（後述する5の事件を参照されたい）。

　また、本件においては、為替の変動に伴う損失についても言及されているところ、第74条には、通貨価値の変動に伴う損失について明記していないため、見解が分かれている[23]。多くの裁判所が、第74条に基づく損害賠償として、為替差損についての損害賠償を認めているが、それらの裁判所が賠償を認めたのは、支払が支払期日になされていれば、支払われた金銭を自国の通貨に交換することによって、より高い価値を取得していたであろうことを債権者＝被害当事者が証明できた場合に限られているとの指摘があり、本件のように、合意された支払通貨が債権者の国の通貨の場合であっても、当該通貨の下落によって損害が生じることもあり得るが、この場合の損害は、

為替相場の下落によって生じる損害とは異なるため、一般的には、この損害の賠償は認められないと考えられている[24]。なお、本件の判決によると、第74条に基づく損害賠償請求として、弁護士費用に相当する額の賠償請求が認められるようであるが、弁護士費用の扱いについては見解が分かれているため、注意が必要である[25]。

【関連判例】

(1) オーストラリア2000年11月17日クイーンズランド（Queensland）州最高裁判所判決
Downs Investments v. Perwaja Steel, くず鉄事件[26]

裁判所は、契約違反の相手方である売主が契約解除の2カ月後に行った目的物（くず鉄）の再売却を合理的と認めた。ただし、この事案では、契約が解除される4日前（より正確には、売主が買主の履行拒絶を受け入れる4日前）から、再売却先を模索していたことが認定されている。なお、詳細については、第11章を参照されたい。

(2) ドイツ1992年9月22日ハム（Hamm）上級地方裁判所判決
冷凍ベーコン事件[27]

裁判所は、契約違反の相手方である売主が、目的物であるベーコンを契約価格の約4分の1に相当する価格で再売却した場合に、これを合理的な代替取引と認めず、第75条の適用を否定した。

---

5 契約解除後の代替取引における損害賠償額の算定（2）（第75条）
ドイツ1999年1月13日バンバーグ（Bamburg）上級地方裁判所判決
布地事件[28]

【論点】

契約解除後に代替取引が行われた場合、どのような要件を満たせば合理的な代替取引として損害賠償請求の算定基準となるか（第75条が適用されるの

か）、また、損害賠償の範囲は予見可能性によってどのように制限されるか。

【事実の概要】
　原告であるポルトガルの売主は、被告であるドイツの買主との間で、布地の売買契約を締結した。数回の引渡しが行われた後、買主は売主の契約違反により被った損害との相殺を主張して代金全額の支払を拒絶した。このような事案において売主は、未払代金の支払を求めて訴訟を提起したものの、第一審判決では、買主による相殺が認められ、売主の請求は認められなかった。本件はその控訴審判決である。

【判決の要旨】
① 　売主は、目的物である二種類の布地の引渡しを遅滞しており、引渡した数量も注文に適合していない。しかし、買主は契約解除の意思表示をしておらず、売主は、買主が代替品の購入に要した694.54DMおよび883.30DMを補填する義務を負わない。第75条によると、売主は契約の解除後に代替取引が行われた場合に限って代替取引の費用を負担しなければならないところ、買主は代替取引の前に契約を解除していない（契約の解除には、真剣に、かつ、最終的に引渡義務の履行を拒絶する旨の意思表示が必要である）。契約が解除されることで、当事者は履行請求権を失い、目的物を処分する自由を取り戻すのであって、契約が解除されるまでは、契約を尊重すべき義務を負う。CISGは（重大な契約違反等といった事実の発生による）自動的な契約の解除を定めているわけではなく、相手方が代替取引を行うことで契約から離脱できるわけではない。契約違反を行った当事者に対する解除の意思表示がなければ、契約は解除されないのである（第26条）。
② 　また、売主は目的物である一部の品目について、合意された数量を引渡していない。売主は、1996年8月1日に1,702.80メートルを超える注文の品を引渡すことができない旨を電話で買主に伝えており、これによって、売主は、それ以上の履行を真剣に、かつ、最終的に拒絶したものと認められる。したがって、買主は、別途解除の意思表示をすることなく、代替取

引を行うことが可能となる。そして、買主は、代替品の購入によってDM 10,039.95の追加的費用を支出しなければならなくなっており、この額に相当する額の相殺を適法に主張している。

③ 次に、買主は、目的物の一部をトルコではなくドイツにおいて処理をしなければならなくなったことによる追加的費用に相当する額の賠償をも求めているが、この請求を求めることはできない。第74条によると、契約違反を行った当事者は、契約の締結時に予見し、または予見すべきであった損失についてのみ責任を負うのであり、（このような事態が生じることを）買主が契約締結後に初めて知ることとなったという事実は重要ではない。相手方の経済的判断や周囲の状況によって影響を受けた損害の額は、契約違反を行った当事者がそれを知っていた場合にのみ賠償請求の対象となるのであり、損失に関する予見可能性の立証責任は被害当事者が負う。買主は、引渡しの遅滞によってドイツにおける目的物の処理を余儀なくされ、相当の追加的費用が必要となることを売主が知り、または知らないはずはなかったことを証明しておらず、これに相当する額の相殺を主張することはできない。また、目的物の一部品目に瑕疵があったか否かは無関係である。買主は、合理的な期間内に売主に対して不適合を通知した場合にのみ、代金の減額を請求することができるところ（第39条）、買主はこれを証明していないからである。

④ また、売主が引渡した目的物の一部は生地と色が見本に適合しておらず、目的物には瑕疵があったといえる。そして、買主は、目的物の処理後にこの不適合を発見してこれを売主に伝えており、色と生地が不適合である結果として、買主は、顧客に対して10％（額にして7,339.75DM）の値引きを申込まざるを得なかったと認定できる。したがって、売主は、第74条に基づき、買主が得るはずであったこの利益の喪失を補填しなければならず、この損害は、契約の締結時に予見可能なものであるため、この額に相当する買主の相殺の主張は認められる。

⑤ 以上の理由により、未払代金の合計額76,312.95DMは、相殺により、17,379.70DM減額され、売主には、58,933.25DMに係属中の利息（利率5％）を加えた額の支払請求が認められる。

【解説】

　本件は、売主による代金の支払請求に対して、買主が相殺を主張した事案である。CISG に相殺に関する明文の規定はないが、相手方から請求を受けた当事者は反訴が可能な場合があり、この場合には、CISG に基づく請求権を自働債権とする相殺が可能であると考えられている[29]。本件は、後述する 7 の事件とともに、売主の代金支払請求権と売主の契約違反を理由とする損害賠償請求権との相殺が認められた事案であり、損害賠償との関係では、第75条の要件および第74に基づく損害賠償額の制限（当事者の予見可能性）等について、参考となるものである。

　まず、第75条に基づく損害賠償の請求には、契約の解除が要件となる。そして、本件では、相手方の契約違反によって当然に契約が解除されるわけではなく、契約の解除には当事者の意思表示が必要であると判示されている点が参考となる。これは、一定の事実（重大な契約違反等）の発生によって自動的に（すなわち当事者の意思表示がなくとも）契約が解除されるわけではないという事務局のコメンタリーとも一致するものであり、本件では、第75条の要件として、契約の解除が認められるためには、「真剣に、かつ、確定的に」相手方による義務の履行を拒絶したことを証明する必要があると判示されている点も参考になる[30]。

　なお、本件では、第75条に基づく損害賠償請求に関し、相手方（契約違反を行った当事者）が真剣に、かつ、確定的に履行を拒絶した場合には（たとえ損害賠償を請求する当事者が解除の意思表示をしなくても）、その後の代替取引に要した追加的費用に相当する額を相手方に請求し得ると判断されているが、CISG の適用事例のなかには、相手方（被害当事者である買主）が解除の意思表示をした後で売主が目的物である物品を再売却したとしても、売主は第75条に基づく損害賠償を請求することができないとする裁判例もみられるため、注意が必要である[31]。また、契約の解除には一定の要件（重大な契約違反等）が必要であることにも留意する必要があろう（詳細については第12章および第14章を参照されたい）。

　なお、本件では、契約違反を行った当事者に予見可能性がないことを根拠として、損害賠償請求の一部が否定されていることに留意したい。本章 2 の

事件および3の事件の判決においても、個々の損害について当事者の予見可能性が慎重に判断されているが、実際に予見可能性を根拠として損害賠償請求が否定されているわけではない[32]。これに対して、本件では、契約の締結時に売主が知り、または知らないはずはなかったことを買主が証明していないとして、買主による損害賠償請求の一部が否定されており、第74条が規定する予見可能性については、損害賠償を請求する者がその立証責任を負う（契約違反を行った当事者が、予見可能性がないことを立証して損害賠償責任を免れるわけではなく、損害賠償を請求する当事者が、損害発生の事実や損害額のみならず相手方の予見可能性についても立証責任を負う）と判示されている点が参考になろう。一般に、第74条、第75条および第76条には立証責任が明示されていないが、本件は、損害賠償を請求する者が損害発生の事実等について立証責任を負うことを明確にしたものであると考えられている[33]。

　この点に関し、一般に、相手方の契約違反によって異常に多額の損失（exceptionally heavy losses）や通常は生じない損失（losses of unusual in nature）が生じる可能性がある場合には、「契約の締結時にあらかじめ相手方に知らせておかない限り、そのような損失が発生しても予見不能と判断されて賠償請求をなし得ない場合がもちろん多いであろう」と考えられている[34]。そして、CISGの適用事例には、買主が売主にエンド・ユーザーの名称や所在地を知らせていたため、売主にも買主が転売利益を得ることは予見可能であったなどとして、契約価格を超える額の賠償請求を認めた仲裁判断がある一方で、売主が詳細な取引条件（価格を含む）を知らなかった場合には、たとえ買主が第三者との間で契約を締結していたことを立証したとしても、買主が得るはずであった利益の喪失が問題となっている契約の価格の半額に相当することを売主が知り、または予見すべきであったとはいえないとして、損害賠償額を減額した仲裁判断もみられるため、注意が必要である[35]（後述する【国際ビジネスへの活用】も参照されたい）。

6 契約解除後に代替取引がない場合における損害賠償額の算定(1)(第76条)
オーストリア2000年4月28日最高裁判所判決
宝石事件[36]

【論点】

契約解除後に合理的な代替取引が行われなかった場合における損害賠償額はどのように算定されるか。

【事実の概要】

① 原告であるドイツの売主と、被告であるオーストリアの買主との間で、売主は買主のために宝石を加工・販売し、買主はその代金を支払う合意が成立した。なお、代金の支払については、前金で15%の値引き・即金の支払で5%の値引き、支払期日は1997年11月10日とされていた。売主は代金を受領した後で同月13日または14日に宝石を引渡すこととされ、追加注文の代金は5%の値引きで物品の受領から7日以内に支払われることとされていた。また、注文書には、ドイツ連邦共和国外の顧客に対しては、前金またはCODの場合に限って引渡しが行われる旨の条項および代金全額支払われるまでは売主が所有権を留保する旨の注記がなされていた。

② 1997年11月5日、売主は買主の注文にしたがって宝石を加工するとともに、19,331.85DMおよび13,155.45DM(即金払いによる5%の値引きを考慮すると、それぞれ18,365.26DMおよび12,497.68DM)の請求書を送付した。同月14日、売主は買主に対して支払期限を再通知するとともに、物品の発送準備は完了しており、代金を受領次第発送する旨を通知した。売主は同月17日に再度支払期限を通知するとともに、支払期限を同月26日まで延長すると通知した。同年12月3日、買主は請求書に対する支払として2通の小切手を売主に送付したが、銀行は売主の資金不足を理由として換金を拒絶した。同月22日、売主は買主にこれを通知するとともに、物品を発送できないと通知した。1998年1月12日、売主の代理人は、買主に

対して最終期限を同年2月2日まで延長するとともに、期日までに代金が支払われない場合は、売主は買主による履行の受領を拒絶して不履行による損害賠償を請求するか、または契約から離脱する旨を書面により通知した。

③　このような事案において売主は、21,314.75DMの損失を被ったと主張している（これは、代金額と加工費用との差額に相当するものである）。また、売主によると、この損害は、売主が別の買主の注文に応じて目的物である宝石を再売却できたかとは無関係なものである（宝石の再売却は被告である買主の注文とは無関係に行われることを理由とする）。さらに、売主によると、宝石の大部分は買主のため特に加工されたものであり、買主が義務を履行しなければ契約から離脱して損害賠償を請求すると通知したにもかかわらず、買主は代金を支払わないため、契約から離脱して損害賠償を請求するものである。

④　これに対して買主は、当事者間の合意によると、代金の支払は目的物の引渡しと検査後に行われるものであり、代金は小切手によって支払われたものの、目的物が引渡されないため停止されたものであると主張している。買主によると、売主は代金の支払に必要な手順を踏んでおらず、契約は解除されていない。また、売主は損害を軽減するどころか、宝石を廉価で再売却することで自身の損害を発生させており、予定されていた売却を買主に伝えていない。さらに、売主の請求には利鞘が含まれているが、これは売主が買主に請求できないものである。このように主張して買主は、業界における典型的な利鞘として、仕入価格の倍に相当する30,862.94DMの損害賠償を求める反訴を提起した。

⑤　第一審判決では、売主の請求が認められ、買主には21,314DMに1998年3月1日から5％の利率を加えた額の支払が命じられた。控訴審では、本件がCISGの適用事案であり、1998年1月12日の通知は解除の意思表示として十分なものであって、訴訟手続における解除の意思表示も時宜に適ったものであると判示され、市場性のある物品の場合には、たとえ買主が目的物である物品を受領したとしても、別の取引が行われる可能性は高い（当事者間で争いが生じた後に物品が売却されたとしても代替取引とは認められな

い）として、代金額と生産コストとの差額に相当する売主の賠償請求を認めた第一審判決が是認された。本件はその上告審判決である。

【判決の要旨】

① まず、第63条1項によると、売主は、買主の履行のため付加期間を定めることができ、第64条1項（b）によると、売主は、期間内に買主が代金の支払義務または物品の引渡しの受領義務を履行しない場合に解除の意思表示をすることができる。契約の解除は、契約に違反していない当事者の相手方に対する一方的な意思表示によってなされ得るものであり、解除の意思表示は、第49条2項を別にすれば、何の形式や手順も要しない（なお、本件は第49条2項と無関係であると判断されている）。そして、解除の意思表示は、契約の維持を欲しない点において明白でなければならないところ、控訴審判決が指摘するように、1997年11月17日の書面は条件付解除の意思表示と解され、「または契約から離脱する」という文言から生じる不明確性は、明白に契約解除の意思を表示している請求の原因（の陳述）によって解消されている。すでに指摘されているように、CISGにおける解除の意思表示は、原則としていかなる形式や期限にも拘束されないため、請求の原因（の陳述）は、解除の意思表示に代わり得るものである。

② 次に、CISGの適用範囲外の事項として、オーストリアおよびドイツの判例法によると、一般に、解除された契約の目的物である物品の定期的な取引を行う商人は、解除された契約の目的物である物品または別の物品を現行市場価格で売却するという代替取引を行う立場にあり、売主が当該取引によって得る利益は、次の取引のために追加の物品を入手しなくてもよいこと、すなわち入手費用の節約にある。それゆえ、問題となっている取引の購入価格と上記利益との差、すなわち「利鞘」が代替可能な物品の取引における売主の損失となる。そして、この利益は契約の締結時においてすでに売主の資産の一部となっているため、その喪失は実際の損害あるいは直接損害と評価される。このような分析は、当事者の契約違反についての損害賠償の額を当該契約違反により相手方が被った損失（得るはずであった利益の喪失を含む）に等しい額と定める第74条に取り入れられている

ものであり、その額は、同条2項により、契約違反を行った当事者の予見可能性によってのみ制限される。そして、得るはずであった利益の喪失（典型的な売買における売主の利鞘）は、物品の受領を拒絶する買主にとって予見可能な損害であると考えられる。

③　なお、CISGは、契約違反を行っていない当事者に対して、代替取引を参照することによって具体的に（第75条）、あるいは物品の時価を参照することによって抽象的に（第76条）損失額を算定し得るものとしている。ただし、第75条と第76条は、いずれも契約が解除された場合に（被害当事者によって）第74条に基づき、不履行によって生じた損害額が具体的に算出され得る可能性を排除していない。そして、当事者が類似の取引を定期的に行っている場合において、第76条が規定する抽象的な損害賠償額の算定が排除されるのは、代替取引が特定された場合に限られる。また、この問題とは別に、売主が第77条に基づく損害軽減を行っていないという買主の主張は、債権者が代替取引を行うなかで最初の取引と同じ利益をもたらす類似の取引を喪失している場合には認められないものである。この場合、売主は全部補償の原則によって契約価格と費用との差額によって自身の契約利益を評価し得るところ、物品の再売却が買主の注文とは無関係に行われていたであろうことが第一審判決で認定されている以上、売主が損害を軽減していないという買主の主張は認められない。

【解説】

　本件は、第75条または第76条が適用され得る場合であっても、第74条に基づく損害賠償請求が可能であることを示すものとしてUNCITRALのダイジェストに紹介されているものであり、第74条、第75条、そして第76条の適用関係を検討するうえで参考となるものである[37]。本件判決によると、当事者は、第75条または第76条に基づく損害賠償請求が可能な場合であっても、第74条に基づく損害賠償請求が可能であり、第75条に基づく損害賠償請求に「代わって」第74条に基づく損害賠償請求が可能である[38]。ただし、第74条に基づく損害賠償を請求する場合には、第75条や第76条に基づく損害賠償を請求する場合よりも、損害発生の事実や損害の額を具体的に

証明し、算定する必要があると考えられるため、注意が必要である（後述する7の事件を参照されたい）。

　また、本章4の事件および5の事件の判決によると、第75条に基づく損害賠償を請求するには、代替取引の前に契約を解除する必要があり、契約の解除には当事者の明確な意思表示が必要である。これに対して、本件の判決によると、第76条にそのような要件はなく、損害賠償請求訴訟における請求の原因（の陳述）によって契約解除の意思表示が認定されることもあり、この場合であっても第76条の適用は排除されないということになろう[39]。もっとも、契約が解除された場合の損害額は、一般に第75条が規定する算定方式によって算定される場合が多く、第76条は、第75条が適用されない場合にも同様の算定を可能とするものであるところ、本件の判決は、第74条に基づく損害賠償請求においても同様の算定方式（物品の入手費用と契約価格との差額）によって損害額が算定され得ることを示すものである[40]。

　なお、一般に、契約違反の相手方である売主が目的物である物品を再売却した場合、売主には目的物と類似の物品を買主以外の第三者に販売する能力と機会があったとすると、売主は、買主の契約違反がなければ2回の売買が可能であったと考えられるため、たとえ目的物の再売却によって買主との取引から得られるはずであった利益を得られたとしても、得るはずであった利益を得られなかったと考えられる（いわゆる lost volume sales による損害）[41]。本件は、このような場合に売主が買主との取引から得るはずであった利益の喪失（lost profit from the first sale）に相当する額の賠償を認めたものとして UNCITRAL のダイジェストに紹介されているものである[42]。買主による同様の賠償請求を認めた裁判例として本章2の事件および3の事件があるが、CISG の適用事例には、契約の交渉時から売主が買主以外の第三者と同様の売買を行い得たとは認定できず、このような主張は第75条に基づく代替取引と対立するものであるとして、失われた取引（lost sale）に基づく賠償請求を否定した裁判例もあるため、注意が必要であろう[43]。

> 7 契約解除後に代替取引がない場合における損害賠償額の算定 (2)(第76条)
> ドイツ1998年9月2日ツェッレ (Celle) 上級地方裁判所判決
> 真空掃除機事件[44]

【論点】

第76条の要件および第76条の適用事例における損害賠償額の算定等。

【事実の概要】

原告であるオランダの売主は、1996年2月1日と同月20日に、被告であるドイツの買主に対して目的物である真空掃除機を引渡したが、買主が引渡された真空掃除機を転売先である11の支店に引渡したところ、これが返品されてきたため、買主は、1996年3月29日に契約を解除したと主張している。ただし、売主はこれを否定しており、未払いの代金を求めて本件訴訟を提起した。これに対して買主は（売主の義務違反を理由とする）損害との相殺を主張している。第一審判決では、売主の請求が認められ、買主の相殺は認められなかった。本件は、その控訴審判決である。なお、本件においては、売主と買主が真空掃除機以外の物品も売買していたようであるが、以下においては、真空掃除機の売買に限って判示の紹介と解説を行うこととする。なお、買主が支店に引き渡して返品された真空掃除機は1,330台であり、131台は別の顧客に売却されたため売主に返還不能となっている。

【判決の要旨】

① まず、第一審判決が買主に代金の支払を命じたことは適切であり、買主の相殺は1,000DMの限度で認められる。売主は、第53条、同14条、同15条および同18条に基づく代金の支払請求が可能であり、真空掃除機に関しては、返還されない131台の代金に相当する6,550DMの請求が可能である。

② 次に、第74条によると、契約違反についての損害賠償の額は、得るはずであった利益の喪失を含む損失に等しい額となる。ただし、上記の事実関係に照らせば、本件の買主が第38条および同39条に基づく義務を履行したといえるのか疑問である。また、損害賠償請求には契約違反が要件となり、本件において契約違反が認められるとすれば、それは真空掃除機の不適合であると考えられるところ、この点については当事者間に争いがある。すなわち、買主が支店から返品された真空掃除機を別の顧客に売却したところ、その返品率は標準的な値を超えるものではなく、顧客の苦情は売主が引渡していない真空掃除機についてのものがほとんどであって、主張されている瑕疵が十分に証明されているわけではない。また、第74条に基づく損害賠償請求においては、損害賠償を請求する買主が、自身の被った損害額を正確に算定しなければならないにもかかわらず、本件の買主はこれを正確に算定していない。

③ これに対して、第76条は、契約が解除された場合であって、物品に時価があるにおける損失額の抽象的な算定方法を規定している。この算定方式は、契約に定める価格（本件においては50.00DM）と解除時における時価（買主の主張によると、少なくとも99.99DM）との差額を基礎とするものであり、時価とは、その業界における同種物品の一般的な代金を意味するものである。そして、時価が存在しない場合の損害額は、第74条に基づいて算定されることになるところ、裁判所が「ノーブランドの真空掃除機」の時価を認定することはできず、この点について買主が十分な証拠を提出しているとはいい難いため、買主が主張する「得るはずであった利益の喪失」を認定することはできない。

④ また、第一審判決が、買主は代替取引を行っておらず、損害を軽減していないとして、第77条に基づき損害賠償請求を否定したことも適切である。買主は、売主が引渡さなかった真空掃除機（の代替取引）にしか言及しておらず、ドイツ国内のゲッティンゲンやニーダーザクセン、そして北ヘッセンにおいて適切な期間内に代替取引を行うことができなかったという主張も十分ではない。本件の買主は、オランダの売主から物品を購入しているのであり（代替取引についても）、ドイツ国内はもとより、外国から

の申込みも考慮する必要があるにもかかわらず、買主がこのような試みについて何の説明もしていないのは決定的である。

⑤　なお、損害軽減義務違反の立証責任は、債権者である売主が負うものであるが、買主には、少なくとも、どこから代替取引の申込みを受けたかについての証拠を提出する義務がある。そして、買主が提出した証拠は全体として不十分であることから、裁判所は損害の範囲を特定することができず、この理由によっても、買主が「得るはずであった利益の喪失」との相殺を認めることはできない。

⑥　さらに、買主が主張する広告費用700.00DMとの相殺も不適切である。買主は新聞を通じて大々的な物品の広告を行っていると主張し、その一例として、真空掃除機を99.99DMで販売する旨の広告をあげているが、相応の費用（の額）が立証されておらず、証明として不十分である。

⑦　ただし、真空掃除機の返還に要した費用に相当する額1,000.00DMの相殺は認められる。買主は荷物の積下ろしや包装の開封、あるいは苦情処理等に要した費用を主張しており、その額は約1,000.00DMと推定されるところ、これは11の支店に対する1,330台の真空掃除機の引渡しと返品に伴う運送によって生じたものであって、そうでなければ不必要な費用と考えられるため、買主の控訴は1,000.00DMの範囲で認められる。

【解説】

　第76条1項によると、「契約が解除され、かつ、物品に時価がある場合において、損害賠償を請求する当事者が前条の規定に基づく購入又は再売却を行っていないときは、当該当事者は、契約に定める価格と解除時における時価との差額及び第74条の規定に従って求めることができるその他の損害賠償を請求すること」が可能である。したがって、第76条においては、契約が解除されたにもかかわらず、第75条の規定に基づく代替取引が行われていないことに加えて、物品に「時価」があることが要件となる[45]。そして、本件では、いわゆる「ノーブランド」の物品に時価を認定することは困難であると判示されている点および「時価」の存在については、損害賠償を請求する者が立証責任を負うと判示されている点が参考になろう[46]。

また、本件の判決は、第76条に基づく損害賠償額の算定が否定された場合における損害賠償額の算定を検討するうえでも参考となる。先にも述べたように、契約が解除された場合であっても第75条や第76条は適用されない場合があり、その場合であっても第74条の規定に基づく損害賠償請求は可能であると考えられるほか、上記6の事件の判決が示すように、当事者は、第75条に「代わって」第74条に基づく損害賠償を請求することも可能である。しかし、本件の判決によると、第74条に基づく損害賠償を請求するためには、第75条や第76条に基づく損害賠償を請求する場合と比較して、損害賠償を請求する者が、損害発生の事実や正確な損害額等をより具体的に立証しなければならないと考えられる。

　なお、本件においては、第74条に基づく損害賠償として、買主が目的物を支店に引渡し、あるいは支店から返品されてきた際の運送費用等に相当する額の賠償が認められているほか、一般論としては、広告費用に相当する額の賠償が認められている点も参考になろう（ただし、広告費用については（相当の費用の）額の立証が不十分であるとして、これに相当する額の賠償請求が否定されている）[47]。また、本件は、第77条が規定する損害軽減義務の内容および立証責任についても参考となるものであるが、これらの点については、第16章を参照されたい。

8　利息の支払（第78条）
スイス1999年2月25日ツーク（Zug）地方裁判所判決
屋根材事件[48]

【論点】
　支払期限を過ぎた代金に対してどのような利息の計算（利率）がなされるべきか。

【事実の概要】
　原告であるドイツの売主は、被告であるスイスの買主の注文に応じて建設資材（屋根材）を供給するとともに、買主の指示に応じて資材を設置した。

判決によると、これらの注文等によって、売主と買主の間には複数の契約が締結され（第14条等参照）、売主は注文された物品を引渡して屋根ふき作業をする債務を負い、買主は代金を支払う債務を負うこととなった。そして、売主は売買の債務を履行しており、売主の履行に対して買主は不適合通知を行っておらず、請求された代金額に対して何の異議も申立てていない。このような事案において、売主は、①代金の支払に加えて、②1997年9月4日以降の利息（利率10％）、③買主の呼出しに要した費用、そして④債権回収費用に相当する額の賠償を求めて、本件訴訟を提起した。

【判決の要旨】
① 売主は、上記代金28,543.61 DM（ドイツ・マルク）の支払に加えて、1997年9月4日以降の利息（利率10％）の支払を請求している。売主は、この利率がドイツにおける建設業界の一般的な利率であると主張している。
② 第78条によると、期限を過ぎても代金その他の金銭を支払わない当事者は、期限以降の利息を支払う義務を負うことになるが、CISGは利率について何も規定していない。そして、一般的に受け入れられている見解によると、CISGの適用事例における利率は、国際私法の準則によって決定される国内法によって決定されることになるところ、スイスの国際私法第117条2項によると、準拠法の選択がない場合、契約は最も密接な関係のある国の法に服することになり、第117条2項および同3項によると、本件において最も密接な関係のある国はドイツである。したがって、本件における利率はドイツ法によって決定され、本件の当事者はいずれもドイツ商法第1条が規定する商人であることから、利率はドイツ商法によって決定される。そして、ドイツ商法第352条1項によると、遅延利息を含めた利息の法定利率は5％であり、当事者がこれより高い利率を合意していたという主張はなされていない。
③ 売主が請求している227.18DMの支払は1997年4月18日に期限が到来し、6,945.90DMの支払は同年5月27日、2,013.83DMおよび1,150.39DMの支払は同年6月19日、14,839.29 DMの支払は同年7月16日、1,427.93DMおよび1,877.17DMの支払は同月17日、そして

61.92DMの支払については同年8月6日に期限が到来しており、すでに判示したように、第78条に基づく利息の支払義務は、期限が到来した時点で発生するものである。しかし、売主は1997年9月4日以降の利息の支払を命じる判決しか求められず、裁判所はこの要求に拘束されるため（民事訴訟法第54条）、買主は、28,543.61DMの支払が遅延していることに対して1997年9月4日以降の5％に相当する利息の支払義務を負う。

④　また、売主は、買主に対して呼出状に要する費用100Sfr（スイス・フラン）の支払を命じるよう裁判所に求めているところ、この費用はリッシュの執行事務所による呼出状No.980264によって証明されている。そして、債権回収破産法（SchKG）第68条2項によると、執行費用は債務者の負担となるため、買主は当該費用を支払わなければならない。

⑤　最後に、売主は、督促および債権回収の費用989.20 Sfrの支払を請求しているところ、利息の支払義務と損害賠償の支払義務は相互に独立したものであり、両者には独自の要件がある。したがって、債権者は、利息の支払とともに遅滞によって生じた損害の補填を求めることが可能である。そして、第74条によると、損害（の賠償）とは、契約違反によって生じた当事者の損失の補填と定義されるところ、当事者間に争いのない売主の主張によると、売主は、支払の督促に24.20 Sfrの費用を支出し、債権回収業者に支払う費用として965 Sfrを支出している。したがって、買主は、第74条に基づき遅滞によって生じた追加的損害として、これらの費用に相当する額を補填する義務を負う。

⑥　以上の理由により、買主は、28,543.61 DMに1997年9月4日から5％の利息を加えた額、支払の督促および回収の費用989.20 Sfr、そして呼出状の費用100 Sfrを支払わなければならない。

【解説】

第78条によると、「当事者の一方が代金その他の金銭を期限を過ぎても支払わない場合には、相手方は、第74条の規定に従って求めることができる損害賠償の請求を妨げられることなく、その金銭の利息を請求すること」が可能である。しかし、CISGには利率に関する規定がないため、どのような

利率が適用されるのかについては、見解が分かれている[49]。CISGの適用事例には、条約の基礎を成す一般原則に基づく解決を図るものもみられるが、裁判例や仲裁判断の多くは、この問題が本条約の対象外（outside the scope of the Convention）にあると考えているようであり、その多くは、国際私法の準則によって決定される特定の国内法を適用して問題の解決を図っている[50]。本件の判決も、この傾向に沿うものであり、CISGの適用事例における利率を検討するうえで参考になる。この他にどのような裁判例や仲裁判断があるのかについては、UNCITRALのダイジェストを参照されたい[51]。

また、本件の判決は、第78条に基づく利息の請求と損害賠償との関係を検討するうえでも参考になる。第78条に基づく利息の請求は、「当事者の一方が代金その他の金銭を期限を過ぎて支払わない場合」に認められるものであり、「第74条の規定に従って求めることができる損害賠償の請求」を妨げるものではないことが明記されている。したがって、期限を過ぎても代金その他の金銭を支払わない当事者の相手方は、遅滞によって実際に「損害」が発生していることを証明することなく、第78条に基づく利息の請求が可能であり、金銭支払の遅滞によって利息を超える損害が生じている場合には、第74条に基づく損害賠償の請求が可能であると考えられている[52]。

なお、本件では、第74条に基づく追加的損害の賠償として、弁護士以外の債権回収業者（debt collection agency）を利用した費用に相当する額の賠償請求が認められているが、このような費用の補填を否定する裁判例も見られるため、注意が必要である[53]。一般に、代金その他の金銭が期限を過ぎても支払われないことによって生じる損害としては、期限を過ぎても代金等が支払われないため、必要な資金を金融機関等から調達することになり、これによって金融機関への支払を余儀なくされた利息や、代金等を運用して得られるはずであった利益の喪失等が考えられる[54]。実際の裁判においては、買主が代金を支払わないため、売主が金融機関から法定利率よりも高い利率で資金を調達した場合や、売主が代金を運用して法定利息よりも高い運用益を得るはずであった場合に、売主が、国際私法の準則によって決定される国内法の利率よりも高い利率の適用を求める場合があり、これを認めた裁判例がある一方で、利息を超える損額賠償を請求するには第74条の要件を充足する必

要があり、その立証責任は債権者（被害当事者）が負うことになるため、売主が法定利率によって算定される利息を超える損失の発生を証明していないとして、国内法が規定する利率によって算定される利息の請求しか認めなかった裁判例もみられるところである。

なお、代金の支払期限は当事者の合意により、それがない場合には第58条によって定められ、代金以外の金銭の支払期限は、原則として、支払義務の発生と同時に到来すると考えられている[55]。また、本章2の事件および3の事件ならびに5の事件が示すように、損害賠償請求が認められる場合には、判決前の利息を請求することも可能であると考えられている[56]。

【関連判例】

(1) ドイツ1990年4月24日ホルスタイン・オルデンブルク（Oldenburg in Holstein）地方裁判所判決
　　ファッション衣料事件[57]

本件では、イタリア民法の法定利率は年5％であるが、損害としての利率はこれを超えて、代金相当分を投資できなかったこと、あるいは代金不払いの結果ローンの必要が生じたことから算定すると判断された。

(2) ドイツ1994年1月18日フランクフルト（Frankfurt）上級地方裁判所判決[58]

裁判所は、売主がクレジットを用いることによって生じたさらなる損失の証拠を提示していないとして、売主の主張する利率13.5％を否定した。

(3) ドイツ2000年5月9日ダルムシュタット（Darmstadt）地方裁判所判決[59]

裁判所は、売主が銀行ローンから生ずるより高い損失を証明しなかったとして、売主による金利の請求をドイツ商法の法定利率5％に低減した。

(4) スイス1998年10月28日最高裁判所判決[60]

本件においては、ドイツ商法の法定利率は5％であるが、売主による現行のクレジットの平均利率10％が損害としての利率であると算定された。

【国際ビジネスへの活用】

これまでの裁判例等を踏まえ、CISGの適用事例における損害賠償について、国際取引を行ううえでの留意事項等を検討することとしたい。

すでに指摘されているように、「プラント契約などでは通常、賠償額の限度額、遅延利息についての賠償額の予定や間接損害の除外などが規定」されているが、「定型売買約款では通常あまり詳しく規定せず、実体法の規制に任せることが多く、そうなると本条約が直接適用される余地が多くなる」と考えられている[61]。そして、第74条によると、損害賠償の額は、契約締結時における当事者の予見可能性によって制限されることに鑑みると、CISGの適用事例においては、たとえ損害賠償額を予定する条項等がない場合であっても、一定の契約条項を設けておくことで、契約違反が生じた場合に一定の賠償額を確保することに資するのではないかと考えられる。

例えば、本章5の事件の解説において述べたように、買主が売主に対してエンド・ユーザーの名称や所在地を知らせていたため、売主にも買主が転売利益を得ることは予見可能であったなどとして、契約価格を超える額の賠償請求を認めた仲裁判断がある一方、売主が詳細な取引条件を知らなかった場合には、これによって買主が契約価格の半額に相当する利益を得るはずであったことを売主が知り、または予見すべきであったとはいえないとして、損害賠償額を減額した仲裁判断もみられるため、目的物の転売が予定されている場合には、契約にその旨を明示しておくことが有益であろう。これは、第74条において「得るはずであった利益の喪失」が損害賠償の対象として明記され、その額が当事者の予見可能性によって制限されるからであるが、損害賠償の対象となる損失は、何も「得るはずであった利益の喪失」に限られているわけではない。本章2、3、4、5、7、8の事件の判決が示すように、損害賠償の対象となる損失には、契約違反の結果として支出を余儀なくされた費用（契約違反の相手方が、損害を軽減するため、状況に応じて合理的な措置をとるために支出した追加的費用を含む）や、契約違反の結果として無駄となった費用等が含まれる。そして、このような「損失」の賠償額もまた、契約締結時における当事者の予見可能性によって制限されることに鑑みると、契約違反が生じた場合に一定の損害軽減措置が予定されている場合には、その内容（瑕疵の修復や代替品の購入、あるいは物品の再売却や金融機関からの借入等）や予想される費用の額等（前記措置に要する費用のほか、それに付随する取引費用や返送費用等を含む）について合意しておくことが有益であろう。この

ような費用の負担について合意しておくことは、第74条が規定する当事者の予見可能性を確保するだけではなく、契約違反が生じた場合における紛争の回避にも資するのではないかと考えられる。また、当事者が契約の履行や目的物を利用して新たな製品を製造・販売するためだけに特別な費用（人件費等）を支出し、それが他に転用できないような場合には、その旨を契約に明示しておくことが有益であろう。このような費用を明示しておくことは、当事者が「得るはずであった利益」の算定にも資するのではないかと考えられる。本章2、3の事件の判決によると、当事者が「得るはずであった利益」の額は、売上収益から変動費（のみ）を控除して算定されることになるからである。

次に、契約が締結された後で、相手方の重大な契約違反が判明したような場合には、履行期の前後を問わず、必要な手続を踏んで契約を解除し、合理的な方法で代替取引を行うことが、一定の損害賠償額を確保する上で、重要ではないかと考えられる[62]。このような措置は、第77条に基づく損害賠償額の減額を回避するのみならず、第75条が規定する損害賠償額を確保する上でも重要な意味を持つといってよいであろう。これまでの裁判例（とりわけ本章6、7の事件の判決）が示すように、第74条に基づく損害賠償を請求するには―第75条や第76条が適用される場合と比較して―損害賠償を請求する者が損害発生の事実や損害額を具体的に立証しなければならず、第76条に基づく損害賠償を請求するには、損害賠償を請求する者が「時価」の存在を証明する必要があり、いわゆる「ノーブランド」の物品については、第76条に基づく損害賠償請求が認められない可能性もあるため、損害賠償額の確保という観点からは、まず、第75条に基づく損害賠償請求を検討することが賢明ではないかと考えられるところ、本章4、5の事件の判決が示すように、第75条に基づく損害賠償請求が認められるためには、当事者が契約を解除し、その後で合理的な代替取引を行うことが必要となるからである。

また、第77条が規定する損害軽減義務は、「履行期以後に問題となる一般の契約違反のみならず、履行期前の契約違反の場合にも適用がある」ため、「履行期日前において、相手方が重大な契約違反を侵すであろうことが明瞭である場合には、当事者は必要な手続をふんで契約を解除し（第72条）、合

理的な方法での代替契約締結等の措置をとり、履行期まで手をこまねいて待つことにより損害を大きくすることを避けなければならない場合が多いであろう」と考えられている[63]。したがって、第77条に基づく損害賠償額の減額を回避するという意味でも、相手方の重大な契約違反が判明した場合（履行期日前において、相手方が重大な契約違反を侵すであろうことが明瞭である場合を含む）には、必要な手続を踏んで契約を解除し、合理的な方法で代替取引を行うことなどが重要になるといってよいであろう。

なお、実際の取引においては、相手方のみならず、当事者が自らの契約違反を検討しなければならないといった事態が生じる場合もあり得よう。例えば、契約締結後に、売主が当初の予定どおり目的物の原材料を入手することが困難になるといった事態や、買主への注文主が買主との契約を解除してきたため、買主にとって目的物が全く無用になるといった事態が生じることも想定され得るところである[64]。このような場合には、相手方にその旨を通知することで、損害賠償額の減額に資するのではないかと考えられる。仮に相手方が契約内容の変更に応じなかったとしても、相手方には第77条が規定する損害軽減義務が課される結果として、損害賠償の額が減額される可能性があるからである。なお、第77条が規定する損害軽減義務違反の効果は、「損害賠償額の減額」だけであって、「代金請求権および代金減額権には直接には影響しない」ため、売主が第62条に基づく代金の支払請求をしたような場合には「代金全額の請求が認められることになる」と考えられている[65]。しかし、このような場合には、解釈によって代金請求権についても「調整が必要」であると考えられており[66]、上記のような事態が生じた場合には、相手方にその旨を通知しておくことが有益であろう。詳細については、第77条に関する次章の解説等を参照されたい。

注

1　曽野和明・山手正史『国際売買法』(1993年)234頁および同241頁ならびに曽野裕夫・中村光一・舟橋伸行「ウィーン売買条約(CISG)の解説(5)」『NBL』第895号(2008年)49頁以下(49-51頁)等参照。

2　Secretariat Commentary on the 1978 Draft, Article 71, Article 72 reprinted in John O. Honnold, Documentary History of the Uniform Law for International Sales, 499 (1989)［heverin

after Secretariat Commentary]. 詳細は後述する4、5、6、7の事件等を参照されたい。
3　Secretariat Commentary, Article 70.
4　UNCITRAL Digest of Case Law on the United Nations Convention on the International Sale of Goods（2008）(herein after Uncitral Digest of Casest of Caselaw.)
5　Michael P. Van Alstine, The UNCITRAL Digest, the Right to Interest, and the Interest Rate Controversy, in *Drafting Contracts Under The Cisg 505*（Harry M. Flechtner Et Al. Eds., 2007）; UNCITRAL Digest of Case Law, Article 78. また、曽野・山手（前掲注1）257頁および曽野・中村・舟橋（前掲注1）53頁等も参照。
6　UNCITRAL Digest of Case Law, Article 78. 詳細は、後述する8の事件等を参照。
7　Roneld J. Scalise Jr., Why No"Efficient Breach" in the Civil Law?:A Comparative Assessment of the Doctrine of Efficient Breach of Contract, 55 *Am. J. Comp. L.* 721, 732-733（2007）. 谷守平「仲裁人による準拠法の選択とデュープロセス−損害軽減義務を素材として−」『現代法学』第11号（2006年）3頁以下等参照。
8　1994 U.S. Dist. LEXIS 12820（N.D.N.Y. Sept. 7, 1994）.
　　1995 U.S. App. LEXIS 34226（2d Cir. N.Y. 1995）[CLOUT Case No.85].
9　CISG-AC意見第6号「CISG第74条に従った損害賠償額の算定」（ラポルトゥール：ジョン・Y・ゴタンダ教授（米ペンシルバニア州、ヴィラノヴァ大学ロースクール））中村光一訳『民商法雑誌』第138巻第4・5号（632頁以下）等参照。
10　CISG-AC意見書第6号643-644頁参照。
11　Secretariat Commentary, Article 70, CISG-AC意見書第6号640頁も参照。
12　CISG-AC意見書第6号634-635頁。UNCITRAL Digest of Case Law, Article 74, また、樋口範雄『アメリカ契約法［第2版］』（平成20年）290-316頁も参照。
13　71 F.3d 1024, 1995 U.S. App. LEXIS 34226（2d Cir. N.Y. 1995）[CLOUT Case No.138]。
14　Secretariat Commentary, Article 70 Example 70 A; UNCITRAL Digest of Case Law, Article 74, なお、CISG-AC意見書第6号651頁も参照。
15　CISG-AC意見書第6号、642-643頁および樋口（前掲注12）311-312頁参照。UNCITRAL Digest of Case Law, Article 74。
16　Secretariat Commentary Article 70; Example 70 A; Example 70 B; Peter Huber & Alastair Mullis, *The CISG: A New Textbook for Students and Practitioners,* 278（2007）. CISG-AC意見書第6号648-650頁等参照。
17　Pace, Germany 14 January 1994 Appellate Court Düsseldorf（*Shoes case*）[CLOUT Case No.130].
18　UNCITRAL Digest of Case Law, Article 75.
19　Secretariat Commentary, Article 71; UNCITRAL Digest of Case Law, Article 75.
20　UNCITRAL Digest of Case Law, Article 75;Secretariat Commentary, Article 71.
21　UNCITRAL Digest of Case Law, Article 75.
22　Secretariat Commenter, Article 71.
23　UNCITRAL Digest of Case Law, Article 74.
24　CISG-AC意見書第6号、639頁参照。
25　UNCITRAL Digest of Case Law, Article 74, CISG-AC意見書第6号、644-645頁等も参照。

なお、本件の判決においては、契約違反の相手方が契約を解除する前に代替取引を行い得るのか疑問視されているが、この点については、CISG-AC意見書第6号、647頁およびUNCITRALのダイジェスト（UNCITRAL Digest of Case Law, Article 74等を参照されたい。

26　Pace, Australia 17 November 2000 Supreme Court of Queensland (Downs Invertments V. Perwafa Steel) ［CLOUT Case No.631］.

27　Pace, Germany 22 September 1992 Appellate Court Hamm (*Frozen bacon case*) ［CLOUT Case No.227］.

28　Pace, Germany 13 January 1999 Appellate Court Bamberg (*Fabric case*) ［CLOUT Case No.294］.

29　UNCITRAL Digest of Case Law, Section II of Part III, Chapter V, Damages (articles 74-77), Article 74.

30　Secretariat Commentary, Article 45.

31　Pace, Germany 27 April 1999 Appellate Court Naumburg (*Automobile case*) ［CLOUT Case No.362］, UNCITRAL Digest of Case Law, Article 75.

32　Delchi Carrier, SpA v. Rotorex Corp., 1994 U.S. Dist. LEXIS 12820 (N.D.N.Y. Sept. 7, 1994), 71 F.3d 1024, 1995 U.S. App. LEXIS 34226 (2d Cir. N.Y. 1995).

33　UNCITRAL Digest of Case Law, Article 74.

34　曽野・山手（前掲注1）239頁参照。Secretariat Commentary, Article 70.

35　Pace, China 8 March 1996 CIETAC Arbitration proceeding (*Old boxboard corrugated cartons case*), Russia 6 June 2000 Arbitration proceeding 406/1998 ［CLOUT Case No.476］.

36　Pace, Austria 28 April 2000 Supreme Court (*Jewelry case*) ［CLOUT Case No.427］.

37　UNCITRAL Digest of Case Law, Section II of Part III, Chapter V "Damages (articles 74-77) ; Article 74; Article 75, Article 76.

38　UNCITRAL Digest of Case Law, Article 75.

39　ただし、第76条の適用には「時価」の存在が要件となる（後述する7の事件を参照されたい）。

40　Secretariat Commentary, Article 72; UNCITRAL Digest of Case Law, Article 75

41　前掲注15の諸文献等参照。

42　UNCITRAL Digest of Case Law, Article 74. なお、本件では、売主が物品を市場価格（market price）で売却し得ることが前提となっている。

43　Pace, Italy 11 December 1998 Appellate Court Milan (*Printer device case*). UNCITRAL Digest of Case Law, Article 74.

44　Pace, Germany 2 September 1998 Appellate Court Celle (*Vacuum cleaners case*) ［CLOUT Case No.318］.

45　第75条が規定する「契約価格（contract price）」と第76条が規定する「契約に定める価格（price fixed by the contract）」との相違については、曽野・中村・舟橋（前掲注1）49頁以下参照。

46　UNCITRAL DIGEST OF CASE LAW, Article 76.

47　UNCITRAL Digest of Case Law, Article 74, 21-22.

48　Pace, Switzerland 25 February 1999 District Court Zug (*Roofing materials case*) ［CLOUT

Case No.327].
49 UNCITRAL Digest of Case Law, Article 78, 7-13.
50 前掲注5の諸文献等参照。
51 UNCITRAL Digest of Case Law, Article 78, 7-13.
52 UNCITRAL Digest of Case Law, Article 78. また、曽野・山手(前掲注1)256-257頁および曽野・中村・舟橋(前掲注1)53頁等も参照。
53 UNCITRAL Digest of Case Law, Article 74.
54 UNCITRAL Digest of Case Law, Article 78.
55 曽野・中村・舟橋(前掲注1)53頁参照。
56 UNCITRAL Digest of Case Law, Article 78. また、曽野・中村・舟橋(前掲注1)53頁も参照。
57 Pace, Germany 24 April 1990 Lower Court Oldenburg in Holstein (*Fashion textiles case*) [CLOUT Case No.7].
58 Pace, Germany 18 January 1994 Appellate Court Frankfurt (*Shoes case*) [CLOUT Case No.79];UNCITRAL Digest of Case Law, Article 78.
59 Pace, Germany 9 May 2000 District Court Darmstadt (*Video recorders case*) [CLOUT Case No.343].
60 Pace, Switzerland 28 October 1998 Supreme Count (*Meat Case*) [CLOUT Case No.244]
61 杉浦保友「実務的インパクトの検討」『ジュリスト』第1375号(2009年)32頁以下(41頁)参照。
62 なお、損害賠償の確保という観点から、相手方に重大ではない契約違反が認められる場合に必要な措置等については、第39条、第44条、第49条および第64条等参照。詳細については、本書第5章、第6章、第7章、第8章、第9章、第10章、第11章および第12章の解説を参照されたい。
63 曽野・山手(前掲注1)249頁参照。
64 Secretariat Commentary, Article 73 [draft counterpart to CISG art.77], Example 73 A. 曽野・山手(前掲注1)249-253頁および吉川吉樹「履行期前の履行拒絶に関する一考察—損害軽減義務と履行請求権—(5)」『法学協会雑誌』第125巻第2号(2008年)318頁以下(330-331頁)等参照。
65 Secretariat Commentary, Article 73. 曽野・山手(前掲注1)250-252頁および吉川(前掲注64)336-337頁等参照。
66 John. O. Honnold, *Uniform Law for International Sales Under the 1980,* United Nations Convention,§419.1, at 516-517 (2nd ed., 1991). ペーター・シュレヒトリーム著、内田貴・曽野裕夫訳『国際統一売買法—成立過程から見たウィーン売買条約』(1997年)140-141頁、曽野・山手(前掲注1)250-253頁参照。また、内田貴『契約の時代』(2000年)176-183頁および吉川(前掲注64)336-341頁等も参照。

第16章　損害の賠償方法

1　要点

〔1〕代金減額請求権

　CISG第50条では、売主の義務（買主の救済）の１つとして、代金の減額について規定している。物品が契約に適合しない場合における、買主が得られる救済方法としては、履行請求権（第46条）、売主の追完権（第48条）、契約解除権（第49条）、代金の減額（本条）および損害賠償請求権（第45条１項(b)）の４つがある。最初の３つの救済はそれぞれ択一的な救済であるが、損害賠償請求権と最初の３つの救済各々とは重畳的に請求することが可能である（第45条２項）。したがって本条の代金減額請求権と併せて、買主から売主に対して当該不適合により発生した損害賠償（ただし物品の減価額を除く）を請求することも可能である。

　第50条における「物品が契約に適合しない」状態とは、第35条の契約適合性と同義である。例えば、数量（重量を含む）、品質、仕様および梱包形態である。書類の不備も契約の不適合に該当する。

　第50条は、物品が契約に適合しない場合には、買主は、現実に引渡された物品が引渡時において有した価値（合理的な市場価格）が契約に適合する物品であったとしたならば当該引渡時において有したであろう価値（合理的な市場価格）に対して有する割合と同じ割合により、代金を減額することができるとしている。代金減額は、「適合物品」と「現実に引渡された物品」のそれぞれの市場価値を客観的に比較して、その差額の分の代金減額を自動的に認めるものである。不可効力による不適合の場合も含む一種の無過失責任である。損害賠償請求の場合は買主が現実に被った損害が対象となり、損害の予見可能性や損害の発生を要件としている点で本条の代金減額とは異なる。

例えば、100万円の価格で物品の売買契約を締結した場合に、「現実に引渡された物品」の価値が60万円だった場合には、単純に40万円の減額がされる。「適合物品」の市場価値が20％値上がりした場合には、120万円の価値から「現実に引渡された物品」の価値である60万円の割合で（つまり50％）減額することになるので、最終的には、100万円×（60／120）50％＝50万円の減額になるだろう。

なお、本条の減額請求権は、不適合が重大か単純であるかを問わず、売主の過失があったかどうかを問わず、売主が第79条の不可抗力により免責を受けるかどうかを問わず、さらに、買主により代金がすでに支払われたかどうかを問わず適用される。ただし、本章2の事件では買主が物品の一部を第三者へ転売していた場合でも第50条の減額請求を主張できるかが争われた。

〔2〕損害軽減義務

CISG第77条は、売主、買主双方に適用される規定であるが、契約違反の相手方（非違反当事者）に課せられる損害軽減義務について規定している。

本条の趣旨は、契約違反を援用し、損害賠償の請求をする当事者は、当該契約違反から生じる損失（得るはずであった利益の喪失を含む。）を軽減するため、状況に応じて合理的な措置をとらなければならないとし、もし、当該当事者がそのような措置をとらなかった場合には、契約違反を行った当事者は、軽減されるべきであった損失額を損害賠償の額から減額することを請求できるとするものである。

問題は、損害賠償額の予定（ペナルティー規定）が契約上規定されている場合に、軽減されるべきであった損失額をペナルティーの額から減額することを請求できるかどうかであるが、これについての事例としては、CISGの本条ではなく、準拠法として適用される国内法により解決されるべきものとした仲裁例がある[1]。

一方、すでに債務不履行により契約が有効に解除されている場合には、非違反当事者が損害軽減措置を採る通知を違反当事者へ行ったとしても、非違反当事者は以前行われた契約解除を撤回することにはならないし、すでに債務不履行により損害が発生していることから、非違反当事者に通常は損害軽

減措置義務が発生するだろう。契約解除がなされるまでは、契約の履行を要求できるので、損害軽減措置義務を負わないとする裁判・仲裁例[2]が多いが、債務不履行により発生した損害の軽減措置を採る場合には、合理的な期間内（場合によって数週間、数カ月）に行う必要があるとする裁判・仲裁例[3]がある。

損害軽減のための合理的な措置は、合理的な債権者（非違反当事者）が同じ状況下で誠実に採るであろう措置であり、具体的な状況により判断されることになる。売主、買主がそれぞれ非違反当事者になる場合に、損害軽減のための合理的な措置を採ったと認められたケースと、損害軽減のための合理的な措置を採ったと認められなかったケースのそれぞれの裁判・仲裁例の概要（まとめ）は、関連判例の各セクションを参照願いたいが、特に、実務的には、売主、買主それぞれが損害軽減のための合理的な措置を採ったと認められなかったケースが重要であると考えられるので、本章3の事件および4の事件として、買主または売主が非違反当事者になる場合に損害軽減のための合理的な措置を採ったと認められなかったケースをそれぞれ1ケースずつ紹介した（前者は買主が適切に商品の検査を行わず、かつ不適合の通知を書面で行わなかったケースで、後者は、契約解除前に売主が銀行からの支払保証を要求したケース）ので参照願いたい。他方、損害軽減合理的措置の通知義務と損害軽減のための費用負担については、買主が転売時にマニュアルの翻訳費用を損害賠償請求していたが、売主へ通知すれば売主が当該翻訳マニュアルをすでに有していたことが容易に知り得たのであり、買主が通知を怠ったことで発生した損害であるとして損害賠償請求が否定された裁判例がある（本章5の事件）。

もし、非違反当事者がそのような措置をとらなかった場合には、契約違反当事者は、軽減されるべきであった損失額を損害賠償の額から減額することを請求できるとされるが、具体的にどの程度の金額の減額が認められているか、裁判・仲裁例では、買主の転売義務を認めたもので、いずれも、損害額全体の折半（50％の減額）としているもの[4]がある（本章3の事件）。

なお、損害軽減合理的措置を怠った事実の立証責任は、違反当事者、非違反当事者のいずれに課されるべきか。多くの裁判仲裁例があるが、判断が分

> **2 代金減額請求権（1）（第50条）**
> スイス1992年4月27日ロカルノ（Locarno）地方裁判所判決
> 家具事件[5]

【論点】

買主が受領した物品の一部を第三者へ転売していた場合でも、買主は本条の減額請求を主張することができるか。

【事実の概要】

① 売主（イタリアの家具卸売り会社）と買主（スイス小売店）との間で1988年に締結した家具の売買取引契約に関し、売主が買主に対して売買代金の支払を請求した事案である。買主は、リビングルームの家具一式を顧客に販売したところ、物品の不適合があるとして、顧客からクレームを入手し、売主に請求したところ、売主から一部取り替えるとのオファーを得たが、買主は、これを拒絶し、契約の解除を宣言したものである。

② 買主は、売主より引渡しを受けた別の家具にも不具合があるとクレームしたが、売主が修理を拒絶したので、修理費用の返還を要求したが、買主は、支払を拒絶しているケースである。

【判決の要旨】

① 裁判所は、契約の準拠法について、スイスの国際私法を適用し、イタリア法としてCISGが適用されることを前提に以下を判示した。買主は、売主に対して時宜に通知をすることなく、受領した物品の一部をすでに第三者へ転売していたのであるから、その転売部分については、CISG第38条および第39条により、買主は物品の不適合に依拠して減額請求する権利を失う。転売されていない残りの部分については、買主は、売主に対して欠陥の通知をしており、売主は欠陥の治癒を拒絶しているので、第50条

の減額請求権を失わない。
② 裁判のなかでは、修理費用を支払う旨の提案が売主から行われていたが、第50条の趣旨は、物品が契約に適合しない場合に、買主は、現実に引渡された物品が引渡時において有した価値（合理的な市場価格）が契約に適合する物品であったとしたならば当該引渡時において有したであろう価値（合理的な市場価格）に対して有する割合と同じ割合により、代金を減額することができるという趣旨であるとして、売主の修理費用を支払う旨の提案を拒絶した。

【解説】
　本条は、物品が引渡されたが、物品が契約に適合しない場合に一定割合の代金の減額を認めるものである。ただし、①買主による本条の代金減額は、売主が第37条（引渡期日前の追完権）もしくは第48条（売主の追完権）の規定に基づきその義務の不履行を追完した場合か、あるいは、買主がこれらの規定に基づく売主の履行の受入れを拒絶した場合は適用されない（下記関連判例（1））。②さらに、本条の代金減額請求権が認められるためには、第39条1項、第43条1項の規定にしたがって買主が不適合等の通知を行う必要があり、所定の期間内に通知を怠った場合には、原則として本条の救済を受けられないが（下記関連判例（2））、例外的に、通知を怠った合理的な理由を有する場合には、本条の代金減額、もしくは、（利益喪失の賠償を除く）損害賠償請求をすることができる（第44条；下記関連判例（3））。③本条は、引渡しの遅延や契約適合物品を引渡す売主の義務以外の契約違反には適用されない。
　また、代金減額は、あくまで買主に当該物品が帰属していることが条件であり、本事案のように、転売された部分については本条の減額請求権は認められない。

【関連判例】
（1）ドイツ1997年1月31日コブレンツ（Koblenz）上級地方裁判所判決
　　アクリル毛布事件[6]
　売主から買主へ代替品の提供を提案していた場合には、買主は第50条の

代金減額請求権を失うかどうかが検討された事件である。

　売主（オランダ会社）は、売買契約にしたがって、アクリル製毛布を買主（ドイツ社）へ引渡した。買主は、物品の品質が不適合であり、かつ5リールの毛布が欠落している旨の通知を売主へ行った。買主は、売買契約は、ディストリビュータ契約の締結が条件となっており、売主はこの義務を怠ったのであるから、売主に売買契約違反があると主張した。

　買主による欠落品の主張については、どのデザインの毛布であるか買主により特定されていなかったので、第39条1項にしたがって売主に是正させるのに十分な通知がなされなかった。したがって、第53条にしたがい、買主には代金支払義務を認めた。さらに、毛布の品質については第25条に基づく「重大な契約違反」とまではいえないし（したがって買主に契約解除権もない）、売主から買主の不便を軽減するために代替品の提供を提案していたのであり、第80条により損害賠償を請求する権利を失い、さらに、第50条の代金減額請求権も失うことになる。ディストリビュータ契約締結の条件については、買主により立証が十分に行われていないことなどを理由に売主の契約義務違反を認めなかった。

(2) ドイツ1993年1月8日デュッセルドルフ（Düsseldorf）上級地方裁判所判決
　　缶詰キュウリ事件[7]

　本件は、売主（トルコ会社）がキュウリの買主（ドイツ会社）に対して、代金残額の支払を請求し、買主は、契約仕様の不適合による減額請求権を主張した事案である。買主が相手国の引渡場所で検査を行い受領した場合に、その7日後に物品が自国へ到着してから不適合の通知を行ったが、買主の減額請求権は認められるかどうかが検討された事件である。

　ドイツの第一審裁判所は、買主が引渡場所のトルコで検査を行い問題ないとして受領しており、その7日後に物品がドイツへ到着してから不適合の通知を行っている事実関係を根拠に、買主の減額請求権を否定した。控訴されたのが本件である。

　本件の準拠法は、ドイツ法の一部としてCISGが適用されることを前提に、買主が引渡場所で検査を行い受領した時点で、買主は契約不適合に基づく減額請求権を失うことになると判示した。

後日、物品が自国へ到着してから不適合通知をしても、本条の減額請求権は認められないことを本判決は判示している。

(3) ドイツ2004年3月10日ツェッレ（Celle）上級地方裁判所判決

　　商業車事件[8]

　ポーランドの運送会社である買主は、ドイツの会社から商業車を購入し、引渡しを受けた後、合意した仕様とは異なると不適合の通知をしたところ、しばらくして買主側の弁護士から売主に対して不適合の通知が送られ、代金の減額および損害賠償を求めて訴訟が提起された。第一審は、買主の主張を認め、契約価格と実際の価格との差額を返還するように判示したが、控訴審において、買主が、契約違反に伴う更なる価格の減額と損害賠償を求めたのに対し、買主の更なる減額請求（第50条）あるいは損害賠償請求（第74条）については、CISG第38条および第39条に基づき要求された不適合の通知をしなかったという理由で認めないと判示したものである。従来の通知は、契約に定めた車の引渡しをしなかったという事実のみであり、第39条の請求をするには十分ではないとした。

　裁判所は、第39条に基づいたルールの例外として第44条を引用し、買主が第39条により要求される通知の義務を修正するものではなく、不適合の通知をしなかった合理的な言い訳として、間違った引渡しをしたという通知に依ることはできないと判断した。

【国際ビジネスへの活用】

① 　上記関連判例(1)に関して、買主側への教訓として、ディストリビュータ契約締結の条件については、明確に書面に残しておく（単独もしくは売買契約上）必要があったであろうし、また売主の代替品の提供は適切な行為であったといえよう。

② 　関連判例(2)に関して、買主が相手国の引渡場所で検収を行い物品を受領する場合には、厳密に検査を実施して、契約不適合が存在すれば、その時点で不適合通知をすべきであることが分かる。

③ 　その他関連判例に関しては、本条の代金減額は、買主にとっては、救済の選択肢が増えることになるので歓迎すべき場合が多いが、売主にとって

は特に不可効力の場合も適用されてしまうので不利に働くことが多いだろう。そこで、本条をオプトアウトすることも一考に価する。

売主にとっては、第50条の減額請求権は厄介なものであるので、その法的な有効性は各国の国内法に委ねられる範囲であり、その有効性についての疑義はあるものの、売買契約書上には、CISG第50条の適用の排除を明記しておくべきであろう。

> 3　代金減額請求権（2）（第50条）
> ロシア2000年1月24日ロシア連邦商工会議所国際商事仲裁廷仲裁判断[9]

【論点】
① CISG第50条による減額請求が認められる前提として、買主が契約で定められた期限までにCISG第46条にしたがって売主へ物品欠陥の通知を行ったかどうか。
② CISG第77条の下における非違反買主による合理的措置義務違反とされた場合に、契約違反売主は、軽減されるべきであった損失額を損害賠償の額から減額することを請求できるとされるが、具体的にどの程度の金額の減額が認められるか。

【事実の概要】
① 売主（ロシア会社）は、買主（米国会社）と1998年1月に物品の売買契約を締結した。引渡条件は、IncotermsのFCA（Free Carrier）で合意した。本売買契約の下で2回の出荷が行われた。売主は、FCAの条件下で、物品の発送前に品質のチェックを行う義務を負っていたが、物品の技術的な理由により最初の出荷分については、最終仕向地で買主により検査が行われた。しかしながら、最終仕向地の検査により第1回目の出荷分の重大な仕様不適合が発見され、最終顧客へ減価された物品が引渡された。
② 買主は、第1回目の出荷分につき最終顧客が支払を拒否した金額の代金減額をCISG第50条により要求した。さらに、買主は、第1回目の出荷分

により最終顧客の信頼を失い、その結果販売の減少を招いたことを理由として、2回目の出荷分につき逸失利益を損害賠償請求した。これに対して、売主は、CISG第46条にしたがい契約で定められた期限までに買主から通知を受けず、かつ、買主が物品に欠陥がある事実を証明できていないと反論した。

【仲裁判断の要旨】
① まず、買主は、契約で定められた期限までに欠陥物品の代替を照会する書簡を売主へ送付しており、買主がCISG第46条にしたがって売主へ通知を行ったものと認定し、その結果として第1回目の出荷分につきCISG第50条による減額請求を基本的に認めた。2回目の出荷分についての逸失利益の損害賠償請求は、損害の証明が不十分であるので認められなかった。
② ただし、(非違反)買主から(契約違反)売主に対する通知では、売主が欠陥を正確に確定することができなかったので、CISG第77条の下における(非違反)買主による合理的措置義務違反が認定された。この場合に、(契約違反)売主は、軽減されるべきであった損失額を損害賠償の額から減額することを請求できるが、具体的には、最終顧客と買主の契約金額と売主と買主の契約金額の差額である損害額全体の折半（50％の減額）を認定した。

【解説】
本件では、売買契約の解除がなされていなかったので、第1回目の出荷分につき、CISG第75条および第76条によらずCISG第50条の減額請求権のみが認められた。

本判決は、通常の国際ビジネス感覚・常識にほぼ対応する妥当な判断であると考えられる。法律問題以前の問題として、通常のビジネス感覚・常識から、必要・適切と思われるアクション（物品の適時検査、不具合の即時詳細通知など）を売主側、買主側を問わず採っておくべき必要性を本件判断は示していると思われる。本件において、2回目の出荷分については、損害の予告（通知）をあらかじめ行っておき、物品欠陥があれば最終顧客との契約価格

との差額を損害賠償することに合意したうえで引渡しを受領していれば、本件の結論は異なった（買主に有利な判断になった）かもしれない。

【関連判例】
(1) アメリカ1994年9月9日ニューヨーク（New York）北部地区連邦地方裁判所判決

Delchi Carrier, SpA v. Rotorex Corp. 事件[10]

非違反買主が採った措置が合理的と判断された事例、もしくは義務違反とされなかったケースとして、本件は、欠陥コンプレッサーの代替品としてすでに注文したコンプレッサーの引渡しを早めてもらうために、他のサプライヤーへ支払を行った事例である。

その他上記と同様の判断がなされた事例として、違反売主がモールドを期限までに引渡すことができない場合に第三者サプライヤーと契約を締結すること、違反売主が一旦調整するために取り戻した日焼けマシンの返却を買主に対して拒否した場合に第三者サプライヤーと契約を締結すること[11]、売主が遅延して引渡した商品を10％引きの価格で引き取ってもらうことを顧客へ提案すること[12]、CISG第85条ないし第88条では要求されていない場合に、腐敗し易い物品を売却すること[13]、契約上引渡期限に余裕がなくかつ他のサプライヤーを見つけることが困難であった場合に他のサプライヤーから代替物品の調達を怠ったときでも本条の義務違反が認められなかったケース[14]、さらに、買主の顧客より遅滞なき引渡しが要求されていたことを買主が売主へ伝えなかった場合でも買主がその顧客の生産計画を知っていたことが証明されなかった場合には本条の義務違反が認められなかったケースなどの裁判例・仲裁例があげられる。

(2) ドイツ1997年8月21日ケルン（Köln）上級地方裁判所判決[15]

上記（1）に対して、非違反買主が損害軽減義務を怠ったと判断された事例として、本件は、買主が他の積荷へ混載する前に物品の出荷の検査を怠った事例である。

その他同様の判断がなされた事例として、買主が当該地域以外の市場から代替物品を探すことを怠った場合、買主が顧客との売買契約を取り消すこと、

もしくは、代替購入を締結することを怠った場合[16]などの裁判例・仲裁例があげられる。

【国際ビジネスへの活用】
　CISG第7条で示された信義則から導かれる規定が本条であり、第7条の信義則と重複する部分もあるのが本条である。したがって、一般には、本条の適用を排除する（オプトアウトする）ことは難しいとされており、その有効性は不明確であるが、本条の適用を排除する（オプトアウトする）ことも考えられる。損害軽減のための合理的な措置について一方当事者に有利な規定（例えば、買主は代替品調達義務を含めて損害軽減のための合理的な措置を一切採る必要がない、などの規定）を置いて、本条の適用を排除する（オプトアウトする）ことも一案であろう。

4　損害軽減義務（1）（第77条）
　　ドイツ1995年2月8日ミュンヘン（München）上級地方裁判所判決
　　R. Motor S.n.c. v. M. Auto Vertriebs GmbH, 自動車事件[17]

【論点】
　売買契約の解除を行わずに、その前に売主が銀行からの支払保証を要求することは、CISG第77条の下における非違反売主による合理的措置義務違反とされるかどうか。

【事実の概要】
　売主（ドイツ会社）は買主（イタリア会社）との間で、ドイツ製乗用車11台の売買契約を40万ドイツマルクの代金で締結した。売買契約では、買主は、売買代金の銀行保証を提供することを約していた。売主を受益者として銀行保証が5万5千マルク認められた。11台のうち5台がその年の8月に引渡される準備ができており、残り6台がその年の10月に引渡しの予定であった。しかし、その後10月に、買主は為替レートの変動（マルク高）により支払が

できないとして、自動車メーカーからの引渡しの延期を売主に対して要求した。しかし、その後11月になって、売主は自動車メーカーへの注文をすべてキャンセルして、ペナルティーとして銀行保証の支払を要求し、支払を受領した。買主は保証金の支払（返済）および（利息の）損害賠償を求めたのが本事件である。

【判決の要旨】

① 銀行保証の準拠法については、本件はドイツーイタリア間の物品売買であるので、一般にはCISGが適用されるが、銀行保証の売主の権利については、国際私法が適用され準拠法としてのドイツ法が適用されるとした。本件の銀行保証は、代金支払を行うために付与されるものであってペナルティーとしてではないとした。したがって、売主は、ドイツ民法812条1項により法的根拠がなく利得を得ているので、買主は売主に対して銀行保証金の支払を求めることができると判断した。

② しかし売主が売買契約の解除を行わずに、その前に売主が銀行からの支払保証を要求することは、CISG第77条の下における非違反売主による合理的措置義務を果たしていないので、売主は銀行保証金の支払を求めることができない（買主の請求を認める）とした。ただし、最終的には、CISG第45条1項(b)、第45条2項、第49条1項(a)、および第25条を適用して、契約で引渡日を明確に合意していなかったので本売買契約における2回に分けた引渡しは売主の契約違反ではなく、買主は引渡不履行による契約解除権を失う（解除権を付与される重大な契約違反ではない）ことを理由に、買主の請求を棄却した。

③ 他方、金利損害については、裁判所は、CISG第84条により買主は請求できるとした。銀行保証金の支払については、ドイツ民法812条が適用されるが、金利については、代金の返金ととらえることができるのでCISGが適用されるとした。金利利率についてはCISGで規定がないのでドイツ法の商人間の商事利率年5％が適用されるとした。

【解説】

　適用法規の考え方が非常に複雑なケースであるが、裁判所は、第1に、銀行保証金の支払については、ドイツ民法812条が適用されるが、第2に、非違反売主による合理的措置義務違反についてはCISGが適用され、第3に、売主に重大な契約違反がなかったとして買主の返金請求を否定した。他方で、金利については、第1に、代金の返金ととらえることができるのでCISGが適用されるとしたが、金利利率についてはCISGで規定がないのでドイツ法の商人間の年5％が適用されるとした。

　本判決の評価としては、銀行保証金の売主の支払請求権について、ドイツ民法を適用しておきながら、非違反売主による合理的措置義務違反についてはCISG（第77条）を適用している点で、結論的な妥当性はともかく適用法規において一貫性に欠けるものといえよう。しかしながら、売主が売買契約の解除を行わずに、その前に売主が銀行からの支払保証を要求することは、CISG第77条の下における非違反売主による合理的措置義務を行っていないので、売主は銀行保証金の支払を求めることができないとした点は、今後の実務で参考となる判断と考えられるだろう。

【関連判例】

（1）フランス1992年国際商業会議所（ICC）パリ国際仲裁裁判所仲裁判断[18]

　非違反売主が採った措置が合理的と判断された事例、もしくは義務違反とされなかったケースとして、本件は、引取り拒絶されて引渡されていない物品を搬送・保管・維持するために費用を要することが認められた事例である。

　その他同様の判断がなされた事例として、第三者へ物品を売却すること[19]、買主の特別仕様で製造された在庫物品を売主が売却しなかった場合、売主が当該物品を売却しなくても多重販売を行う能力および市場を持っている場合[20]などの裁判例・仲裁例があげられる。

（2）スペイン2000年1月28日最高裁判所判決[21]

　上記（1）に対して、非違反売主が損害軽減義務を怠ったと判断された事例として、本件は、買主が価格をさらに値引きしようと試みていた場合に買主が提示した価格より安く売主が物品を売却した場合である。

【国際ビジネスへの活用】

　CISG第7条で示された信義則から導かれる規定が本条であり、第7条の信義則と重複する部分もあるのが本条である。したがって、一般には、本条の適用を排除する（オプトアウトする）ことは難しいとされており、その有効性は不明確であるが、本条の適用を排除する（オプトアウトする）ことも考えられる。損害軽減のための合理的な措置について一方当事者に有利な規定（例えば、売主は転売義務を含めて損害軽減のための合理的な措置を一切採る必要がない、などの規定）を置いて、本条の適用を排除する（オプトアウトする）ことも一案であろう。

　金利利率については、CISGに規定がなく、準拠法としての国内法が適用されることになると考えれば、救済を受ける当事者としては、契約書上に金利規定を合意しておくことは有利に作用するであろう。

5　損害軽減義務（2）（第77条）
ドイツ2000年5月9日ダルムシュタット（Darmstadt）地方裁判所判決
ビデオレコーダー事件[22]

【論点】

　買主の物品転売時のマニュアルの翻訳費用を損害賠償請求していた場合であって、売主が当該翻訳マニュアルをすでに有していた場合に、買主が売主に対して通知を怠ったことで発生した損害は、CISG第77条における損害軽減の合理的措置の通知義務違反であり、買主の損害（費用）賠償請求は認められないか。

【事実の概要】

　売主（ドイツ社）は、売買契約に基づき、買主（スイス社）へ8千台のビデオレコーダー等を引渡した。そのうち4千台に欠陥があり、修理費に相当する金額の代金減額を行うことに同意した。その後、当該4千台に他の欠陥が見つかったので、買主は売買価格の支払を拒絶した。売主は買主に対して売

買価格の支払を求めた。買主は、売主からの説明書がスイスの他の言語版で引渡されなかったので（実際には売主は当該他の言語版の説明書を持っていたのであるが）、スイスの他の言語への翻訳費用の請求を売主に対して行った。

【判決の要旨】
① 裁判所は売主の買主に対する売買価格の支払請求を認容した。4千台に欠陥があり、修理費相当する金額の代金減額を行うことに同意しており、他の欠陥については買主が認識していたとしてもCISG第40条は適用されず、CISG第38条、第39条によって請求権を失ったとされた。
② 説明書の他の言語版については、買主は、売主に対してスイスの他の言語版の説明書につき要求をすべきであったのにかかわらず、通知をせずに自ら翻訳費用を要したのであり、CISG第77条における損害軽減合理的措置の通知義務違反であり、買主の損害（費用）賠償請求は認められないとした。

【解説】
　説明書については、どの言語版で提供されるべきかは買主にとっては重要問題であるので、本判決でも述べられているように契約上規定すべきことであろう。欠陥については、本判決でも述べられているようにすでに合意してしまうと後日他の欠陥が出てきた場合に主張することができないので、欠陥の通知については、「現時点で発見した欠陥あるいは不具合であること」を明確に書面で通知しておくべきであろう。

【関連判例】
（1）アメリカ2002年6月21日第4巡回区連邦控訴裁判所判決
　　　Schmitz-Werke v. Rockland 事件[23]
　本事件は、不適合の物品を引渡したことから生じた損害につき、買主の請求を認めた判決を確認するかどうかという点が問題となったものである。
　ドイツに営業所を有するドイツの買主は、米国に営業所を有するメリーランド州の法人である売主からカーテン生地を購入する契約を締結し、プリン

ト転写が可能であると売主が宣言していたので、それに問題があるにもかかわらず、大量の生地を購入したものである。買主が適合する生地を引渡す義務に違反しているとして訴訟を提起し、第一審では、それが認められたところ、控訴したものである。

　控訴審である本裁判所は、本件売買にはCISGが適用されるも、CISGまたはその基本原則（第7条2項）に規定がない事項は、メリーランド州法が適用されるとし、プリント転写ができない生地であることを示すことで、買主の目的を満足する生地を売主が引渡す義務（第35条2項（b））に違反しているとして損害を回復することができると判示し、その原因である瑕疵の証明は必要ないとした。またCISGには規定がないので、この瑕疵が損害を生じたとすることを買主が立証しなければならないかどうかは、適用される州法（ここではメリーランド州法）によると判断した事例である。

【国際ビジネスへの活用】

　本判決も、通常の国際ビジネス感覚・常識にほぼ対応する妥当な判断であると考えられる。

　また、法律問題以前の問題として、通常のビジネス感覚・常識から、必要・適切と思われるアクション（本件では他言語マニュアルを外注する前に、その存否を売主から確認しておくなど）を売主側、買主側を問わず採っておくべき必要性を本件判断は示していると思われる。

注

1　Unilex, Netherlands 22.08.1995 Hof Arnhem.
2　［CLOUT case No. 130］Germany 14 January 1994 Oberlandesgericht Dusseldorf,［CLOUT case No.361］Germany, 28 October 1999 Oberlandesgericht Braunschweig.
3　［CLOUT case No. 130］（前掲）．［CLOUT case No.277］Germany 28 Feburary 1997 Oberlandesgericht Hamburg.
4　［CLOUT case No. 265］Hungary 25 May 1999 Arbitration Court attached to the Hungarian Chamber of Commerce and Industry.［CLOUT case No.474］Russian 24 January 2000 Tribunal of International Commercial Arbitration at the Russian Federation Chamber of Commerce and Industry.
5　Pace, Switzerland 27 April 1992 District Court Locarno Campagna (*Furniture case*)［CLOUT case No.56］［Petrore della giurizione di Locarno Campagna, Switzerland; April 27, 1992］.

6   Pace, Germany 31 January 1997 Appellate Court Koblenz (*Acrylic blankets case*) [CLOUT case No.282].
7   [CLOUT case No.48] Germany 8 January 1993 Appellate Court Düsseldorf (*Tinned cucumbers case*).
8   [CLOUT case No.48] Germany 10 March 2004 Appellate Court Celle (*Commercial vehicles case*).
9   Pace, Russia 24 January 2000 Arbitration proceeding 54/1999 [CLOUT case No.474].
10 Pace, USA 9 September 1995 U.S. District Court for the Northern District of New York [CLOUT case No.85]. [CLOUT case No.138] USA 6 December 1995 U.S. Court of Appeals, Second Circuit.
11 [CLOUT case No.311] Germany 8 January 1997 Oberlandesgericht Köln.
12 [ICC award No.8786].
13 [CLOUT case No.104] International Chamber of Commerce, International Court of Arbitration Arbitral award published in 1993 case No. 7197.
14 [CLOUT case No.166] Germany 21 March 1996 Schiedsgericht der Handelskammer Hamburug.
15 Pace, Germany 21 August 1997 Oberlandesgericht Koln [CLOUT case No.284].
16 [CLOUT case No.476] Russian 6 June 2000 Tribunal of International Commercial Arbitration at the Russian Federation Chamber of Commerce and Industry.
17 Pace, Germany 8 February 1995 Appellate Court München (*Automobiles case*) [CLOUT case No.133].
18 [CLOUT case No.301] International Chamber of Commerce, International Court of Arbitration 7585 Arbitral Award issued in 1992.
19 [CLOUT case No.93] 15 June 1994 Internationales Schiedsgericht der Bundeskammer der gewerblichen Wirtschaft – Wien].[CLOUT case No.130] Germany 14 January 1994 Oberlandesgericht Dusseldorf .[CLOUT case No.227] Germany 22 September 1992 oberlandesgericht Hamm.
20 [CLOUT case No.427] Austria 28 April 2000 Oberster Gerichtshof.
21 [CLOUT case No.395] Spain 28 January 2000 Tribunal Supremo First Division.
22 Pace, Germany 9 May 2000 District Court Darmstadt (*Video recorders case*) [CLOUT case No.343].
23 [CLOUT case No.580] USA 21 June 2002 Federal Appellate Court, 4th Circuit.

第17章　紛争の解決

1　要　点

　契約に紛争はつきものであり、相手方が遠隔地にいる国際契約ではなおさらである。売買の当事者は契約を円滑に履行するために事前交渉を重ね、商品見本や仕様書を取り交わし、齟齬が生じないように入念に注意を払い、運送条件や付保条件についても取引が支障なく遂行されるように、インコタームズにしたがって取決める。それでも当事者の不注意や理解の不一致などによって紛争が生じてしまう。特に所在国が異なり、商慣習も異なる国際取引では紛争が生じることを完全に避けることはできないだろう。紛争は売買の当事者には余計なことであるから、なるべく速やかに解決したい。このときに契約上の権利義務について共通の基準があれば解決は早い。当事者双方が有利なのか不利なのか自分で判断できるから、譲歩も得やすいからである。CISGは、国際物品売買契約の当事者の権利と義務、さらに相手方に契約不履行がある場合の救済について規定しているから、CISGが紛争解決の基準として機能すれば速やかな紛争解決が可能となる。

〔1〕準拠法

　では、どのような場合にCISGの規定を適用することができるか。言い換えれば、国際物品売買契約でCISGが準拠法となるのはどのような場合なのだろうか。

　CISGは「営業所が異なる国に所在する当事者間の物品売買契約」で、「これらの国がいずれも締約国である場合」に、当事者が別途準拠法を合意していなければ、自動適用される（第1条1項（a））(self-executing treaty)。例えばわが国とドイツはいずれもCISGの締約国であり、同条約が発効しているが、

この両国にそれぞれ営業所を有する事業者間の国際物品売買契約であれば、準拠法を別に定めていなければ、CISGが適用される。またCISGは「国際私法の準則によれば締約国の法の適用が導かれる場合」にも適用される（第1条1項(b)）（本章2の事件）。

次にCISGはその締約国でなければ適用することはできないのだろうか。もとよりCISGの締約国の裁判所は、契約の準拠法がCISGであると判断するならCISGを適用する義務を負う[1]。一方、CISGの非締約国の裁判所にはCISGを適用する義務はないが、当事者の合意を尊重してCISGを適用することがある（本章3の事件）。

また、CISGは第4部「最終規定」で、締約国にCISGの規定の一部の適用留保を宣言することを認めている。第92条では、CISGの第2部「契約の成立」または第3部「物品の売買」の規定に拘束されないことを宣言することを認め（本章4の事件）、第95条は、CSIG第1条1項(b)の規定に拘束されない旨の宣言を認めている（本章5の事件）。さらにCISGは契約の方式について、原則として当事者の自由に委ねているが（第11条、第29条）、第96条はこれらの条項の適用留保を認めている。この留保を宣言した場合には、方式についてはCISGではなく、当該契約について裁判所がいずれかの国の実体法規範を準拠法として定め、その規定にしたがって方式が充足されているかが判断されることになる（本章6の事件）。

〔2〕 裁判管轄・仲裁条項

紛争を速やかに解決するためには、当事者の権利義務の判断の基準となる準拠法が不可欠であるが、同時にどのような手段（裁判か仲裁か）でどこで解決するか（国際裁判管轄または仲裁地）という問題もある。紛争が生じたときには、まずは当事者が交渉による解決、つまり双方が互いに譲り合って解決する方法がある。当事者間に経常的に取引がある場合には、交渉による解決も可能であるが、経常的に取引のある当事者間であっても一方に重大な損害が生じている場合は交渉では解決が難しく、またスポットで取引をしたような場合には、交渉が進まないことも多い。このような当事者同士では解決が望めないときには第三者の裁断を仰ぐことになるが、その方法に裁判と仲

裁の2つがある。国際物品売買契約ではあらかじめ「管轄条項」または「仲裁条項」を設けて合意することが多い。

CISGは、当事者が契約の解除をした場合にも「紛争解決のための契約条項または契約の解除の結果生ずる当事者の権利および義務を規律する他の契約条項に影響を及ぼさない」と規定している（第81条1項）が、紛争解決に関する規定はこの1カ所のみであり、CISGにはほかに紛争解決手続についての規定はないので（本章7の事件）、国際裁判管轄条項や仲裁条項の有効性については、法廷地の国際私法または国際民事訴訟法の規定によることになる。また国際裁判管轄条項がない場合には、訴えが提起された裁判所の国際裁判管轄の有無が争点となるが、裁判所は、CISGに準拠する契約では契約債務の義務履行地に国際裁判管轄を認めることになる（本章8の事件）。

また仲裁は裁判による紛争解決と異なり、当事者の合意に基づく私的な紛争解決方法である。仲裁で解決するという当事者の合意は、「書面」で行うことを求められるが、書式の戦いが生じた場合には、仲裁合意の成立が争われる（本章9の事件）。

最後に紛争解決手続をめぐっては、フォーラム・ノン・コンヴェニエンスの法理とCISGの関係（本章10の事件）、当事者の証明責任（本章11の事件）という問題もある。

2　準拠法としてのCISG（第1条1項）
　　フランス1996年1月23日破毀院（最高裁判所）判決
　　Sacovini/M Marrazza v. Les fils de Henri Ramel, 加糖ワイン事件[2]

【論点】

CISG第1条1項(a)は、同条約が自動適用条約であることを規定する。本判例はこの規定を明示して適用した事例である。

【事実の概要】

① 1988年にイタリアの会社であるSacovini（売主）は、南フランスの複数のワイン卸業者（買主）に相当量のイタリア産ワインを販売することとし

た。両国はいずれもCISG締約国であり、個々の売買契約に準拠法の合意はなかった。フランスは1929年8月4日法で南フランスにおけるワインの人工的な加糖（chaptalizationという）を禁止しているが、本件契約後の1988年7月になってイタリア産の加糖ワインがフランスに輸入されているとの報道があった。そこで本件買主各社はフランスの消費者公正取引局（Service de la répression des fraudes）に通報した。同局が本件売主のワインを検査したところ、加糖され、ワインが腐敗していることが判明した。事件は刑事事件に発展し、ワインは押収されたが、事件を担当した予審判事は不起訴処分とした。買主各社は売主を相手としてフランスの裁判所に民事事件として売買契約の解除と物的および精神的損害の賠償を求める訴えを提起した。

② モンペリエ控訴院は、本事件についてフランスの国際法規範を適用した。同院は公正取引局の検査と平行してイタリアで行われた刑事捜査での検査でも輸入ワインが加糖されていたとされており、ワインの腐敗は輸送方法に原因があるのではなく、売主による加糖が原因であるとして、売主に契約違反の責任があるとした。

③ 共同原告の1社であるRamel社はワインが押収される前に売主からワインを輸入し、販売し終わっていたが、他の買主同様にワインが加糖されていたと主張して原告に加わっていた。しかし、同社が輸入したワインの加糖の証明責任を果たすことができず、同社だけは売買代金の支払を命じられた（1993年4月15日判決）。なお、第一審（セト商事裁判所）および控訴院での審理は、フランス法に準拠することを前提として行われたようで、当事者も準拠法について争わなかった。これらの裁判所の判決はいずれもフランス法に準拠し、CISGについて言及していない。売主が上訴し、控訴審で請求が認められず、敗訴したRamel社が附帯上訴した。

【判決の要旨】

フランス破毀院は、まずRamel社の附帯上訴をワインの加糖について証明がないとして棄却した。一方、売主Sacoviniは、原判決がワインに害を及ぼす瑕疵の存在は売主の引渡しの義務違反であるとしたことは違法であり、加

糖ワインの引渡しは義務違反に当たらず、さらにワインが飲用不適になったのは運送に問題があったのであって、加糖と買主の損害の間には因果関係がないと主張した。破毀院は「本件はフランス・イタリア国間では1988年1月1日に施行されたCISGが適用される国際物品売買であり、原判決が加糖ワインを引渡したSacoviniが契約条件に適合した物品を引渡す義務を履行しなかったとしたのは、同条約の規定、特に第35条の規定を適用したものである。さらに加糖したことがワインを飲用不適にしたのであるから、原判決は相当である」とした。

【解説】

　裁判所がCISGに準拠して事案を判断する場合に、第1条1項 (a) を理由とする事例は数多い。第15章で紹介されているDelchi Carrier v. Rotorex事件[3]はこの第1条1項 (a) に関する基本的な判例である。この事件の控訴裁判所は「原審が本件をアメリカとイタリアを含む他の締約国との間に自動適用されるCISGに準拠するとしており、当事者もこの点については異存がない」として、CISGの自動適用を認め、また「CISGについてあまり裁判例がないので、CISGの規定とCISGが依拠している『一般原則』を検討する必要がある」とし、「CISGは解釈に当たって『国際的性質と……その適用の統一性と国際取引における信義遵守を促進する必要性に基づくべきである』とする」と述べている。

　CISGは自動適用条約であるが任意規定であり、当事者自治 (parties' autonomy) を認めている（第6条）ので、当事者はCISGの適用を排除して、国内法規範を契約の準拠法とすることができる。その具体的な事例が第1章で紹介されているNew Chemical Company事件[4]である。事案の概要については第1章を参照いただきたいが、フランス破毀院は「CISGはフランスの実体法規定に含まれており、フランスの裁判官は当事者がCISG第6条に基づいて明示または黙示でCISGの排除を合意していない限り、CISGを適用する義務がある」が、「本件で当事者は本契約の国際的性質を了解したうえで、紛争の解決に当たってはフランス国内法の実体法規範に準拠することを合意している」として、フランス国内法規範を準拠法とした。

CISGが自動適用条約であると同時に任意規定でもあることから2つの微妙な問題、すなわち当事者が契約には明示しなかったが、黙示で準拠法を合意していた場合をどうあつかうべきか、という問題と当事者がCISG締約国を契約の準拠法国と指定した場合、準拠法の法規範にCISGが含まれるか、という問題が生じる。

前記の Sacovini 事件の原判決は、CISGに基づいて売主の責任を認めたのではなく、フランス国内法によって認めたが、これは当事者双方が裁判でフランス法の適用を争わなかったことが背景にある。学説では、契約の準拠法の合意は明示でも黙示でも可能であるとされ、契約時でなくても事後的に、例えば裁判上で合意することも認められている。しかし破毀院はCISGが統一法条約であるとしてCSIG、特にその第35条を適用したことは注目に値する。

次に当事者がCISG締約国の法規範を準拠法とした場合に、CISGが適用されるか、という問題について、下記関連判例（1）が一例を示している。

また、下記関連判例（2）、（3）にみられるように、準拠法の選択については微妙な問題がある。すなわち準拠法の合意には当事者自治が認められるが、CISGを排除する（オプト・アウト）場合には、準拠法条項には明確にオプト・アウトを表記するべきである。

【関連判例】

(1) イタリア1994年4月19日フローレンス（Florence）仲裁廷仲裁判断[5]

イタリアの売主と日本の買主による皮革衣料の売買契約で、契約に「排他的にイタリア法に準拠する」旨の準拠法条項があった。仲裁廷の多数意見は、日本が当時CISGに加入していなかったことを考慮し、特に契約の準拠法条項はCISGを排除する趣旨であると判断して、CISGではなく、イタリア国内法規範に準拠するものとした。ただし1人の仲裁人は準拠法に指定されたイタリア法にはCISGが含まれるとしてCISG準拠を主張した。「排他的に」という文言がなければ、この仲裁人の意見も妥当であろうが、「排他的に」の文言解釈からはイタリア国内法規範の適用が妥当であろう。

(2) フランス1996年12月17日破毀院（最高裁判所）判決[6]

フランスの陶磁器メーカー（売主）とアイルランド[7]の会社（買主）の耐熱食器の売買で、物品に瑕疵があった事件で、契約にフランス法を準拠法とする旨の規定があった。控訴審（1995年9月26日コルマール控訴院判決）はCISGを排除して、フランス国内実体法規範に基づき契約解除を認めたが、破毀院はCISGの適用排除についての原審の理由は不十分として破毀し、事件を差し戻した。

(3) スイス1999年7月国際商業会議所国際仲裁裁判所仲裁判断[8]

スイスの売主とアメリカの買主のロール・ベアリングの売買契約で、契約に基づいて売主が物品を引渡したが、買主が代金を支払わなかったので、売主が仲裁を申立てた。両国はいずれもCISGの締約国であるが、売買契約に「本契約の成立、解釈と履行に関するすべての事項にはスイス法を適用する」という「準拠法条項」があった。チューリッヒを仲裁地とした仲裁廷の仲裁判断では「CISGはスイスの実体法規定の一部を構成する」としてCISGを適用している[9]。

【国際ビジネスへの活用】

準拠法は国際売買契約の当事者の権利・義務の基準であるから、重要である。準拠法について合意があれば紛争が生じたときも当事者は有利・不利がわかるから、和解によって速やかに紛争を解決することもできる。一方、準拠法が決まらなければ、当事者双方がそれぞれ自分に都合がよいように契約上の権利を主張するから、紛争の解決の交渉が進まないし、一方が譲歩したつもりであっても相手は譲歩と受け取らないこともあるから、紛争がなかなか解決しない。

CISGは国際物品売買契約に関する統一法条約ではあるが、条約の解釈は裁判所の所在国によって異なることがあり、この点は準拠法条項についても同様である。例えば単に「本契約は××国法に準拠する」と規定した場合に、××国がCISG締約国であれば、××国の国内法規範ではなく、CISGを適用する可能性がある。したがって準拠法条項はできる限り明瞭に記述すべきである。売買契約の相手方の営業所の所在地がCISGの締約国である場合も非締約国である場合も、準拠法についての紛糾を避けるためには、CISGをオ

プト・アウト（準拠を積極的に排除する）するならばそのように明記し、CISGを適用するのであれば、締約国の国家法規範を準拠法とし、当該国法にはCISGが含まれる旨を明記することが必要になる。

準拠法条項があれば、訴えが提起された裁判所が自国（法廷地国）の国際私法・国際民事訴訟法に基づいて当事者の準拠法の合意の効果を判断し、有効と判断すれば、当該準拠法の法規範に基づいて契約の成立や当事者の権利義務を判断することになる。つまり当事者の準拠法の合意がCISGに優先し、指定された準拠法の規定によって契約の成立や当事者の権利義務が判断される。

3　CISGの非締約国の裁判所によるCISGの適用
　ベルギー1995年9月19日ニベル（Nivelles）商事裁判所判決
　Gantry v. Research Consulting Marketing 事件[10]

【論点】
　CISGの締約国の裁判所は、CISGを「自国法」として、同条約の適用対象の事件にはCISGを適用する義務を負う。一方、CISGの非締約国はCISGに拘束されない。ただしこの事件では当事者がCISGの適用を争わなかったのでCISGを適用している。

【事実の概要】
① 買主はベルギーの会社 S.A. Gantry、売主はスイスの会社 Research Consulting Marketing である。契約締結および紛争の当時、スイスはCISGの締約国であったが、ベルギーは締約国ではなかった。両社は1990年6月からゴム加硫装置機械の売買契約の締結に向けて交渉し、最終的に1991年7月31日の売主の申込みを1991年9月9日に買主が承諾し、契約が成立した。売主は申込みの際にスイス機械産業協会所定の契約書式を使用したが、この書式には売主の住所地の裁判所に裁判管轄を認めること、準拠法はスイス法とすると記されていた。契約代金は、機械装置を備え付

けたあと、専門家の評価を踏まえて裁判所の決定により確定することとし、代金見込み額の3分の2相当の34万2千スイスフランが前払いされた。

② 加硫装置は1992年4月9日に引渡され、同月24日に検査された。数回、試験運転を行い、装置を調整してみたが、十分には作動しなかった。当事者間でこの原因を話し合ったが、意見がまとまらず、買主は売主に代金の減額を求め、売主は応じなかった。そこで買主はベルギー・ニヴェル商事裁判所に、主位的に代金減額、予備的に代金の算定が困難な場合には契約の解除と前払い代金の返還、いずれの場合にも損害賠償として345万フラン余の支払を命じる判決を求めて訴えを提起した。

③ 被告・売主は、契約の申込みに当たって使用した書式に売主所在地の裁判所に国際裁判管轄がある旨の記述があり、ベルギーの商事裁判所には管轄がないと主張した。一方、原告・買主はこの定型書式の管轄条項は無効であると反論したところ、これに対しては被告・売主は、判決と仲裁判断の承認・執行にかかわる1959年4月29日ベルギー・スイス条約（ベルン条約）では被告の普通裁判籍を管轄する裁判所に管轄が認められており（第2条1項a）、本事件の被告・売主の本社所在地はスイスであるから、管轄の合意がない限り、ベルギーの裁判所に国際裁判管轄はないと反論し、さらに本事件では、売主の引渡義務ではなく、買主の支払義務が争われているのであって、この買主の支払義務の履行地は、本件の準拠法であるスイス法により決定されることになり、契約条件やスイス法の一部を構成するCISGに鑑みると、買主の支払義務の履行地はチューリッヒであると反論した。それに対して買主側は、契約に当たっては売主の用意したスイス機械産業協会所定の書式によるとは合意しておらず、契約条件について逐一合意したのであること、また同書式も本件の契約書には添付されていなかったと反論した。買主はさらに、ベルン条約が規定しているのは判決と仲裁判断の承認・執行についてのみであり、管轄については規定していない、そして本事件の争点はあくまでも売主の引渡義務であり、1955年6月15日の有体動産の国際的性質を有する売買の準拠法条約に関する条約（ハーグ条約）[11]第3条によるとたしかに本件の準拠法はスイス法にはなろうが、機械はベルギーに設置されているので、機械の検査に関してはベル

ギー法が適用されると反論した。

【判決の要旨】

準拠法について、裁判所は「当事者双方が契約の準拠法をスイス法とし、スイス法の一部を構成しているCISGに準拠するとしたことについては特段の異論はない」とし、「原告・買主はベルギー法に基づいて機械産業協会の書式を無効と主張するが、準拠法はCISGであるから失当である」とし、「被告・売主は申込みに当たって機械産業協会の書式の条件に言及しているが、CISG第19条2項によって本件契約は申込みと承諾によって成立しており、同第8条1項・3項により、原告・買主は被告・売主が言及する書式の条件を承知していなければならない」として、原告・買主いずれの主張も排した。また国際裁判管轄については「原告・買主はハーグ条約第4条に基づいてベルギーの裁判所の国際裁判管轄を主張する」が、「この規定は買主が商品を検査するときに方式と期限の留保について規定するものであって、専門家の鑑定についての準拠法を規定するものではなく、本件に適用されるものではない」、「本事件の管轄原因となる義務履行地は代金支払義務であって、引渡義務地ではない」として、国際裁判管轄をチューリッヒの裁判所にあるとした。

【解説】

CISGの締約国では、CISGが国内の法体系の一部を構成することになるから、訴えがCISGの締約国の裁判所に提起された場合、当事者によるCISGのオプトアウトの合意がない限り、当事者の営業所がいずれもCISGの締約国に所在するときは自動的に、また法廷地の国際私法の準則に基づきCISGが準拠法であると判断されるときも、CISGを適用しなければならない。これは自国法としての適用である。

一方、CISGの非締約国の裁判所はCISGに拘束されないから、この裁判所がCISGを適用するかどうか、明らかではない。本判決では、裁判所の所在国は非締約国であったが、当事者がCISGを適用することについて争わなかったのでCISGを適用した。これは自国法としての適用ではなく、「外国法

としての適用」である。

【関連判例】

(1) 日本1998年3月19日東京地方裁判所判決[12]

　わが国がCISGに加入する以前の判決である。わが国の買主とアメリカ在住の日本人売主がビンテージカーの売買契約を行った事件である。準拠法の合意はなかった。裁判所は本契約の準拠法を「国際物品売買契約に関する国連条約を含むアメリカ合衆国連邦法」であるとし、「CISG第31条（a）では、売買契約が物品の運送を予定する場合には、買主に送付するため物品を第一の運送人に交付する場所が引渡の場所であ」り、「日本の民事訴訟法の規定する裁判籍のいずれもが日本国内にない」として、わが国の国際裁判管轄を否定し、訴えを却下した。

(2) ドイツ1991年6月13日フランクフルト（Frankfurt）上級地方裁判所判決[13]

　紛争が生じた当時CISGの締約国ではなかったドイツの裁判所が、結果的にCISGを適用した例である。フランスの売主とドイツの買主の間で繊維品の売買契約を締結し、当事者は契約上で準拠法を指定していなかった。フランクフルト上級地方裁判所は、ドイツ国際私法の準則に基づいて、売買契約に当事者間に準拠法の合意がない場合は売主の常居所地法を準拠法とするとして、本事件の契約の準拠法をフランス法と認定し、フランスではすでにCISGが発効し、同国法を構成するものとしてCISGを適用した。

【国際ビジネスへの活用】

　わが国に営業所を有する売主がCISGの非締約国に営業所を有する買主と国際物品売買契約を締結し、物品を供給したが、代金が支払われないという場合を想定してみよう。まず被告・買主の普通裁判籍のある買主の所在国の裁判所に代金請求の訴えが提起される。この場合、裁判所は買主の契約上の義務履行地をわが国にあるとしてわが国の裁判所の国際裁判管轄を認定するかもしれないが、紛争の解決の入口である国際裁判管轄の問題で訴訟が長引くおそれがある。また勝訴判決を得た後の執行手続を考えると買主の所在国の裁判所に訴えを提起したほうが速やかに解決できよう。こうした場合を想

定すると国際売買契約では「本契約の解釈と当事者の権利義務は、CISGを含むA国法（CISG締約国法）による」などと明記すべきだろう。

4　第92条の宣言（CISG「契約の成立」規定の適用排除）
アメリカ1998年10月27日イリノイ（Illinois）北部地区連邦地方裁判所判決
Mitchell Aircraft Spares v. European Aircraft Service 事件[15]

【論点】
　CISG第92条1項は締約国に第2部「契約の成立」または第3部「物品売買（当事者の権利義務）」の規定に拘束されない旨の宣言をすることを認めている。この宣言をするとその国は第2部または第3部については締約国とはみなされない（第92条2項）。

【事実の概要】
　売主はスウェーデンの航空機部品卸売業者 European Aircraft Service AB、買主はアメリカの同業の Mitchell Aircraft Spares, Inc., である[16]。
① 1996年6月に売主は航空機の部品（IDG）[17]を航空機部品業界の共通在庫商品データベース（ILD）に掲載した。この部品はL-1011などの航空機に使用されるものであった。1996年6月30日になって、買主の担当責任者は、ILDをみてこの件について照会するため売主の担当責任者にコンタクトした。買主の担当責任者は同社社内でL-1011の専門家とされている人物で、掲載されたIDGの使用可能性、状態、価格および船積可能時期を尋ね、売主の担当責任者は売却可能と伝えた。ところが、IDGの規格番号をめぐって問題が生じた。買主と売主の間で数度にわたってファックス等で交渉したが、規格番号については必ずしも一致しないまま、IDGが引渡された。引渡されたIDGを点検した買主は、それが期待していた規格番号の部品でないことを知った。そこで買主は規格番号の不一致により12万ドルの損害を被ったとして、売主に支払を求めたが、当事者間の交渉では紛争を解決できなかったので、アメリカの裁判所に契約不適合の

訴えを提起し、その後、買主はサマリージャッジメントの申立てを行った。1998年8月4日、売主は準拠法についての申立てを行い、買主はこれに異議を呈さなかった。
② 本案の検討に先立って裁判所は準拠法と国際裁判管轄について検討した。

【判決の要旨】
① 裁判で、売主はCISGに準拠することを主張し、買主はこれに異議を呈さなかった。そのため準拠法はCISGであるとされたが、買主はスウェーデンがCISGの第2部の適用留保の宣言をしているとして、CISG第2部の「契約の成立」についてはアメリカ国内法規範に準拠すべきであると主張した。
② 裁判所は「当事者双方の所在国いずれもCISGの締約国であるから、CISGが本件に適用される（第1条）が、スウェーデンは条約の批准文書においてCISG第2部に拘束されない旨の宣言を行ったので、本件では、契約の成立についてはアメリカ国内法規範が適用される」とした。

【解説】
　デンマーク、フィンランド、スウェーデン、ノルウェーおよびアイスランドの北欧5カ国は現在、北欧立法協力（Nordic Legislative Co-Operation）を構成し、CISGの第2部（契約の成立）の適用の留保を宣言している[18]。これらの諸国に営業所を有する事業者を相手とする国際売買契約では、CISGが適用される場合でも、上記判例のとおり契約の成立についてはいずれかの国内法規範による。
　問題はCISG第95条との関連である。上記の判例は第95条の留保宣言をしているアメリカの裁判所に訴えが提起されたが、本件取引はCISGの自動適用の事例と判断された。下記関連判例（1）も同様である。
　一方、第95条の宣言をしていない国の裁判所に訴えが提起された場合、法廷地の国際私法の準則に基づく契約の準拠法の探索が行われ、その結果、第92条の宣言国法が準拠法であるとされれば、この準拠法国の法にCISG第2部は存在しないことになるから、契約の成立について同国国内法規範に

よることになり、仮に契約の準拠法が第92条の非宣言国法とされた場合には、契約の成立についてCISG第2部が適用されることになる。下記関連判例（2）がこれである。なお、現在のところ第3部の留保を宣言している国はない。

【関連判例】

(1) アメリカ2003年6月20日第3巡回区連邦控訴裁判所判決
　　Standard Bent Glass Corp. v. Glassrobots Oy 事件[19]

　アメリカの買主とフィンランド[20]の売主がカットグラス製造機械の売買契約をし、引渡された物品が契約条件と一致していないとして争いとなった。フィンランドはスウェーデン同様、CISG第92条の宣言をしている。契約に当たって買主が商品、数量、価格と据付方法などを表記した発注書をファックスで売主に送り、同書には「この申込みを承諾する場合には、本発注書に署名のうえ返送乞う」と記載されていた。ところが売主は買主の発注書を返送せず、自社のカバーレターに販売契約の書式を添付して、「添付書式を参照のうえ、変更を要する箇所があれば通知願いたい。変更箇所がなければ原本を2通送付するので署名願いたい」と書いて、ファックスで送った。売主が送付した定型の契約書式には「本契約から生じるすべての紛争は、国際商業会議所の調停仲裁規則にしたがって、同規則により選任される1人または複数の仲裁人によって、必要があれば契約に最も密接に関係する供給者の営業所の国の手続法規範によって補足され、解決される」旨の仲裁条項があった。買主はこのファックスを受領した当日、そこに一部変更を加えて「この変更に同意できない場合には連絡願いたい。特になければ代金を送金する」と書いて送った。その後、買主は代金を前払いし、売主が物品を引渡し、機械の設置が完了し、買主側の検査も完了して、一旦は問題なしとして検査証が作成されたが、そのあとになって機械の出力が不足していることが分かった。そこで買主がアメリカの裁判所に訴えを提起した。これに対して、売主はこの裁判所に仲裁を命じる旨の命令を申立てたが、買主は定型書式を受け取っていないので、仲裁の合意は成立していないと主張した。当事者の所在国はいずれもCISGの締約国であったが、裁判所はアメリカ統一商事法典

(UCC) を適用し、UCCでは契約に特定の書式は要求されていない、当事者の一部の履行は承諾に当たる、として契約の成立を認めた。アメリカは後述する第95条の宣言をしているので、CISGを適用するのはCISG第1条1項(a) に該当する場合だけであるが、本事件の場合にはいずれも締約国であるからCISGを自動適用すべきであったが、裁判所はCISGについて一切言及しなかった。ただしフィンランドはCISG第2部の契約の成立については非締約国とされるので結論は妥当とはいえよう。

(2) デンマーク1998年4月23日東高等裁判所判決

　　Elinette Konfektion Trading v. Elodie 事件[21]

　デンマーク[22]の売主とフランスの買主の衣料品の売買契約事件である。買主が代金を支払わなかったので、売主がデンマークの裁判所に代金支払請求の訴えを提起し、買主は同裁判所の国際裁判管轄を争った。デンマークの高等裁判所は、民事および商事に関する裁判管轄ならびに判決の執行に関する1968年9月27日ブラッセル条約（ブラッセル条約）第5条1項により、契約の履行地に国際裁判管轄が認められるとしたが、本件の契約の成立についてデンマークはCISG第92条の宣言をしているので、この点についてはCISGによることなく、1955年6月15日の有体動産の国際的性質を有する売買の準拠法条約に関する条約（ハーグ条約）第3条2項によることになり、その結果、契約の準拠法はフランス法となるが、同国法にはCISGが含まれており、CISG第18条1項後段は「沈黙は承諾とならない」と規定しているので、本件では契約が成立していないとし、したがって、デンマークの裁判所には裁判管轄がないとした。

【国際ビジネスへの活用】

　現在、CISG第92条の留保を宣言している国は、北欧5カ国にとどまる。わが国に営業所を有する事業者あるいはわが国の海外現地法人がこれらの諸国に営業所を有する事業者と売買契約を結ぶ場合に、第92条の留保宣言が問題となる。準拠法について予見可能性を求めるならば、紛糾を避けるために準拠法について明示し、CISGを排除するのか、CISG全体を適用するのか、合意しておくべきだろう。

> 5 CISG第95条の宣言（国際私法の準則からのCISG適用の排除）
> アメリカ2002年11月22日フロリダ（Florida）南部地区連邦地方裁判所判決
> Impuls v. Psion-Teklogix事件[23]

【論点】

　CISGは自動適用条約であると同時に、法廷地の国際私法の準則によってCISGの締約国が準拠法国とされる場合も適用される（第1条1項（b））。ただし、第95条はこの規定の留保の宣言を認めているが、具体的にはどのように機能するのだろうか。

【事実の概要】

① 　買主は、スペインの会社 Impuls I.D. Internacional S.L.（Impuls-Spain）とアルゼンチンの会社 Psiar およびアメリカ・フロリダ州の会社 Impuls I.D. Systems,Inc.（Impuls-USA）の3社、売主はカナダ・オンタリオ州の会社である Psion-Teklogix である[24]。法廷地国となったアメリカは第95条の留保を宣言している。

② 　買主のスペイン会社は、イギリスの Psion PLC が製造するコンピューターなどを南米で販売していたが、販路拡大のためアルゼンチンの Psiar を子会社化することとした。そこで2000年6月21日、ロンドンで Impuls-Spain と Psiar 両社責任者が Psion PLC とその子会社 Psion Enterprise Computing 両社の責任者と販売計画を協議した。具体的には、アルゼンチンの Psiar が Psion Enterprise Computing 製造のコンピューターを発注する、商品はフロリダの Impuls-USA に引渡す、Impuls-USA が南米でこの商品を販売するというスキームとした。契約は口頭で成立し、2000年7月から12月まで契約どおり履行された。口頭契約であり、準拠法については合意はしていなかった。

③ 　2000年9月に Psion PLC がカナダの会社 Teklogix を買収して、Psion-

Teklogix と名称を変更した。その年12月、Psion-Telkogix は、買主3社に対して売買契約を解除する、解除は通知後90日に発効する、とメールで通知した。買主3社は抗議したが、売主は譲らず、代案として販売代理店契約を提案してみたものの、買主側はこの提案を拒絶した。買主側は、売主の契約解除を契約違反であるとして、アメリカ・フロリダ州の裁判所に損害賠償請求の訴えを提起した。

④　原告・買主は、アメリカ、スペイン、アルゼンチン、カナダいずれも CISG の締約国であるから、本件契約には CISG が適用される旨を主張したが、被告のカナダ会社は、本件契約は CISG の非締約国のイギリスの会社である Psion PLC とその子会社と買主との間で行われたものであって、Psion-Teklogix は契約当事者ではないから、本事件には CISG は適用されず、契約後の当事者の変更が CISG の適用をもたらすものでもないと主張した。

【判決の要旨】

裁判所は、契約の申込みは、買主側3社とイギリスの会社である Psion PLC とその子会社の間で行われており、当時イギリスは CISG の締約国ではないから、CISG は適用されないとし、さらにアメリカは CISG 第95条の留保を宣言しており、国際私法の準則によりアメリカ法が準拠法とされた場合も、CISG を適用することはないとした。

【解説】

CISG 第95条は、国際売買契約について CISG よりも国内法規範を優先する趣旨の宣言を認めるものである。第92条の宣言の判例として紹介した Standard Bent Glass Corp. v. Glassrobots Oy 事件では、アメリカが第95条の留保宣言をしていることについて触れることなく、アメリカの UCC を適用して判断しているが、同国は同第1条1項 (b) の「国際私法の準則」による CISG の適用をしないことが影響していよう。

CISG 第1条1項 (b) の規定は、CISG をより広範に適用するための規定である。締約国のなかには、チェコのように国際売買に関する法規範を用意している国もあれば、アメリカのように自国の法規範が準拠法となったとき

はCISGよりも自国のUCCを優先させる国もある。そこでCISGの制定過程で第95条が設けられた。

2009年8月1日現在、チェコ共和国、セイント・ヴィンセント・アンド・ザ・グレナディーンズ、シンガポール、スロヴァキア、アメリカ合衆国および中国がこの宣言をしており、ドイツはこの留保宣言をした国との間では適用の留保を宣言するとしている。CISGの第95条の留保を宣言することは、自国法規範を優先することを意味し、ドイツは第95条の留保を宣言している国だけを相手として留保している。次の関連判例は当事者がドイツとアメリカに営業所を有する事件である。

【関連判例】
(1) ドイツ1993年7月2日デュッセルドルフ（Düsseldorf）上級地方裁判所判決[25]
　本判決はドイツでCISGが発効する前の事件である。ドイツの買主がアメリカ・インディアナ州の売主と合板裁断機の売買契約を行った。買主はロシアの家具メーカーに転売する目的であった。物品が引渡され、ロシアの家具製作工場に据付けられて、稼動させたところ、事故が起き死傷者が出た。このためロシアの家具メーカーがドイツの会社に損害賠償を求め、ドイツの買主がこれに応じた。ドイツの買主はアメリカの売主に賠償を求めてドイツの裁判所に訴えを提起した。同裁判所は同国の国際私法の準則に基づいて、契約の準拠法をアメリカ・インディアナ州法と判断し、同州法にはCISGが含まれるとして、CISGを適用した。

　ただし、この判決に対しては批判がある。事件が契約債務に関するものではなく、「人の死亡または身体の障害」という不法行為に基づく損害賠償の請求の事件であり、本来CISGの適用の対象ではなかった（CISG第5条）からである[26]。また、同裁判所はアメリカ法に準拠するとして、その一部を構成するCISGを適用しているが、アメリカが第95条の宣言をしていることは考慮されていない点にも問題がある。売買契約締結当時、ドイツでCISGは発効していなかったが、判決時点では発効しており、ドイツはCISGの批准に当たってCISG第95条の宣言を留保している国との間でCISG第1条1項(b)を適用しない旨の宣言をしているので、結果としてはドイツの制限的留

保を適用したとおりとなっている。

【国際ビジネスへの活用】

　第95条の規定の趣旨は簡単であるが、実際に運用するとなると複雑な問題が生じる。CISG第1条1項（b）がいう「国際私法の準則」を適用するのは法廷地の裁判所であるが、この裁判所の所在国が第95条の留保宣言をしていなければ、準拠法国が第95条の宣言をしていようとCISGが適用される可能性があることは上記のデュッセルドルフ裁判所の判決が示している。一方、訴えが第95条の宣言国の裁判所に係属すれば、当該国の行った第95条の宣言に拘束され、CISGが適用される可能性はない。このように訴えがどの裁判所に係属するかによって準拠法が異なることになるので、これでは予測可能性がないことになる。特に第95条の宣言を行った国に営業所を有する事業者との契約に当たっては、準拠法の合意とともに裁判管轄を合意しておくほうが無難だろう。

6　CISG第96条の宣言（方式の自由の排除）
　　　中国1997年12月15日中国国際経済貿易仲裁委員会仲裁判断[27]

【論点】

　CISGは契約方式の自由を認めている（第11条、第29条）が、締約国にその留保の宣言を認めている（第96条）。この留保宣言はどのように機能するのだろうか。

【事案の概要】

① 本事件は、中国を仲裁地として仲裁判断が出されたものである。
② 1995年11月13日、中国の買主と韓国の売主がロシアで生産された熱延鋼管の売買契約を行った。1995年12月10日までにロシア・ナホトカ港で船積みをし、中国・上海近郊の乍浦港で荷揚げすることになり、代金は荷為替手形の一覧後一定日後の信用状（ユーザンス）で決済することとし

た。なお、この契約には「紛争が生じ、それから60日以内に合意に達しない場合、紛争は、国際商業会議所の仲裁規則にしたがって、中国国際経済貿易仲裁委員会に付される。仲裁判断は最終的なもので、当事者を拘束し、仲裁費用は敗訴した当事者の負担とする」旨の仲裁条項があった。

③ 買主は、1995年11月29日に地元の銀行で売主を受益人とする信用状を手配し、同銀行がそのソウル支店を通知銀行として信用状をテレックスで送った。また買主も売主に信用状のコピーをファックスで送った。信用状上、船積期限は1995年12月10日、有効期限は1996年1月10日であったが、ロシアの熱延鋼管の手配が遅れ、売主は買主に信用状の船積期限を12月23日まで、有効期限を翌年1月23日まで延長するように求めた。これに対してすでに転売先と契約していた買主は、船積期限を12月20日まで延長すると返事をしたが、売主の姿勢に疑念を持ち、信用状の変更（アメンド）をしなかった。

④ その後、売主は買主宛に Jeon Fin 号という船舶に物品が12月20日に船積され、乍浦港に27日には到着すると通知した。しかし、船舶の正しい名称は Jeon Jin 号だったので、港湾関係者から買主に船舶の到着の連絡はなかった。

⑤ 結局、Jeon Jin 号で物品は運送されたが、買主は物品の到着を適時に知らされず、転売することができず、相当額の利益を失った。そこで買主が1996年8月27日、中国国際経済貿易仲裁委員会に仲裁を申し立て、同委員会に3人の仲裁廷が構成された。

【仲裁判断の要旨】

売主が買主に信用状上の船積期限を延長するように求めたが、買主がこれを怠ったと主張していることについて、仲裁廷は「売主は1995年12月25日と27日に船積通知と船荷証券の副本を送付しており、売主の船積行為は、12月20日以前に船積みするようにという買主の請求を確認したことになるので、買主は要求されたとおり信用状を変更すべきであった。仲裁廷としては、CISG第18条3項により、売主は2つの要件が満たされる限り、船積行為によって前記の請求を受諾することができると考える。その要件とは、

(1) 受諾の通知が書面で買主に送られること、(2) この書面が合理的な期間内に送付されることである。中国はCISGの署名に当たって[28]、(第96条に基づく)書面性を求める宣言をしており、申込みの承諾は書面で行わなければならない」とした。仲裁廷は、当事者双方に契約違反があるとして双方の申立てを棄却した。

【解説】

CISGは、原則として契約の方式について当事者の自由に委ねている（第11条、第29条）。しかし国内法規範で売買契約については書面で行うことを求める国もある。これらの国にとって契約方式の自由がCISGへの加入の障害になることが懸念され、CISGは第96条で方式の自由についての留保の宣言を認めた。ただしこの留保の解釈には難しい問題がある。例えば国内法規範で売買契約の成立とその内容に関する証明について書面性を要求し、第96条の宣言をしている国に営業所を有する事業者と国際売買契約をしたとしよう。CISGが自動適用される場合には、つねに第96条の留保宣言が働いて契約は書面で行うべきか（少数説、上記の仲裁判断）、それともCISGが自動適用される場合であっても、契約の方式については別途、準拠法国を判断し、第96条の留保宣言をしている国が契約の方式の準拠法国である場合に限り書面で行うことを要するのか（多数説、下記関連判例（1）、（2））、意見はまちまちである。第96条の宣言を行っている国の事業者とは紛争を避けるために書式で行うことが肝要だろう。

CISG第96条の宣言に関する裁判例として、下記関連判例（1）、（2）、（3）がある。

【関連判例】

（1）ハンガリー1992年3月24日ブタペスト（Budapest）首都裁判所判決
　　Adamfi Video v. Alkotók Studiósa Kisszövetkezet 事件[29]

　ドイツの売主とハンガリーの買主が、電話で物品を売買することを取決めた[30]。書面での契約ではなく、準拠法も明らかではなかった。売主は物品を引渡したが、買主が代金を支払わなかったので、売主がハンガリーの裁判所

に代金支払請求の訴えを提起した。当時ドイツ、ハンガリーともにCISGが発効しており、訴えが係属したハンガリーの裁判所はCISGに準拠するとした。買主は、ハンガリーが第96条の留保を宣言しており、同国法では契約には書面を要するので、契約は成立していないと主張したが、裁判所は本件の契約の書面の要否については、ドイツ法に準拠するとし、同国法上書面を要しないとして、買主の主張を容れず、売主の請求を認容した。

(2) ベルギー1995年5月2日ハッセルト (Hasselt) 地方裁判所判決
　　Vital Berry Marketing v. Dira-Frost 事件[31]

　チリの売主とベルギーの買主の間の生鮮果実（木苺）の売買契約に関する争いについて、チリの第96条の宣言が問題となった[32]。買主が代金決済の信用状を手配しなかったため、売主が船積みをしなかったところ、その間に売買の目的の果実の市況が下がったため、買主が売主に価格の引下げを要求したが、売主が応じなかった。売主が買主の営業所のあるベルギーの裁判所に契約の解除と損害賠償の請求の訴えを提起した。裁判所は、当事者双方の同意に基づきCISGを適用した。契約の成立について、買主は価格の引下げの合意が成立したと主張したが、裁判所は、チリがCISG第96条の留保を宣言しており、契約の成立と変更についてはチリ国内法によるが、同国法は書面で行うこととしているので、価格の引下げの合意は成立しておらず、売主は契約を解除することができるとした。

(3) メキシコ1996年4月29日貿易保護委員会手続
　　Conservas La Costeña v. Lanín 事件[33]

　本事案は判決ではなく、貿易振興機関が意見を出した事件である。アルゼンチンの売主とメキシコの買主がチリ産の果物缶詰の売買取引を行った[34]。買主はチリの製造者に缶の大きさやデザインなどを指示したが、届いた物は条件どおりでなく、また3分の2近くの缶が破損していた。そこで買主はメキシコの政府機関である貿易保護委員会（Compromex）に売主とチリの製造者を相手として仲裁を申立てた。同委員会は調停を前置することを原則とし、これができなかった場合に仲裁判断を出すこととしている。売主が調停に応じようとしなかったので、同委員会は調停、仲裁のいずれでもなく、専門家としての意見（dictamen）を出すにとどめた。売主は、売買契約の当事者では

ない、アルゼンチンはCISG第96条の留保を宣言しており、同国法では契約は書面によるので、契約条件は書面になっているが、缶の大きさやデザインは書面ではないので、契約は成立していないと主張した。貿易保護委員会は、第96条の宣言にかかわらず、契約の重要部分が書面となっているので契約は有効に成立しているとした。

【国際ビジネスへの視点】

　第96条の留保宣言が問題になる場合として、口頭の契約の有効性が争われる場合や一旦書面で成立した契約を後になって口頭で変更する場合などが考えられよう。前記のとおり、第96条の宣言国に営業所を有する事業者との契約は、常に書面で行うべきであるとする意見は少数にとどまり、この場合には契約の方式についての準拠法を探査して、第96条の宣言を行っている国の法が準拠法となった場合に限って書面を要するのであり、第96条の宣言をしていない国の法が準拠法と判断された場合には、CISGの原則によるとするのが多数意見ではある。しかし一旦紛争になれば解決には時間も手間もかかる。紛争を避けるためには書面で契約しておくほうが無難だろう。

　第96条の留保を宣言している国は比較的多い[35]。アルゼンチン、アルメニア、ベラルーシ、チリ、ハンガリー、ラトビア、リトアニア、パラグアイ、ロシア、ウクライナの10カ国は第11条と第29条の両方の適用を受けない旨を宣言しており、中国は第11条に拘束されない旨を宣言している。なおラトビア、リトアニアとともにバルト3国を構成するエストニアは第96条の留保を宣言していたが、2004年3月9日に取り下げている。第96条は、第11条、第29条または第2部の規定を適用しないことを宣言することを認めており、前記のとおり第11条、第29条の留保を宣言している国はあるが、第2部の規定の不適用を宣言している国はない。

7　CISGと紛争解決条項
　　スイス2000年7月11日最高裁判所判決
　　Gutta-Werke AG v. Dörken-Gutta Pol. and Ewald Dörken AG 事件[36]

【論点】
　国際契約では、一般に紛争解決のために管轄条項を設けているが、CISGには管轄条項の効果についての規定はない。この点を事例で確認しておこう。

【事実の概要】
① 売主はスイスの会社 Gutta-Werke、買主はポーランドの会社 Dörken-Gutta Pol である。両社は、建築資材売買契約を結び、1998年後半から1999年初めにかけて、数回に分けて引渡された。売主が代金支払を催促したが、買主が支払わなかったので、1999年8月31日、売主は買主とその親会社（ドイツ・ヘルデッケの会社）を相手に代金と遅延利息の支払を求めて、スイスの裁判所に訴えを提起した。買主の会社もオランダに親会社があり、双方の親会社間の契約で、買主の親会社が子会社に資金援助することが規定されていたことをとらえて、原告・売主は親会社は子会社の連帯保証人であると主張した。
② 本事件では国際裁判管轄が争点となった。売主は、本件売買契約には管轄の合意がある、そうでないとしても本契約では代金支払義務の履行地はチューリッヒであるから同州裁判所に管轄があると主張した。一方、買主側は当該契約に管轄条項はない、また、親会社間の契約で両企業グループ間の取引を包括的な清算によって行うことを合意したのであり、義務履行地ということになると、売主側についてはアムステルダム、買主側についてはドイツのヘルデッケであって、いずれにしてもチューリッヒ州裁判所には国際裁判管轄がないと主張した。

【判決の要旨】
　スイス最高裁判所は、CISG第1条1項に基づいて本事件にCISGを適用し、「CISGは国際物品売買契約に関する実体規定であって、CISGの規定が国内法に優先するが、CISGは国際裁判管轄などの手続事項を規定していないので、国際裁判管轄については、法廷地国の国際私法の準則による」と判示した。そしてスイス国際私法第113条は「義務の履行がスイス国内で行われるときは、被告がスイス国内に住所、常居所、営業所を有しないときも、訴

えは履行地のスイスの裁判所に提起される」と規定しており、本件売買契約が準拠するCISGは、当事者間に特約がない場合には、買主は売主の営業所の地で支払うことを義務づけている（第57条1項（a））ので、国際私法第113条に基づいてスイスの裁判所に国際裁判管轄があるとした。

【関連判例】
(1) スイス1995年4月26日チューリッヒ（Zürich）商事裁判所判決[37]
　このスイスの裁判例は、スイスの売主とドイツの買主の間の貨物輸送・保管用タンクの売買契約から生じた紛争の事件であるが、裁判所は「CISGは契約の成立と売主・買主の権利義務を規定する実体規範であって、土地管轄の問題はスイス国際私法によって判断する」としている。CISGには国際裁判管轄に関する規定がないことは明らかである。

【国際ビジネスへの活用】
　国際物品売買契約では、合意管轄条項または仲裁条項がおかれることが多いが、CISGには直接的に国際裁判管轄を規定する条文はなく、この問題は訴えが提起された国の国際私法または国際民事訴訟の法理によって判断される。例えばわが国の民事訴訟法[38]では、普通裁判籍として被告の住所地を管轄する裁判所に管轄が認められ（同第4条1項）、外国の会社の場合には日本における主たる事務所・営業所の所在地の裁判所に管轄が認められる（同5項）。
　CISGは契約債務についての実体法規範であって、製造物責任などの不法行為については規定していないので、CISGの適用に当たって、不法行為地の管轄が問題となることはなく、契約上の義務履行地に基づく国際裁判管轄が問題となる。この点について、わが国民事訴訟法は義務履行地に管轄を認めている（同第5条1号）。上記のとおりスイス国際私法（第113条）も義務履行地の管轄を定めており、また2000年12月22日裁判管轄と外国判決承認に関するEC規則[39]（ブラッセルⅠ）の第5条1項（a）も同様に義務履行地の管轄を規定している。CISGは、売主には物品とそれに関する書類の引渡しの義務を定め、買主には代金の支払と物品の引取りの義務を定めている。

このうち特に問題となるのは、買主の代金支払義務の履行地である。CISGはデフォールト・ルールとして売主の営業所での支払義務の履行を定めている（第57条1項（a））ので、仮に代金の支払地を契約に明記しなければ、売主の営業所の所在地での訴訟に応じざるを得ないことになる。

8　義務履行地管轄
　　フランス1998年7月16日破毀院（最高裁判所）判決
　　Les Verreries de Saint Gobain v. Martinswerk 事件[40]

【論点】

CISGには国際裁判管轄の規定はなく、法廷地国の国際私法または国際民事訴訟法の規定によって判断することになる。国際売買契約では義務履行地が管轄原因とされることが多い。

【事実の概要】

買主はフランスの会社 Saint-Gobain、売主はドイツの会社 Martinswerk である。両社は、フランスの会社を代理人としてガラスの製造の原料であるアルミニウム化合物の売買契約を結んだ。取引条件は「FCA－売主の工場倉庫」であった。FCAとはインコタームズの取引条件の1つで、Free Carrier すなわち「運送人渡」のことで、売主は契約に合致した物品を提供する義務を負うが、運送契約は買主が自己の費用で手配し、売主は指定の場所で買主によって指定された運送人に、合意された期間内に物品を引渡せば、危険は買主に移転するという条件である。本事件では、売主から買主に引渡された物品の品質が契約に合致していないとし、買主が売主を相手にフランス・オルレアンの商事裁判所に訴えを提起した。被告・売主の営業所はフランスにはない。なお、契約するに当たって、買主は「紛争の解決に当たってはオルレアン商事裁判所の管轄とする」旨を記載した発注書を売主に送りつけたが、売主はそれを一顧だにせず、自社の契約書式を買主に送付していた。つまり書式の戦いの状況にあった。

第17章　紛争の解決　441

【判決の要旨】

　原判決（1996年1月3日オルレアン控訴院判決）は、売主が送付した注文の確認書はその本店所在地に国際裁判管轄を認めると規定しており、（売主の発注書と買主の確認書があるから）CISG第18条、第19条によって申込みが承諾されたことにはなるが、紛争解決という重要な点で実質的な変更を加えているので、このような場合には第19条3項によって、この回答を承諾とはみなさないとし、破毀院はこの原判決の判断を相当とした。すなわち買主が訴えを提起したフランスの裁判所には国際裁判管轄はないことになった。次に、ではどの裁判所が本件について国際裁判管轄を有するかという問題について、原判決は本件ではCISG第31条により、売主は運送人に引き渡した時点で契約上の義務を履行しており、義務履行地は売主の営業所の所在国にあるとし、破毀院もこの判断を相当とした。

【解説】

　CISGには国際裁判管轄に関する規定はないから、訴えが提起された裁判所の国際裁判管轄の有無の判断や当事者が行った管轄の合意の効力は、法廷地の国際私法または国際民事訴訟によることになる。

　管轄の合意については、わが国民事訴訟法は管轄の合意を第一審に限り認め、かつ書面で行うことを求めているが（同第11条2項）、国際取引についても、事件がわが国の裁判権に専属的に服するものではなく、指定された外国の裁判所がその外国法上、当該事件につき管轄権を有するのであれば、この管轄の合意が甚だしく不合理で公序法に違反するときを除いて原則として有効であるとされている（最三判昭和50年11月28日）。欧州連合では、裁判管轄と外国判決承認に関するEC規則の第23条1項（a）は管轄の合意を書面で行うことを求めている。現時点では発効していないが、ハーグ国際私法会議が定めた2005年6月30日裁判所の選択合意に関する条約[41]の第3条c項も書面の合意管轄の有効性を認めている。このような管轄の合意がない場合には、契約債務の履行地に国際裁判管轄が認められることが多い。

　当事者が契約に管轄条項を定めないで紛争が生じた場合、下記関連判例（1）、（2）、（3）のように、裁判例は一般に契約上の義務履行地に国際裁判

管轄を認めている。一方、下記関連判例（4）のように、管轄の合意がない場合、被告の所在地の裁判所には普通裁判籍があり、国際裁判管轄が認められる（actor sequitur forum rei の原則という）。

【関連判例】
(1) ドイツ1996年12月11日連邦通常裁判所（最高裁判所）判決[42]
　フランスの買主とドイツの売主の製菓材料の売買契約にかかわる事件である。引渡された物品に瑕疵があるとして買主が売主を相手にフランス・ストラスブールの裁判所に損害賠償請求の訴えを提起し、一方で売主は買主に対する債務不存在確認の訴えをドイツの裁判所に提起した。つまり国際訴訟競合の事件である。契約は書面ではなく、管轄の合意もなかった。ドイツの裁判所は当該契約の準拠法はCISGであり、同第31条により売主の義務履行地はドイツとなり、民事および商事に関する裁判管轄ならびに判決の執行に関する1968年9月27日ブラッセル条約（ブラッセル条約）第5条1項により裁判管轄は売主の義務履行地、すなわちドイツにあるとした。

(2) オランダ1997年9月26日最高裁判所判決
　　M.J.M. Productions v. Tissage Mécanique 事件[43]
　フランスの売主とオランダの買主の織物売買契約に関するものである。本件でも管轄の合意がなく、引渡された物品は契約が定める性能を満たさないとして、買主がオランダの裁判所に売主に対して契約不履行を理由とする損害賠償請求の訴えを提起し、売主は同裁判所の国際裁判管轄を争った。オランダの最高裁判所はCISG第31条（a）により、売主は最初の運送人に引渡した時点で義務を履行しており、前記のブラッセル条約第5条により義務履行地、すなわちフランスの裁判所に国際裁判管轄があるとした。

(3) イタリア1999年12月14日最高裁判所判決
　　Imperial v. Sanitari 事件[44]
　イタリアの売主とイギリス（非締約国）の買主の物品売買契約に関する紛争で、契約には準拠法条項、管轄条項いずれもなかった。裁判所は準拠法について、1980年6月19日契約債務の準拠法に関する条約（ローマ条約）第4条の特徴的給付を行う者の所在地（本件では売主）という基準に基づいて契

約の最密接関係地をイタリアと判断し、イタリア法の一部を構成するCISG第57条（買主の代金支払義務履行地を売主の営業所の所在地とする）に基づいてイタリアの裁判所に国際裁判管轄があるとした。管轄条項と準拠法条項は、本来異なるものであるが、この事件では準拠法の実体法規範から義務履行地を探査し、ブラッセル条約上の義務履行地管轄から国際裁判管轄を理由づけるという作業を行ったことになる。

(4) セルビア2004年7月9日ベオグラード高等商事裁判所判決[45]

本事案はこのような管轄に関する作業を経ていない。いずれもCISGの締約国であるスロベニアの会社とセルビア・モンテネグロの会社が売買契約を結んだが、紛争になったので、スロベニアの会社が被告の所在地のセルビア・ベオグラードの裁判所に訴えを提起した。被告の普通裁判籍の地の裁判所に管轄があるとするのは普遍的な原則であるから、この場合、裁判管轄を探査するまでもないのだろう。

【国際ビジネスへの活用】

上記の事例はその多くがブラッセル条約またはその後継のブラッセルⅠの適用を受ける欧州連合（欧州共同体）の域内の事件であった。わが国に営業所を有する事業者の場合には、これらの条約・規則は適用されないから、法廷地国の国際私法または国際民事訴訟法の規定によることになる。わが国の裁判所に訴えが提起された場合には、わが国民事訴訟法には義務履行地管轄が規定されているから（第5条1号）、上記と同様の結論が得られよう。しかし、紛争を迅速に解決するためには、管轄条項、準拠法条項を明記することが望ましいことはいうまでもない。

9 　仲裁合意の成立
　　アメリカ1992年4月14日ニューヨーク（New York）南部地区連邦地方裁判所判決
　　Filanto v. Chilewich 事件[46]

【論点】

　CISGには、国際裁判管轄と同じく仲裁についても規定がない。仲裁は紛争解決の手段であり、裁判を受ける権利を合意によって拘束するものであるが、当事者間に仲裁の合意が成立したかどうか争いになることがある。

【事実の概要】

① 　売主はイタリアの製靴会社 Filanto、買主はアメリカ・ニューヨーク州の商社 Chilewich International Corp. である。買主は1989年2月28日に当時のソビエト連邦・外国輸出公社のラズノエクスポートとブーツの売買契約を締結したので、商品をイタリアの Filanto から調達しようとしたのである。買主とソ連公社の売買契約第10条には「本契約から生じまたは関連するすべての争いについては、いかなる裁判所にも管轄はなく、モスクワのソ連商工会議所の仲裁規則にしたがって、その仲裁によって解決する」旨の規定（仲裁条項）があった。

② 　そこで買主は、売主宛の同年7月27日付けの書面に「弊社が貴社から購入するに当たっては、ソ連の最終買主との契約に列挙された条件にしたがうものとする」と記載し、ソ連の公社との契約を付けて売主に契約を申込んだ。売主は、買主宛の同年9月2日付けの書面で、買主が添付書類として送付したソ連公社との契約の条件のうち「梱包とマーキング」「船積日程」と「引渡し」の3項目だけを承諾するという留保条件を付けて返答した。その後も交渉があったが、物品の引渡しと代金の支払は滞りなく行われていた。

③ 　その後、買主は1990年3月13日付けで合計25万足のブーツの発注書を送った。発注書には「本契約には、仲裁を含めソ連公社との契約が一体として適用される」と記されており、売主にこの発注書に署名して返送するように求めたが、売主はすぐにはこれに応じなかった。買主の取引銀行は1990年5月7日に信用状を開設したが、この信用状は梱包とマーキングについてのみソ連の公社との契約に言及していた。一方、同年7月23日、売主はソ連の公社との契約の条項のうち「梱包とマーキング」「船積の日程」「引渡し」のみを承諾する旨の留保条件を記載した売主の所定の

契約書を買主に送付して、署名と返送を求めたが、買主は応じなかった。さらに同年8月7日、売主は買主の前記の3月13日付けの発注書に前記の留保条件を記したカバーレターを付けて、署名し買主に送り返した。こうした経緯から、買主が売主側の対応に疑念を持ち始め、買主は売主に今後売主が取引条件に留保を付けることを止めるまでは信用状を発行しない旨を通知した。

④　その後、1990年9月15日分の船積時期が近づいてきたので、両社は交渉したが、解決に至らず、その間に買主がブーツに品質不一致があったとして代金を支払わなかったため、売主が買主に対する代金の支払の請求の訴えをアメリカの裁判所に提起した。これに対して、買主が仲裁の妨訴抗弁を提出した。

【判決の要旨】

① 連邦裁判所は、一般にアメリカ連邦仲裁法第2条が商取引にかかわる紛争についての仲裁条項を有効であるとしているが、「本件の要点はロシアの契約に規定された仲裁条項の及ぶ範囲の問題ではなく、当事者は現にその紛争を仲裁によって解決する意思があったかという点である」として、当事者の仲裁合意の成立に争点を絞った。そしてこの点は外国仲裁判断の承認および執行に関する条約（ニューヨーク条約）により判断するとした。同裁判所は、(1) 同条約第2条1項が仲裁合意を書面で行うことを要求しているが、本事件ではこの要件を充足しているか、(2) 仲裁の対象となる契約は同条約の締結国で行われているか、(3) 仲裁の合意は約定または法定の法的関係から生じているか、(4) 当事者の1つは非米国法人か、という4点について検討を加え、(2)(3)(4)の要件を充足しているので、問題は(1)の仲裁合意の書面性の点であるとした。次に「書面での合意」の解釈については、アメリカの州法によるのではなく、当事者の営業所の所在国であるイタリア、アメリカ両国がともに締約国であって、アメリカ連邦法を構成しているCISGに準拠するとした。

② 買主は、1990年3月13日の買主の発注書が申込みに当たり、売主は5カ月後の同年8月7日に留保を付けて返却したが、異議があれば遅滞なく

通知すべきであり、そうしなかったのだからこれは買主の発注書の条件を承諾したことになると主張した。一方、売主は、確かに3月13日の発注書は申込みに当たるが、8月7日の留保を付けた返答は反対申込みであり、仲裁の合意は成立していないと争った。これは仲裁人の権限として仲裁人自ら判断すべき事項とも考えられたが、裁判所は契約の成立と仲裁合意の成立は分けて考慮すべきであるとして、当事者間での契約の成否について裁判所は、売主が買主の3月13日の発注書に留保を付した回答を行うまでに時間がかかっており、その間に買主は信用状を開設していることを考慮すべきであり、CISG第18条1項は申込みに対する「沈黙はそれ自体では承諾とならない」としているが、同時に第8条3項で当事者の意図の解釈には両者の従前の関係を勘案するとあるから、本件の売主は3月13日の発注書に異議があれば遅滞なく通知すべきであって、売主の主張を容れることはできないとして、本件をモスクワを仲裁地とする仲裁によって解決すべきであるとした。

【解説】

仲裁は紛争の解決という重大な問題にかかわるから、当事者間で合意した場合は書面で行うべきである。わが国の仲裁法は仲裁合意について書面で行うことを求めているが（同13条2項）、アンシトラル（国連商取引法委員会）の国際商事仲裁モデル法も同様である（同7条2項）。

国際売買契約では、下記関連判例（1）のように、仲裁合意の成立自体が争われることがある。また関連判例（2）は、詐欺行為を行った会社とその経営者に対して損害賠償請求の訴えを裁判所に提起した事件で、経営者が仲裁合意があるとして裁判所の管轄を争った事件であるが、仲裁合意の効果は売買契約の直接の当事者にしか及ばない。

【関連判例】

(1) ドイツ1995年3月8日ミュンヘン（München）上級地方裁判所判決[47]

フィンランドの売主とドイツの買主のニッケル・銅電解陰極の売買契約に関する事件である。買主が物品の数量や代金支払方法を記載した書面を用意

し、売買標準約款を添付した。この約款第5条にストックホルムまたはヘルシンキの商工会議所を仲裁機関とする旨の仲裁条項があった。売主が物品を引渡したが、買主が代金を支払わなかったので、売主から債権を譲り受けた原告が買主の普通裁判籍のあるドイツの裁判所に代金の支払請求の訴えを提起し、買主が仲裁の妨訴抗弁を提出した。ドイツの裁判所は、外国仲裁判断の承認および執行に関する条約（ニューヨーク条約）第2条1項は仲裁合意を書面で行うことを要求しているとして、売主が仲裁合意を含む書面に署名していない点をあげて、買主の妨訴抗弁を認めなかった。なお、売買取引については契約は成立しているとして、CISGを適用し、同第53条、第62条に基づき原告・売主の請求を認容した。フィンランドはCISGの第92条の宣言をしているが、裁判所はこの宣言にかかわらず、CISGの下で契約は成立しており、フィンランド法によるとしても契約は成立していると判示した。

(2) カナダ2005年7月29日ケベック（Quebec）州上級裁判所判決
　　Sonox Sia v. Albury Grain Sales Inc., et al. 事件[48]

　ラトビアの買主とカナダの売主の穀物の売買契約の事件である。売買契約には「双方は本契約または本契約の履行に関する紛争を友好的協議により解決することを合意する。紛争が友好的協議により解決されないときは、紛争はロンドンにおいて国際商業会議所によりCISGおよびカナダ法に基づいて仲裁で解決する」との仲裁条項があった。契約にしたがって買主は代金の一部を前払いしたが、売主は買主の契約不履行を理由に物品を引渡すこともなく、前払金も返還しなかった。そこで買主がケベック州の裁判所に売主とその実質的な経営者2人を相手として、売主がこれまでに多くの契約相手に前払金の詐欺を繰り返してきた、詐欺であるから仲裁合意を含む契約全体が無効であるとして損害賠償請求の訴えを提起した。一方、売主側は仲裁の妨訴抗弁を提出した。裁判所は、売主との間では仲裁合意が成立しているとして、妨訴抗弁を認め、仲裁人による解決を命じたが、売主の経営者と買主の間には仲裁合意がないとして裁判所に経営者に対する人的管轄があるとした。

【国際ビジネスへの活用】
　仲裁の合意に書面性を求めるのは、仲裁が紛争の解決という重要な手続で

あるからである。国際ビジネスに当たってはわが国国内取引以上に意思疎通が円滑に行かないおそれもあるから書面で行うことは不可欠だろう。

仲裁合意の成立は、契約の成立の問題と表裏一体のようであるが、別種の契約であり（CISG第81条1項は契約が解除されても紛争解決条項は有効としている）、契約が成立しても仲裁合意が成立していない、あるいはその逆の場合もありうる。

CISGの裁判例で契約の成立が争われる例としては、相手方が申込みに対して明示的には承諾していないが、契約にしたがって一部の履行をしたことが契約の成立となるかが問題となる事例がある。契約は申込みと承諾によって成立するが、申込みに対して回答しないことはそれ自体では承諾を意味しない（第18条1項）。また、申込みに対して追加・制限などの変更を含むものは反対申込みとなるので、契約の成立には新たな承諾を要する（第19条1項）が、当事者の一方が行った言明その他の行為が承諾と解釈される余地があり（第8条2項の解釈）、物品の発送や代金の支払が同意を示す場合がある（同18条3項）から、買主の申込みに対して明確に売主が承諾しなくても契約が成立したと判断される可能性がある。

10　フォーラム・ノン・コンヴェニエンス
　　アメリカ2005年3月19日ニューヨーク（New York）東部地区連邦地方裁判所判決
　　Genpharm Inc. v. Pliva-Lachema A.S. 事件[49]

【論点】

フォーラム・ノン・コンヴェニエンスは国際裁判管轄に関する英米法上の法理であるが、CISGには規定はない。CISGが適用される事件でこの法理が機能するのだろうか。

【事案の概要】

① カナダ・オンタリオ州の会社 Genpharma（買主）はジェネリック薬品のメーカーであり、チェコ[50]法に準拠して同国ブルノに設立された会社

Lachema（売主）は、薬品原料の販売会社である。
② 1997年に買主は、経口抗凝固薬（Warfarin Sodium）のアメリカ国内販売に向けて、米国連邦食品医薬品局（FDA）に新薬簡易申請書（Abbreviated New Drug Application）を提出することとし、新薬に必要な医薬原体の供給者として1997年2月から売主と取引を開始した。アメリカの新薬承認には医薬原体の供給者を特定する必要があるので、買主は売主に専属供給者（Sole supplier）となるように求め、合意に達した。その後1999年にクロアチア・ザグレブに本社を置く世界的な医薬品会社である Pliva がその子会社 Pliva Krakow（ポーランド法人）と Pliva Pharma Holding の2社を通じて売主の Lachema を買収、Pliva-Lachema と名称変更した。1999年11月19日、売主は連邦食品医薬品局に同社のチェコ・ブルノの研究所工場の現地視察を認める旨の書面を送付し、翌2000年5月23日、買主は連邦食品医薬品局に売主を医薬原体供給者である旨を記載した申請書を提出した。さらに2001年2月13日、買主と売主は書面で売主を抗凝固薬原体の唯一の買主の専属供給者とする旨の契約書を取り交わした。この契約で、原体の製造場所を変更したときはすぐに買主に連絡することが定められた。同年2月20日、買主は売主の代理店のドイツの会社（Aliapharma）とも同種の契約を締結した。同年4月24日、売主と代理店のドイツの会社が5年間の抗凝固薬原体の売買契約を結んだ。買主はこの契約の当事者ではなかった。この契約書はチェコ語とドイツ語で作成され、売主にアメリカ、カナダその他指定された国での医薬原体の販売を禁じ、また争いが生じた場合はチェコ法に基づく仲裁手続による旨の条項があった。
③ 2002年2月27日、アメリカ連邦食品医薬品局は買主に対して新薬の承認には原体供給者である売主のチェコ・ブルノにある施設を現地視察する必要があると通知し、さらに3月7日には売主の親会社の Pliva にもこの旨を通知したところ、売主が現地視察を拒否した。さらに3月15日、売主は連邦食品医薬品局と買主に医薬原体の研究所工場をクロアチア・ザグレブに移転した旨を通知した。
④ そこで2003年6月6日に、買主は売主と代理店の2社を相手として、契約違反を理由とする損害賠償請求の訴えをアメリカ・ニューヨーク州連

邦裁判所に提起した。被告側は訴えの提起から1年後に、無管轄の抗弁、フォーラム・ノン・コンヴェニエンスの抗弁を提出した。これに対して原告は、無管轄の抗弁の提出が遅すぎると主張した。

【判決の要旨】

① 裁判所は、まず本件はいずれも締約国に営業所がある事業者間の国際物品売買契約であるからCISGが適用されるとした。裁判管轄の問題については、原告は被告の親会社のPlivaが米国現地法人を有し、アメリカ国内に営業の拠点（doing business）があると主張した。一方、被告はPlivaの米国法人は別法人であると反論した。裁判所は、ニューヨーク州法上外国会社に対する裁判管轄は同州で営業の拠点があり、管轄権を行使すべき構成的存在（constructive presence）であることを要すとし、外国産品を販売するだけではアメリカの裁判所の被告に対する人的管轄を認めるには十分ではないが、重要なビジネス交渉を同州で行っていることは、当州での重要な営業の拠点として同州の人的管轄を基礎づけるのに十分であり、また親会社が複数の米国現地法人を有し、これらが売主のエージェントとして機能していることを考慮すれば、売主の人的管轄が認められるとした。なお、原告・買主は、被告・売主が親会社の「オルター・イーゴー（alter ego）」であるとして法人格否認の法理も主張したが、この点について裁判所は、株主構成の共通性、資金調達の独立性、親会社の関与度、会社法上の要件の充足度、マーケティング、オペレーショナルな事項でのコントロールの強度によって判断する必要があり、買主の主張は十分に証明されていないとした。

② 次に、原告が被告の無管轄の抗弁、フォーラム・ノン・コンヴェニエンスの抗弁の提出が時期に遅れていると主張している点について、裁判所はフォーラム・ノン・コンヴェニエンスの抗弁の提出に時期の制限はなく、外国法廷がより適切であると判断する場合には、いつでもこの法理にしたがって訴えを却下することができるとした。さらに裁判所は、この法理の適用に当たっては、私的および公的な利益を考慮する必要があり、原告・買主の私的利益という観点からは、本件は2003年6月6日に提起されて

以来、ディスカバリーは進んでおらず、提訴から1年もたってから被告・売主はフォーラム・ノン・コンヴェニエンスを理由として却下を求めていること、原告・買主はカナダの会社、被告・売主はチェコなどの会社であり、事件をチェコの裁判所に新たに提起しても単に不便が移動するだけであるとし、また公的利益として事件は連邦食品医薬品局の新薬承認にかかわるもので、アメリカ国内での販売が計画されているとして、被告のフォーラム・ノン・コンヴェニエンスを理由とする訴えの却下の申立てを認めなかった。

【解説】

フォーラム・ノン・コンヴェニエンスは、1866年のスコットランドの判例で初めてみられた法理であり[51]、人的管轄を中心とする英米法の法理である。アメリカでは1947年の連邦最高裁判所判決（Gulf Oil Corporation v. Gilbert 事件[52]）以降、裁判管轄の判断基準として機能している。1947年判決で最高裁は「一般裁判権が認められる場合も、司法の利益の観点に立ち、原告の私的利益と公共の利益を比較衡量して裁判管轄権を否認することができる」とし、その場合には証拠調べの負担、証人の出頭の可否、住所、その他審理の容易、迅速かつ低廉な進行のための問題、当事者と裁判所の距離、陪審の都合など総合判断し、いたずらに被告を煩わせ、苦しめあるいは圧迫するために、原告が不便宜な裁判所に訴えを提起することは認められないとしている。

フォーラム・ノン・コンヴェニエンスの法理が必要とされるのは、前提として原告による法廷地漁り（forum shopping）があるからである。そしてフォーラム・ショッピングが起きる理由の1つは、当事者の権利義務に関する実体法規範が国ごとに異なるからであるが、統一法条約であるCISGが適用されれば、実体法規範の違いは生じないのでフォーラム・ショッピングをする意味がなくなる場合もある。このようなCISGの効用を明記した事件として下記関連判例がある。

【関連判例】

(1) イタリア2002年11月26日リミニ（Rimini）地方裁判所判決

Al Palazzo S.r.l. v. Bernardaud di Limoges S.A.事件[53]

　イタリアのホテル会社（買主）がホテル用の陶器をフランスの高級陶器メーカー（売主）から購入することとした。買主が頭金を支払い、物品が引渡された。引渡しから数日して買主が開封すると物品に破損や塗装の剥離があったので、売主の代理人と称する者にクレームを述べて、代替品を引渡すように要求した。ところが売主は代理人の存在を認めず、買主に残額を支払うように求めたので、買主がその所在地のイタリア・リミニの裁判所に訴えを提起した。

　同裁判所は、本事件は国際契約であるから、まず準拠法が問題になるとし、準拠法の探査はイタリア国際私法にしたがって1955年6月15日の有体動産の国際的性質を有する売買の準拠法条約に関する条約（ハーグ条約）に基づいて準拠法を探査する方法と実体法規範であるCISGを適用する方法があるが、「CISGは国際物品売買契約にのみ適用されるが、ハーグ条約はすべての国際売買契約に適用されるので、CISGの適用はハーグ条約の適用よりも限定的」であり、「CISGの規定は、準拠法の決定とその適用という二段階の操作ではなく、実体問題を直接解決するものであって、定義によって特定される」としてCISGを直接適用することとし、さらに「統一的実体法の適用は、争っている当事者の利益に最適な法廷地を探すというフォーラム・ショッピングを避ける」ことができ、「締約国が統一的な実体法規定を適用することでフォーラム・ショッピングを回避することができる」と判示した。

　本件では、買主は物品が到着した後は、可能な限り短期間に検査しなければならないが、買主が売主に検査で不適合であったことを通知したのは、物品到着後から6カ月後であるから、買主による不適合の通知は遅すぎるのであり、買主は1999年12月には通知したと主張しているが、この点の証明がなかったとして代金の支払を命じられた。なお、CISGには裁判手続での証明責任の分配については特段の規定はないが、本事件で裁判所は「権利の実現を求める当事者は証明責任を果たさなければならない（onus probandi incumbit et qui dicit）が、これは当事者自治原則、書式の自由原則とともにCISGの一般原則である」としている。

【国際ビジネスへの活用】

　国際裁判管轄の問題は、国際売買契約に常に付きまとう問題である。ほとんどの国では当事者の管轄の合意の効力を認めており、また現在まで発効はしていないが、ハーグ国際私法会議が定めた2005年6月30日裁判所の選択合意に関する条約もすでに成立している。ただし、裁判管轄を定めて、その裁判所で勝訴判決を得たからといって問題が解決するわけではない。敗訴した買主が代金を任意に支払えば問題は解決するが、任意に支払わなければ、強制執行をしなければならない。強制執行には敗訴者の所在地の裁判所の執行判決または執行決定を得る必要があるが、これを得るための裁判で敗訴者が本案の裁判で主張しなかった事実や提出しなかった抗弁を持ち出して、時間がかかることがある。

　フォーラム・ノン・コンヴェニエンスの法理は、公的・私的な利益を総合的に判断する法理であるから、こうした判決内容の実効性のある実現のためには有効な法理ということはできる。しかし、その一方、この法理の採否は裁判所の職権であるから、判決の予測可能性という点では必ずしも望ましくない。

　勝訴判決の取得の容易さ、強制執行の実効性という2つの要素を勘案して、裁判管轄をどこにするかを検討することになるが、この2つは反比例するから問題は容易ではない。

11　証明責任
　ドイツ2006年2月8日カールスルーエ（Karlsruhe）上級地方裁判所判決
　ハンガリー産小麦事件[55]

【論点】

　前記のリミニ裁判所は、証明責任についても取り上げ、CISGの規定に基づいて救済を求める者に証明責任があるとした。次の事件では、被告の主張する事実の証明が十分でなかった事例である。

【事案の概要】

　ハンガリーの売主とドイツの買主がハンガリー産小麦の売買契約を結んだ[56]。売主が引渡した小麦から許容量以上の鉛とボミトキシンが検出されたため、買主はCISG第50条に基づいて代金の減額を求めるとともに、この代金債務を売主に対する損害賠償請求権によって相殺すると売主に通知した。一方、売主は物品の不適合を認めず、買主を相手にドイツの裁判所に売買代金の請求の訴えを提起した。

【判決の要旨】

　第一審のマンハイム地方裁判所2004年2月16日判決は、被告・買主が小麦の汚染を立証できなかったとして、原告の請求を認容した。
　カールスルーエ上級地方裁判所は、買主が物品の不適合を証明しなければならないが、ハンガリー保健省の植物化学汚染基準では小麦の鉛汚染は0.15mg/kg、ECの食物汚染基準では同じく0.2mg/kgを限度とすることとされており、本件契約ではいずれを適用するか明らかではないが、サンプル鑑定では本件小麦の汚染は0.04mg/kgであり、いずれにせよ基準を下回っている、また買主はサンプルに人為的操作が加えられていると主張するが、その証明がされておらず、さらに買主は合理的な期間内に物品の不適合の旨を通知していないとして、被告・買主の控訴を棄却した。

【解説】

　CISGは、国際売買契約の当事者の権利義務や契約不履行があった場合の救済を定めているが、例えば売主の契約違反があったという場合、売主に契約どおり履行したことの主張・立証責任があるのか、救済を求める買主に契約不履行の主張・立証責任があるのか、明らかにはしていない。本判決は権利を主張する者に相手方の不履行の立証責任があるとした。次の著名な事件でも同様の判断が行われている。

【関連判例】

　証明責任に関する事件として、本書でも紹介されているChicago Prime

Packers, Inc. v. Northam Food Trading Co. 事件（シカゴ・プライム・パッカー事件）[57]がある。アメリカ・コロラド州の会社（売主）とカナダ・オンタリオ州の会社（買主）のポーク・リブの売買契約であるが、契約の目的物は売主が手配した精肉業者が処理した後で冷凍保管し、これを買主指定の運送業者に引渡し、買主指定の食品会社に納品された。つまり売主、買主ともに物品現物を手にしていない。ところが物品を受領した食品会社が検査したところ、腐敗し、食用にならないことがわかった。買主は代金を支払わなかったので、売主が代金の支払を求める訴えを提起した。

CISG第35条は物品の契約適合性を規定するが、第67条は売主が最初の運送人に物品を引渡したときに危険は買主に移転すると規定しているので、運送人に引渡した時点で当該物品は契約に適合していたか否かが争点となった。裁判所は「CISGは物品の契約適合性に関する証明責任が買主、売主のいずれにあるか明記していない」としたうえで、「CISGのもとでは買主に不適合の証明責任がある」とした。

【国際ビジネスへの活用】

シカゴ・プライム・パッカー事件判決がいうとおり、CISGは証明責任についてなんらの規定をおいていない。権利を主張する者にその根拠を証明させるのは一般的な原則である。この点ではCISGが適用される国際売買契約であれ、いずれかの国の実体法規範が適用される国際売買契約であれ、異なることはない。ドイツ・カールスルーエ上級裁判所判決では、買主は物品の汚染検査に当たって物品が操作されたと主張したが、その点を証明することができなかったために買主は敗訴している。検査機関が信頼できる機関であるとしたら、検査対象サンプルをすり替えるには買主が管理する倉庫で行うしかないはずであり、裁判所がすり替えの事実を証明するように買主に求めることはきわめて自然である。一方、シカゴ・プライム・パッカー事件では、物品の適合性は売主から買主への危険の移転の時期であるとしているが、この取引では売主・買主ともに現物に触れておらず、証明することが困難であった。この場合には買主が運送業者を手配し、最終需要者と契約していることに鑑みれば、物品の契約不適合を証明することは容易ではないものの、可

能であったのではないか。

　CISGは契約当事者の権利義務を規定し、さらに契約不履行があった場合の相手方に認められる救済を規定している。CISGの規定にしたがったリスク管理が必要となろう。

注
1　条約法に関するウィーン条約第26条は「効力を有するすべての条約は、当事国を拘束し、当事国は、これらの条約を誠実に履行しなければならない」と定め、「当事国は、条約の不履行を正当化する根拠として自国の国内法を援用することができない」(第27条)としている。
2　[CLOUT case No. 150] France 23 January 1996 Cour de cassation.
3　[CLOUT case No. 138] USA 6 December 1995 U. S [Federal] Court of Appeals, Second Circuit. なお本件の原判決は、[CLOUT case No. 85], Pace, USA 9 September 1994 Federal District Court [New York] (Delchi Carrier v. Rotorex).
4　[CLOUT case No. 837] France 25 October 2005 Cour de Cassation.
5　[CLOUT case No. 92] Italy 19 April 1994 Ad hoc Arbitral Tribunal, Florence.
6　[CLOUT case No. 206] France 17 December 1996 Cour de Cassation.
7　アイルランドは現在もCISGに加入していない。
8　[CLOUT case No. 630] Switzerland July 1999 Court of Arbitration of the International Chamber of Commerce.
9　ただし、この仲裁判断は「第1条1項(a)により、国際私法の準則が締約国の法の適用を導くときは、CISGが異なった国に営業所を有する当事者間の物品売買契約に適用される」と判示している。この仲裁判断は「国際私法の準則が締約国の法の適用を導く」としてCISGを適用するとしているが、アメリカは第95条の宣言をして、CISG第1条1項(b)によるCISGの適用を排除しているので、この仲裁判断の文言は妥当といえない。
10　Pace, Belgium 19 September 1995 District Court Nivelles.
11　Convention du 15 juin 1955 sur la loi applicable aux ventes à caractère international d'objets mobiliers corporels. 同条約第3条は「当事者の準拠法の合意がない場合には、売主が常居所を有する地の国内法に準拠する」としているが、同第4条では「売買契約で引渡された動産の検査の方式と期限、物品の拒絶の場合にとるべき手段については、引渡された国の国内法規範が適用される」と規定している。
12　東京地判平成10年3月19日判夕997号286頁
13　事件は控訴されたが、控訴審判決(東京高判平成11年3月24日)はCISGについては言及していない。
14　[CLOUT case No. 1] Germany 13 June 1991 Oberlandesgericht Frankfurt.
15　[CLOUT case No. 419] USA 27 October 1998 U.S. Federal District Court for the Northern District of Illinois.
16　スウェーデンは、1981年5月26日に署名、1987年12月15日に第95条の留保を

第17章　紛争の解決　457

17　ジェットエンジンに搭載される主電源供給装置のことをいい、発電機と発電機を一定回転数で駆動する定速駆動機構を組み合わせ一体化したもの。
18　デンマーク、フィンランド、ノルウェー、スウェーデンの4カ国は1981年5月26日にそろって署名したが、批准時期はまちまちである。アイスランドは条約に署名しておらず、2001年5月10日に加入した。
19　［CLOUT case No. 612］USA 20 June 2003 U.S. Federal Court of Appeals, Third Circuit.
20　フィンランドは、1987年12月15日に第92条の留保を宣言して批准し、1989年1月1日に発効している（いずれもスウェーデンと同日）。
21　［CLOUT case No. 309］Denmark 23 April 1998 Ostre Landsret.
22　デンマークは、1981年5月26日に署名、1987年12月15日に第92条の留保を宣言して批准し、1989年1月1日に発効している。
23　［CLOUT case No. 616］USA 22 November 2002 U.S. Federal District Court for the Southern District of Florida.
24　カナダは1991年4月23日に加入し、1992年5月1日に発効している。なお、カナダは加入のさいにCISG第93条（一部地域の不適用）の宣言を行ったが、その後適用範囲を広げ、現在はカナダ全域に適用される。オンタリオ州については第93条の宣言をしていないので、発効当初からCISGは適用された。なお、イギリスはCISGに署名しておらず、加入もしていないので、非締約国である。
25　［Clout case No. 49］Germany 2 July 1993 Oberlandesgericht Düsseldorf.
26　P. Schlechtriem et P. Butler, *UN Law on International Sales* (Springler, 2009) at 39.
27　［CLOUT case No. 715］China 15 December 1997 International Economic & Trade Arbitration Commission［CIETAC］.
27　仲裁判断は「China had made a reservation on the "in writing" requirements when it signed the CISG」と述べているが、正しくは、中国が1998年12月11日に承認したときに第95条の宣言（CISG第1条1項(b)に拘束されない旨の宣言）と第96条の宣言（CISG第11条を適用しない）を行った。
29　［CLOUT case No. 52］Hungary 24 March 1992 Municipal Court Budapest.
30　ハンガリーは1980年4月11日に署名し、1983年6月16日に批准する際に第96条の留保を宣言した。CISGは、1988年1月1日に発効している。
31　Pace, Belgium 2 May 1995 District Court Hasselt.
32　チリは1980年4月11日に署名し、1990年2月7日に批准する際に第96条の留保を宣言した。CISGは、1991年3月1日に発効している。
33　Pace, Mexico 29 April 1996 Compromex Arbitration proceeding.
34　アルゼンチンは1983年7月19日に加入する際に、第96条の留保宣言を行った。CISGは1988年1月1日に発効している。メキシコは1987年12月29日に加入し、1989年1月1日に発効している。
35　アメリカは国内法（統一商事法典第2-201条：Formal requirement; Statue of Frauds）で500米ドル以上の物品売買に関する訴えまたは執行には書面を要すとし、契約の書面性を求めているが、CISG第96条の留保を宣言していない。
36　Pace, Switzerland 11 July 2000 Federal Supreme Court.

37　Pace, Switzerland 26 April 1995 Commercial Court Zürich (*Saltwater isolation tank case*).
38　なお、「民事訴訟法及び民事保全法の一部を改正する法律案」は2010年5月25日に衆議院で可決されたが、参議院での審議は未了となった。
39　欧州理事会規則44-2001号「民事および商事に関する裁判管轄ならびに判決の承認と執行に関する規則」(一般に「ブラッセルⅠ」と呼ばれている)。
40　[CLOUT case No. 242] France 16 July 1998 Cour de Cassation.
41　Convention on Choice of Court Agreement of 30 June 2005.
42　[CLOUT Case No. 268] Germany 11 December 1996 Bundesgerichtshof.
43　[CLOUT case No. 834] Netherlands 26 September 1997 Supreme Court.
44　[CLOUT Case No. 379] Italy 14 December 1999 Corte di Cassazione S.U.
45　Pace, Serbia 9 July 2004 High Commercial Court.
46　[CLOUT case No. 23] USA 14 April 1992 U.S. Federal District Court for the Southern District of New York.
47　[CLOUT case No. 134] Germany 8 March 1995 Oberlandesgericht München.
48　Pace, Canada 29 July 2005 Quebec Superior Court.
49　[CLOUT case No. 699] USA 19 March 2005 U.S. Federal District Court for the Eastern District of New York.
50　旧チェコスロバキアは、1981年9月1日にCISGに署名し、1990年3月5日に批准書を寄託し、1991年4月1日に発効した。その後、1993年にチェコ共和国とスロバキアに分裂し、チェコは1993年9月30日、スロバキアは1993年5月28日に承継した。チェコは第95条の宣言をしており、1993年1月1日から発効している。
51　Clements v. Macaulay, 4 Macpherson (Sess. Cas., 3rd ser.) (1866).
52　Gulf Oil Corporation v. Gilbert, 330 U.S. 501 (1947) Argued Dec. 18, 19, 1946 Decided March 10, 1947. この事件はアメリカの州際事件であったが、国際的な民商事の紛争にもこの法理が適用されている。
53　[CLOUT case No. 608] Italy 26 November 2002 Tribunale di Rimini.
55　[CLOUT case No. 721] Germany 8 February 2006 Oberlandesgericht Karlsruhe.
56　ハンガリーは、1980年4月11日にCISGに署名し、1983年6月16日に批准、1988年1月1日に発効している。批准のさいにハンガリーは第96条の宣言を行い、また第90条にしたがって、コメコン加盟各国との関係では既存の国際取決めによるものとした。
57　Pace, USA 23 May 2005 Federal Appellate Court, 7th Circuit.

【ウィーン売買条約締約国一覧表】

【欧州】			
アイスランド	アルバニア	アルメニア	イタリア
ウクライナ	ウズベキスタン	エストニア	オーストリア
オランダ	キプロス	ギリシャ	キルギス
グルジア	クロアチア	スイス	スウェーデン
スペイン	スロバキア	スロベニア	セルビア
チェコ	デンマーク	ドイツ	ノルウエー
ハンガリー	フィンランド	フランス	ブルガリア
ベラルーシ	ベルギー	ポーランド	ボスニア・ヘルツェゴビナ
マケドニア	モルドバ	モンテネグロ	ラトビア
リトアニア	ルーマニア	ルクセンブルグ	ロシア
トルコ（2011年8月1日から）			
【アフリカ】			
ウガンダ	エジプト	ガボン	ギニア
ザンビア	ブルンジ	モーリタニア	リベリア
レソト			
【中東】			
イスラエル	イラク	シリア	レバノン
【オセアニア】			
オーストラリア	ニュージーランド		
【アジア】			
シンガポール	韓国	中国	日本
モンゴル			
【北米】			
アメリカ合衆国	カナダ		
【中南米】			
アルゼンチン	ウルグアイ	エクアドル	エルサルバドル
キューバ	コロンビア	セントビンセント及びグレナディーン諸島	チリ
パラグアイ	ペルー	ホンジュラス	メキシコ
ドミニカ（2011年7月1日から）			

(76カ国；2010年7月15日現在；UNCITRAL HPから)

United Nations Convention on Contracts for the International Sale of Goods (Vienna, 1980)
国際物品売買契約に関する国際連合条約

(外務省公式訳から)
〔平成20年7月7日号外条約第8号〕
〔法務・外務大臣署名〕

　国際物品売買契約に関する国際連合条約をここに公布する。
　この条約の締約国は、国際連合総会第六回特別会期において採択された新たな国際経済秩序の確立に関する決議の広範な目的に留意し、
　平等及び相互の利益を基礎とした国際取引の発展が諸国間の友好関係を促進する上での重要な要素であることを考慮し、
　異なる社会的、経済的及び法的な制度を考慮した国際物品売買契約を規律する統一的準則を採択することが、国際取引における法的障害の除去に貢献し、及び国際取引の発展を促進することを認めて、
　次のとおり協定した。

第1部　適用範囲及び総則
第1章　適用範囲

第1条
　(1)　この条約は、営業所が異なる国に所在する当事者間の物品売買契約について、次のいずれかの場合に適用する。
　(a)　これらの国がいずれも締約国である場合
　(b)　国際私法の準則によれば締約国の法の適用が導かれる場合
　(2)　当事者の営業所が異なる国に所在するという事実は、その事実が、契約から認められない場合又は契約の締結時以前における当事者間のあらゆる取引関係から若しくは契約の締結時以前に当事者によって明らかにされた情報から認められない場合には、考慮しない。
　(3)　当事者の国籍及び当事者又は契約の民事的又は商事的な性質は、この条約の適用を決定するに当たって考慮しない。

第2条
　この条約は、次の売買については、適用しない。
　(a)　個人用、家族用又は家庭用に購入された物品の売買。ただし、売主が契約の締結時以前に当該物品がそのような使用のために購入されたことを知らず、かつ、知っているべきでもなかった場合は、この限りでない。
　(b)　競り売買
　(c)　強制執行その他法令に基づく売買
　(d)　有価証券、商業証券又は通貨の売買
　(e)　船、船舶、エアクッション船又は航空機の売買
　(f)　電気の売買

第3条
(1) 物品を製造し、又は生産して供給する契約は、売買とする。ただし、物品を注文した当事者がそのような製造又は生産に必要な材料の実質的な部分を供給することを引き受ける場合は、この限りでない。
(2) この条約は、物品を供給する当事者の義務の主要な部分が労働その他の役務の提供から成る契約については、適用しない。

第4条
この条約は、売買契約の成立並びに売買契約から生ずる売主及び買主の権利及び義務についてのみ規律する。この条約は、この条約に別段の明文の規定がある場合を除くほか、特に次の事項については、規律しない。
 (a) 契約若しくはその条項又は慣習の有効性
 (b) 売却された物品の所有権について契約が有し得る効果

第5条
この条約は、物品によって生じたあらゆる人の死亡又は身体の傷害に関する売主の責任については、適用しない。

第6条
当事者は、この条約の適用を排除することができるものとし、第12条の規定に従うことを条件として、この条約のいかなる規定も、その適用を制限し、又はその効力を変更することができる。

第2章　総則

第7条
(1) この条約の解釈に当たっては、その国際的な性質並びにその適用における統一及び国際取引における信義の遵守を促進する必要性を考慮する。
(2) この条約が規律する事項に関する問題であって、この条約において明示的に解決されていないものについては、この条約の基礎を成す一般原則に従い、又はこのような原則がない場合には国際私法の準則により適用される法に従って解決する。

第8条
(1) この条約の適用上、当事者の一方が行った言明その他の行為は、相手方が当該当事者の一方の意図を知り、又は知らないことはあり得なかった場合には、その意図に従って解釈する。
(2) (1)の規定を適用することができない場合には、当事者の一方が行った言明その他の行為は、相手方と同種の合理的な者が同様の状況の下で有したであろう理解に従って解釈する。
(3) 当事者の意図又は合理的な者が有したであろう理解を決定するに当たっては、関連するすべての状況（交渉、当事者間で確立した慣行、慣習及び当事者の事後の行為を含む。）に妥当な考慮を払う。

第9条
(1) 当事者は、合意した慣習及び当事者間で確立した慣行に拘束される。

(2) 当事者は、別段の合意がない限り、当事者双方が知り、又は知っているべきであった慣習であって、国際取引において、関係する特定の取引分野において同種の契約をする者に広く知られ、かつ、それらの者により通常遵守されているものが、黙示的に当事者間の契約又はその成立に適用されることとしたものとする。

第10条
　この条約の適用上、
　(a) 営業所とは、当事者が二以上の営業所を有する場合には、契約の締結時以前に当事者双方が知り、又は想定していた事情を考慮して、契約及びその履行に最も密接な関係を有する営業所をいう。
　(b) 当事者が営業所を有しない場合には、その常居所を基準とする。

第11条
　売買契約は、書面によって締結し、又は証明することを要しないものとし、方式について他のいかなる要件にも服さない。売買契約は、あらゆる方法（証人を含む。）によって証明することができる。

第12条
　売買契約、合意によるその変更若しくは終了又は申込み、承諾その他の意思表示を書面による方法以外の方法で行うことを認める前条、第29条又は第2部のいかなる規定も、当事者のいずれかが第96条の規定に基づく宣言を行った締約国に営業所を有する場合には、適用しない。当事者は、この条の規定の適用を制限し、又はその効力を変更することができない。

第13条
　この条約の適用上、「書面」には、電報及びテレックスを含む。

第2部　契約の成立

第14条
　(1) 一人又は二人以上の特定の者に対してした契約を締結するための申入れは、それが十分に確定し、かつ、承諾があるときは拘束されるとの申入れをした者の意思が示されている場合には、申込みとなる。申入れは、物品を示し、並びに明示的又は黙示的に、その数量及び代金を定め、又はそれらの決定方法について規定している場合には、十分に確定しているものとする。
　(2) 一人又は二人以上の特定の者に対してした申入れ以外の申入れは、申入れをした者が反対の意思を明確に示す場合を除くほか、単に申込みの誘引とする。

第15条
　(1) 申込みは、相手方に到達した時にその効力を生ずる。
　(2) 申込みは、撤回することができない場合であっても、その取りやめの通知が申込みの到達時以前に相手方に到達するときは、取りやめることができる。

第16条
　(1) 申込みは、契約が締結されるま

での間、相手方が承諾の通知を発する前に撤回の通知が当該相手方に到達する場合には、撤回することができる。

(2) 申込みは、次の場合には、撤回することができない。
- (a) 申込みが、一定の承諾の期間を定めることによるか他の方法によるかを問わず、撤回することができないものであることを示している場合
- (b) 相手方が申込みを撤回することができないものであると信頼したことが合理的であり、かつ、当該相手方が当該申込みを信頼して行動した場合

第17条

申込みは、撤回することができない場合であっても、拒絶の通知が申込者に到達した時にその効力を失う。

第18条

(1) 申込みに対する同意を示す相手方の言明その他の行為は、承諾とする。沈黙又はいかなる行為も行わないことは、それ自体では、承諾とならない。

(2) 申込みに対する承諾は、同意の表示が申込者に到達した時にその効力を生ずる。同意の表示が、申込者の定めた期間内に、又は期間の定めがない場合には取引の状況（申込者が用いた通信手段の迅速性を含む。）について妥当な考慮を払った合理的な期間内に申込者に到達しないときは、承諾は、その効力を生じない。口頭による申込みは、別段の事情がある場合を除くほか、直ちに承諾されなければならない。

(3) 申込みに基づき、又は当事者間で確立した慣行若しくは慣習により、相手方が申込者に通知することなく、物品の発送又は代金の支払等の行為を行うことにより同意を示すことができる場合には、承諾は、当該行為が行われた時にその効力を生ずる。ただし、当該行為が(2)に規定する期間内に行われた場合に限る。

第19条

(1) 申込みに対する承諾を意図する応答であって、追加、制限その他の変更を含むものは、当該申込みの拒絶であるとともに、反対申込みとなる。

(2) 申込みに対する承諾を意図する応答は、追加的な又は異なる条件を含む場合であっても、当該条件が申込みの内容を実質的に変更しないときは、申込者が不当に遅滞することなくその相違について口頭で異議を述べ、又はその旨の通知を発した場合を除くほか、承諾となる。申込者がそのような異議を述べない場合には、契約の内容は、申込みの内容に承諾に含まれた変更を加えたものとする。

(3) 追加的な又は異なる条件であって、特に、代金、支払、物品の品質若しくは数量、引渡しの場所若しくは時期、当事者の一方の相手方に対する責任の限度又は紛争解決に関するものは、申込みの内容を実質的に変更するものとする。

第20条

(1) 申込者が電報又は書簡に定める承諾の期間は、電報が発信のために提出された時から又は書簡に示された日付若

しくはこのような日付が示されていない場合には封筒に示された日付から起算する。申込者が電話、テレックスその他の即時の通信の手段によって定める承諾の期間は、申込みが相手方に到達した時から起算する。

　(2) 承諾の期間中の公の休日又は非取引日は、当該期間に算入する。承諾の期間の末日が申込者の営業所の所在地の公の休日又は非取引日に当たるために承諾の通知が当該末日に申込者の住所に届かない場合には、当該期間は、当該末日に続く最初の取引日まで延長する。

第21条

　(1) 遅延した承諾であっても、それが承諾としての効力を有することを申込者が遅滞なく相手方に対して口頭で知らせ、又はその旨の通知を発した場合には、承諾としての効力を有する。

　(2) 遅延した承諾が記載された書簡その他の書面が、通信状態が通常であったとしたならば期限までに申込者に到達したであろう状況の下で発送されたことを示している場合には、当該承諾は、承諾としての効力を有する。ただし、当該申込者が自己の申込みを失効していたものとすることを遅滞なく相手方に対して口頭で知らせ、又はその旨の通知を発した場合は、この限りでない。

第22条

　承諾は、その取りやめの通知が当該承諾の効力の生ずる時以前に申込者に到達する場合には、取りやめることができる。

第23条

　契約は、申込みに対する承諾がこの条約に基づいて効力を生ずる時に成立する。

第24条

　この部の規定の適用上、申込み、承諾の意思表示その他の意思表示が相手方に「到達した」時とは、申込み、承諾の意思表示その他の意思表示が、相手方に対して口頭で行われた時又は他の方法により相手方個人に対し、相手方の営業所若しくは郵便送付先に対し、若しくは相手方が営業所及び郵便送付先を有しない場合には相手方の常居所に対して届けられた時とする。

第3部　物品の売買
第1章　総則

第25条

　当事者の一方が行った契約違反は、相手方がその契約に基づいて期待することができたものを実質的に奪うような不利益を当該相手方に生じさせる場合には、重大なものとする。ただし、契約違反を行った当事者がそのような結果を予見せず、かつ、同様の状況の下において当該当事者と同種の合理的な者がそのような結果を予見しなかったであろう場合は、この限りでない。

第26条

　契約の解除の意思表示は、相手方に対する通知によって行われた場合に限り、その効力を有する。

第27条

この部に別段の明文の規定がある場合を除くほか、当事者がこの部の規定に従い、かつ、状況に応じて適切な方法により、通知、要求その他の通信を行った場合には、当該通信の伝達において遅延若しくは誤りが生じ、又は当該通信が到達しなかったときでも、当該当事者は、当該通信を行ったことを援用する権利を奪われない。

第28条

当事者の一方がこの条約に基づいて相手方の義務の履行を請求することができる場合であっても、裁判所は、この条約が規律しない類似の売買契約について自国の法に基づいて同様の裁判をするであろうときを除くほか、現実の履行を命ずる裁判をする義務を負わない。

第29条

(1) 契約は、当事者の合意のみによって変更し、又は終了させることができる。

(2) 合意による変更又は終了を書面によって行うことを必要とする旨の条項を定めた書面による契約は、その他の方法による合意によって変更し、又は終了させることができない。ただし、当事者の一方は、相手方が自己の行動を信頼した限度において、その条項を主張することができない。

第2章　売主の義務

第30条

売主は、契約及びこの条約に従い、物品を引き渡し、物品に関する書類を交付し、及び物品の所有権を移転しなければならない。

第1節　物品の引渡し及び書類の交付

第31条

売主が次の (a) から (c) までに規定する場所以外の特定の場所において物品を引き渡す義務を負わない場合には、売主の引渡しの義務は、次のことから成る。

(a) 売買契約が物品の運送を伴う場合には、買主に送付するために物品を最初の運送人に交付すること。

(b) (a) に規定する場合以外の場合において、契約が特定物、特定の在庫から取り出される不特定物又は製造若しくは生産が行われる不特定物に関するものであり、かつ、物品が特定の場所に存在し、又は特定の場所で製造若しくは生産が行われることを当事者双方が契約の締結時に知っていたときは、その場所において物品を買主の処分にゆだねること。

(c) その他の場合には、売主が契約の締結時に営業所を有していた場所において物品を買主の処分にゆだねること。

第32条

(1) 売主は、契約又はこの条約に従い物品を運送人に交付した場合において、当該物品が荷印、船積書類その他の方法により契約上の物品として明確に特定さ

れないときは、買主に対して物品を特定した発送の通知を行わなければならない。

(2) 売主は、物品の運送を手配する義務を負う場合には、状況に応じて適切な運送手段により、かつ、このような運送のための通常の条件により、定められた場所までの運送に必要となる契約を締結しなければならない。

(3) 売主は、物品の運送について保険を掛ける義務を負わない場合であっても、買主の要求があるときは、買主が物品の運送について保険を掛けるために必要な情報であって自己が提供することのできるすべてのものを、買主に対して提供しなければならない。

第33条

売主は、次のいずれかの時期に物品を引き渡さなければならない。

(a) 期日が契約によって定められ、又は期日を契約から決定することができる場合には、その期日

(b) 期間が契約によって定められ、又は期間を契約から決定することができる場合には、買主が引渡しの日を選択すべきことを状況が示していない限り、その期間内のいずれかの時

(c) その他の場合には、契約の締結後の合理的な期間内

第34条

売主は、物品に関する書類を交付する義務を負う場合には、契約に定める時期及び場所において、かつ、契約に定める方式により、当該書類を交付しなければならない。売主は、その時期より前に当該書類を交付した場合において、買主に不合理な不便又は不合理な費用を生じさせないときは、その時期まで、当該書類の不適合を追完することができる。ただし、買主は、この条約に規定する損害賠償の請求をする権利を保持する。

第2節 物品の適合性及び第三者の権利又は請求

第35条

(1) 売主は、契約に定める数量、品質及び種類に適合し、かつ、契約に定める方法で収納され、又は包装された物品を引き渡さなければならない。

(2) 当事者が別段の合意をした場合を除くほか、物品は、次の要件を満たさない限り、契約に適合しないものとする。

(a) 同種の物品が通常使用されるであろう目的に適したものであること。

(b) 契約の締結時に売主に対して明示的又は黙示的に知らされていた特定の目的に適したものであること。ただし、状況からみて、買主が売主の技能及び判断に依存せず、又は依存することが不合理であった場合は、この限りでない。

(c) 売主が買主に対して見本又はひな形として示した物品と同じ品質を有するものであること。

(d) 同種の物品にとって通常の方法により、又はこのような方法がない場合にはその物品の保存及び保護に適した方法により、収納され、又は包装されていること。

(3) 買主が契約の締結時に物品の不適合を知り、又は知らないことはあ

り得なかった場合には、売主は、当該物品の不適合について（2）(a)から(d)までの規定に係る責任を負わない。

第36条

（1）売主は、契約及びこの条約に従い、危険が買主に移転した時に存在していた不適合について責任を負うものとし、当該不適合が危険の移転した時の後に明らかになった場合においても責任を負う。

（2）売主は、（1）に規定する時の後に生じた不適合であって、自己の義務違反（物品が一定の期間通常の目的若しくは特定の目的に適し、又は特定の品質若しくは特性を保持するとの保証に対する違反を含む。）によって生じたものについても責任を負う。

第37条

売主は、引渡しの期日前に物品を引き渡した場合には、買主に不合理な不便又は不合理な費用を生じさせないときに限り、その期日まで、欠けている部分を引き渡し、若しくは引き渡した物品の数量の不足分を補い、又は引き渡した不適合な物品の代替品を引き渡し、若しくは引き渡した物品の不適合を修補することができる。ただし、買主は、この条約に規定する損害賠償の請求をする権利を保持する。

第38条

（1）買主は、状況に応じて実行可能な限り短い期間内に、物品を検査し、又は検査させなければならない。

（2）契約が物品の運送を伴う場合には、検査は、物品が仕向地に到達した後まで延期することができる。

（3）買主が自己による検査のための合理的な機会なしに物品の運送中に仕向地を変更し、又は物品を転送した場合において、売主が契約の締結時にそのような変更又は転送の可能性を知り、又は知っているべきであったときは、検査は、物品が新たな仕向地に到達した後まで延期することができる。

第39条

（1）買主は、物品の不適合を発見し、又は発見すべきであった時から合理的な期間内に売主に対して不適合の性質を特定した通知を行わない場合には、物品の不適合を援用する権利を失う。

（2）買主は、いかなる場合にも、自己に物品が現実に交付された日から二年以内に売主に対して（1）に規定する通知を行わないときは、この期間制限と契約上の保証期間とが一致しない場合を除くほか、物品の不適合を援用する権利を失う。

第40条

物品の不適合が、売主が知り、又は知らないことはあり得なかった事実であって、売主が買主に対して明らかにしなかったものに関するものである場合には、売主は、前二条の規定に依拠することができない。

第41条

売主は、買主が第三者の権利又は請求

の対象となっている物品を受領することに同意した場合を除くほか、そのような権利又は請求の対象となっていない物品を引き渡さなければならない。ただし、当該権利又は請求が工業所有権その他の知的財産権に基づくものである場合には、売主の義務は、次条の規定によって規律される。

第42条

(1) 売主は、自己が契約の締結時に知り、又は知らないことはあり得なかった工業所有権その他の知的財産権に基づく第三者の権利又は請求の対象となっていない物品を引き渡さなければならない。ただし、そのような権利又は請求が、次の国の法の下での工業所有権その他の知的財産権に基づく場合に限る。

　(a) ある国において物品が転売され、又は他の方法によって使用されることを当事者双方が契約の締結時に想定していた場合には、当該国の法

　(b) その他の場合には、買主が営業所を有する国の法

(2) 売主は、次の場合には、(1) の規定に基づく義務を負わない。

　(a) 買主が契約の締結時に (1) に規定する権利又は請求を知り、又は知らないことはあり得なかった場合

　(b) (1) に規定する権利又は請求が、買主の提供した技術的図面、設計、製法その他の指定に売主が従ったことによって生じた場合

第43条

(1) 買主は、第三者の権利又は請求を知り、又は知るべきであった時から合理的な期間内に、売主に対してそのような権利又は請求の性質を特定した通知を行わない場合には、前二条の規定に依拠する権利を失う。

(2) 売主は、第三者の権利又は請求及びその性質を知っていた場合には、(1) の規定に依拠することができない。

第44条

第39条 (1) 及び前条 (1) の規定にかかわらず、買主は、必要とされる通知を行わなかったことについて合理的な理由を有する場合には、第50条の規定に基づき代金を減額し、又は損害賠償（得るはずであった利益の喪失の賠償を除く。）の請求をすることができる。

第3節　売主による契約違反についての救済

第45条

(1) 買主は、売主が契約又はこの条約に基づく義務を履行しない場合には、次のことを行うことができる。

　(a) 次条から第52条までに規定する権利を行使すること。

　(b) 第74条から第77条までの規定に従って損害賠償の請求をすること。

(2) 買主は、損害賠償の請求をする権利を、その他の救済を求める権利の行使によって奪われない。

(3) 買主が契約違反についての救済を求める場合には、裁判所又は仲裁廷は、売主に対して猶予期間を与えることができない。

第46条

(1) 買主は、売主に対してその義務の履行を請求することができる。ただし、買主がその請求と両立しない救済を求めた場合は、この限りでない。

(2) 買主は、物品が契約に適合しない場合には、代替品の引渡しを請求することができる。ただし、その不適合が重大な契約違反となり、かつ、その請求を第39条に規定する通知の際に又はその後の合理的な期間内に行う場合に限る。

(3) 買主は、物品が契約に適合しない場合には、すべての状況に照らして不合理であるときを除くほか、売主に対し、その不適合を修補によって追完することを請求することができる。その請求は、第39条に規定する通知の際に又はその後の合理的な期間内に行わなければならない。

第47条

(1) 買主は、売主による義務の履行のために合理的な長さの付加期間を定めることができる。

(2) 買主は、(1)の規定に基づいて定めた付加期間内に履行をしない旨の通知を売主から受けた場合を除くほか、当該付加期間内は、契約違反についてのいかなる救済も求めることができない。ただし、買主は、これにより、履行の遅滞について損害賠償の請求をする権利を奪われない。

第48条

(1) 次条の規定が適用される場合を除くほか、売主は、引渡しの期日後も、不合理に遅滞せず、かつ、買主に対して不合理な不便又は買主の支出した費用につき自己から償還を受けることについての不安を生じさせない場合には、自己の費用負担によりいかなる義務の不履行も追完することができる。ただし、買主は、この条約に規定する損害賠償の請求をする権利を保持する。

(2) 売主は、買主に対して履行を受け入れるか否かについて知らせることを要求した場合において、買主が合理的な期間内にその要求に応じないときは、当該要求において示した期間内に履行をすることができる。買主は、この期間中、売主による履行と両立しない救済を求めることができない。

(3) 一定の期間内に履行をする旨の売主の通知は、(2)に規定する買主の選択を知らせることの要求を含むものと推定する。

(4) (2)又は(3)に規定する売主の要求又は通知は、買主がそれらを受けない限り、その効力を生じない。

第49条

(1) 買主は、次のいずれかの場合には、契約の解除の意思表示をすることができる。

(a) 契約又はこの条約に基づく売主の義務の不履行が重大な契約違反となる場合

(b) 引渡しがない場合において、買主が第47条(1)の規定に基づいて定めた付加期間内に売主が物品を引き渡さず、又は売主が当該付加期間内に引き渡さない旨の意思表示をし

たとき。

(2) 買主は、売主が物品を引き渡した場合には、次の期間内に契約の解除の意思表示をしない限り、このような意思表示をする権利を失う。

(a) 引渡しの遅滞については、買主が引渡しが行われたことを知った時から合理的な期間内

(b) 引渡しの遅滞を除く違反については、次の時から合理的な期間内

(i) 買主が当該違反を知り、又は知るべきであった時

(ii) 買主が第47条（1）の規定に基づいて定めた付加期間を経過した時又は売主が当該付加期間内に義務を履行しない旨の意思表示をした時

(iii) 売主が前条（2）の規定に基づいて示した期間を経過した時又は買主が履行を受け入れない旨の意思表示をした時

第50条

物品が契約に適合しない場合には、代金が既に支払われたか否かを問わず、買主は、現実に引き渡された物品が引渡時において有した価値が契約に適合する物品であったとしたならば当該引渡時において有したであろう価値に対して有する割合と同じ割合により、代金を減額することができる。ただし、売主が第37条若しくは第48条の規定に基づきその義務の不履行を追完した場合又は買主がこれらの規定に基づく売主による履行を受け入れることを拒絶した場合には、買主は、代金を減額することができない。

第51条

(1) 売主が物品の一部のみを引き渡した場合又は引き渡した物品の一部のみが契約に適合する場合には、第46条から前条までの規定は、引渡しのない部分又は適合しない部分について適用する。

(2) 買主は、完全な引渡し又は契約に適合した引渡しが行われないことが重大な契約違反となる場合に限り、その契約の全部を解除する旨の意思表示をすることができる。

第52条

(1) 売主が定められた期日前に物品を引き渡す場合には、買主は、引渡しを受領し、又はその受領を拒絶することができる。

(2) 売主が契約に定める数量を超過する物品を引き渡す場合には、買主は、超過する部分の引渡しを受領し、又はその受領を拒絶することができる。買主は、超過する部分の全部又は一部の引渡しを受領した場合には、その部分について契約価格に応じて代金を支払わなければならない。

第3章　買主の義務

第53条

買主は、契約及びこの条約に従い、物品の代金を支払い、及び物品の引渡しを受領しなければならない。

第1節　代金の支払

第54条

代金を支払う買主の義務には、支払を

可能とするため、契約又は法令に従って必要とされる措置をとるとともに手続を遵守することを含む。

第55条

契約が有効に締結されている場合において、当該契約が明示的又は黙示的に、代金を定めず、又は代金の決定方法について規定していないときは、当事者は、反対の意思を示さない限り、関係する取引分野において同様の状況の下で売却された同種の物品について、契約の締結時に一般的に請求されていた価格を黙示的に適用したものとする。

第56条

代金が物品の重量に基づいて定められる場合において、疑義があるときは、代金は、正味重量によって決定する。

第57条

(1) 買主は、次の(a)又は(b)に規定する場所以外の特定の場所において代金を支払う義務を負わない場合には、次のいずれかの場所において売主に対して代金を支払わなければならない。
  (a) 売主の営業所
  (b) 物品又は書類の交付と引換えに代金を支払うべき場合には、当該交付が行われる場所

(2) 売主は、契約の締結後に営業所を変更したことによって生じた支払に付随する費用の増加額を負担する。

第58条

(1) 買主は、いずれか特定の期日に代金を支払う義務を負わない場合には、売主が契約及びこの条約に従い物品又はその処分を支配する書類を買主の処分にゆだねた時に代金を支払わなければならない。売主は、その支払を物品又は書類の交付の条件とすることができる。

(2) 売主は、契約が物品の運送を伴う場合には、代金の支払と引換えでなければ物品又はその処分を支配する書類を買主に交付しない旨の条件を付して、物品を発送することができる。

(3) 買主は、物品を検査する機会を有する時まで代金を支払う義務を負わない。ただし、当事者の合意した引渡し又は支払の手続が、買主がそのような機会を有することと両立しない場合は、この限りでない。

第59条

売主によるいかなる要求又はいかなる手続の遵守も要することなく、買主は、契約若しくはこの条約によって定められた期日又はこれらから決定することができる期日に代金を支払わなければならない。

第2節 引渡しの受領

第60条

引渡しを受領する買主の義務は、次のことから成る。
  (a) 売主による引渡しを可能とするために買主に合理的に期待することのできるすべての行為を行うこと。
  (b) 物品を受け取ること。

第3節　買主による契約違反についての救済

第61条

(1) 売主は、買主が契約又はこの条約に基づく義務を履行しない場合には、次のことを行うことができる。

　(a) 次条から65条までに規定する権利を行使すること。

　(b) 第74条から第77条までの規定に従って損害賠償の請求をすること。

(2) 売主は、損害賠償の請求をする権利を、その他の救済を求める権利の行使によって奪われない。

(3) 売主が契約違反についての救済を求める場合には、裁判所又は仲裁廷は、買主に対して猶予期間を与えることができない。

第62条

売主は、買主に対して代金の支払、引渡しの受領その他の買主の義務の履行を請求することができる。ただし、売主がその請求と両立しない救済を求めた場合は、この限りでない。

第63条

(1) 売主は、買主による義務の履行のために合理的な長さの付加期間を定めることができる。

(2) 売主は、(1) の規定に基づいて定めた付加期間内に履行をしない旨の通知を買主から受けた場合を除くほか、当該付加期間内は、契約違反についてのいかなる救済も求めることができない。ただし、売主は、これにより、履行の遅滞について損害賠償の請求をする権利を奪われない。

第64条

(1) 売主は、次のいずれかの場合には、契約の解除の意思表示をすることができる。

　(a) 契約又はこの条約に基づく買主の義務の不履行が重大な契約違反となる場合

　(b) 売主が前条 (1) の規定に基づいて定めた付加期間内に買主が代金の支払義務若しくは物品の引渡しの受領義務を履行しない場合又は買主が当該付加期間内にそれらの義務を履行しない旨の意思表示をした場合

(2) 売主は、買主が代金を支払った場合には、次の時期に契約の解除の意思表示をしない限り、このような意思表示をする権利を失う。

　(a) 買主による履行の遅滞については、売主が履行のあったことを知る前

　(b) 履行の遅滞を除く買主による違反については、次の時から合理的な期間内

　　(i) 売主が当該違反を知り、又は知るべきであった時

　　(ii) 売主が前条 (1) の規定に基づいて定めた付加期間を経過した時又は買主が当該付加期間内に義務を履行しない旨の意思表示をした時

第65条

(1) 買主が契約に従い物品の形状、寸法その他の特徴を指定すべき場合にお

いて、合意した期日に又は売主から要求を受けた時から合理的な期間内に買主がその指定を行わないときは、売主は、自己が有する他の権利の行使を妨げられることなく、自己の知ることができた買主の必要に応じて、自らその指定を行うことができる。

(2) 売主は、自ら (1) に規定する指定を行う場合には、買主に対してその詳細を知らせ、かつ、買主がそれと異なる指定を行うことができる合理的な期間を定めなければならない。買主がその通信を受けた後、その定められた期間内に異なる指定を行わない場合には、売主の行った指定は、拘束力を有する。

第4章　危険の移転

第66条

買主は、危険が自己に移転した後に生じた物品の滅失又は損傷により、代金を支払う義務を免れない。ただし、その滅失又は損傷が売主の作為又は不作為による場合は、この限りでない。

第67条

(1) 売買契約が物品の運送を伴う場合において、売主が特定の場所において物品を交付する義務を負わないときは、危険は、売買契約に従って買主に送付するために物品を最初の運送人に交付した時に買主に移転する。売主が特定の場所において物品を運送人に交付する義務を負うときは、危険は、物品をその場所において運送人に交付する時まで買主に移転しない。売主が物品の処分を支配する書類を保持することが認められている事実は、危険の移転に影響を及ぼさない。

(2) (1) の規定にかかわらず、危険は、荷印、船積書類、買主に対する通知又は他の方法のいずれによるかを問わず、物品が契約上の物品として明確に特定される時まで買主に移転しない。

第68条

運送中に売却された物品に関し、危険は、契約の締結時から買主に移転する。ただし、運送契約を証する書類を発行した運送人に対して物品が交付された時から買主が危険を引き受けることを状況が示している場合には、買主は、その時から危険を引き受ける。もっとも、売主が売買契約の締結時に、物品が滅失し、又は損傷していたことを知り、又は知っているべきであった場合において、そのことを買主に対して明らかにしなかったときは、その滅失又は損傷は、売主の負担とする。

第69条

(1) 前二条に規定する場合以外の場合には、危険は、買主が物品を受け取った時に、又は買主が期限までに物品を受け取らないときは、物品が買主の処分にゆだねられ、かつ、引渡しを受領しないことによって買主が契約違反を行った時から買主に移転する。

(2) もっとも、買主が売主の営業所以外の場所において物品を受け取る義務を負うときは、危険は、引渡しの期限が到来し、かつ、物品がその場所において買主の処分にゆだねられたことを買主が

知った時に移転する。

(3) 契約が特定されていない物品に関するものである場合には、物品は、契約上の物品として明確に特定される時まで買主の処分にゆだねられていないものとする。

第70条

売主が重大な契約違反を行った場合には、前三条の規定は、買主が当該契約違反を理由として求めることができる救済を妨げるものではない。

第5章 売主及び買主の義務に共通する規定
第1節 履行期前の違反及び分割履行契約

第71条

(1) 当事者の一方は、次のいずれかの理由によって相手方がその義務の実質的な部分を履行しないであろうという事情が契約の締結後に明らかになった場合には、自己の義務の履行を停止することができる。

(a) 相手方の履行をする能力又は相手方の信用力の著しい不足
(b) 契約の履行の準備又は契約の履行における相手方の行動

(2) 売主が(1)に規定する事情が明らかになる前に物品を既に発送している場合には、物品を取得する権限を与える書類を買主が有しているときであっても、売主は、買主への物品の交付を妨げることができる。この(2)の規定は、物品に関する売主と買主との間の権利についてのみ規定する。

(3) 履行を停止した当事者は、物品の発送の前後を問わず、相手方に対して履行を停止した旨を直ちに通知しなければならず、また、相手方がその履行について適切な保証を提供した場合には、自己の履行を再開しなければならない。

第72条

(1) 当事者の一方は、相手方が重大な契約違反を行うであろうことが契約の履行期日前に明白である場合には、契約の解除の意思表示をすることができる。

(2) 時間が許す場合には、契約の解除の意思表示をする意図を有する当事者は、相手方がその履行について適切な保証を提供することを可能とするため、当該相手方に対して合理的な通知を行わなければならない。

(3) (2)の規定は、相手方がその義務を履行しない旨の意思表示をした場合には、適用しない。

第73条

(1) 物品を複数回に分けて引き渡す契約において、いずれかの引渡部分についての当事者の一方による義務の不履行が当該引渡部分についての重大な契約違反となる場合には、相手方は、当該引渡部分について契約の解除の意思表示をすることができる。

(2) いずれかの引渡部分についての当事者の一方による義務の不履行が将来の引渡部分について重大な契約違反が生ずると判断する十分な根拠を相手方に与える場合には、当該相手方は、将来の引

渡部分について契約の解除の意思表示をすることができる。ただし、この意思表示を合理的な期間内に行う場合に限る。

（3）いずれかの引渡部分について契約の解除の意思表示をする買主は、当該引渡部分が既に引き渡された部分又は将来の引渡部分と相互依存関係にあることにより、契約の締結時に当事者双方が想定していた目的のために既に引き渡された部分又は将来の引渡部分を使用することができなくなった場合には、それらの引渡部分についても同時に契約の解除の意思表示をすることができる。

第2節　損害賠償

第74条

当事者の一方による契約違反についての損害賠償の額は、当該契約違反により相手方が被った損失（得るはずであった利益の喪失を含む。）に等しい額とする。そのような損害賠償の額は、契約違反を行った当事者が契約の締結時に知り、又は知っているべきであった事実及び事情に照らし、当該当事者が契約違反から生じ得る結果として契約の締結時に予見し、又は予見すべきであった損失の額を超えることができない。

第75条

契約が解除された場合において、合理的な方法で、かつ、解除後の合理的な期間内に、買主が代替品を購入し、又は売主が物品を再売却したときは、損害賠償の請求をする当事者は、契約価格とこのような代替取引における価格との差額及び前条の規定に従って求めることができるその他の損害賠償を請求することができる。

第76条

（1）契約が解除され、かつ、物品に時価がある場合において、損害賠償の請求をする当事者が前条の規定に基づく購入又は再売却を行っていないときは、当該当事者は、契約に定める価格と解除時における時価との差額及び第七十四条の規定に従って求めることができるその他の損害賠償を請求することができる。ただし、当該当事者が物品を受け取った後に契約を解除した場合には、解除時における時価に代えて物品を受け取った時における時価を適用する。

（2）（1）の規定の適用上、時価は、物品の引渡しが行われるべきであった場所における実勢価格とし、又は当該場所に時価がない場合には、合理的な代替地となるような他の場所における価格に物品の運送費用の差額を適切に考慮に入れたものとする。

第77条

契約違反を援用する当事者は、当該契約違反から生ずる損失（得るはずであった利益の喪失を含む。）を軽減するため、状況に応じて合理的な措置をとらなければならない。当該当事者がそのような措置をとらなかった場合には、契約違反を行った当事者は、軽減されるべきであった損失額を損害賠償の額から減額することを請求することができる。

第3節　利息

第78条

当事者の一方が代金その他の金銭を期限を過ぎて支払わない場合には、相手方は、第74条の規定に従って求めることができる損害賠償の請求を妨げられることなく、その金銭の利息を請求することができる。

第4節　免責

第79条

(1) 当事者は、自己の義務の不履行が自己の支配を超える障害によって生じたこと及び契約の締結時に当該障害を考慮することも、当該障害又はその結果を回避し、又は克服することも自己に合理的に期待することができなかったことを証明する場合には、その不履行について責任を負わない。

(2) 当事者は、契約の全部又は一部を履行するために自己の使用した第三者による不履行により自己の不履行が生じた場合には、次の (a) 及び (b) の要件が満たされるときに限り、責任を免れる。

(a) 当該当事者が (1) の規定により責任を免れること。

(b) 当該当事者の使用した第三者に (1) の規定を適用するとしたならば、当該第三者が責任を免れるであろうこと。

(3) この条に規定する免責は、(1) に規定する障害が存在する間、その効力を有する。

(4) 履行をすることができない当事者は、相手方に対し、(1) に規定する障害及びそれが自己の履行をする能力に及ぼす影響について通知しなければならない。当該当事者は、自己がその障害を知り、又は知るべきであった時から合理的な期間内に相手方がその通知を受けなかった場合には、それを受けなかったことによって生じた損害を賠償する責任を負う。

(5) この条の規定は、当事者が損害賠償の請求をする権利以外のこの条約に基づく権利を行使することを妨げない。

第80条

当事者の一方は、相手方の不履行が自己の作為又は不作為によって生じた限度において、相手方の不履行を援用することができない。

第5節　解除の効果

第81条

(1) 当事者双方は、契約の解除により、損害を賠償する義務を除くほか、契約に基づく義務を免れる。契約の解除は、紛争解決のための契約条項又は契約の解除の結果生ずる当事者の権利及び義務を規律する他の契約条項に影響を及ぼさない。

(2) 契約の全部又は一部を履行した当事者は、相手方に対し、自己がその契約に従って供給し、又は支払ったものの返還を請求することができる。当事者双方が返還する義務を負う場合には、当事者双方は、それらの返還を同時に行わなければならない。

第82条

(1) 買主は、受け取った時と実質的

に同じ状態で物品を返還することができない場合には、契約の解除の意思表示をする権利及び売主に代替品の引渡しを請求する権利を失う。

(2) (1)の規定は、次の場合には、適用しない。

(a) 物品を返還することができないこと又は受け取った時と実質的に同じ状態で物品を返還することができないことが買主の作為又は不作為によるものでない場合

(b) 物品の全部又は一部が第38条に規定する検査によって滅失し、又は劣化した場合

(c) 買主が不適合を発見し、又は発見すべきであった時より前に物品の全部又は一部を通常の営業の過程において売却し、又は通常の使用の過程において消費し、若しくは改変した場合

第83条

前条の規定に従い契約の解除の意思表示をする権利又は売主に代替品の引渡しを請求する権利を失った買主であっても、契約又はこの条約に基づく他の救済を求める権利を保持する。

第84条

(1) 売主は、代金を返還する義務を負う場合には、代金が支払われた日からの当該代金の利息も支払わなければならない。

(2) 買主は、次の場合には、物品の全部又は一部から得たすべての利益を売主に対して返還しなければならない。

(a) 買主が物品の全部又は一部を返還しなければならない場合

(b) 買主が物品の全部若しくは一部を返還することができない場合又は受け取った時と実質的に同じ状態で物品の全部若しくは一部を返還することができない場合において、契約の解除の意思表示をし、又は売主に代替品の引渡しを請求したとき。

第6節　物品の保存

第85条

買主が物品の引渡しの受領を遅滞した場合又は代金の支払と物品の引渡しとが同時に行われなければならず、かつ、買主がその代金を支払っていない場合において、売主がその物品を占有しているとき又は他の方法によりその処分を支配することができるときは、売主は、当該物品を保存するため、状況に応じて合理的な措置をとらなければならない。売主は、自己の支出した合理的な費用について買主から償還を受けるまで、当該物品を保持することができる。

第86条

(1) 買主は、物品を受け取った場合において、当該物品を拒絶するために契約又はこの条約に基づく権利を行使する意図を有するときは、当該物品を保存するため、状況に応じて合理的な措置をとらなければならない。買主は、自己の支出した合理的な費用について売主から償還を受けるまで、当該物品を保持することができる。

(2) 買主に対して送付された物品が仕向地で買主の処分にゆだねられた場合において、買主が当該物品を拒絶する権利を行使するときは、買主は、売主のために当該物品の占有を取得しなければならない。ただし、代金を支払うことなく、かつ、不合理な不便又は不合理な費用を伴うことなしに占有を取得することができる場合に限る。この規定は、売主又は売主のために物品を管理する権限を有する者が仕向地に存在する場合には、適用しない。買主がこの（2）の規定に従い物品の占有を取得する場合には、買主の権利及び義務は、（1）の規定によって規律される。

第87条

物品を保存するための措置をとる義務を負う当事者は、相手方の費用負担により物品を第三者の倉庫に寄託することができる。ただし、それに関して生ずる費用が不合理でない場合に限る。

第88条

(1) 第85条又は第86条の規定に従い物品を保存する義務を負う当事者は、物品の占有の取得若しくは取戻し又は代金若しくは保存のための費用の支払を相手方が不合理に遅滞する場合には、適切な方法により当該物品を売却することができる。ただし、相手方に対し、売却する意図について合理的な通知を行った場合に限る。

(2) 物品が急速に劣化しやすい場合又はその保存に不合理な費用を伴う場合には、第85条又は第86条の規定に従い物品を保存する義務を負う当事者は、物品を売却するための合理的な措置をとらなければならない。当該当事者は、可能な限り、相手方に対し、売却する意図を通知しなければならない。

(3) 物品を売却した当事者は、物品の保存及び売却に要した合理的な費用に等しい額を売却代金から控除して保持する権利を有する。当該当事者は、その残額を相手方に対して返還しなければならない。

第4部　最終規定

第89条

国際連合事務総長は、ここに、この条約の寄託者として指名される。

第90条

この条約は、既に発効し、又は今後発効する国際取極であって、この条約によって規律される事項に関する規定を含むものに優先しない。ただし、当事者双方が当該国際取極の締約国に営業所を有する場合に限る。

第91条

(1) この条約は、国際物品売買契約に関する国際連合会議の最終日に署名のために開放し、１９８１年９月３０日まで、ニューヨークにある国際連合本部において、すべての国による署名のために開放しておく。

(2) この条約は、署名国によって批准され、受諾され、又は承認されなければならない。

(3) この条約は、署名のために開放した日から、署名国でないすべての国による加入のために開放しておく。

(4) 批准書、受諾書、承認書及び加入書は、国際連合事務総長に寄託する。

第92条

(1) 締約国は、署名、批准、受諾、承認又は加入の時に、自国が第2部の規定に拘束されないこと又は第3部の規定に拘束されないことを宣言することができる。

(2) 第2部又は第3部の規定に関して(1)の規定に基づいて宣言を行った締約国は、当該宣言が適用される部によって規律される事項については、第1条(1)に規定する締約国とみなされない。

第93条

(1) 締約国は、自国の憲法に従いこの条約が対象とする事項に関してそれぞれ異なる法制が適用される二以上の地域をその領域内に有する場合には、署名、批准、受諾、承認又は加入の時に、この条約を自国の領域内のすべての地域について適用するか又は一若しくは二以上の地域についてのみ適用するかを宣言することができるものとし、いつでも別の宣言を行うことにより、その宣言を修正することができる。

(2) (1)に規定する宣言は、寄託者に通報するものとし、この条約が適用される地域を明示する。

(3) この条約がこの条の規定に基づく宣言により締約国の一又は二以上の地域に適用されるが、そのすべての地域には及んでおらず、かつ、当事者の営業所が当該締約国に所在する場合には、当該営業所がこの条約の適用される地域に所在するときを除くほか、この条約の適用上、当該営業所は、締約国に所在しないものとみなす。

(4) 締約国が(1)に規定する宣言を行わない場合には、この条約は、当該締約国のすべての地域について適用する。

第94条

(1) この条約が規律する事項に関して同一の又は密接に関連する法規を有する二以上の締約国は、売買契約の当事者双方がこれらの国に営業所を有する場合には、この条約を当該売買契約又はその成立について適用しないことをいつでも宣言することができる。その宣言は、共同で又は相互の一方的な宣言によって行うことができる。

(2) この条約が規律する事項に関して一又は二以上の非締約国と同一の又は密接に関連する法規を有する締約国は、売買契約の当事者双方がこれらの国に営業所を有する場合には、この条約を当該売買契約又はその成立について適用しないことをいつでも宣言することができる。

(3) (2)の規定に基づく宣言の対象である国がその後に締約国となった場合には、当該宣言は、この条約が当該締約国について効力を生じた日から、(1)の規定に基づく宣言としての効力を有する。ただし、当該締約国が当該宣言に加わり、又は相互の一方的な宣言を行った場合に限る。

第95条

いずれの国も、批准書、受諾書、承認書又は加入書の寄託の時に、第1条(1)(b)の規定に拘束されないことを宣言することができる。

第96条

売買契約が書面によって締結され、又は証明されるべきことを自国の法令に定めている締約国は、売買契約、合意によるその変更若しくは終了又は申込み、承諾その他の意思表示を書面による方法以外の方法で行うことを認める第11条、第29条又は第2部のいかなる規定も、当事者のいずれかが当該締約国に営業所を有する場合には第12条の規定に従って適用しないことを、いつでも宣言することができる。

第97条

(1) 署名の時にこの条約に基づいて行われた宣言は、批准、受諾又は承認の時に確認されなければならない。

(2) 宣言及びその確認は、書面によるものとし、正式に寄託者に通報する。

(3) 宣言は、それを行った国について、この条約の効力発生と同時にその効力を生ずる。ただし、寄託者がこの条約の効力発生後に正式の通報を受領した宣言は、寄託者がそれを受領した日の後六箇月の期間が満了する日の属する月の翌月の初日に効力を生ずる。第94条の規定に基づく相互の一方的な宣言は、寄託者が最も遅い宣言を受領した日の後6箇月の期間が満了する日の属する月の翌月の初日に効力を生ずる。

(4) の条約に基づく宣言を行った国は、寄託者にあてた書面による正式の通告により、当該宣言をいつでも撤回することができる。その撤回は、寄託者が当該通告を受領した日の後6箇月の期間が満了する日の属する月の翌月の初日に効力を生ずる。

(5) 第94条の規定に基づいて行われた宣言の撤回は、その撤回が効力を生ずる日から、同条の規定に基づいて行われた他の国による相互の宣言の効力を失わせる。

第98条

この条約において明示的に認められた留保を除くほか、いかなる留保も認められない。

第99条

(1) この条約は、(6) の規定に従うことを条件として、第十番目の批准書、受諾書、承認書又は加入書(第92条の規定に基づく宣言を伴うものを含む。)が寄託された日の後12箇月の期間が満了する日の属する月の翌月の初日に効力を生ずる。

(2) いずれかの国が、第十番目の批准書、受諾書、承認書又は加入書の寄託の後に、この条約を批准し、受諾し、承認し、又はこれに加入する場合には、この条約(適用が排除される部を除く。)は、(6) の規定に従うことを条件として、当該国の批准書、受諾書、承認書又は加入書が寄託された日の後12箇月の期間が満了する日の属する月の翌月の初日に当該国について効力を生ずる。

（3）1964年7月1日にハーグで作成された国際物品売買契約の成立についての統一法に関する条約（1964年ハーグ成立条約）及び1964年7月1日にハーグで作成された国際物品売買についての統一法に関する条約（1964年ハーグ売買条約）のいずれか一方又は双方の締約国であって、この条約を批准し、受諾し、承認し、又はこれに加入するものは、その批准、受諾、承認又は加入の時に、オランダ政府に通告することにより、場合に応じて1964年ハーグ成立条約及び1964年ハーグ売買条約のいずれか一方又は双方を廃棄する。

（4）1964年ハーグ売買条約の締約国であって、この条約を批准し、受諾し、承認し、又はこれに加入し、及び第92条の規定に基づき第2部の規定に拘束されないことを宣言する、又は宣言したものは、その批准、受諾、承認又は加入の時に、オランダ政府に通告することにより、1964年ハーグ売買条約を廃棄する。

（5）1964年ハーグ成立条約の締約国であって、この条約を批准し、受諾し、承認し、又はこれに加入し、及び第92条の規定に基づき第3部の規定に拘束されないことを宣言する、又は宣言したものは、その批准、受諾、承認又は加入の時に、オランダ政府に通告することにより、1964年ハーグ成立条約を廃棄する。

（6）この条の規定の適用上、1964年ハーグ成立条約又は1964年ハーグ売買条約の締約国によるこの条約の批准、受諾、承認又はこれへの加入は、これらの二条約について当該締約国に求められる廃棄の通告が効力を生ずる時まで、その効力を生じない。この条約の寄託者は、この点に関して必要な調整を確保するため、当該二条約の寄託者であるオランダ政府と協議する。

第100条

（1）この条約は、第1条（1）（a）に規定する双方の締約国又は同条（1）（b）に規定する締約国についてこの条約の効力が生じた日以後に契約を締結するための申入れがなされた場合に限り、その契約の成立について適用する。

（2）この条約は、第1条（1）（a）に規定する双方の締約国又は同条（1）（b）に規定する締約国についてこの条約の効力が生じた日以後に締結された契約についてのみ適用する。

第101条

（1）締約国は、寄託者にあてた書面による正式の通告により、この条約又は第2部若しくは第3部のいずれかを廃棄することができる。

（2）廃棄は、寄託者がその通告を受領した後12箇月の期間が満了する日の属する月の翌月の初日に効力を生ずる。当該通告において廃棄の効力発生につき一層長い期間が指定されている場合には、廃棄は、寄託者が当該通告を受領した後その一層長い期間が満了した時に効力を生ずる。

1980年4月11日にウィーンで、ひとしく正文であるアラビア語、中国語、英語、フランス語、ロシア語及びスペイン語により原本一通を作成した。

以上の証拠として、下名の全権委員は、

各自の政府から正当に委任を受けてこの条約に署名した。
（右条約の英文）

事項判例リスト

第1章 適用範囲

(第1条1項 (a)) 直接適用
ドイツ1998年11月25日 連邦通常裁判所（最高裁判所）判決（粘着性フィルム事件）(CLOUT 270)
【関連判例】
①イタリア2000年7月12日 ビジェバノ（Vigevano） 地方裁判所判決（Rheinland Versicherungen v. Atlarex, 靴底用硬質ゴム事件）(CLOUT 378)
②アメリカ1999年3月9日 ミネソタ（Minnesota）州地方裁判所判決（KSTP-FM v. Specialized Communications 事件）(CLOUT 416)

(第1条1項 (b)) 間接適用
ドイツ1993年9月17日 コブレンツ（Koblenz）上級地方裁判所判決（コンピュータ・チップ事件）(CLOUT 281)
【関連判例】
①ドイツ1992年11月20日 カールスルーエ（Karlsruhe）上級地方裁判所判決（冷凍チキン事件）(CLOUT 317)
②ドイツ2003年12月10日 カールスルーエ（Karlsruhe）上級地方裁判所判決（カーペット事件）(CLOUT 635)

(第1条) 間接適用に関する適用問題
中国2005年11月19日 広州中級人民法院判決（Bao De Li Ltd. v. China Electronic Import & Export Guangdong Corp., 生姜事件）
【関連判例】
①中国2002年12月25日 江蘇省高級人民法院判決（韓国：主光石油 v. 中国：無錫中端会社事件）

(第10条) 営業所の定義
アメリカ2006年1月6日 ペンシルバニア（Pennsylvania）連邦地方裁判所判決（American Mint LLC v. GO Software, Inc. 事件）(CLOUT 848)
【関連判例】
①フランス2000年10月24日 コルマール（Colmar）控訴院判決（Pelliculest v. Morton International 事件）(CLOUT 400)
②スイス1997年2月20日 ザーネ（Saane）地方裁判所判決（蒸留酒事件）(CLOUT 261)

(第2条) 適用除外
ドイツ2001年10月31日 連邦通常裁判所（最高裁判所）判決（加工機械事件）(CLOUT 445)

【関連判例】
① ドイツ 2008 年 3 月 31 日 シュツットガルト（Stuttgart）上級地方裁判所判決（中古自動車事件）
② スイス 2004 年 11 月 3 日 ジュラ（Jura）控訴裁判所判決（砂事件）

（第3条）製作物供給契約等の適用可否
スイス 2006 年 11 月 8 日 バーゼルスタッド（Basil-Stadt）地方裁判所判決（包装機械事件）
【関連判例】
① ドイツ 2008 年 6 月 12 日 カールスルーエ（Karlsruhe）上級地方裁判所判決（遠隔表示装置事件）
② ドイツ 1995 年 2 月 8 日 ミュンヘン（München）地方裁判所判決（標準ソフトウエア事件）（CLOUT 131）

（第4条・第9条）慣習の有効性
オーストリア 2000 年 3 月 21 日 最高裁判所判決（木材事件）（CLOUT 425）
【関連判例】
① オーストリア 1998 年 12 月 15 日 最高裁判所判決
② ドイツ 1998 年 1 月 28 日 ミュンヘン（München）上級地方裁判所判決（自動車事件）（CLOUT 288）

（第6条）適用排除
アメリカ 2001 年 7 月 27 日 カリフォルニア（California）連邦地方裁判所判決（Asante Technologies v. PMC-Sierra 事件）（CLOUT 433）
【関連判例】
① ドイツ 1998 年 11 月 25 日 連邦通常裁判所（最高裁判所）判決（粘着性フィルム事件）（CLOUT 270）
① フランス 2005 年 10 月 25 日 破毀院（最高裁判所）判決（除草剤事件）（CLOUT 837）
② スイス 1995 年 3 月 16 日 ツーク（Zug）地方裁判所判決（コバルト事件）（CLOUT 326）
④ ドイツ 2000 年 8 月 30 日 フランクフルト（Frankfurt）地方裁判所判決（繰り糸事件）（CLOUT 429）

（第7条）解釈の一般原則
アメリカ 2009 年 12 月 17 日 ジョージア（Georgia）連邦地方裁判所判決（Innotex Precision Limited v. Horei Image Produdts, Inc., プリンター・カートリッジ事件）
【関連判例】
① スペイン 2003 年 6 月 7 日 バレンシア（Valencia）控訴裁判所判決（Cherubino Valsangiacomo, S.A. v. American Juice Import, Inc., 濃縮ブドウジュース事件）（CLOUT 549）
② イタリア 2000 年 7 月 12 日 ビジェバノ（Vigevano）地方裁判所判決（Rheinland Versicherungen v. S.r.l. Atlarex and Allianz Subalpina S.p.A, 靴底用硬質ゴム事件）（CLOUT 378）

第2章　予備的合意
ベルギー2002年5月15日 ゲント（Ghent）控訴裁判所判決（NV A.R. v. NVI., ページャー・フォン設計事件）
【関連判例】
①アメリカ2003年5月5日 第9巡回区連邦控訴裁判所判決（Chateau des Charmes v. Sabate USA et al. 事件）（CLOUT 576）

第3章　契約の成立
（第92条）条約に拘束されない旨の留保
ドイツ1995年7月27日 ロストック（Rostock）上級地方裁判所判決（花壇用草花事件）（CLOUT 22）
【関連判例】
①ハンガリー1996年5月21日 ブタペスト（Budapest）首都裁判所判決（CLOUT 143）

（第8条）当事者の意思の尊重
アメリカ1998年6月29日 第11巡回区連邦控訴裁判所判決（MCC-Marble Ceramic Center v. Ceramica Nuova D'Agostino 事件）（CLOUT 222）
【関連判例】
①ドイツ1997年9月15日 ハイルブロン（Heilbronn）地方裁判所判決（フィルム・コーティング機械事件）（CLOUT 345）
②ドイツ1998年9月2日 ツェッレ（Celle）上級地方裁判所判決（真空掃除機事件）（CLOUT 318）
③ドイツ1999年10月28日 ブラウンシュヴェイク（Braunschweig）上級地方裁判所判決（冷凍肉事件）（CLOUT 361）
④ドイツ1998年3月31日 ツバイブリュッケン（Zweibrücken）上級地方裁判所判決（ワイン・ワックス事件）（CLOUT 272）

（第14条）申込みの定義
アメリカ2002年5月10日 ニューヨーク（New York）南部地区連邦地方裁判所判決（Geneva Pharmaceuticals Tech. Corp. v. Barr Labs. Inc. 事件）（CLOUT 579）
【関連判例】
①オーストリア1994年11月10日 最高裁判所判決（チンチラ毛皮事件）（CLOUT 106）
②ドイツ1995年3月31日 フランクフルト（Frankfurt）上級地方裁判所判決（テストチューブ事件）CLOUT 135）
③オーストリア1997年3月20日 最高裁判所判決（燐酸アンモニア事件）（CLOUT 189）
④スイス1995年12月5日 ザンクトガレン（St. Gallen）商事裁判所判決（コンピュータハードウエア事件）（CLOUT 333）
⑤ハンガリー1992年3月24日 ブタペスト（Budapest）首都裁判所判決（Adamfi Video v. Alkotók Studiósa Kisszövetkezet 事件）（CLOUT 52）

⑥アメリカ1997年7月21日 ニューヨーク（New York）南部地区連邦地方裁判所判決（Helen Kaminski v. Marketing Australian Products事件）（CLOUT 187）

（第14条・第55条）申込みの定義・代金未定の場合の処理
ロシア1995年3月3日 ロシア連邦商工会議所国際商事仲裁廷仲裁判断（価格に関する黙示の契約事件）（CLOUT 139）
【関連判例】
①ハンガリー1992年3月24日 ブダペスト（Budapest）首都裁判所（Adamfi Video v. Alkotok Studiosa Kisszovetkezet事件）（CLOUT 52）

（第18条）承諾の効力発生時期
アメリカ1992年4月14日 ニューヨーク（New York）南部地区連邦地方裁判所判決（Filanto v. Chilewich事件）（CLOUT 23）
【関連判例】
①ドイツ1994年2月22日 ケルン（Köln）上級地方裁判所判決（希少木材事件）（CLOUT 120）
②アメリカ1999年12月7日 イリノイ（Illinois）北部地区連邦地方裁判所判決（Magellan International v. Salzgitter Handel事件）（CLOUT 417）
③スイス1996年7月10日 チューリッヒ（Zurich）商事裁判所判決（プラスチック材事件）（CLOUT 193）
④ドイツ1995年5月23日 フランクフルト（Frankfurt）上級地方裁判所判決（シューズ事件）（CLOUT 291）
⑤スイス1998年11月30日 チューリッヒ（Zurich）商事裁判所判決（羊皮コート事件）（CLOUT 251）
⑥ドイツ1998年7月9日 ドレスデン（Dresden）上級地方裁判所判決（テリー織衣服事件）（CLOUT 347）
⑦ドイツ1993年1月13日 ザールブルッケン（Saarbrucken）上級地方裁判所判決（ドア事件）（CLOUT 292）
⑧フランス1998年1月27日 破毀院（最高裁判所）判決（Hughes v. Société Technocontact事件）（CLOUT 224）
⑨デンマーク1998年4月23日 東控訴裁判所判決（Elinette Konfektion Trading v. Elodie事件）（CLOUT 309）
⑩フランス1995年12月13日 パリ（Paris）控訴院（最高裁判所）判決（ISEA Industrie v. Lu事件）（CLOUT 203）
⑪アメリカ1999年3月9日 ミネソタ（Minnesota）州地方裁判所判決（KSTP-FM v. Specialized Communications事件）（CLOUT 416）

（第19条）申込みの条件付承諾
フランス1995年12月13日 パリ（Paris）控訴院判決（ISEA Industrie v. Lu事件）（CLOUT 203）

【関連判例】
①ドイツ1999年4月27日 ナウムブルグ（Naumburg）上級地方裁判所判決（自動車事件）（CLOUT 362）
②ハンガリー1992年1月10日 ブタペスト（Budapest）首都裁判所判決（Pratt & Whitney v. Malev事件）
③ドイツ1991年8月14日 バーデンバーデン（Baden-Baden）地方裁判所判決（壁タイル事件）（CLOUT 50）
④ドイツ1998年3月11日 ミュンヘン（München）上級地方裁判所判決（カシミアセーター事件）（CLOUT 232）

第4章　契約の方式

（第11条）契約方式自由の原則
アメリカ2000年8月8日 ニューヨーク（New York）南部地区連邦地方裁判所判決（Fercus, s.r.l. v. Mario Palazzo, et al.事件）（CLOUT 414）
【関連判例】
①メキシコ1993年5月4日 貿易保護委員会仲裁判断（Comisión para la Protección del Comercio Exterior de Mexico事件）
②カナダ2005年10月28日 オンタリオ（Ontario）州高等裁判所判決
③オーストリア1996年2月6日 最高裁判所判決

（第12条・第96条）書面性の例外的要求・書面性を要求する旨の留保
アメリカ2008年10月7日 ニュージャージー（New Jersey）地区連邦地方裁判所判決（Forestal Guarani, S.A. v. Daros International, Inc.事件）
【関連判例】
①メキシコ1996年4月29日 貿易保護委員会仲裁判断（Conservas La Costena v. Lanin事件）
②中国2001年7月18日 浙江省慈渓中級人民法院判決（Car Hill v. Cixi Old Furniture Trade Co., Ltd.事件）
③ロシア2004年2月16日 ロシア連邦商工会議所国際商事仲裁廷仲裁判断
④ベルギー1995年5月2日 ハッセルト（Hasselt）地方裁判所判決（Vital Berry Marketing v. Dira-Frost事件）

（第13条）書面性の定義
オーストリア2007年12月18日 インスブルック（Innsbruck）控訴裁判所判決（鋼棒売買事件）
【関連判例】
①オーストリア1993年7月2日 最高裁判所判決

（第29条）合意による契約の変更
アメリカ2007年7月19日 第3巡回区連邦控訴裁判所判決（Valero Marketing & Supply Company v. Greeni Trading Oy事件）（CLOUT 846）

【関連判例】
① オーストリア 1999 年 6 月 29 日 控訴裁判所判決（CLOUT 422）
② アメリカ 2001 年 12 月 17 日 ミシガン（Michigan）地方裁判所判決（Shuttle Packaging Systems, L.L.C. v. Jacob Tsonaki, INA S.A., et al. 事件）（CLOUT 578）
③ ドイツ 1995 年 2 月 8 日 ミュンヘン（München）上級地方裁判所判決（R. Motor s.n.c. v. M. Auto Vertriebs GmBH 事件）（CLOUT 133）
④ ドイツ 1990 年 9 月 26 日 ハンブルグ（Hamburg）地方裁判所判決（CLOUT 5）
⑤ アメリカ 2008 年 5 月 9 日 デラウエア（Delaware）地方裁判所判決（Solae, LLC v. Hershey Canada, Inc. 事件）
⑥ アメリカ 2003 年 5 月 5 日 第 9 巡回区連邦地方裁判所判決（Chateau des Charmes Wines Ltd. v. Sabate USA Inc., Sabate S.A. 事件）（CLOUT 576）

第 5 章　物品の瑕疵に関する売主の義務

（第 35 条）買主の国における公法上の規制への適合性

ドイツ 1995 年 3 月 8 日 連邦通常裁判所（最高裁判所）判決（ニュージーランド産ムール貝事件）（CLOUT 123）

【関連判例】
① ドイツ 1995 年 8 月 21 日 エルワンゲン（Ellwangen）地方裁判所判決
② フランス 1995 年 9 月 13 日 グルノーブル（Grenoble）控訴院判決（CLOUT 202）
③ ドイツ 2005 年 3 月 2 日 連邦通常裁判所（最高裁判所）判決（CLOUT 774）

（第 35 条）黙示の契約適合性要件の排除

スェーデン 1998 年 6 月 5 日 ストックホルム（Stockholm）商業会議所仲裁協会仲裁判断（Beijing Light Automobile Co., Ltd. v. Connell Limited Partnership 事件）（CLOUT 237）

【関連判例】
① ドイツ 1996 年 5 月 21 日 ケルン（Köln）上級地方裁判所判決（CLOUT 168）
② アメリカ 2003 年 1 月 29 日 イリノイ（Illinois）北部地区連邦地方裁判所判決（Ajax Tool Works, Inc. v. Can-Eng Manufacturing Ltd. 事件）（CLOUT 574）

（第 35 条）通常使用目的への適合性の判断基準

オランダ 2002 年 10 月 15 日 オランダ仲裁協会仲裁判断（CLOUT 720）

【関連判例】
① ドイツ 1994 年 9 月 15 日 ベルリン（Berlin）地方裁判所判決
② スェーデン 1998 年 6 月 5 日 ストックホルム（Stockholm）商業会議所仲裁協会仲裁判断（CLOUT 237）

（第 35 条）物品の契約不適合（数量不足）の立証責任

スイス 2004 年 7 月 7 日 最高裁判所判決（ケーブルドラム事件）（CLOUT 894）

【関連判例】
① ベルギー 1997 年 10 月 6 日 コルトレーク（Kortrijk）商事裁判所判決（Wonderfil s.r.l. v.

Depraetere Industries 事件）
②フランス1993年3月26日 国際商業会議所（ICC）パリ国際仲裁裁判所仲裁判断（CLOUT 103）
③イタリア2000年7月12日 ヴィジェバノ（Vigevano）地方裁判所判決（CLOUT 378）

（第36条） 物品の契約適合性の基準時
ドイツ2000年4月13日 デュイスブルク（Duisburg）地方裁判所判決（ピザ用カートン事件）（CLOUT 360）
【関連判例】
①オーストリア1994年7月1日 インスブルック（Innsbruck）控訴裁判所判決（CLOUT 107）
①アルゼンチン2006年9月12日 商業控訴裁判所判決（CLOUT 191）

（第42条） 知的財産権に基づく第三者の権利または請求
オーストリア2006年9月12日 最高裁判所判決（CD媒体事件）（CLOUT 753）
【関連判例】
①フランス2002年3月19日 破毀院（最高裁判所）判決（Société T…diffusion v. Société M…SL 事件）（CLOUT 479）
②オランダ1996年5月21日 アーネム（Arnhem）裁判所判決（Maglificio Esse v. Wehkamp B.V. 事件）

第6章 売主の引渡義務

（第30条） 売主の一般的義務
ドイツ2007年3月21日 ドレスデン（Dresden）上級地方裁判所判決（盗難中古自動車売買事件）
【関連判例】
①フランス2001年6月12日 コルマール（Colmar）控訴院判決（Société Romay AG v. SARL Behr France 事件）（CLOUT 480）
②スペイン2002年10月3日 ポンテヴェルドラ（Ponteverdra）控訴裁判所判決（Jabsheh Trading Est. v. IBERCONSA, 冷凍干物事件）（CLOUT 484）
③ウクライナ2007年4月13日 ドネツク（Donetsk）地方商事裁判所判決（Bobst S.A. v. Express 事件）

（第31条） 引渡場所
スイス2009年6月26日 連邦最高裁判所判決（Graffiti preservative 事件）
【関連判例】
①ドイツ1999年12月3日 ミュンヘン（München）上級地方裁判所判決（CLOUT 430）
②フランス1998年3月18日 パリ（Paris）控訴院判決（Société Franco-Africaine de distribution textile v. More and More Textilfabrik GmbH 事件）（CLOUT 245）
③イタリア2007年1月3日 最高裁判所判決（Bourjois S.A.S. v. Gommatex Poliuretani S.p.A. 事

件)(CLOUT 841)

(第32条) 運送に関連する義務
スイス1997年2月20日 ザーネ (Saane) 地方裁判所判決 (蒸留酒事件) (CLOUT 261)
【関連判例】
①スペイン2002年2月12日 バルセロナ (Barcelona) 控訴裁判所判決 (Comercial San Antonio, S.A. v. Grupo Blocnsa, S.L. 事件) (CLOUT 488)

(第33条) 引渡時期
スペイン1997年6月20日 バルセロナ (Barcelona) 控訴裁判所判決 (衣料用染料事件) (CLOUT 210)
【関連判例】
①ベルギー2004年6月4日 コルトレイク (Kortrijk) 商事裁判所判決
②スイス2007年6月25日 チューリッヒ (Zürich) 商事裁判所判決
③ベルギー2005年9月20日 ハッセルト (Hasselt) 商事裁判所判決 (J.M.Smithuis Pre Pain v. Bakkershuis 事件)
④ベルギー2004年10月8日 ゲント (Ghent) 控訴裁判所判決
⑤ドイツ1990年4月24日 ホルスタイン・オルデンブルグ (Oldenburg in Holstein) 地方裁判所判決 (CLOUT 7)
⑥フランス1997年1月23日 国際商業会議所 (ICC) パリ国際仲裁裁判所仲裁判断 (産業機械事件)
⑦ドイツ1996年3月27日 オルデンブルグ (Oldenburg) 地方裁判所判決

(第34条) 書類の交付
スペイン2002年2月12日 バルセロナ (Barcelona) 控訴裁判所判決 (Comercial San Antonio S.A. v. Grupo Blocnesa, S.L. 事件) (CLOUT 488)
【関連判例】
①オランダ1997年6月17日 最高裁判所判決 (Bevaplast BV v, Tetra Medical SA 事件)
②ベルギー2006年4月24日 アントワープ (Antwerpen) 控訴裁判所判決 (GmBH Lothringer Gunther Grosshandelsgesellshaft für Bauelemente und Holzwerkstoffe v. NV Fepco International 事件)
③中国2005年5月25日 中国国際経済貿易仲裁委員会仲裁廷仲裁判断 (鉄鉱石事件)
④ロシア2003年6月6日 ロシア連邦商工会議所仲裁廷仲裁判断

第7章 危険の移転

(第66条) 危険移転後の滅失毀損と代金支払義務
ドイツ2006年12月14日 コブレンツ (Koblenz) 上級地方裁判所判決 (ボトル売買事件) (CLOUT 724)
【関連判例】
①中国1995年2月23日 中国国際経済貿易仲裁委員会仲裁判断

②アルゼンチン1995年10月31日 サラ（Sala）商事控訴裁判所判決（Bedial, S.A. v. Paul Müggenburg and Co. GmBH 事件）（CLOUT 191）
③ベルギー2004年6月16日 ゲント（Ghent）控訴裁判所判決（Mermark Fleischhandelsgesellschaft mbH v. Cvba Lokerse Vleesveiling 事件）
④ドイツ2002年10月29日 シュレースヴィヒ・ホルシュタイン（Schleswig-Holstein）上級地方裁判所判決（種馬事件）

（第67条）運送を予定する場合の危険移転時期

アメリカ2002年3月26日 ニューヨーク（New York）南部地区連邦地方裁判所判決（St. Paul Guardian Insurance Co., et al. v. Neuromed Medical Systems & Support, GmBH, et al. 事件）（CLOUT 447）
【関連判例】
①ドイツ2005年3月2日 連邦通常裁判所（最高裁判所）判決（CLOUT 774）
②スイス1998年1月15日 ルガノ（Lugano）控訴裁判所判決
②ドイツ2002年8月22日 シュレースヴィヒ（Schleswig）上級地方裁判所判決
③ドイツ2000年4月13日 デュイスブルグ（Duisburg）地方裁判所判決（ピザ用カートン事件）

（第68条）運送途上にある物品の危険移転時期

中国1997年4月1日 中国国際経済貿易仲裁委員会（CIETAC）仲裁判断（魚粉売買事件）
【関連判例】
①ロシア2003年6月3日 北西巡回区連邦仲裁裁判所判決

（第69条）その他の場合の危険移転時期

ドイツ1998年6月23日 ハム（Hamm）上級地方裁判所判決（家具売買事件）（CLOUT 338）
【関連判例】
①ドイツ1998年9月22日 オルデンブルグ（Oldenburg）上級地方裁判所判決
②フランス1992年 国際商業会議所（ICC）パリ国際仲裁裁判所仲裁判断

（第70条）売主による重大な契約違反と危険負担の関係

メキシコ1996年4月29日 メキシコ貿易保護委員会（COMPROMEX）仲裁判断（Conservas la Costena S.A. de C.V. v. Lanis San Luis S.A. & Agro-Industrial Santa Aela S.A. 事件）

第8章　買主の支払義務と引渡受領義務

（第55条）　代金未定の場合の処理（1）

ハンガリー1992年9月25日 最高裁判所判決（Pratt & Whitney v. Malev 事件）（CLOUT 53）
【関連判例】
①ドイツ2000年5月9日 ダルムシュタット（Darmstadt）地方裁判所判決（ビデオレコーダ事件）（CLOUT 343）

(第55条) 代金未定の場合の処理 (2)
スイス 1997 年 7 月 3 日 ザンクトガレン (St. Gallen) 地方裁判所判決 (衣料品製造業者不当返品事件) (CLOUT 215)

(第57条)「新・欧州ルール」に基づく裁判管轄の判定 (1)
オーストリア 2008 年 4 月 3 日 最高裁判所判決 (バイオリン売買取引事件)

(第57条)「新・欧州ルール」に基づく裁判管轄の判定 (2)
ドイツ 2005 年 12 月 21 日 ケルン (Köln) 上級地方裁判所判決 (取引慣習事件)

(第57条)「新・欧州ルール」が適用されないスイス当事者に関する裁判管轄の判定
スイス 2007 年 6 月 19 日 アールガウ (Aargau) 商事裁判所判決 (中古鉄道レール事件)
【関連判例】
①イタリア 2005 年 12 月 9 日 ディモデナ (di Modena) 地方裁判所判決 (XX Cucine S.p.A. v. Rosda Nigeria Limited 事件) (CLOUT 842)

(第58条) 支払義務発生時期
ドイツ 2006 年 9 月 20 日 クレーフェルト (Krefeld) 地方裁判所判決 (アルゼンチン産木炭事件)
【関連判例】
①スイス 1995 年 6 月 30 日 ザンクトガレン (St. Gallen) 司法委員会決定 (引戸事件) (CLOUT 262)

(第60条) 引渡受領義務
スペイン 2005 年 9 月 26 日 パレンシア (Palencia) 控訴裁判所判決 (Simancas Ediciones S.A. v. Miracle Press Inc. 事件) (CLOUT 732)

第9章 買主の検査・通知義務

(第38条) 買主の検査義務
アメリカ 2005 年 5 月 23 日 第 7 巡回区連邦控訴裁判所判決 (Chicago Prime Packers, Inc v. Northam Food Trading Co., et al. 事件)
【関連判例】
①ドイツ 1989 年 8 月 31 日 シュツットガルト (Stuttgart) 地方裁判所判決 (イタリア製靴事件) (CLOUT 4)
②オランダ 1998 年 2 月 20 日 最高裁判所判決 (Bronneberg v. Belvédère, イタリア製タイル事件) (CLOUT 833)
③ドイツ 1999 年 11 月 30 日 ケルン (Köln) 地方裁判所判決 (イタリア製壁面用石材事件) (CLOUT 364)
④スイス 1992 年 4 月 27 日 ロカルノ地方 (Locarno Campagna) 地方裁判所判決 (イタリア

製家具事件）（CLOUT 56）
⑤中国1988年8月4日 中国国際経済貿易仲裁委員会（CIETAC）仲裁判断（計算機組立用部品事件）

（第39条）不適合の通知義務と瑕疵担保責任（１）
スイス1999年6月8日 ティッチーノ（Ticino）控訴裁判所判決（ワインボトル事件）（CLOUT 336）
【関連判例】
①スウェーデン1998年6月5日 ストックホルム（Stockholm）商業会議所仲裁協会仲裁判断（Beijing Light Automobile Co., Ltd. v. Connell Limited Partnership 事件）（CLOUT 237）
②ドイツ1995年3月8日 連邦通常裁判所（最高裁判所）判決（ニュージーランド産ムール貝事件）（CLOUT 123）
③イタリア1997年1月30日 トリノ（Torino）地方裁判所判決（C. & M. v. Bankintzopoulos 事件）

（第39条）不適合の通知義務と瑕疵担保責任（２）
オーストリア1994年6月15日 ウィーン（Wien）仲裁機関仲裁判断（金属板コイル事件）（CLOUT 94）
【関連判例】
①ドイツ1997年6月25日 連邦通常裁判所（最高裁判所）判決（ステンレス・ワイヤ事件）（CLOUT 235）
②ドイツ2000年5月9日 ダルムシュタット（Darmstadt）地方裁判所判決（ビデオレコーダ事件）（CLOUT 343）

（第40条）売主が不適合を知っていた場合の買主の通知義務
スェーデン1998年6月5日 ストックホルム（Stockholm）商業会議所仲裁判断（Beijing Light Automobile Co., Ltd. v. Connell Limited Partnership 事件）（CLOUT 237）
【関連判例】
①ドイツ1995年4月5日 ランズハット（Landshut）地方裁判所判決（スポーツウェア事件）

第10章　不履行の免責と事情変更

（第79条）不可抗力による免責（１）
オランダ2008年7月9日 マーストリヒト（Maastricht）地方裁判所判決（Agristo N.V. v. Maccess Agri B.V. 事件）

【関連判例】
①ドイツ1997年7月4日 ハンブルグ（Hamburg）上級地方裁判所判決（トマト濃縮ジュース事件）
②ドイツ2008年3月5日 ミュンヘン（München）上級地方裁判所判決（盗難自動車事件）

③オランダ1998年10月2日 スヘルトーヘンボス（'s-Hertogenbosch）地方裁判所判決（Malaysia Dairy Industries Pte. Ltd. v. Dairex Holland BV）
④ドイツ1999年3月24日 連邦通常裁判所（最高裁判所）判決（ワイン・ワックス事件）（CLOUT 271）

（第79条）不可抗力による免責（2）
アメリカ2007年12月12日 アメリカ仲裁協会仲裁判断
アメリカ2008年4月16日 ニューヨーク（New York）地区連邦地方裁判所判決（Macromex Srl. v. Globex International, Inc. 事件）
【関連判例】
①ドイツ1997年2月28日 ハンブルグ（Hamburg）上級地方裁判所判決（モリブテン鋼事件）（CLOUT 277）

（ユニドロワ原則第6.2.2条・第6.2.3条）ハードシップ
フランス2001年6月12日 コルマール（Colmar）控訴院判決（CLOUT 480）
フランス2004年6月30日 破毀院（最高裁判所）判決
（Societe Romay AG v. SARL Behr France 事件）（CLOUT 839）
【関連判例】
①フランス1997年5月5日 国際商業会議所（ICC）パリ国際仲裁裁判所仲裁判断（Ministry of Defense and Support for the Armed Forces of the Islamic Republic of Iran v. Cubic Defense Systems, Inc. 事件）
②ベルギー2009年6月19日 破毀院（最高裁判所）判決（Scafom International BV v. Lorraine Tubes s.a.s. 事件）
③メキシコ2006年11月30日 メキシコ仲裁廷仲裁判断

（第80条）自己に起因する相手方の不履行
ドイツ1995年2月8日 ミュンヘン（München）上級地方裁判所判決（R. Motor S.n.c. v. M. Auto Vertriebs GmBH 事件）（CLOUT 133）
【関連判例】
①ドイツ1997年1月31日 コブレンツ（Koblenz）上級地方裁判所判決（アクリル毛布事件）
②ドイツ2002年2月20日 ミュンヘン（München）地方裁判所判決（シューズ事件）
③ベラルーシ1995年10月5日 ベラルーシ商工会議所国際仲裁裁判所仲裁判断（ATT v. Armco 事件）

第11章　将来の履行の不安に対する救済方法
（第71条）　将来の履行の不安に対する抗弁権
アメリカ2009年5月29日 ニューヨーク（New York）地区連邦地方裁判所判決（Doolim Corp. v. R Doll, LLC, et al. 事件）

【関連判例】
①ベルギー1995年3月1日 ハッセルト（Hasselt）地方裁判所判決（J.P.S. BVBA v. Kabri Mode BV事件）
②オーストリア1998年2月12日 最高裁判所判決（傘事件）（CLOUT 238）
③フランス2007年2月20日 破毀院（最高裁判所）判決（Soclete Mim. v. Soclete YSLP, 香水事件）（CLOUT 835）
④ベラルーシ1995年10月5日 ベラルーシ商工会議所国際仲裁裁判所仲裁判断（ATT v. Armco事件）

（第72条）　履行期前の不履行
オーストラリア2000年11月17日 クイーンズランド（Qeensland）州最高裁判所判決（Downs Investments v. Perwaja Steel, くず鉄事件）（CLOUT 631）
【関連判例】
①アメリカ1999年12月7日 イリノイ（Illinois）北部地区地方裁判所判決（Magellan International Corporation v. Salzgitter Handel GmBH事件）（CLOUT 417）
②ドイツ1992年9月30日 ベルリン（Berlin）地方裁判所判決（シューズ事件）
　ドイツ1993年4月28日 クレーフェルト（Krefeld）地方裁判所判決（シューズ事件）
③スイス1997年1月 国際商業会議所（ICC）国際仲裁裁判所仲裁判断（衣服事件）

（第73条）　分割履行における不履行
フランス1995年2月22日 グルノーブル（Grenoble）控訴院判決（BRI Production "Bonaventure" v. Pan African Export, ジーンズ事件）
【関連判例】
①スイス1997年2月5日 チューリッヒ（Zürich）商業裁判所判決（R.H. v. E., ひまわり油事件）（CLOUT 214）
②ドイツ1995年8月21日 エルワンゲン（Ellwangen）地方裁判所判決（スペイン・パプリカ事件）
③ドイツ1998年12月29日 ハンブルグ（Hamburg）仲裁廷仲裁判断（チーズ事件）（CLOUT 293）
④オーストリア1997年12月10日 ウィーン（Vienna）仲裁廷仲裁判断（大麦事件）
⑤ハンガリー1995年11月17日 ハンガリー（Hungary）商工会議所仲裁廷仲裁判断

第12章　契約違反に対する救済方法（1）
（第45条・第61条）　当事者の契約違反に対する相手方の救済方法
ロシア2006年2月13日 ロシア連邦商工会議所国際商事仲裁廷仲裁判断（産業機器事件）
【関連判例】
①イタリア1998年3月20日 ミラノ（Milano）控訴裁判所判決（Italdecor S.a.s. v. Yiu's Industries (H.K.) Ltd. 事件）
②エジプト1995年10月3日 カイロ（Cairo）商工会議所仲裁判断
③ウクライナ2007年12月11日 最高裁判所判決（Bobst S.A. v. Express, 自動るつぼプレス

事件)
④ドイツ1993年5月13日 アーヘン（Aachen）地方裁判所判決（電子補聴器事件）(CLOUT 47)

(第46条2項・3項)　買主による代替品・修補の請求
オーストリア2002年1月14日 最高裁判所判決（冷却システム事件）(CLOUT 541)
【関連判例】
①スペイン2004年4月28日 バルセロナ（Barcelona）控訴裁判所判決（金属カバー事件）(CLOUT 553)
②ドイツ1995年6月9日 ハム（Hamm）上級地方裁判所判決（窓ガラス事件）
③ポーランド2007年5月11日 最高裁判所判決（Spoldzielnia Pracy v. M.W.D. GmBH & Co. KG, 靴革事件）
④アメリカ2008年8月20日 ニューヨーク（New York）地区連邦地方裁判所判決（Hilaturas Miel, S.L. v. Republic of Iraq事件）
⑤フランス1998年1月29日 ヴェルサイユ（Versailles）控訴院判決（Giustina International Sp.A. v. Perfect Circle Europe SARL事件）(CLOUT 225)
⑥ドイツ1994年11月9日 オルデンブルグ（Oldenburg）地方裁判所判決（ローリー・プラットフォーム事件）

(第48条)　売主による債務不履行の追完
ドイツ1995年6月23日 ミュンヘン（München）地方裁判所判決（テトラサイクリン事件）
【関連判例】
①ドイツ1997年1月31日 コブレンツ（Koblentz）上級地方裁判所判決（アクリル毛布事件）(CLOUT 282)
②ドイツ1998年9月24日 レーゲンスブルグ（Regensburg）地方裁判所判決（織物事件）(CLOUT 339)
③フランス1994年 国際商業会議所（ICC）パリ国際仲裁裁判所仲裁判断（足場装置事件）(CLOUT 304)

(第51条)　一部不履行
ドイツ2007年11月21日 コブレンツ（Koblentz）上級地方裁判所判決（シューズ事件）
【関連判例】
①オーストリア2005年6月21日 最高裁判所判決（ソフトウェア事件）(CLOUT 749)
②ドイツ1997年6月25日 連邦通常裁判所（最高裁判所）判決（ステンレス針金事件）(CLOUT 235)
③スイス1995年 国際商業会議所（ICC）バーゼル仲裁裁判所仲裁判断（化学肥料事件）
④フランス1994年8月23日 国際商業会議所（ICC）パリ仲裁裁判所仲裁判断（電池自動組立ライン機械事件）(CLOUT 302)

第13章　契約違反に対する救済方法（2）

（第46条・第28条）買主による特定履行の請求
アメリカ1999年12月7日 イリノイ（Illinois）北部地区連邦地方裁判所判決（Magellan International Corporation v. Salzgitter Handel GmBH 事件）（CLOUT 417）
【関連判例】
①ロシア2007年1月30日 ロシア連邦商工会議所国際仲裁廷仲裁判断

（第47条1項）売主の履行のための付加期間の付与
ドイツ1999年4月27日 ナウムバーグ（Naumburg）上級地方裁判所判決（自動車事件）（CLOUT 362）
【関連判例】
①ドイツ1995年5月24日 ツェレ（Celle）上級地方裁判所判決（CLOUT 136）
②ドイツ1997年4月24日 デュッセルドルフ（Düsseldorf）上級地方裁判所判決（CLOUT 275）

（第63条）買主の履行のための付加期間の付与
フランス1999年2月4日 グルノーブル（Grenoble）控訴院判決（SARL Ego Fruits v. Sté La Verja Begasti 事件）（CLOUT 243）
【関連判例】
①イタリア1998年12月11日 ミラノ（Milano）控訴裁判所判決（Bielloni Castello S.p.A. v. EGO S.A. 事件）（CLOUT 645）
②スイス1997年2月20日 ザーネ（Zaane）地方裁判所判決（CLOUT 261）

第14章　契約解除と重大な契約違反

（第25条・第49条）重大な契約違反とされる事由（1）
ドイツ1997年2月28日 ハンブルグ（Hamburg）上級地方裁判所判決（モリブデン鋼事件）（CLOUT 277）
【関連判例】
①ドイツ1991年8月13日 シュツットガルト（Stuttgart）地方裁判所判決（婦人服事件）
②ドイツ1996年3月27日 オルデンブルグ（Oldenburg）地方裁判所判決（衣料事件）
③ドイツ1997年4月24日 デュッセルドルフ（Düsseldorf）上級地方裁判所判決（シューズ事件）（CLOUT 275）

（第25条・第49条）重大な契約違反とされる事由（2）
フランス1995年4月26日 グルノーブル（Grenoble）控訴院判決（Marques Roque Joachim v. La Sarl Holding Manin Riviere 事件）（CLOUT 152）
【関連判例】
①スイス1998年10月28日 最高裁判所判決（冷凍牛肉事件）（CLOUT 248）
②フランス1996年1月23日 破毀院（最高裁判所）判決（Sacovini/M Marrazza v. Les fils de

Henri Ramel, 加糖ワイン事件事件）（CLOUT 150)
③フランス1999年1月5日 破毀院（最高裁判所）判決（Thermo King v. Cigna Insurance, 輸送用冷凍機器事件）（CLOUT 204)
④オーストリア1994年7月1日 インスブルック（Innsbruck）控訴裁判所判決（Dansk Blumsterexport A/s v. Frick Blumenhandel, ガーデンフラワー事件）（CLOUT 107)
⑤スイス1998年1月15日 ルガノ（Lugano）控訴院判決（ココア豆事件）（CLOUT 253)

（第25条・第64条・第72条）重大な契約違反とされる事由（3）
オーストラリア1995年4月28日 アデレード（Adelaide）南オーストラリア地区連邦裁判所判決（Roder Zelt- und Hallenkonstruktionen GmBH v. Rosedown Park Pty Ltd., et al., テント事件）（CLOUT 308)
【関連判例】
①オーストラリア2000年11月17日 クイーンズランド（Qeensland）州最高裁判所判決（Downs Investments v. Perwaja Steel 事件）（CLOUT 631)
②ドイツ1994年1月14日 デュセルドルフ（Düsserdorf）上級地方裁判所判決（シューズ事件）（CLOUT 130)
③アメリカ1997年7月21日 ニューヨーク南部地区連邦地方裁判所判決（Helen Kaminski v. Marketing Australian Products 事件）（CLOUT 187)

（第81条～第84条）契約解除の効果（1）
オーストリア2009年4月2日 最高裁判所判決（ボイラー事件）
【関連判例】
①ドイツ1998年1月28日 ミュンヘン（München）上級地方裁判所判決（自動車事件）（CLOUT 288)
②ドイツ2008年2月14日 カールスルーエ（Karslruhe）上級地方裁判所判決（クラシックのジャガースポーツカー事件）

（第82条～第84条）契約解除の効果（2）
スイス2009年5月18日 連邦最高裁判所判決（包装機械事件）
【関連判例】
①ドイツ1997年6月25日 連邦通常裁判所（最高裁判所）判決（ステンレス針金事件）（CLOUT 235)
②ドイツ2002年12月19日 カールスルーエ（Karslruhe）上級地方裁判所判決（機械事件）（CLOUT 594)
③オーストリア2005年5月23日 最高裁判所判決（コーヒーマシーン事件）（CLOUT 747)

（第85条～第88条）物品の保存義務
ロシア1995年4月25日 ロシア連邦商工会議所国際商事仲裁廷仲裁判断（トラック事件）
【関連判例】
①アメリカ2008年5月19日 カリフォルニア東部地区連邦地方裁判所判決（The Rice Cor-

poration v. Grain Board of Iraq 事件）
②スイス1994年5月17日 バウド（Vaud）控訴裁判所判決（工業機械事件）（CLOUT 96）（CLOUT 200）
③スペイン2002年3月11日 バルセロナ（Barcelona）控訴裁判所判決（チップ保護ラベル事件）（CLOUT 489）

第15章　損害賠償

（第74条）　損害賠償の範囲についての一般原則（1）
アメリカ1994年9月7日 ニューヨーク（New York）北部地区連邦地方裁判所判決（Delchi Carrier, SpA v. Rotorex Corp. 事件）

（第74条）　損害賠償の範囲についての一般原則（2）
アメリカ1995年12月6日 第2巡回区連邦控訴裁判所判決（Delchi Carrier, SpA v. Rotorex Corp. 事件）（CLOUT 85）

（第75条）　契約解除後の代替取引における損害賠償額の算定（1）
ドイツ1994年1月14日 デュッセルドルフ（Düsserdorf）上級地方裁判所判決（シューズ事件）（CLOUT 130）
【関連判例】
①オーストラリア2009年11月17日 クィーンズランド（Queensland）州最高裁判所判決（Downs Investments v. Perwaja Steel 事件）（CLOUT 631）
②ドイツ1992年9月22日 ハム（Hamm）上級地方裁判所判決（冷凍ベーコン事件）（CLOUT 227）

（第75条）　契約解除後の代替取引における損害賠償額の算定（2）
ドイツ1999年1月13日 バンバーグ（Bamburg）上級地方裁判所判決（布地事件）（CLOUT 294）

（第76条）　契約解除後に代替取引がない場合の損害賠償額の算定（1）
オーストリア2000年4月28日 最高裁判所判決（宝石事件）（CLOUT 427）

（第76条）　契約解除後に代替取引がない場合の損害賠償額の算定（2）
ドイツ1998年9月2日 ツェッレ（Celle）上級地方裁判所判決（真空掃除機事件）（CLOUT 318）

（第78条）利息の支払
スイス1999年2月25日 ツーク（Zug）地方裁判所判決（屋根材事件）（CLOUT 327）
【関連判例】
①ドイツ1990年4月24日 ホルスタイン・オルデンブルグ（Oldenburg in Holstein）地方裁判所判決（ファッション衣料事件）（CLOUT 7）

②ドイツ1994年1月18日 フランクフルト（Frankfurt）上級地方裁判所判決（シューズ事件）(CLOUT 79)
③ドイツ2000年5月9日 ダルムシュタット（Darmstadt）地方裁判所判決（ビデオレコーダー事件）(CLOUT 343)
④スイス1998年10月28日 最高裁判所判決（食肉事件）(CLOUT 248)

第16章　損害の賠償方法

（第50条）　代金減額請求権（1）
スイス1992年4月27日 ロカルノ（Locarno）地方裁判所判決（家具事件）(CLOUT 56)
【関連判例】
①ドイツ1997年1月31日 コブレンツ（Koblenz）上級地方裁判所判決（アクリル毛布事件）(CLOUT 282)
②ドイツ1993年1月8日 デュッセルドルフ（Düsseldorf）上級地方裁判所判決（缶詰キュウリ事件）(CLOUT 48)
③ドイツ2004年3月10日 ツェレ（Celle）上級地方裁判所判決（商業車事件）(CLOUT 579)

（第50条）　代金減額請求権（1）
ロシア2000年1月24日 ロシア連邦商工会議所国際商事仲裁廷仲裁判断（CLOUT 474)
【関連判例】
①アメリカ1994年9月9日 ニューヨーク（New York）北部地区連邦地方裁判所判決（Delchi Carrier, SpA v. Rotorex Corp. 事件（CLOUT 85)
②アメリカ1995年12月6日 第2巡回区連邦控訴裁判所判決（CLOUT 138)
③ドイツ1997年8月21日 ケルン（Köln）上級地方裁判所判決（CLOUT 284)

（第77条）　損害軽減義務（1）
ドイツ1995年2月8日 ミュンヘン（München）上級地方裁判所判決（自動車事件）(CLOUT 133)
【関連判例】
①フランス1992年 国際商業会議所（ICC）パリ国際仲裁裁判所仲裁判断（CLOUT 301）
②スペイン2000年1月28日 最高裁判所判決（CLOUT 395）

（第77条）　損害軽減義務（2）
ドイツ2000年5月9日 ダルムシュタット（Darmstadt）地方裁判所判決（ビデオレコーダー事件）(CLOUT 343)
【関連判例】
①アメリカ2002年6月21日 第4巡回区連邦控訴裁判所判決（Schmitz-Werke v. Rockland 事件）(CLOUT 580)

第17章　紛争の解決

（第1条1項）準拠法としてのCISG
フランス1996年1月23日 破毀院（最高裁判所）判決（Sacovini/M Marrazza v. Les fils de Henri Ramel 事件）（CLOUT 150）
【関連判例】
①イタリア1994年4月19日 フローレンス（Florence）仲裁廷仲裁判断（CLOUT 92）
②フランス1996年12月17日 破毀院（最高裁判所）判決（CLOUT 206）
③スイス1999年7月 国際商業会議所国際仲裁裁判所仲裁判断（CLOUT 630）

CISGの非締約国の裁判所によるCISGの適用
ベルギー1995年9月19日 ニベル（Nivelles）地方裁判所判決（Gantry v. Research Consulting Marketing 事件）
【関連判決】
①日本1998年3月19日 東京地方裁判所判決（『判例タイムズ』997号286頁）
②ドイツ1991年6月13日 フランクフルト（Frankfurt）上級地方裁判所判決（CLOUT 1）

第92条の宣言（CISG「契約の成立」規定の適用排除）
アメリカ1998年10月27日 イリノイ（Illinois）北部地区連邦地方裁判所判決（Mitchell Aircraft Spares v. European Aircraft Service 事件）（CLOUT 419）
【関連判例】
①アメリカ2003年6月20日 第3巡回区連邦控訴裁判所判決（Standard Bent Glass Corp. v. Glassrobots Oy 事件）（CLOUT 612）
②デンマーク1998年4月23日 東高等裁判所判決（Elinette Konfektion Trading v. Elodie 事件）（CLOUT 309）

第95条の宣言（国際私法の準則からのCISG適用の排除）
アメリカ2002年11月22日 フロリダ（Florida）南部地区連邦地方裁判所判決（Impuls v. Psion-Teklogix 事件）（CLOUT 616）
【関連判例】
①ドイツ1993年7月2日 デュッセルドルフ（Düsseldorf）上級地方裁判所判決（CLOUT 49）

第96条の宣言（方式の事由の排除）
中国1997年12月15日 中国国際経済貿易仲裁委員会仲裁判断（CLOUT 715）
【関連判例】
①ハンガリー1992年3月24日 ブタペスト（Budapest）首都裁判所判決（Adamfi Video v. Alkotók Studiósa Kisszövetkezet 事件）（CLOUT 52）
②ベルギー1995年5月2日 ハッセルト（Hasselt）地方裁判所判決（Vital Berry Marketing v. Dira-Frost 事件）
③メキシコ1996年4月29日 貿易保護委員会仲裁判断（Conservas La Costeña v. Lanín 事件）

CISGと紛争解決条項
スイス2000年7月11日 最高裁判所判決（Gutta-Werke AG v. Dörken-Gutta Pol. and Ewald Dörken AG 事件）
【関連判例】
①スイス1995年4月26日 チューリッヒ（Zürich）商事裁判所判決（塩水分離タンク事件）

義務履行地管轄
フランス1998年7月16日 破棄院（最高裁判所）判決（Les Verreries de Saint Gobain v. Martinswerk 事件）（CLOUT 242）
【関連判例】
①ドイツ1996年12月11日 連邦通常裁判所（最高裁判所）判決（CLOUT 268）
②オランダ1997年9月26日 最高裁判所判決（M.J.M. Productions v. Tissage Mécanique 事件）（CLOUT 834）
③イタリア1999年12月14日 最高裁判所判決（Imperial v. Sanitari 事件）（CLOUT 379）
④セルビア2004年7月9日 ベオグラード高等商事裁判所判決

仲裁合意の成立
アメリカ1992年4月14日 ニューヨーク（New York）南部地区連邦地方裁判所判決（Filanto v. Chilewich 事件）（CLOUT 23）
【関連判例】
①ドイツ1995年3月8日 ミュンヘン（München）上級地方裁判所判決（CLOUT 134）
②カナダ2005年7月29日 ケベック州（Quebec）上級裁判所判決（Sonox Sia v. Albury Grain Sales Inc., et al. 事件）

フォーラム・ノン・コンヴェニエンス
アメリカ2005年3月19日 ニューヨーク（New York）東部地区連邦地方裁判所判決（Genpharm Inc. v. Pliva-Lachema A.S. 事件）（CLOUT 699）
【関連判例】
①イタリア2002年11月26日 リミニ（Rimini）地方裁判所判決（Al Palazzo S.r.l. v. Bernardaud di Limoges S.A. 事件）（CLOUT 608）

証明責任
ドイツ2006年2月8日 カールスルーエ（Karlsruhe）上級地方裁判所判決（ハンガリー産小麦事件）（CLOUT 721）
【関連判例】
①アメリカ2005年5月23日 第7巡回区連邦控訴裁判所判決（Chicago Prime Packers, Inc. v. Northam Food Trading Co., シカゴ・プライム事件）

国別判例索引

※判例名が本文中に現れず、注のみに記載されている場合は、本文中の該当頁と注番号（太字）をコロンでつないで記し、（　）内に該当注の頁数を記している。

アルゼンチン（Argentine）

- 1995年10月31日　サラ（Sala）商事控訴裁判所判決（Bedial, S.A. v. Paul Müggenburg and Co. GmBH 事件）（CLOUT 191）……164
- 2006年9月12日　商業控訴裁判所判決（CLOUT 191）……136

オーストリア（Austria）

- 1993年7月2日　最高裁判所判決……105
- 1994年6月15日　ウィーン（Wien）仲裁機関仲裁判断（金属板コイル事件）（CLOUT 94）……224
- 1994年7月1日　インスブルック（Innsbruck）控訴裁判所判決（Dansk Blumsterexport A/s v. Frick Blumenhandel, ガーデンフラワー事件）（CLOUT 107）……136
- 1994年11月10日　最高裁判所判決（チンチラ毛皮事件）（CLOUT 106）……74:**20**(89)
- 1996年2月6日　最高裁判所判決……98
- 1997年3月20日　最高裁判所判決（燐酸アンモニア事件）（CLOUT 189）……74:**20**(89)
- 1997年12月10日　ウィーン（Vienna）仲裁廷仲裁判断（大麦事件）……277
- 1998年2月12日　最高裁判所判決（傘事件）（CLOUT 238）……266
- 1998年12月15日　最高裁判所判決……39
- 1999年6月29日　控訴裁判所判決（CLOUT 422）……108:**30**(110)
- 2000年3月21日　最高裁判所判決（木材事件）（CLOUT 425）……36
- 2000年4月28日　最高裁判所判決（宝石事件）（CLOUT 427）……379
- 2002年1月14日　最高裁判所判決（冷却システム事件）（CLOUT 541）……287
- 2005年5月23日　最高裁判所判決（コーヒーマシーン事件）（CLOUT 747）……352
- 2005年6月21日　最高裁判所判決（ソフトウェア事件）（CLOUT 749）……301
- 2007年12月18日　インスブルック（Innsbruck）控訴裁判所判決（鋼棒売買事件）……102
- 2006年9月12日　最高裁判所判決（CD媒体事件）（CLOUT 753）……137
- 2008年4月3日　最高裁判所判決（バイオリン売買取引事件）……192
- 2009年4月2日　最高裁判所判決（ボイラー事件）……342

オーストラリア（Australia）

- 1995年4月28日　アデレード（Adelaide）南オーストラリア地区連邦裁判所判決（Roder Zelt- und Hallenkonstruktionen GmBH v. Rosedown Park Pty Ltd., et al., テント事件）（CLOUT

308）……337
・2000年11月17日 クイーンズランド（Qeensland）州最高裁判所判決（Downs Investments v. Perwaja Steel, くず鉄事件）（CLOUT 631）……267, 339, 374

ベラルーシ（Belarus）

・1995年10月5日 ベラルーシ商工会議所国際仲裁裁判所仲裁判断（ATT v. Armco 事件）……256, 266

ベルギー（Belgium）

・1995年3月1日 ハッセルト（Hasselt）地方裁判所判決（J.P.S. BVBA v. Kabri Mode BV 事件）……265
・1995年5月2日 ハッセルト（Hasselt）地方裁判所判決（Vital Berry Marketing v. Dira-Frost 事件）……436
・1995年9月19日 ニベル（Nivelles）地方裁判所判決（Gantry v. Research Consulting Marketing 事件）……422
・1997年10月6日 コルトレーク（Kortrijk）商事裁判所判決（Wonderfil s.r.l. v. Depraetere Industries 事件）……131
・2002年5月15日 ゲント（Ghent）控訴裁判所判決（NV A.R. v. NVI., ページャー・フォン設計事件）……54
・2004年6月4日 コルトレイク（Kortrijk）商事裁判所判決……155
・2004年6月16日 ゲント（Ghent）控訴裁判所判決（Mermark Fleischhandelsgesellschaft mbH v. Cvba Lokerse Vleesveiling 事件）……165
・2004年10月8日 ゲント（Ghent）控訴裁判所判決……155
・2005年9月20日 ハッセルト（Hasselt）商事裁判所判決（J.M.Smithuis Pre Pain v. Bakkershuis 事件）……155
・2006年4月24日 アントワープ（Antwerpen）控訴裁判所判決（GmBH Lothringer Gunther Grosshandelsgesellshaft für Bauelemente und Holzwerkstoffe v. NV Fepco International 事件）……158
・2009年6月19日 破毀院（最高裁判所）判決（Scafom International BV v. Lorraine Tubes s.a.s. 事件）……249

カナダ（Canada）

・2005年7月29日 ケベック（Quebec）州上級裁判所判決（Sonox Sia v. Albury Grain Sales Inc., et al. 事件）……447
・2005年10月28日 オンタリオ（Ontario）州高等裁判所判決……97

中国 (China)

- 1988年8月4日 中国国際経済貿易仲裁委員会 (CIETAC) 仲裁判断 (計算機組立用部品事件) ……218
- 1995年2月23日 中国国際経済貿易仲裁委員会仲裁判断……164
- 1997年4月1日 中国国際経済貿易仲裁委員会 (CIETAC) 仲裁判断 (魚粉売買事件) ……170
- 1997年12月15日 中国国際経済貿易仲裁委員会仲裁判断 (CLOUT 715) ……433
- 2001年7月18日 浙江省慈渓中級人民法院判決 (Car Hill v. Cixi Old Furniture Trade Co., Ltd. 事件) ……101
- 2002年12月25日 江蘇省高級人民法院判決 (韓国：主光石油 v. 中国：無錫中端会社事件) ……20
- 2005年5月25日 中国国際経済貿易仲裁委員会仲裁廷仲裁判断 (鉄鉱石事件) ……158
- 2005年11月19日 広州中級人民法院判決 (Bao De Li Ltd. v. China Electronic Import & Export Guangdong Corp., 生姜事件) ……15

デンマーク (Denmark)

- 1998年4月23日 東高等裁判所判決 (Elinette Konfektion Trading v. Elodie 事件) (CLOUT 309) ……429

オランダ (Dutch)

- 1996年5月21日 アーネム (Arnhem) 裁判所判決 (Maglificio Esse v. Wehkamp B.V. 事件) ……142
- 1997年6月17日 最高裁判所判決 (Bevaplast BV v. Tetra Medical SA 事件) ……158
- 1997年9月26日 最高裁判所判決 (M.J.M. Productions v. Tissage Mécanique 事件) (CLOUT 834) ……442
- 1998年2月20日 最高裁判所判決 (Bronneberg v. Belvédère, イタリア製タイル事件) (CLOUT 833) ……218
- 1998年10月2日 スヘルトーヘンボス ('s-Hertogenbosch) 地方裁判所判決 (Malaysia Dairy Industries Pte. Ltd. v. Dairex Holland BV) ……239
- 2002年10月15日 オランダ仲裁協会仲裁判断 (CLOUT 720) ……122
- 2008年7月9日 マーストリヒト (Maastricht) 地方裁判所判決 (Agristo N.V. v. Maccess Agri B.V. 事件) ……235

エジプト (Egypt)

- 1995年10月3日 カイロ (Cairo) 商工会議所仲裁判断……286

フランス（France）

- 1992年 国際商業会議所（ICC）パリ国際仲裁裁判所仲裁判断（7585/1992）（CLOUT 301）……176
- 1993年3月26日 国際商業会議所（ICC）パリ国際仲裁裁判所仲裁判断（CLOUT 103）……131
- 1994年 国際商業会議所（ICC）パリ国際仲裁裁判所仲裁判断（7531/1994）（足場装置事件）（CLOUT 304）……297
- 1994年8月23日 国際商業会議所（ICC）パリ仲裁裁判所仲裁判断（電池自動組立ライン機械事件）（CLOUT 302）……302
- 1995年2月22日 グルノーブル（Grenoble）控訴院判決（BRI Production "Bonaventure" v. Pan African Export, ジーンズ事件）……273
- 1995年4月26日 グルノーブル（Grenoble）控訴院判決（Marques Roque Joachim v. La Sarl Holding Manin Riviere 事件）（CLOUT 152）……330
- 1995年9月13日 グルノーブル（Grenoble）控訴院判決（CLOUT 202）……116
- 1995年12月13日 パリ（Paris）控訴院判決（ISEA Industrie v. Lu 事件）（CLOUT 203）……86
- 1996年1月23日 破毀院（最高裁判所）判決（Sacovini/M Marrazza v. Les fils de Henri Ramel, 加糖ワイン事件）（CLOUT 150）……334, 417
- 1996年12月17日 破毀院（最高裁判所）判決（CLOUT 206）……420
- 1997年1月23日 国際商業会議所（ICC）パリ国際仲裁裁判所仲裁判断（産業機械事件）……156
- 1997年5月5日 国際商業会議所（ICC）パリ国際仲裁裁判所仲裁判断（Ministry of Defense and Support for the Armed Forces of the Islamic Republic of Iran v. Cubic Defense Systems, Inc. 事件）……249
- 1998年1月27日 破毀院（最高裁判所）判決（Hughes v. Société Technocontact 事件）（CLOUT 224）……85:**36**(90)
- 1998年1月29日 ヴェルサイユ（Versailles）控訴院判決（Giustina International Sp.A. v. Perfect Circle Europe SARL 事件）（CLOUT 225）……292
- 1998年3月18日 パリ（Paris）控訴院判決（Société Franco-Africaine de distribution textile v. More and More Textilfabrik GmBH 事件）（CLOUT 245）……150
- 1998年7月16日 破毀院（最高裁判所）判決（Les Verreries de Saint Gobain v. Martinswerk 事件）（CLOUT 242）……440
- 1999年1月5日 破毀院（最高裁判所）判決（Thermo King v. Cigna Insurance, 輸送用冷凍機器事件）（CLOUT 204）……334
- 1999年2月4日 グルノーブル（Grenoble）控訴院判決（SARL Ego Fruits v. Sté La Verja Begasti 事件）（CLOUT 243）……316
- 2000年10月24日 コルマール（Colmar）控訴院判決（Pelliculest v. Morton International 事件）（CLOUT 400）……25
- 2001年6月12日 コルマール（Colmar）控訴院判決（Société Romay AG v. SARL Behr France 事件）（CLOUT 480）……147, 246

・2002年3月19日 破毀院（最高裁判所）判決（Société T…diffusion v. Société M…SL 事件）（CLOUT 479）……141
・2004年6月30日 破毀院（最高裁判所）判決（Societe Romay AG v. SARL Behr France 事件）（CLOUT 839）……246
・2005年10月25日 破毀院（最高裁判所）判決（除草剤事件）（CLOUT 837）……44
・2007年2月20日 破毀院（最高裁判所）判決（Soclete Mim. v. Soclete YSLP, 香水事件）（CLOUT 835）……266

ドイツ（Germany）

・1989年8月31日 シュツットガルト（Stuttgart）地方裁判所判決（イタリア製靴事件）（CLOUT 4）……217
・1990年4月24日 ホルスタイン・オルデンブルグ（Oldenburg in Holstein）地方裁判所判決（ファッション衣料事件）（CLOUT 7）……391
・1990年9月26日 ハンブルグ（Hamburg）地方裁判所判決（CLOUT 5）……108:**34**(110)
・1991年6月13日 フランクフルト（Frankfurt）上級地方裁判所判決（CLOUT 1）……425
・1991年8月13日 シュツットガルト（Stuttgart）地方裁判所判決（婦人服事件）……328
・1991年8月14日 バーデンバーデン（Baden-Baden）地方裁判所判決（壁タイル事件）（CLOUT 50）……88:**45**(91)
・1992年9月22日 ハム（Hamm）上級地方裁判所判決（冷凍ベーコン事件）（CLOUT 227）……374
・1992年9月30日 ベルリン（Berlin）地方裁判所判決（シューズ事件）……272
・1992年11月20日 カールスルーエ（Karlsruhe）上級地方裁判所判決（冷凍チキン事件）（CLOUT 317）……13
・1993年1月8日 デュッセルドルフ（Düsseldorf）控訴裁判所判決（缶詰キュウリ事件）（CLOUT 48）……403
・1993年1月13日 ザールブルッケン（Saarbrucken）上級地方裁判所判決（ドア事件）（CLOUT 292）……85:**34**(90)
・1993年4月28日 クレーフェルト（Krefeld）地方裁判所判決（シューズ事件）……272
・1993年5月13日 アーヘン（Aachen）地方裁判所判決（電子補聴器事件）（CLOUT 47）……286
・1993年7月2日 デュッセルドルフ（Düsseldorf）上級地方裁判所判決（CLOUT 49）……432
・1993年9月17日 コブレンツ（Koblenz）上級地方裁判所判決（コンピュータ・チップ事件）（CLOUT 281）……10
・1994年1月14日 デュッセルドルフ（Düsserdorf）上級地方裁判所判決（シューズ事件）（CLOUT 130）……340, 369
・1994年1月18日 フランクフルト（Frankfurt）上級地方裁判所判決（シューズ事件）（CLOUT 79）……391
・1994年2月22日 ケルン（Köln）上級地方裁判所判決（希少木材事件）（CLOUT 120）……83

- 1994年9月15日 ベルリン（Berlin）地方裁判所判決……126
- 1994年11月9日 オルデンブルグ（Oldenburg）地方裁判所判決（ローリー・プラットフォーム事件）……292
- 1995年2月8日 ミュンヘン（München）地方裁判所判決（標準ソフトウエア事件）（CLOUT 131）……35
- 1995年2月8日 ミュンヘン（München）上級地方裁判所判決（R. Motor s.n.c. v. M. Auto Vertriebs GmBH, 自動車事件）（CLOUT 133）……252, 408
- 1995年3月8日 連邦通常裁判所（最高裁判所）判決（ニュージーランド産ムール貝事件）（CLOUT 123）……111, 223
- 1995年3月8日 ミュンヘン（München）上級地方裁判所判決（CLOUT 134）……446
- 1995年3月31日 フランクフルト（Frankfurt）上級地方裁判所判決（テストチューブ事件）（CLOUT 135）……74:**20**(89)
- 1995年4月5日 ランズハット（Landshut）地方裁判所判決（スポーツウェア事件）……231
- 1995年5月23日 フランクフルト（Frankfurt）上級地方裁判所判決（シューズ事件）（CLOUT 291）……84:**31**(90)
- 1995年5月24日 ツェレ（Celle）上級地方裁判所判決（CLOUT 136）……314
- 1995年6月9日 ハム（Hamm）上級地方裁判所判決（窓ガラス事件）……291
- 1995年6月23日 ミュンヘン（München）地方裁判所判決（テトラサイクリン事件）……293
- 1995年7月27日 ロストック（Rostock）上級地方裁判所判決（花壇用草花事件）（CLOUT 22）……64
- 1995年8月21日 エルワンゲン（Ellwangen）地方裁判所判決（スペイン・パプリカ事件）……116, 277
- 1996年3月27日 オルデンブルグ（Oldenburg）地方裁判所判決（衣料事件）……156, 329
- 1996年5月21日 ケルン（Köln）上級地方裁判所判決（CLOUT 168）……121
- 1996年12月11日 連邦通常裁判所（最高裁判所）判決（CLOUT 268）……442
- 1997年1月31日 コブレンツ（Koblentz）上級地方裁判所判決（アクリル毛布事件）（CLOUT 282）……256, 297, 402
- 1997年2月28日 ハンブルグ（Hamburg）上級地方裁判所判決（モリブテン鋼事件）（CLOUT 277）……245, 325
- 1997年4月24日 デュッセルドルフ（Düsseldorf）上級地方裁判所判決（シューズ事件）（CLOUT 275）……315, 329
- 1997年6月25日 連邦通常裁判所（最高裁判所）判決（ステンレス針金事件）（CLOUT 235）……226, 301, 350
- 1997年7月4日 ハンブルグ（Hamburg）上級地方裁判所判決（トマト濃縮ジュース事件）……239
- 1997年8月21日 ケルン（Köln）上級地方裁判所判決（CLOUT 284）……407
- 1997年9月15日 ハイルブロン（Heilbronn）地方裁判所判決（フィルム・コーティング機械事件）（CLOUT 345）……69

・1998年1月28日 ミュンヘン（München）上級地方裁判所判決（自動車事件）（CLOUT 288）……39, 345
・1998年3月11日 ミュンヘン（München）上級地方裁判所判決（カシミアセーター事件）（CLOUT 232）……88:**46**(91)
・1998年3月31日 ツバイブリュッケン（Zweibrücken）上級地方裁判所判決（ワイン・ワックス事件）（CLOUT 272）……69
・1998年6月23日 ハム（Hamm）上級地方裁判所判決（家具売買事件）（CLOUT 338）……173
・1998年7月9日 ドレスデン（Dresden）上級地方裁判所判決（テリー織衣服事件）（CLOUT 347）……84:**31**(90)
・1998年9月2日 ツェッレ（Celle）上級地方裁判所判決（真空掃除機事件）（CLOUT 318）……69, 384
・1998年9月22日 オルデンブルグ（Oldenburg）上級地方裁判所判決……175
・1998年9月24日 レーゲンスブルグ（Regensburg）地方裁判所判決（織物事件）（CLOUT 339）……297
・1998年11月25日 連邦通常裁判所（最高裁判所）判決（粘着性フィルム事件；CLOUT 270）……5, 44
・1998年12月29日 ハンブルグ（Hamburg）仲裁廷仲裁判断（チーズ事件）（CLOUT 293）……277
・1999年1月13日 バンバーグ（Bamburg）上級地方裁判所判決（布地事件）（CLOUT 294）……374
・1999年3月24日 連邦通常裁判所（最高裁判所）判決（ワイン・ワックス事件）（CLOUT 271）……240
・1999年4月27日 ナウムブルグ（Naumburg）上級地方裁判所判決（自動車事件）（CLOUT 362）……311
・1999年10月28日 ブラウンシュヴェイク（Braunschweig）上級地方裁判所判決（冷凍肉事件）（CLOUT 361）……69
・1999年11月30日 ケルン（Köln）地方裁判所判決（イタリア製壁面用石材事件）（CLOUT 364）……218
・1999年12月3日 ミュンヘン（München）上級地方裁判所判決（CLOUT 430）……150
・2000年4月13日 デュイスブルク（Duisburg）地方裁判所判決（ピザ用カートン事件）（CLOUT 360）……132, 169
・2000年5月9日 ダルムシュタット（Darmstadt）地方裁判所判決（ビデオレコーダ事件）（CLOUT 343）……187, 227, 391, 411
・2000年8月30日 フランクフルト（Frankfurt）地方裁判所判決（繰り糸事件）（CLOUT 429）……45
・2001年10月31日 連邦通常裁判所（最高裁判所）判決（加工機械事件）（CLOUT 445）……26
・2002年2月20日 ミュンヘン（München）地方裁判所判決（シューズ事件）……256
・2002年8月22日 シュレースヴィヒ（Schleswig）上級地方裁判所判決……169
・2002年10月29日 シュレースヴィヒ・ホルシュタイン（Schleswig-Holstein）上級地方

判所判決（種馬事件）……165
- 2002年12月19日 カールスルーエ（Karlsruhe）上級地方裁判所判決（機械事件）（CLOUT 594）……351
- 2003年12月10日 カールスルーエ（Karlsruhe）上級地方裁判所判決（カーペット事件）（CLOUT 635）……14
- 2004年3月10日 ツェッレ（Celle）上級地方裁判所判決（商業車事件）（CLOUT 579）……404
- 2005年3月2日 連邦通常裁判所（最高裁判所）判決（CLOUT 774）……116, 168
- 2005年12月21日 ケルン（Köln）上級地方裁判所判決（取引慣習事件）……196
- 2006年2月8日 カールスルーエ（Karlsruhe）上訴裁判所判決（ハンガリー産小麦事件）（CLOUT 721）……453
- 2006年9月20日 クレーフェルト（Krefeld）地方裁判所判決（アルゼンチン産木炭事件）……202
- 2006年12月14日 コブレンツ（Koblenz）上級地方裁判所判決（ボトル売買事件）（CLOUT 724）……162
- 2007年3月21日 ドレスデン（Dresden）上級地方裁判所判決（盗難中古自動車売買事件）……145
- 2007年11月21日 コブレンツ（Koblentz）上級地方裁判所判決（シューズ事件）……298
- 2008年2月14日 カールスルーエ（Karlsruhe）上級地方裁判所判決（クラシックのジャガースポーツカー事件）……346
- 2008年3月5日 ミュンヘン（München）上級地方裁判所判決（盗難自動車事件）……239
- 2008年3月31日 シュツットガルト（Stuttgart）上級地方裁判所判決（中古自動車事件）……30
- 2008年6月12日 カールスルーエ（Karlsruhe）上級地方裁判所判決（遠隔表示装置事件）……35

ハンガリー（Hungary）

- 1992年1月10日 ブタペスト（Budapest）首都裁判所判決（Pratt & Whitney v. Malev事件）……88:**44**(91)
- 1992年3月24日 ブタペスト（Budapest）首都裁判所判決（Adamfi Video v. Alkotók Studiósa Kisszövetkezet事件）（CLOUT 52）……78, 435
- 1992年9月25日 最高裁判所判決（Pratt & Whitney v. Malev事件）（CLOUT 53）……184
- 1995年11月17日 ハンガリー（Hungary）商工会議所仲裁廷仲裁判断……277
- 1996年5月21日 ブタペスト（Budapest）首都裁判所判決（CLOUT 143）……66

イタリア（Italy）

- 1994年4月19日 フローレンス（Florence）仲裁廷仲裁判断（CLOUT 92）……420

- 1997年1月30日 トリノ（Torino）地方裁判所判決（C. & M. v. Bankintzopoulos 事件）……223
- 1998年3月20日 ミラノ（Milano）控訴裁判所判決（Italdecor S.a.s. v. Yiu's Industries (H.K.) Ltd. 事件）……285
- 1998年12月11日 ミラノ（Milano）控訴裁判所判決（Bielloni Castello S.p.A. v. EGO S.A. 事件）（CLOUT 645）……320
- 1999年12月14日 最高裁判所判決（Imperial v. Sanitari 事件）（CLOUT 379）……442
- 2000年7月12日 ビジェバノ（Vigevano）地方裁判所判決（Rheinland Versicherungen v. S.r.l. Atlarex and Allianz Subalpina S.p.A., 靴底用硬質ゴム事件）（CLOUT 378）……8, 50, 131
- 2002年11月26日 リミニ（Rimini）地方裁判所判決（Al Palazzo S.r.l. v. Bernardaud di Limoges S.A. 事件）（CLOUT 608）……451
- 2005年12月9日 ディモデナ（di Modena）地方裁判所判決（XX Cucine S.p.A. v. Rosda Nigeria Limited 事件）（CLOUT 842）……201
- 2007年1月3日 最高裁判所判決（Bourjois S.A.S. v. Gommatex Poliuretani S.p.A. 事件）（CLOUT 841）……150

日本（Japan）

- 1998年3日19日東京地方裁判所判決（『判例タイムズ』997号286頁）……425

メキシコ（Mexico）

- 1993年5月4日 メキシコ貿易保護委員会仲裁判断（Comisión para la Protección del Comercio Exterior de Mexico 事件）……97
- 1996年4月29日 メキシコ貿易保護委員会（COMPROMEX）仲裁判断（Conservas la Costena S.A. de C.V. v. Lanis San Luis S.A. & Agro-Industrial Santa Aela S.A. 事件）……177
- 2006年11月30日 メキシコ仲裁廷仲裁判断……249

ポーランド（Poland）

- 2007年5月11日最高裁判所判決（Spoldzielnia Pracy v. M.W.D. GmBH & Co. KG, 靴革事件）……291

ロシア（Russia）

- 1995年3月3日 ロシア連邦商工会議所国際商事仲裁廷仲裁判断（価格に関する黙示の契約事件）（CLOUT 139）……76
- 1995年4月25日 ロシア連邦商工会議所国際商事仲裁廷仲裁判断（トラック事件）……353
- 2000年1月24日 ロシア連邦商工会議所国際商事仲裁廷仲裁判断（CLOUT 474）……

405

・2003 年 6 月 3 日 北西巡回区連邦裁判所判決……172
・2003 年 6 月 6 日 ロシア連邦商工会議所国際仲裁廷仲裁判断……158
・2004 年 2 月 16 日 ロシア連邦商工会議所国際商事仲裁廷仲裁判断……101
・2006 年 2 月 13 日 ロシア連邦商工会議所国際商事仲裁廷仲裁判断（産業機器事件）……282
・2007 年 1 月 30 日 ロシア連邦商工会議所国際仲裁廷仲裁判断……309

セルビア（Serbia）

・2004 年 7 月 9 日 ベオグラード高等商事裁判所判決……443

スペイン（Spain）

・1997 年 6 月 20 日 バルセロナ（Barcelona）控訴裁判所判決（衣料用染料事件）（CLOUT 210）……153
・2000 年 1 月 28 日 最高裁判所判決（CLOUT 395）……410
・2002 年 2 月 12 日 バルセロナ（Barcelona）控訴裁判所判決（Comercial San Antonio, S.A. v. Grupo Blocnsa, S.L. 事件）（CLOUT 488）……152, 157
・2002 年 3 月 11 日 バルセロナ（Barcelona）控訴裁判所判決（チップ保護ラベル事件）（CLOUT 489）……357
・2002 年 10 月 3 日 ポンテヴェルドラ（Ponteverdra）控訴裁判所判決（Jabsheh Trading Est. v. IBERCONSA, 冷凍干物事件）（CLOUT 484）……148
・2003 年 6 月 7 日 バレンシア（Valencia）控訴裁判所判決（Cherubino Valsangiacomo, S.A. v. American Juice Import, Inc., 濃縮ブドウジュース事件）（CLOUT 549）……49
・2004 年 4 月 28 日 バルセロナ（Barcelona）控訴裁判所判決（金属カバー事件）（CLOUT 553）……291
・2005 年 9 月 26 日 パレンシア（Palencia）控訴裁判所判決（Simancas Ediciones S.A. v. Miracle Press Inc. 事件）（CLOUT 732）……207

スウェーデン（Sweden）

・1998 年 6 月 5 日 ストックホルム（Stockholm）商業会議所仲裁協会仲裁判断（Beijing Light Automobile Co., Ltd. v. Connell Limited Partnership 事件）（CLOUT 237）……117, 126, 223, 228

スイス（Swiss）

・1992 年 4 月 27 日 ロカルノ（Locarno Campagna）地方裁判所判決（イタリア製家具事件）（CLOUT 56）……218, 401
・1994 年 5 月 17 日 バウド（Vaud）控訴裁判所判決（工業機械事件）（CLOUT 96）

国別判例索引　513

- （CLOUT 200）……356
- 1995年 国際商業会議所（ICC）バーゼル仲裁裁判所仲裁判断（化学肥料事件）……302
- 1995年3月16日 ツーク（Zug）地方裁判所判決（コバルト事件；CLOUT 326）……44
- 1995年4月26日 チューリッヒ（Zürich）商事裁判所判決（塩水分離タンク事件）……439
- 1995年6月30日 ザンクトガレン（St. Gallen）司法委員会決定（引戸事件）（CLOUT 262）……206
- 1995年12月5日 ザンクトガレン（St. Gallen）商事裁判所判決（コンピュータハードウエア事件）（CLOUT 333）……74:**31**(89)
- 1996年7月10日 チューリッヒ（Zürich）商事裁判所判決（プラスチック材事件）（CLOUT 193）……84:**31**(90)
- 1997年1月 国際商業会議所（ICC）国際仲裁裁判所仲裁判断（衣服事件）……272
- 1997年2月5日 チューリッヒ（Zürich）商事裁判所判決（R.H. v. E., ひまわり油事件）（CLOUT 214）……276
- 1997年2月20日 ザーネ（Saane）地方裁判所判決（蒸留酒事件）（CLOUT 261）……151, 320
- 1997年7月3日 ザンクトガレン（St. Gallen）地方裁判所判決（衣料品製造業者不当返品事件）（CLOUT 215）……189
- 1998年1月15日 ルガノ（Lugano）控訴裁判所判決（ココア豆事件）（CLOUT 253）……168
- 1998年10月28日 最高裁判所判決（冷凍牛肉事件）（CLOUT 248）……333, 391
- 1998年11月30日 チューリッヒ（Zürich）商事裁判所（羊皮コート事件）（CLOUT 251）……84:**31**(90)
- 1999年2月25日 ツーク（Zug）地方裁判所判決（屋根材事件）（CLOUT 327）……387
- 1999年6月8日 ティッチーノ（Ticino）控訴裁判所判決（ワインボトル事件）（CLOUT 336）……220
- 1999年7月 国際商業会議所国際仲裁裁判所仲裁判断（CLOUT 630）……421
- 2000年7月11日 最高裁判所判決（Gutta-Werke AG v. Dörken-Gutta Pol. and Ewald Dörken AG 事件）……437
- 2004年7月7日 最高裁判所判決（ケーブルドラム事件）（CLOUT 894）……127
- 2004年11月3日 ジュラ（Jura）控訴裁判所判決（砂事件）……30
- 2006年11月8日 バーゼルスタッド（Basil-Stadt）地方裁判所判決（包装機械事件）……32
- 2007年6月19日 アールガウ（Aargau）商事裁判所判決（中古鉄道レール事件）……198
- 2007年6月25日 チューリッヒ（Zürich）商事裁判所判決（印刷物事件）……155
- 2009年5月18日 連邦最高裁判所判決（包装機械事件）……348
- 2009年6月26日 連邦最高裁判所判決（Graffiti preservative 事件）……149

ウクライナ（Ukraine）

- 2007年4月13日 ドネツク（Donetsk）地方商事裁判所判決（Bobst S.A. v. Express 事件）

……148
・2007年12月11日最高裁判所裁判所判決（Bobst S.A. v. Express, 自動るつぼプレス事件）……286

アメリカ（U.S.A）

・1992年4月14日 ニューヨーク（New York）南部地区連邦地方裁判所判決 （Filanto v. Chilewich 事件）（CLOUT 23）……80, 443
・1994年9月7日 ニューヨーク（New York）北部地区連邦地方裁判所判決（Delchi Carrier, SpA v. Rotorex Corp. 事件）……360
・1994年9月9日 ニューヨーク（New York）北部地区連邦地方裁判所判決（Delchi Carrier, SpA v. Rotorex Corp. 事件）（CLOUT 85）……407
・1995年12月6日 第2巡回区連邦控訴裁判所判決（Delchi Carrier, SpA v. Rotorex Corp. 事件）（CLOUT 138）……365
・1997年7月21日 ニューヨーク（New York）南部地区連邦地方裁判所判決（Helen Kaminski v. Marketing Australian Products 事件）（CLOUT 187）……74, 341
・1998年6月29日 第11巡回区連邦控訴裁判所判決（MCC-Marble Ceramic Center v. Ceramica Nuova D'Agostino 事件）（CLOUT 222）……67
・1998年10月27日 イリノイ（Illinois）北部地区連邦地方裁判所判決（Mitchell Aircraft Spares v. European Aircraft Service 事件）（CLOUT 419）……426
・1999年3月9日 ミネソタ（Minnesota）州地方裁判所判決（KSTP-FM v. Specialized Communications 事件）（CLOUT 416）……9
・1999年12月7日 イリノイ（Illinois）北部地区連邦地方裁判所判決（Magellan International v. Salzgitter Handel 事件）（CLOUT 417）……271
・2000年8月8日 ニューヨーク（New York）南部地区連邦地方裁判所判決 （Fercus, s.r.l. v. Mario Palazzo, et al. 事件）（CLOUT 414）……93
・2001年7月27日 カリフォルニア（California）連邦地方裁判所判決（Asante Technologies v. PMC-Sierra 事件）（CLOUT 433）……41
・2001年12月17日 ミシガン（Michigan）地方裁判所判決（Shuttle Packaging Systems, L.L.C. v. Jacob Tsonaki, INA S.A., et al. 事件）（CLOUT 578）……108:31(110)
・2002年3月26日 ニューヨーク（New York）南部地区連邦地方裁判所判決（St. Paul Guardian Insurance Co., et al. v. Neuromed Medical Systems & Support, GmBH, et al. 事件）（CLOUT 447）……166
・2002年5月10日 ニューヨーク（New York）南部地区連邦地方裁判所判決 （Geneva Pharmaceuticals Tech. Corp. v. Barr Labs. Inc. 事件）（CLOUT 579）……70
・2002年6月21日 第4巡回区連邦控訴裁判所判決（Schmitz-Werke v. Rockland 事件）（CLOUT 580）……412
・2002年11月22日 フロリダ（Florida）南部地区連邦地方裁判所判決（Impuls v. Psion-Teklogix 事件）（CLOUT 616）……430
・2003年1月29日 イリノイ（Illinois）北部地区連邦地方裁判所判決（Ajax Tool Works, Inc. v. Can-Eng Manufacturing Ltd. 事件）（CLOUT 574）……121

国別判例索引　515

- 2003年5月5日 第9巡回区連邦地方裁判所判決（Chateau des Charmes Wines Ltd. v. Sabate USA, et al. 事件）（CLOUT 576）……59
- 2003年6月20日 第3巡回区連邦控訴裁判所判決（Standard Bent Glass Corp. v. Glassrobots Oy事件）（CLOUT 612）……428
- 2005年3月19日 ニューヨーク（New York）東部地区連邦地方裁判所判決（Genpharm Inc. v. Pliva-Lachema A.S.事件）（CLOUT 699）……448
- 2005年5月23日 第7巡回区連邦控訴裁判所判決（Chicago Prime Packers, Inc v. Northam Food Trading Co., et al. 事件）……213
- 2006年1月6日 ペンシルバニア（Pennsylvania）連邦地方裁判所判決（American Mint LLC v. GO Software, Inc. 事件）（CLOUT 848）……21
- 2007年7月19日 第3巡回区連邦控訴裁判所判決（Valero Marketing & Supply Company v. Greeni Trading Oy事件）（CLOUT 846）……105
- 2007年12月12日 アメリカ仲裁協会仲裁判断（Macromex Srl. v. Globex International, Inc. 事件）……241
- 2008年4月16日 ニューヨーク（New York）地区連邦地方裁判所判決（Macromex Srl. v. Globex International, Inc. 事件）……241
- 2008年5月9日 デラウエア（Delaware）地方裁判所判決（Solae, LLC v. Hershey Canada, Inc. 事件）……108:**35**(110)
- 2008年5月19日 カリフォルニア東部地区連邦地方裁判所判決（The Rice Corporation v. Grain Board of Iraq 事件）……355
- 2008年8月20日 ニューヨーク（New York）地区連邦地方裁判所判決（Hilaturas Miel, S.L. v. Republic of Iraq事件）……292
- 2008年10月7日 ニュージャージー（New Jersey）地区連邦地方裁判所判決（Forestal Guarani, S.A. v. Daros International, Inc.事件）……99
- 2009年5月29日 ニューヨーク（New York）地区連邦地方裁判所判決（Doolim Corp. v. R Doll, LLC, et al. 事件）……260
- 2009年12月17日 ジョージア（Georgia）連邦地方裁判所判決（Innotex Precision Limited v. Horei Image Produdts, Inc., プリンター・カートリッジ事件）……46

事項索引

A
assurance→保証

B
bad faith→不誠実
Bills of Lading：BL（船荷証券）　159, 271, 274
breach-day rule　363

C
CFR　204
CLOUTシステム　49
Collaboration Agreement　59, 147
cross appeal→交差上訴

D
double recovery→二重の補填

E
EuGVVO（民事および商事訴訟事件判決の認知と執行に関するEU法令）　193, 198

F
FDA　70
Free Carrier：FCA（運送人渡）　286, 405, 440

G
good faith　230

I
Incoterms（インコタームズ）　144, 327, 405, 440
——2000　204, 286

L
Letter of Credit：LC（信用状）　84, 261, 267, 320
Letter of Intent：LOI　53, 54, 189

lost profit　362
lost volume sales　383

M
manufacturing cost→製造原価
Memorandum Agreement　80-83
Memorandum of Understanding　53

O
ongoing business→継続的取引

S
sales revenue→売上収益
Shipping Documents　149
specific performance→特定履行

T
total variable cost→総変動費

U
UCC　192, 216

W
waiver→放棄

あ
悪意　230

い
一般原則　48
一般取引約款　87
インコタームズ→Incoterms
インボイス　96, 97

う
売上収益　367
運送人渡→FCA

え
営業所　5, 10, 21
役務提供契約　34, 35

事項索引 517

エストッペル→禁反言
得るはずであった利益の喪失 365

お

オプトアウト 43, 408, 411, 420
オルター・イーゴー 450

か

解釈の一般原則 46
解除の意思表示 324
カウンターオファー 87
価格調整条項 257
価格の決定方法 79
過失 73
　──ある不実表示 70, 73
為替手形 108, 203
為替レート 372
管轄合意に関する条約 151
管轄条項 417
間接適用 4, 10, 15

き

危険移転時期 166, 170, 173
危険負担 161
期待利益 338
　──の喪失 332
基本契約 53, 58, 147
義務履行地 417
供給コミットレター 70
禁反言（エストリッペル） 225, 226, 271
　──の原則 48

け

継続的取引（ongoing bussiness） 367
契約解除 323
　──権 314, 323, 325
　──の効果 325, 342, 348
契約適合性 120, 136, 211, 223
　──の基準時 132
契約の変更 105
契約不適合 130, 218, 223, 224, 231, 332, 404
契約への適合性 111
契約方式自由の原則 93
結果的損害 288

検査 211, 215
原産地証明書 157
現実的履行 304, 308
原状回復義務 325, 342
権利の瑕疵 111, 137

こ

合意管轄 195
　──条項 310
行為地裁判管轄 194
合意の合意 79
交差上訴 366
口頭証拠原則 67
口頭通知 213
公法上の規制 115
　──への適合性 111
合理的（な）期間 314, 335
　──内 82, 219
合理的（な）措置 401, 405, 408
合理的な債権者 400
合理的な長さ 314
合理的品質の基準 126
国際裁判管轄 438
国際性 3
国際取引慣習 38
固定費 363
コントラクトアウト 43
コンピュータ・ソフトウェアプログラム 35

さ

債権回収業者 390
再交渉 251
最善努力義務 252
再売却 383
裁判管轄 182, 194
　──条項 86
裁判所の選択合意に関する条約 441, 453
再販売 265
サマリー・ジャッジメント 68, 194
サンプル購入 70

し

時価 385

時宜を得て　82
市場価格　398, 402
市場性　187, 188
実行困難　245
実質法　7
自働債権　377
自動適用　415, 419
支払義務　182, 319
支払遅延　321
支払保証　408
新・欧州ルール　192, 196, 198
重大な契約違反　207, 262, 264, 271, 272, 276, 277, 300, 302, 319, 321, 323, 325, 325-327, 330, 337
準拠法　182
　　——条項　421
商業送状　96
条件付き承諾　86
消費者売買　4
消費者保護法　31
商標権　263, 274
商品性の基準　126
商品売買基本契約　267
証明責任　418, 453, 455
条約優先原則　15
書式の争い　69
書面　102
　　——性　99
所有権留保条項　63, 337
信義誠実　184
　　——の原則　48
信義の原則（信義則）　245, 255, 281, 408
信用状 → Letter of Credit
信用状取引　272

す

数量超過　130
数量不足　127, 130, 231

せ

製作物供給契約　4, 32, 34
正式見積書　70
誠実履行義務　209, 228
製造原価（manufacturing cost）　367

宣言国法　62, 64
宣言的判決　263
全部賠償　364

そ

倉庫送状　173
相殺　376
喪失利益　253
総変動費（total variable cost）　367
損害軽減義務　255
損害賠償額の予定　399

た

対価関係　62
代金減額請求権　352
代金未定　76
代替購入　246
代替措置　246
代替的契約条項　251
代替取引　369, 374, 379, 384
代替品引渡請求権　216, 325
代替履行　242, 245, 292, 298
耐航証明書　171
担保責任免除規定　145

ち

遅延　327
遅延金利　65
知的財産権　137, 140
地方商（地域的な）慣習　37, 38
仲裁条項　417
直接適用　3, 5

つ

追完権　281, 297, 298
通常使用目的　121, 122, 126
通知　183, 212
　　——期限　220
　　——義務　228
　　——の言語　64

て

抵触法　204
適合性の不備　332, 336
適用除外　4, 26

事項索引　519

適用排除　41, 426
適用留保　416
電子メール　213
転売　401

と

当事者自治　4, 420
当事者の意思　63, 67, 69
特定目的　121
特定履行（specific performance）　304, 305, 308, 310
特別行政地区　47
ドラッグマスターファイル　71
取引慣習　183, 198, 205

に

荷為替信用状に関する統一規則および慣習　159
二重の補填（double recovery）　367
ニューヨーク条約　445, 447

の

ノックアウト・ルール　70, 87

は

ハーグ条約　423, 429, 452
判決前の利息　363

ひ

引渡義務の不履行　327
引渡受領義務　182, 319
引渡証　158
引渡遅延　315, 326
必要量購入契約　67
標準契約書式　268
標準条項　246, 288
標準取引約款　62, 68
品質保証の不良　334

ふ

不安の抗弁権　264
フォーラム・ショッピング　452
フォーラム・ノン・コンヴェニエンス　417, 448, 450, 451
付加期間　314, 318, 319
――内　312
複数の領域　47
不実表示　276
不誠実（bad faith）　230
物品保存義務　353, 354, 357
船積書類　203
船荷証券→Bills of Lading
ブラッセルⅠ　44
ブラッセル条約　201, 429, 442

へ

平均的品質の基準　126
米国破産法第11章　75
ペナルティ　282, 288
ベルン条約　423
変更契約　261
変動費　393

ほ

放棄（waiver）　228
法定利息　390
法定利率　390
北欧立法協力　427
保証（assurance）　263

み

未必の故意　230
ミラーイメージ・ルール　87
民事および商事訴訟事件判決の認知と執行に関するEU法令→EuGVVO

む

無過失責任　280, 398

も

黙示の契約適合性要件　117
黙示の商品適合性　215
黙示の適合性要件　120
黙示のライセンス　265
物の瑕疵　111

や

約因　108
約束的禁反言　70

ゆ

優位条項　43
ユニドロワ国際商事契約原則（ユニドロワ原則）　48, 69, 87, 248, 309

よ

傭船契約　267
予見可能性　378, 382
予備的合意　53, 54, 60

り

利益返還義務　325
履行期前の履行拒絶　84
履行請求権　308, 314
履行遅滞　314, 319, 321, 328
履行の（ための）付加期間　275, 287, 292, 311, 316, 321
利鞘　381
リスク移転　213, 215
立証責任　127, 130, 215, 223, 241, 336, 387, 400
リライアンス　226

る

ルガノ条約　149

ろ

ローマ条約　442

執筆者紹介

阿部博友（あべ　ひろとも）

1980年一橋大学法学部卒。2004年筑波大学大学院ビジネス科学研究科修了（法学博士）。三井物産株式会社に29年間勤務し、アルゼンチンに留学したほか、日本・米州・欧州で企業法務を担当する。2009年4月より明治学院大学法学部教授。
【担当：第2章、第4章、第6章、第7章】
【主要著作】
『国際売買契約　ウィーン売買契約に基づくドラフティング戦略』（共著、レクシスネクシス・ジャパン、2010年）など。

小梁吉章（こはり　よしあき）

1974年京都大学法学部卒。2003年筑波大学大学院ビジネス科学研究科（博士後期課程）中退。博士（法学）。1974年（株）東京銀行入社後、ルクセンブルグ現法、海外部、パリ支店など、また東京三菱銀行法務部等に勤務。2003年広島大学法学部教授、2004年広島大学大学院法務研究科教授、現在に至る。
【担当：17章】
【主要著作】
『倒産法講義−倒産法と経済社会』（信山社、2005年）、『フランス倒産法』（同、2005年）、『国際民商事法講義』（同、2007年）、『国際売買契約　ウィーン売買条約に基づくドラフティング戦略』（共著、レクシスネクシス・ジャパン、2010年）など。

林　大介（はやし　だいすけ）

東京大学法学部卒、ニューヨーク大学法学修士号。2001年米国ニューヨーク州弁護士登録。伊藤忠商事（株）法務部、シスコシステムズ合同会社シニアコーポレートカウンセルを経て、現在、（株）ソニー・ピクチャーズエンタテインメント法務部バイスプレジデント、明治学院大学法学部非常勤講師。
【担当：第5章、第13章】
【主要著作】
『リスク管理と契約実務』（共著、第一法規、2004年）、『図解　法令遵守チェックマニュアル』（共著、第一法規、2005年）、『リスク管理と企業規程の作成・運用実務』（共著、第一法規、2008年）、『国際売買契約　ウィーン売買条約に基づくドラフティング戦略』（共著、レクシスネクシス・ジャパン、2010年）、『知的財産法判例ダイジェスト』（共著、税務経理協会、2010年）など。

藤原一司（ふじわら　いちじ）

1962年生まれ。早稲田大学法学部、米国バージニア大学ロースクール(LL.M.)卒。2003年米国ニューヨーク州弁護士登録。一部上場日系製造業（素材および電機）2社で香港駐在、国際業務企画管理、法務部門勤務を経て、現在、欧州大手企業日本法人法務部長・兼・明治学院大学法科大学院非常勤講師。
【担当：第8章、第9章】

【主要著作】

"Law of Advertising（Chapter 71.03 Japan）", Matthew Bender/Lexis（2002年）、「ハーシー・カナダ事件（米国デラウェア州連邦地裁）の分析 ―CISG（ウィーン売買条約）の対『約款バトル』適用事例―」(LexisNexisビジネスロージャーナル2009年6月号記事)、「シカゴ・プライム・パッカー事件に於ける黙示の保証義務違反へのCISG適用事例」(LexisNexisビジネスロージャーナル2009年9月号記事)」、『国際売買契約 ウィーン売買条約に基づくドラフティング戦略』(共著、レクシスネクシス・ジャパン、2010年) ほか。

牧野和夫（まきの　かずお）

1981年早稲田大学法学部卒。1989年GM Engineering & Management Institute経営管理プログラム修了。1991年米ジョージタウン大法学修士号。1992年米国ミシガン州弁護士登録。2006年弁護士・弁理士登録。いすゞ自動車（株）法学部・課長・審議役、アップルコンピュータ（株）法務部長、国士舘大学法学部教授、内閣司法制度改革推進本部法曹養成検討会委員、大宮法科大学院大学教授を経て、現在、大宮法科大学院大学客員教授、英国国立ウェールズ大学経営大学院（MBA）教授、テンプル大学ロースクール客員教授。弁護士・米国弁護士・弁理士（芝綜合法律事務所）。

【担当：第3章、第16章】

【主要著作】

『国際取引法と契約実務』(共著、中央経済社、2003年)、『入門アメリカ法制度と訴訟実務』(監訳、LexisNexis雄松堂出版、2007年)、『知的財産法講義』(税務経理協会、2008年)、『英文契約書の基礎と実務』(ＤＨＣ、2009年)、『やさしくわかる英文契約書』(日本実業出版、2009年)、『国際売買契約 ウィーン売買条約に基づくドラフティング戦略』(共著、レクシスネクシス・ジャパン、2010年) など。

山口幹雄（やまぐち　みきお）

大阪大学法学部卒、コーネル大学法学修士号、米国ニューヨーク州弁護士登録。現在、広島大学社会科学研究科准教授。

【担当：第15章】

【主要著作】

The Problem of Delay in the Contract Formation Process: A Comparative Study of Contract Law, 37 Cornell Int'l L.J. 357（2004）、「消費者契約法第9条1号『平均的な損害』の意義とAvoidable Consequences Rule」(明治学院大学法科大学院ローレビュー第9号、2008年)、「契約制度における『静的安全』と『動的安全』に関する一考察」(明治学院大学法科大学院ローレビュー第10号、2009年)、「ウィーン売買条約（CISG）における損害賠償額の算定」(Business Law Journal 2009年10月号、レクシスネクシス・ジャパン)、「いわゆる『契約を破る自由』としての効率的契約違反に関する一考察」(明治学院大学法科大学院ローレビュー第11号、2009年)、『国際売買契約 ウィーン売買条約に基づくドラフティング戦略』(共著、レクシスネクシス・ジャパン、2010年) など。

編著者紹介

井原　宏（いはら　ひろし）

住友化学工業法務部長、経営法友会代表幹事、筑波大学大学院教授（社会科学系）、筑波大学大学院ビジネス科学研究科長、明治学院大学法学部教授、明治学院大学学長補佐を歴任。現在、弁護士、筑波大学名誉教授、京都大学博士（法学）、一般社団法人GBL研究所会長・代表理事。
【担当：第10章、第11章、第12章】
【主要著作】
『国際事業提携　アライアンスのリーガルリスクと戦略』（商事法務研究会、2001年）、『グローバル企業法　グローバル企業の法的責任』（青林書院、2003年）、『国際契約法』（大学教育出版、2006年）、『国際知的財産法』（有信堂高文社、2007年）、『国際取引法』（有信堂高文社、2008年）、『国際売買契約　ウィーン売買条約に基づくドラフティング戦略』（編著、レクシスネクシス・ジャパン、2010年）など。

河村寛治（かわむら　かんじ）

早稲田大学法学部卒、1971年伊藤忠商事（株）入社、ロンドン大学大学院（King's College）留学、法務部副参事を経て、1998年4月から明治学院大学法学部教授。現在、明治学院大学大学院法務職研究科（法科大学院）教授、社団法人日本仲裁人協会監事、一般社団法人GBL研究所副会長・理事。
【担当：第1章、第14章】
【主要著作】
『実践　英文契約書の読み方・作り方』（中央経済社、2002年）、『国際取引法と契約実務』（中央経済社、2003年、第二版、2008年）、『リスク管理と契約実務』（編著、第一法規、2004年）、『国際取引・紛争処理法』（同友館、2006年）、『契約実務と法』（第一法規、2008年）、『国際売買契約　ウィーン売買条約に基づくドラフティング戦略』（編著、レクシスネクシス・ジャパン、2010年）など。

判例　ウィーン売買条約　　　　　　　　　　　　＊定価はカバーに表示してあります

2010年11月25日　　初　版第1刷発行　　　　　　　　　　〔検印省略〕

編著者 Ⓒ 井原　宏　河村寛治／発行者 下田勝司　　　印刷／製本 モリモト印刷(株)

東京都文京区向丘1-20-6　　郵便振替 00110-6-37828　　　　発　行　所
〒113-0023　TEL (03)3818-5521　FAX (03)3818-5514　　株式会社　東　信　堂
Published by TOSHINDO PUBLISHING CO., LTD
1-20-6, Mukougaoka, Bunkyo-ku, Tokyo, 113-0023, Japan
E-mail: tk203444@fsinet.or.jp　http://www.toshindo-pub.com

ISBN978-4-7989-0009-4 C3032　　　　Ⓒ H. Ihara, K. Kawamura, 2010

東信堂

《現代国際法叢書》

国際法における承認――その法的機能及び効果の再検討	王 志安	五二〇〇円
国際社会と法	高野雄一	四三〇〇円
集団安保と自衛権	高野雄一	四八〇〇円
国際「合意」論序説――法的拘束力を有しない国際「合意」について	中村耕一郎	三〇〇〇円
法と力 国際平和の模索	寺沢 一	五二〇〇円

武力紛争の国際法	真山全編	一四二〇〇円
国連安保理の機能変化	村瀬信也編	二七〇〇円
海洋境界確定の国際法	村瀬信也編	二八〇〇円
国際刑事裁判所	村瀬信也・洪恵子編	四二〇〇円
自衛権の現代的展開	村瀬信也編	二八〇〇円
国連安全保障理事会――その限界と可能性	松浦博司	三二〇〇円
集団安全保障の本質	柘山堯司編	四六〇〇円
海の国際秩序と海洋政策	栗林忠男・秋山昌廣編著	二〇〇〇円
相対覇権国家システム安定化論――東アジア統合の行方	柳田辰雄	二四〇〇円

国際政治経済システム学――共生への俯瞰	柳田辰雄	一八〇〇円
国際経済法 [新版]	小室程夫	三八〇〇円
イギリス債権法	幡新大実	三八〇〇円
判例 ウィーン売買条約	河村寛治編著	四二〇〇円

シリーズ《制度のメカニズム》

アメリカ連邦最高裁判所	大越康夫	一八〇〇円
衆議院――そのシステムとメカニズム	向大野新治	一八〇〇円
WTOとFTA――日本の制度上の問題点	高瀬 保	一八〇〇円
フランスの政治制度	大山礼子	一八〇〇円
イギリスの司法制度	幡新大実	二〇〇〇円

〒113-0023 東京都文京区向丘1-20-6
TEL 03-3818-5521　FAX 03-3818-5514　振替 00110-6-37828
Email tk203444@fsinet.or.jp　URL:http://www.toshindo-pub.com/

※定価：表示価格（本体）＋税

東信堂

スレブレニツァ——あるジェノサイドをめぐる考察	長有紀枝	三八〇〇円
2008年アメリカ大統領選挙——オバマの勝利は何を意味するのか	吉野孝・前嶋和弘 編著	二〇〇〇円
オバマ政権はアメリカをどのように変えたのか——支持連合・政策成果・中間選挙	吉野孝・前嶋和弘 編著	二六〇〇円
政治学入門	内田満	一八〇〇円
政治の品位——日本政治の新しい夜明けはいつ来るか	内田満	二〇〇〇円
日本ガバナンス——「改革」と「先送り」の政治と経済	曽根泰教	二八〇〇円
「帝国」の国際政治学——冷戦後の国際システムとアメリカ	山本吉宣	四七〇〇円
入門政治学——政治の思想・理論・実態	仲島陽一	二三〇〇円
解説 赤十字の基本原則——人道機関の理念と行動規範(第2版)	J・ピクテ／井上忠男訳	一〇〇〇円
赤十字標章ハンドブック	井上忠男編訳	六五〇〇円
医師・看護師の有事行動マニュアル——医療関係者の役割と権利義務	井上忠男	一二〇〇円
社会的責任の時代	功刀達朗編著	三三〇〇円
国際NGOが世界を変える——地球市民社会の黎明	野村彰男	二〇〇〇円
国連と地球市民社会の新しい地平	毛利勝彦編著	三四〇〇円
大杉榮の思想形成と「個人主義」	功刀達朗・内田孟男編著	二九〇〇円
実践 ザ・ローカル・マニフェスト	飛矢崎雅也	二三八〇円
実践 マニフェスト改革	松沢成文	二三〇〇円
受動喫煙防止条例	松沢成文	一八〇〇円
【現代臨床政治学シリーズ】	松沢成文	
リーダーシップの政治学	石井貫太郎	一六〇〇円
アジアと日本の未来秩序	伊藤重行	一八〇〇円
象徴君主制憲法の20世紀的展開	下條芳明	二〇〇〇円
ネブラスカ州における一院制議会	藤本一美	一六〇〇円
ルソーの政治思想	根本俊雄	二〇〇〇円
海外直接投資の誘致政策——インディアナ州の地域経済開発	邊牟木廣海	一八〇〇円

〒113-0023 東京都文京区向丘1-20-6
TEL 03-3818-5521 FAX 03-3818-5514 振替 00110-6-37828
Email tk203444@fsinet.or.jp URL:http://www.toshindo-pub.com/

※定価：表示価格（本体）＋税

東信堂

国際法新講〔上〕	田畑茂二郎	二七〇〇円
〔下〕		二九〇〇円
ベーシック条約集〔二〇一〇年版〕	代表編集 松井芳郎	二六〇〇円
ハンディ条約集	代表編集 松井芳郎	一六〇〇円
国際人権条約・宣言集〔第3版〕	代表編集 松井芳郎、薬師寺・坂元・小畑・徳川	三八〇〇円
国際経済条約・法令集〔第2版〕	編集 小室程夫、小原喜雄	三九〇〇円
国際機構条約・資料集〔第2版〕	編集 香西茂、安藤仁介	三二〇〇円
判例国際法〔第2版〕	代表編集 松井芳郎	三八〇〇円
国際環境法の基本原則	松井芳郎	三八〇〇円
国際機構法の研究	中村道	八六〇〇円
国際立法——国際法の法源論	村瀬信也	六八〇〇円
宗教と人権——国際法の視点から	N・ルルナー 元百合子訳	三八〇〇円
ワークアウト国際人権法	W・ベネデック編 中坂・徳川編訳	三〇〇〇円
——人権を理解するために		
難民問題と『連帯』	中坂恵美子	二八〇〇円
——EUのダブリン・システムと地域保護プログラム		
国際法から世界を見る——市民のための国際法入門〔第2版〕	松井芳郎	二八〇〇円
東京裁判、戦争責任、戦後責任	大沼保昭	二八〇〇円
国際法／はじめて学ぶ人のための〔新訂版〕	大沼保昭	三六〇〇円
国際法学の地平——歴史、理論、実証	中川淳司 寺谷広司編著	一二〇〇〇円
国際法と共に歩んだ六〇年——学者として裁判官として	小田滋	六八〇〇円
21世紀の国際機構：課題と展望	編集 薬師寺・山形 位田・木棚・松井・藤井	七一四〇円
グローバル化する世界と法の課題	編集 安仁道介	八二〇〇円
——EUのダブリン・システムと地域保護プログラム		
〔21世紀国際社会における人権と平和〕（上・下巻）		
国際社会の法構造——その歴史と現状	代表編集 山手治之 香西茂之	五七〇〇円
現代国際法における人権と平和の保障	代表編集 山手治之 香西茂之	六三〇〇円

〒113-0023 東京都文京区向丘1-20-6
TEL 03-3818-5521　FAX03-3818-5514　振替 00110-6-37823
Email tk203444@fsinet.or.jp　URL:http://www.toshindo-pub.com

※定価：表示価格（本体）＋税

東信堂

グローバル化と知的様式——社会科学方法論についての七つのエッセイ	J・ガルトゥング 大矢 光太郎 訳 重澤 修	二八〇〇円
組織の存立構造論と両義性論——社会学理論の重層的探究	舩橋 晴俊	二五〇〇円
社会学の射程——ポストコロニアルな地球市民の社会学へ	庄司 興吉	三二〇〇円
地球市民学を創る——地球社会の危機と変革のなかで	庄司 興吉編著	三二〇〇円
社会階層と集団形成の変容——集合行為と「物象化」のメカニズム	丹辺 宣彦	六五〇〇円
階級・ジェンダー・再生産——現代資本主義社会の存続メカニズム	橋本 健二	三二〇〇円
現代日本の階級構造——理論・方法・計量分析	橋本 健二	四五〇〇円
人間諸科学の形成と制度化——社会諸科学との比較研究	長谷川 幸一	三八〇〇円
現代社会学と権威主義——フランクフルト学派権威論の再構成	保坂 稔	二八〇〇円
現代社会学における歴史と批判（上巻）	武川 正吾編 山田 信行	二八〇〇円
現代社会学における歴史と批判（下巻）	片桐 新自編 丹辺 宣彦	三六〇〇円
現代社会学における資本制と主体性——グローバル化の社会学		
インターネットの銀河系——ネット時代のビジネスと社会	M・カステル 矢澤・小山 訳	三六〇〇円
自立支援の実践知——阪神・淡路大震災と共同・市民社会	似田貝 香門編	三八〇〇円
〔改訂版〕ボランティア活動の論理——ボランタリズムとサブシステンス	西山 志保	三六〇〇円
NPO実践マネジメント入門	パブリックリソースセンター編	二三八一円
貨幣の社会学——経済社会学への招待	森 元孝	一八〇〇円
市民力による知の創造と発展——身近な環境に関する市民研究の持続的展開	萩原 なつ子	三二〇〇円
個人化する社会と行政の変容——情報、コミュニケーションによるガバナンスの展開	藤谷 忠昭	三八〇〇円
日常という審級——アルフレッド・シュッツにおける他者・リアリティ・超越	李 晟台	三六〇〇円
現代タイにおける仏教運動——タンマガーイ運動と社会	ランジャナ・ムコパディヤーヤ	四七六二円
日本の社会参加仏教——法音寺と立正佼成会の社会活動と社会倫理	矢野 秀武	五六〇〇円

〒113-0023 東京都文京区向丘1-20-6
TEL 03-3818-5521 FAX 03-3818-5514 振替 00110-6-37828
Email tk203444@fsinet.or.jp URL:http://www.toshindo-pub.com/

※定価：表示価格（本体）＋税

東信堂

科学技術ガバナンス	城山英明編	一八〇〇円
ボトムアップな人間関係──心理・教育・福祉・環境・社会の12の現場から	サトウタツヤ編	一六〇〇円
高齢社会を生きる──老いる人／看取るシステム	清水哲郎編	一八〇〇円
家族のデザイン	小長谷有紀編	一八〇〇円
水をめぐるガバナンス──日本、アジア、中東、ヨーロッパの現場から	蔵治光一郎編	一八〇〇円
生活者がつくる市場社会	久米郁夫編	一八〇〇円
グローバル・ガバナンスの最前線──現在と過去のあいだ	遠藤乾編	二三〇〇円
資源を見る眼──現場からの分配論	佐藤仁編	二〇〇〇円
これからの教養教育──「カタ」の効用	葛西康徳・鈴木佳秀編	二〇〇〇円
「対テロ戦争」の時代の平和構築──過去からの視点、未来への展望	黒木英充編	一八〇〇円
企業の錯誤／教育の迷走──人材育成の「失われた一〇年」	青島矢一編	一八〇〇円
日本文化の空間学	桑子敏雄編	二三〇〇円
千年持続学の構築	木村武史編	一八〇〇円
多元的共生を求めて──〈市民の社会〉をつくる	宇田川妙子編	一八〇〇円
芸術は何を超えていくのか？	沼野充義編	一八〇〇円
芸術の生まれる場	木下直之編	二〇〇〇円
文学・芸術は何のためにあるのか？	岡田暁生編	二〇〇〇円
紛争現場からの平和構築──国際刑事司法の役割と課題	城山英明・遠藤乾編 石田勇治編	二八〇〇円
〈境界〉の今を生きる	荒川歩・川喜田敦子・谷川竜一・内藤順子・柴田晃芳編	一八〇〇円
日本の未来社会──エネルギー・環境と技術・政策	角和昌浩・鈴木達治郎・城山英明編	二三〇〇円

〒113-0023 東京都文京区向丘1-20-6
TEL 03-3818-5521　FAX 03-3818-5514　振替 00110-6-37828
Email tk203444@fsinet.or.jp　URL:http://www.toshindo-pub.com

※定価：表示価格（本体）＋税